Scherz Krimis
Die mit den Streifen

W0176852

Von Mord zu Mord

Eine mörderische Deutschland-Reise

Jürgen Alberts · Friedrich Ani
Horst Eckert · Gisbert Haefs
-ky · Frank Schätzing u. a.

Scherz

Herausgegeben von
Ralf Kramp

Sonderausgabe 2001
Copyright © 2001 an dieser Auswahl
beim Scherz Verlag, Bern, München, Wien.
Alle Rechte der Verbreitung, auch durch Funk, Fernsehen
und auszugsweisen Nachdruck, sind vorbehalten.
Umschlaggestaltung: Atelier Seidel, Altötting (MEV)
Gesamtherstellung: Ebner Ulm

Inhalt

Planig kreativ

Bücherschrank

Viel Spaß beim Schmökern!

Die Tote im Englischen Garten

Billie Rubin

Die weiße Seite, die früher vor einem auf dem Schreibtisch lag, glotzt mich nun aus dem PC herausfordernd an; umgeben von unzähligen Strichen, Leisten, Linealen, Knöpfen – neudeutsch Icons genannt – ist der Bildschirm immer noch nichts anderes als ein leeres Blatt Papier.

Was soll ich schreiben? Ein Kurzkrimi soll es werden. Ich lebe in München, also wird der Krimi auch in München spielen. Natürlich soll das typische Münchner Flair rüberkommen: Ein bisschen Großstadt, ein bisschen hinterwäldlerisch, sehr bayerisch. Natürlich wird meine Hauptfigur eine Frau sein. Ich sehe sie schon vor mir: Nicht zu groß, nicht zu klein, ein bisschen rundlich, nur ein paar Kilo Übergewicht, so Mitte bis Ende vierzig. Sie muss bodenständig sein, mit beiden Beinen im Leben stehen, ihren »Mann« stehen in allen Lebenslagen. Sie braucht also einen bodenständigen Namen. Claudia, Elisabeth, Susanne? Nein. Cornelia? Ja, Cornelia klingt gut, auch Conny. Nachname? Wie wär's mit Obermayr? Conny Obermayr? Ja, das geht gut über die Lippen und klingt bayerisch.

Natürlich hat sie einen Partner. Als »Ausgleich« zu ihrer Erfahrung bekommt sie einen jungen Mann an die Seite, der frisch von der Uni kommt und sich mordsmäßig was einbildet auf sein Wissen. Sein Name? Wie wär's mit Peter Schmidt, das ist nichts sagend genug für so einen jungen Schnösel. Sie arbeiten in der Mordkommission.

Zum Alltag einer Mordkommission gehört früher oder später

eine Leiche. Und ein Tatort. Phhh, ich kann nicht denken, es ist
so heiß. Ich würde mich am liebsten nackt in den Eisbach wer-
fen, anstatt mir eine Mordgeschichte auszudenken! Aber natür-
lich, das ist es! Die Nackerten am Eisbach! Sie sind jeden Som-
mer von neuem Stadtgespräch und Touristenattraktion. Die Tote
ist eine Nackte im Englischen Garten. Da ist der Chinesische
Turm gleich in der Nähe, das gibt die richtige Biergartenatmo-
sphäre.

Gut, ich habe also: das Opfer, zwei Kommissare. Was fehlt, ist der
Täter. Morde werden überwiegend von Verwandten oder Bekann-
ten begangen, der Täter ist – der Ehemann? Der Liebhaber? Wir
werden sehen. Also los, Conny, dann fang mal an.

Oh, wie ich diese Aufgabe hasse! Ich bin wirklich mit Leib
und Seele bei der Polizei, aber es gibt Momente, die ich
am liebsten aus meinem Leben streichen möchte. Ersatzlos.
Und genau solch ein Moment lag nun vor mir: Wir mussten jemandem mitteilen, dass ein ihm nahe stehender
Mensch tot war. Nicht nur einfach tot, sondern sehr wahrscheinlich – vielleicht auch sicher – ermordet. Ich hasse diesen Augenblick, wenn die erste Reaktion kommt. Egal, welche Reaktion auch einsetzt, man – das heißt mein Kollege
und ich – ist ihr hilflos ausgeliefert. Meistens ist es ein
Schock. Selten ist es Trauer, die kommt erst viel später,
wenn die Menschen verstanden haben, was wir ihnen Stunden vorher versucht haben klarzumachen. Mir wäre es am
liebsten, wir könnten den Menschen unsere grausige Bot-
schaft überbringen und sie dann allein lassen. Das klingt
vielleicht herzlos, ist aber sicher humaner als das, was wir
tatsächlich machen: Wir bombardieren sie mit Fragen.
Hatte der/die Tote Feinde? Wer hatte ein Interesse an sei-
nem/ihrem Tod? Ist Ihnen in letzter Zeit etwas aufgefallen? Fragen, Fragen, Fragen. Manchmal erleiden die Emp-

fänger der Todesmeldung einen Nervenzusammenbruch; wenn niemand da ist, der sich um sie kümmern kann, rufen wir den Notarzt und gönnen uns – und ihnen – eine kleine Verschnaufpause. Hinterher müssen wir das meistens büßen, denn es geht wertvolle Zeit verloren, die wir nie wieder aufholen.

Diesmal war es etwas anders. Diesmal hatten wir eine Leiche, nach deren Identität wir seit Tagen suchten. Da machten ein paar Stunden mehr oder weniger nichts mehr aus.

Alles hatte mit einer der üblichen Beschwerden begonnen, die im Sommer tagtäglich bei Münchner Polizeiinspektionen einliefen: Ein um das Wohl und die Moral der Münchner Jugend besorgter älterer Herr hatte sich über die Nackten am Eisbach beklagt. Nun ist es aber so, dass sich außer ein paar Eiferern niemand mehr über die Nacktbader im Englischen Garten aufregt. Mittlerweile soll es sogar schon Touristenführungen geben; für die Einheimischen gehören sie inzwischen einfach dazu. Und wem der Anblick von nacktem Fleisch, das in der prallen Sonne brät, sauer aufstieß, der hatte jede Menge Möglichkeiten, diesen Anblick zu vermeiden: Der Englische Garten ist nun wirklich groß genug.

Wie gesagt, die Beschwerden sind alltäglich, und so reagierten die Kollegen der Polizeiinspektion Schwabing auf einen weiteren Anruf im Zusammenhang mit den Nackerten auch nur zögerlich. Erst als kurz nach dem ersten Anruf ein zweiter folgte, in dem sich die Worte »Blut, leblos, tot« häuften, fuhr ein Streifenwagen zu dem FKK-Gelände. Dort herrschte helle Aufregung. Einem Nacktbader war eine Frau aufgefallen, die seit Stunden unbeweglich auf ihrem Badetuch gelegen hatte. Da sie eine sehr helle Haut hatte, hatte er sie warnen wollen. Wenn sie schon stundenlang in der prallen Sonne lag, sollte sie sich wenigstens regelmäßig eincremen. Man musste dem Hautkrebs ja nicht alle Poren öffnen.

Auf seine Ansprache hatte sie nicht reagiert, also hatte er sie angefasst. Als auch das keine Reaktion hervorrief, hatte er sie leicht angehoben – und vor Schreck gleich wieder fallen lassen, denn das Badetuch, auf dem sie lag, war voller Blut. Er hatte schnell seine Hose angezogen und war zur Telefonzelle gelaufen.

Danke Conny. Das ist doch für den Anfang gar nicht schlecht, oder? Als nächstes trefft ihr am Tatort ein. Die tote Frau liegt immer noch ausgestreckt auf dem Badetuch, die Arme neben ihrem Körper. Ihr Kopf ist mit einem Sonnenhut bedeckt, neben ihr liegen eine Flasche mit Sonnenmilch, ein Buch und eine Sonnenbrille. Alles Allerweltsartikel, die keine Schlüsse auf die Tote zulassen.

»Es ist so verdammt heiß hier! Hättest du den Krimi nicht im Winter spielen lassen können?«

»Ah, hallo Peter, schön, dass du auch mal in Erscheinung trittst.«

»Ich spiele ja wohl nur die zweite Geige in diesem Stück, da musst du dich nicht wundern, wenn ich bisher nicht aufgetaucht bin.«

»Tut mir Leid, Peter. Aber in einem Frauenkrimi spielen nun einmal die Frauen die erste Geige. Aber mal was anderes: Wie findest du die Geschichte bis hierher?«

»Es ist ja noch nicht allzu viel passiert, was soll ich da schon sagen? Viel mehr würde mich interessieren, wie es weitergeht, wann ich endlich meinen Auftritt habe?«

»Gleich, Peter, gleich. Ihr trefft am Tatort ein; während Conny sich die Leiche anschaut, befragst du die Zeugen.«

»Wieso schaut Conny die Leiche an?«

»Na ja, ich dachte mir, du bist ein eher sensibler Mann, der nicht so gerne Blut sieht.«

»Das klingt eher nach Schlaffi.«

»So ist es aber nicht gemeint. Stell dir doch außerdem mal vor, du kannst all die nackten Frauen befragen. Da kriegst du doch was viel Netteres fürs Auge geboten als Conny.«

»Okay, okay. Du hast mich überzeugt. Aber sie müssen knackig sein. Kein Hängebusen, kein Hängehintern.«

»Mein lieber Peter, du klingst eher nach Macho als nach Schlaffi. Könnten wir jetzt weitermachen?«

Die Zeugenbefragung meines Kollegen hatte absolut nichts erbracht; wir mussten also mal wieder auf das Ergebnis der Obduktion warten. Wir hatten keinerlei Hinweise auf die Identität der Toten, dennoch versuchten wir es mit der Vermisstendatei. Vielleicht gab es ja Übereinstimmungen beim Alter, der Statur, der Haarfarbe. Die Tote hatte lange, blonde Haare, war etwa Mitte zwanzig und klein und zierlich.

»Nein, also das geht so nicht!«

»Ach, Peter, du schon wieder. Musst du mich denn dauernd unterbrechen?«

»Was heißt hier unterbrechen? Ich versuche, konstruktiv mitzuarbeiten.«

»Okay, okay. Was stört dich denn?«

»Also: Erstens stört mich, dass ich eigentlich gar nicht vorkomme. Zweitens: Wieso hat meine Zeugenbefragung nichts ergeben? Bin ich ein Trottel, oder was?«

»Nein, natürlich bist du kein Trottel. Wer hat das denn behauptet? Dass du noch nicht großartig aufgetaucht bist, liegt eben an der Geschichte. Wenn dir was Besseres einfällt: Bitte sehr. Ich bin für jede Hilfe dankbar! Ich versuche einfach, eine Kurzgeschichte zu schreiben; was dabei rauskommt, weiß ich doch selbst noch nicht!«

»Ich mein ja bloß.«

»Ja, mein du nur mal bloß. Mir macht das auch keinen Spaß, in dieser Affenhitze zu Hause vor dem Computer zu sitzen.«

»Dann geh doch in den Biergarten. Ich jedenfalls würde erst mal zum Chinesischen Turm gehen.«

»Das kannst du gerne in deiner Freizeit machen. Kein Alkohol im Dienst! Und was, bitte schön, willst du denn beim Chinesischen Turm?«

»Ich dachte, der kommt wegen dem Münchner Flair vor?«

»Ja, natürlich, aber im Moment ist der Chinesische Turm eher unpassend, meinst du nicht?«

»Wir können doch eh nichts machen, bis wir den Obduktionsbericht bekommen, oder? Da könnten wir uns doch in der Zwischenzeit eine kühle Blonde genehmigen!«

»Na ja, wie Conny gerade sagte, ihr könntet die Vermisstenkartei durchgehen. Überhaupt: Wenn dir die Geschichte nicht passt, kann ich dich ja auch zum Streifenpolizisten degradieren!«

»Das ist Erpressung!«

»Nein, das ist mein Recht als Autorin!«

Der Obduktionsbericht kam am nächsten Tag und war denkbar einfach: Die Frau war durch mehrere Messerstiche in den Brustkorb und den Unterleib getötet worden, wobei nicht eindeutig zu klären war, welcher Stich der tödliche gewesen war. Das Gesicht zeigte starke Verletzungen durch Schläge mit einem weichen stumpfen Gegenstand auf, mit ziemlicher Sicherheit eine menschliche Faust. Der Tod war etwa 18 bis 24 Stunden vor Auffinden der Leiche eingetreten, also irgendwann zwischen 22 und 2 Uhr in der Nacht vorher. Genauer ging es ja leider selten. Die Spuren der Schläge im Gesicht waren ein paar Stunden älter, außerdem hatte sie irgendwann am Tag vorher noch Geschlechtsverkehr gehabt. Der Pathologe hatte Spermaspuren gefunden, und zwar von mindestens zwei verschiedenen Männern.

Alles deutete auf ein Verbrechen im Affekt. Vielleicht ein gehörnter Ehemann? Die Spurensicherung hatte keine brauchbaren Fingerabdrücke finden können.

Die Leiche wies zwar jede Menge Abdrücke auf, die jedoch alle durch Sonnenöl bis zur Unkenntlichkeit verschmiert waren. Die Kollegen vermuteten, dass bis zum Eintreffen des Streifenwagens mehr als ein Nackter die Tote angefasst hatte. Sonnenhut, Sonnenmilch und Buch wiesen nur Fingerabdrücke der Toten auf. Der Täter – wir gingen davon aus, dass es ein Mann war – war nach der Tat mit Bedacht vorgegangen.

»Nein, also wirklich, das ist ja nicht zum Aushalten.«

»Peter! Ich bitte dich! Was ist denn jetzt schon wieder?«

»Wieso, bitte schön, kommt jetzt meine ehrenwerte Frau Kollegin drauf, dass es ein Mann war? Bloß weil sie vorher mit einem oder zwei geschlafen hat? Das heißt doch noch lang nichts. Das kann genauso gut eine Frau gewesen sein.«

»Aber es ist eher unwahrscheinlich, siehst du das nicht auch so? Wieso sollte eine Frau eine andere erst verprügeln und dann erstechen?«

»Ja, weil die eine der anderen den Mann geklaut hat. Ist doch logisch, oder?«

»Zugegeben, das wäre eine Möglichkeit. Die ich allerdings nicht im Sinn hatte.«

»Logisch nicht. Weil du als Frau gar nicht zugeben würdest, dass eine Frau so etwas tun würde.«

»Also Peter, jetzt reicht's mir allmählich. Würdest du bitte so freundlich sein, und endlich deinen Mund halten? Ich kann so nicht arbeiten!«

Die Vermisstenkartei hatte uns nicht weitergebracht, und wir fürchteten schon, die Akte auf den Stapel der ungelösten Fälle legen zu müssen.

Natürlich hatten wir auch eine Suchmeldung mit dem Foto der Toten in allen Münchner Zeitungen geschaltet, aber da das Gesicht durch die Schläge ziemlich unkenntlich war, erhofften wir uns von dieser Seite eigentlich auch keine große Hilfe.

Es wurde immer heißer. Meinen Kollegen machte die Hitze ziemlich aggressiv, und so fuhr ich mit ihm häufiger Richtung Eisbach – selbstverständlich nur zu Ermittlungszwecken. Dass dabei unsere Füße ab und zu auch mal im Eisbach landeten, gehörte natürlich zu unserer Arbeit. An den Tagen nach dem Fund der Leiche waren wesentlich weniger Nacktbadende am Eisbach zu finden, obwohl wir in den Zeitungen ausdrücklich darauf hingewiesen hatten, dass der Fundort nicht der Tatort gewesen war und dass die Frau sehr wahrscheinlich nicht deshalb getötet worden war, weil sie nackt in der Sonne gelegen hatte.

»Also, das mit dem Eisbach finde ich gut. Endlich mal eine angenehme Abwechslung.«

»Danke, Peter, ich dachte schon, ich könnte dich überhaupt nicht zufrieden stellen.«

»Trotzdem ist die ganze Geschichte fad. Es passiert doch ewig nichts.«

»So ist das nun mal im Polizistenalltag. Da ist nicht jeden Tag Ramba-Zamba. Was sollte denn, deiner Meinung nach, passieren?«

»Mehr Action muss rein. Da muss endlich ein Verdächtiger her. Den müssen wir dann verhören, stundenlang, gnadenlos. Den mach ich so fertig, dass er nicht mehr weiß, wie er heißt.«

»Tut mir Leid, Peter, aber das wird's in meinem Krimi nicht geben. Ich hasse diese Rambo-Mentalität.«

»Du stehst wohl mehr auf diesen psychologischen Weiberkram. Man muss den Täter verstehen können. So ein Quatsch! Wer spielt denn hier die Hauptrolle? Die Polizei oder der Täter? Wir haben ein Opfer, wir suchen den Täter, wir verhören ihn, buchten ihn ein, zackbumm, fertig. Auf zum nächsten Fall.«

»Tut mir Leid, Peter, aber ich fürchte, du bist im falschen Krimi. Dies wird kein Krach-Bumm-Krimi, sondern eine kleine, feine Geschichte. Wenn dir das nicht passt, kannst du dir ja eine andere Autorin suchen. Oder am besten gleich so einen Macho-Autor, der dir das richtige Image verpasst. Ich habe die Schnauze jedenfalls allmählich gestrichen voll. Dies ist meine letzte Warnung. Entweder du parierst oder du fliegst.«

»Ha, das werden wir ja mal sehen. Ohne mich ist deine kleine, feine Geschichte doch keinen Pfifferling wert!«

Der entscheidende Hinweis kam dann doch aus der Bevölkerung; eine Frau rief an und sagte, dass sie die Frau ihres Nachbarn schon seit Tagen nicht mehr gesehen habe. Ich notierte die Adresse und fuhr zusammen mit Schmidt dorthin. Es war ein normales, fünfstöckiges Wohnhaus in Sendling. Wir klingelten und fuhren mit dem Aufzug in den dritten Stock. Die Frau erwartete uns und führte uns in ihre Wohnung. Wir sahen uns kurz um, aber es gab nichts Außergewöhnliches zu sehen. Eine typische deutsche Kleinbürgerwohnung, alles Eiche pur, zumindest nach außen hin. Wir setzten uns auf eine pompöse Couch und lehnten Kaffee und Tee höflich ab.

Nachdem sie anfangs nur in unvollendeten Sätzen und zweideutigen Andeutungen sprach, erfuhren wir schließlich, dass nebenan ein Paar wohnte, er um einiges älter als sie. Er ging jeden Tag um die gleiche Zeit aus dem Haus, vermutlich zur Arbeit, während sie den ganzen Tag zu Hause blieb und Männerbesuch empfing. Es handelte sich um verschiedene

Männer und aufgrund der eindeutigen Geräusche – »Stöhnen und so« – schien die Frau jede Menge Liebhaber zu
haben oder als Prostituierte zu arbeiten. Es war nicht klar, ob
der Mann davon wusste. Er wirkte immer sehr abweisend.
Vor einigen Tagen hatte es mitten in der Nacht einen lautstar-
ken Krach gegeben, bei dem wohl auch Geschirr zu Bruch
gegangen war. Zwei Tage danach verschwand die Frau und
ward nicht mehr gesehen.

Die Nachbarin räumte ein, dass die Frau natürlich auch
einfach ausgezogen sein könne, aber sie sagte, sie habe so ein
Gefühl, dass etwas nicht in Ordnung sei. Schmidt zeigte ihr
ein Foto von der Leiche, und obwohl sie das Gesicht verzog,
betrachtete sie es doch mit unverhohlener Neugier. Sie sagte
sofort, ja, das sei die Frau aus der Nachbarwohnung. Wir
stellten weitere Fragen, aber die Frau blieb im Prinzip immer
bei der gleichen Aussage. Wir baten sie, sich für ein eventuel-
les Protokoll zur Verfügung zu halten, und verabschiedeten
uns.

Bevor wir uns den verdächtigen Nachbarn anschauten,
wollten wir uns erst einmal besprechen und fuhren deshalb
mit dem Aufzug hinunter. Das Haus war uns doch etwas zu
hellhörig.

»Das ist er«, sagte Schmidt, sobald wir auf der Straße standen.

»Woher willst du das wissen?« fragte ich ihn. Allerdings
hatte ich auch ein gutes Gefühl.

»Ich weiß es einfach. Was machen wir als Nächstes?«

»Erst einmal müssen wir mit ihm reden, ihm sagen, dass
seine Frau tot ist.« Ich schaute auf die Uhr. »Wir haben noch
zirka eineinhalb Stunden Zeit, bis er nach Hause kommt, vorausgesetzt, er durchbricht seine Routine nicht.«

Wir befragten noch weitere vier Nachbarn, die sich aber
alle als nicht so gut informiert erwiesen wie unsere Anrufe-

rin. Wir warteten im Wagen auf den Mann. Zum ersten Mal seit Tagen war es etwas kühler, und Schmidt schien etwas verträglicher zu sein.

Der Mann hatte seine Routine nicht unterbrochen und kam ziemlich genau um halb sechs, wie uns seine Nachbarin gesagt hatte, auf das Haus zu. Wir warteten ab, bis er im Haus verschwunden war und gaben ihm fünf Minuten, um in seine Wohnung zu gelangen. Er sah unscheinbar aus, einer der Typen, die man sieht und sofort wieder vergisst. Keine nennenswerten Merkmale, ein unscheinbares Gesicht, braune Haare, Allerweltskleidung. Mir graute vor dem Augenblick, wenn er vor uns stand und von uns hören musste, dass wir vielleicht seine Frau tot aufgefunden hatten, und er zur Identifizierung mitkommen musste. Wie ich das hasste!

Wir stiegen aus dem Wagen und näherten uns dem Haus. Als auf unser Klingeln keiner reagierte, probierten wir es noch einmal bei der Nachbarin. Der Summer ertönte sofort. Während ich mit dem Aufzug fuhr, nahm Schmidt die Treppe. Es war nichts Ungewöhnliches zu bemerken. Die Nachbarin stand vermutlich hinter der Wohnungstüre und lauschte. Wir klingelten an der Wohnung. Schmidt begann, die Geduld zu verlieren.

»Machen Sie die Türe auf!«, rief er und klopfte mit der flachen Hand gegen die Türe. »Hier ist die Polizei! Wir wissen, dass Sie da sind.«

»He, du machst das ganze Haus auf uns aufmerksam«, warnte ich ihn. »Er ist kein Verdächtiger, denk daran!«

»Ich wette mit dir, er ist unser Mann.«

»Ach ja, hast du dich nicht noch kürzlich darüber mokiert, dass es genauso gut eine Frau gewesen sein könnte?«

»Vergiss es.« Er klopfte wieder an die Türe. »Machen Sie die verdammte Türe auf. Hier ist die Polizei.«

Ich hoffte, der Mann würde nicht in Panik ausbrechen und irgendeinen Blödsinn machen. Ich stieß Schmidt zur Seite und horchte an der Tür. Ich konnte jemanden rumoren hören. Ich klingelte also nochmals und klopfte ebenfalls an die Tür.

»Öffnen Sie bitte die Tür! Hier ist die Polizei. Wir müssen Ihnen ein paar Fragen stellen.«

»Weiber«, zischte Schmidt und versuchte, mich wegzudrängen. Plötzlich erklang hinter der Türe eine Stimme. »Ihr kriegt mich nicht, verdammte Bullen. Sie hat's verdient, die Schlampe. Herumgehurt hat sie, während ich geschuftet habe wie ein Idiot. Ausgelacht hat sie mich. Ausgelacht!«

»Na bitte!«, triumphierte Schmidt. »Hab ich nicht gesagt, das ist unser Mann?«

»Elender Hurensohn«, zischte er leise vor sich hin. »Mach die verdammte Tür auf!« Er zog plötzlich seine Pistole und klopfte an die Türe.

»Was ist denn mit dir los? Bist du übergeschnappt?«, fragte ich Schmidt leise, aber er schien mich nicht zu hören. Plötzlich trat er zurück und nahm Anlauf. Er warf sich dröhnend gegen die Wohnungstür, die sich keinen Millimeter bewegte.

»Verdammte Scheiße«, brüllte Schmidt und zog plötzlich eine MP hervor. Ich traute meinen Augen nicht. Ich war wohl im falschen Krimi gelandet? Was um Himmels willen wollte er mit einer MP? Vor allem, wo hatte er sie her?

Ich schrie: »Schmidt, lass den Blödsinn!«, aber er schien mich nicht zu hören. Innerhalb von Sekundenbruchteilen hatte er statt seiner normalen Kleidung plötzlich einen Tarnanzug an und um die Stirn ein dreckiges Tuch gewunden. Sein Gesicht war schweißgebadet und schmutzig.

Ich wich langsam zurück und musste zusehen, wie er wieder und wieder Anlauf nahm, um die Wohnungstüre einzutreten. Plötzlich hielt er die MP auf die Türe und begann zu feu...

Peter!!!! Bist du von allen guten Geistern verlassen? Hör sofort mit diesem Rambo-Scheiß auf! Peter!!!

Verdammt, er hört nicht auf mich. Ich muss eine Lösung finden! Ich kann nicht zulassen, dass er wie ein Wilder herumballert und womöglich Leute umbringt! Okay:

Bearbeiten ›klick‹ Ersetzen . . .›klick, Suchen nach: Peter ›klick‹ Ersetzen durch: Niemand ›klick‹ Alle ersetzen ›klick‹
»NEEEEEEIIIIIIIINNNNNNNN!!!!!!!!!«

Ausgegolzt

Horst Eckert

1

Benedikt Engel wusste nicht recht, was ihm an der Leiche nicht gefiel. Zu wenig Blut, die Augen geschlossen ... vielleicht war es das.

Ben stopfte den Wollschal in die Regenjacke. Er hätte den Wintermantel nehmen sollen, es war ungemütlich hier draußen. Der Frost hatte nun auch den Rhein erreicht – es würde Glatteis geben, warnten die Nachrichten. Bens Hals kratzte bereits. Der kürzeste Tag des Jahres war vor ein paar Stunden zu Ende gegangen, doch vom nahen Autobahnzubringer wehte unvermindert das Rauschen der Autos herüber. Keine Meise verirrte sich in das blattlose Gestrüpp, das hinter rostigem Maschendraht das Grundstück begrenzte. Ein trostloser Ort, bereits ohne Leiche.

Acht Stockwerke unterhalb des weit geöffneten Fensters krümmte sich der tote Mann im Scheinwerferlicht der Kriminaltechniker auf den Betonplatten, die das Apartmenthaus auf der Rückseite umfassten. Schneeflocken taumelten aus dem nächtlichen Himmel und schmolzen bei der ersten, zarten Berührung mit dem Toten, der nichts als einen Bademantel aus dünner, schwarzer Seide trug. Fast wie hingelegt, dachte Hauptkommissar Benedikt Engel und schoss ein letztes Polaroid, um den Fundort zu dokumentieren.

Eine seltsame Haltung für einen, der in den Tod gehopst war, dachte Ben. Die Knie waren leicht angezogen, die Arme parallel zum Körper, der Kopf mit den blonden Stoppelhaaren in den Nacken gelegt. Als hätte er es sich nicht in den Zehntelsekunden vor dem Aufprall noch anders überlegt. Als hätte er nicht um Hilfe gerudert und instinktiv versucht, den Kopf zu schützen.

Der Rechtsmediziner nickte den Bestattern zu und streifte die Latexhandschuhe ab. Er wandte sich an Ben. »Keine Anzeichen von Fremdeinwirkung.«

Missmutig schleuderte der Weißkittel die Handschuhe in den Koffer. Die Oper hatte ohne ihn begonnen – oder was immer der Arzt an diesem Freitagabend vorgehabt hatte.

»Ehrlich gesagt, ich weiß gar nicht, warum Sie mich überhaupt geholt haben.«

Die Bestatter stellten die Bahre neben dem Toten ab und öffneten den Reißverschluss des Leichensacks. Das Geräusch erinnerte Ben jedes Mal an die Campingurlaube seiner Jugendzeit. Mit den Jungs von der Manta-Bande in den Dünen der Küste von Zeeland – viel zu lange war das her.

»Wann ist es passiert?«, fragte er den Mediziner.

»Vor einer Stunde, plus minus fünfzehn Minuten.«

»Sind Sie sicher?«

»Das kann man anhand seiner Abkühlung ziemlich genau berechnen.«

Arroganter Arsch, dachte Ben. Soviel weiß ich auch. Er nickte in Richtung Leiche – die Bestatter mussten die Beine gerade drücken, um sie in den Sack zu bekommen. »Und ich hab gedacht, die Leichenstarre setzt erst nach zwei Stunden allmählich ein.«

»Ein Fall von kataleptischer Erstarrung.« Der Arzt zog den Kittel aus und stopfte ihn zu den Handschuhen. »Kommt vor«, sagte er ohne weitere Erläuterung und trug die Tasche zu seinem roten Porsche. Die richtige Karre, um Medizinstudenten zu beeindrucken, dachte Ben. Fehlt nur noch das MCM-Logo auf dem Arztkoffer.

Bens Kollegin Ela Bach trat aus dem Haus. »Keinerlei Fingerabdrücke«, meldete sie atemlos, als hätte sie die Treppe benutzt. »Nicht am Griff, nicht am Fensterbrett, nicht am Rahmen.«

»Du meinst, keine verwertbaren.«

»Nein. Gar keine. Alles ist sauber abgewischt.«

Ben sah sich um. Der Rechtsmediziner ließ den Kofferraumdeckel knallen und riss die Fahrertür auf.

»Doktor . . .!«, rief Ben ihm zu. Er hatte den Namen vergessen.

»Is' was?«

»Sieht aus, als bräuchten wir doch 'ne Obduktion.«

»Morgen früh geht es nicht.«

»Dann eben jetzt gleich!«

2

Die Bullen waren höflich, aber hartnäckig. Der Lange im mausgrauen Anzug war bereits der Zweite, der sie in einem schäbig möblierten und schlecht geheizten Dienstzimmer vernahm. Sicher war es schon Mitternacht, schätzte Claudia Golz. Zum Teufel mit den Kopfschmerzen.

»Soso, das *Bugatti*. Was gab's denn Gutes zu essen, Frau Golz?«, fragte der Anzugträger, der sich als Benedikt Engel vorgestellt hatte. Ein Kriminalhauptkommissar, offenbar der Chef der Truppe. Immer die gleichen Fragen. Die Bullen ließen sie schmoren. Eigentlich kein Wunder. Wer sonst hatte ein solches Mordmotiv.

»Linsenschaumsuppe und als Hauptgang Seezunge an Kressesabayon. Kein Dessert, falls Sie das auch hören wollen. Hab ich alles bereits Ihrem Kollegen erzählt.«

Die Spulen des kleinen Aufnahmegeräts drehten sich mit leisem Knirschen.

Engel nickte ihr zu. »Lecker. Ich liebe gutes Essen. Was hatte Ihr Begleiter gewählt?«

Wahrscheinlich lauerte der Mordermittler darauf, dass sie sich in irgendwelche Widersprüche verwickelte. Da konnte er lange fragen. Claudia kannte diese Spielchen. Aus dem Fernsehen. Wenn sie nur ihr Excedrin nicht im Büro vergessen hätte. Die Beamten nach einem Mittel gegen das Bohren in ihrem Schädel zu bitten, dazu war Claudia zu stolz.

Zum zweiten Mal schilderte sie den Abend in allen Details. Das Geschäftsessen mit Conradi, dem Galeristen. Ein vollbesetztes Restaurant an der Königsallee. Erster Stock, Fensterplatz mit Blick auf die Lichter, die zur Zeit die Kronen der Ahornbäume verzauberten. Dutzende von Zeugen konnten bestätigen, dass sie in der fraglichen Zeit für keinen Moment den Tisch verlassen hatte. Nicht einmal zur Toilette war sie gegangen. Keine Chance, ihr etwas anzuhängen.

Engel fragte nach den Gästen am Nachbartisch. Sie konnte ihm prominente Namen nennen und sie vermutete, dass der dicke Medienberater des Ministerpräsidenten und der fröhliche Chef der nordrhein-westfälischen Filmstiftung sich an sie erinnern würden – ihr Dekolletee würde dafür sorgen.

Der Polizist wollte sogar wissen, wer den Wein ausgesucht und gekostet hatte – sie natürlich. Claudia rechnete damit, dass Engel oder seine Leute ihre Angaben überprüfen würden. Den Galeristen befragen, weitere Gäste, vielleicht sogar das Personal des *Ristorante Bugatti*.

Der Kommissar schnäuzte sich, dann sagte er: »Am späten

Nachmittag waren Sie zuletzt in der Wohnung des Toten. Stimmt das?«

Sein Blick war irgendwie triumphierend. Sie wich ihm nicht aus. Offenbar hatten die Schnüffler die Nachbarn gefragt und waren auf die alte Schmidt gestoßen, die gehbehinderte Oma, die in der Wohnung gegenüber stets am Spion lauerte. Und wenn schon.

»Ich hatte noch Sachen dort«, erklärte Claudia. Bis vor sechs Wochen war es auch ihre Wohnung gewesen. »Und wir hatten etwas zu besprechen. Markus und ich. Wegen der bevorstehenden Scheidung. Aber auch das habe ich Ihrem Kollegen schon gesagt.«

»Wie wir hörten, gab es Krach.«

Diese Hexe. Hätte Claudia nicht die fremden Liebesbriefe im Schreibtisch ihres Mannes gefunden, würde sie heute noch Wand an Wand mit der alten Schmidt wohnen.

»Das ist übertrieben.«

»Man sagt, sie hätten sich häufig gestritten.«

»Glauben Sie nicht alles, was die Nachbarin behauptet. Die Dame übertreibt.«

Der Hauptkommissar grinste wie ein kleiner Junge, den man beim Schummeln erwischte. »Sie hätten sogar mal gedroht, ihn umzubringen, heißt es.«

»Ach was. *Er* hat höchstens *mir* gedroht. Markus war ein fauler Nichtsnutz. Unzuverlässig und verlogen. Erwarten Sie bitte nicht, dass ich die trauernde Hinterbliebene spiele. Ehrlich gesagt, ich bin sogar froh, dass er sprang. Auch wenn ich nicht geglaubt hätte, das er irgendetwas von dem Unsinn wahrmachen würde, den er ständig von sich gab.«

»Was gab er denn so von sich?«

Es klopfte an der Bürotür. Sie zuckte nur mit den Schultern. Engel ergänzte: »Wir vermuten, dass er gestoßen wurde.«

»Sie haben keine Fingerabdrücke gefunden, stimmt's? Ich

wette, er hat sie zuvor selbst abgewischt, um es so aussehen zu lassen. Sie kannten ihn nicht. Er machte nichts ohne Berechnung. Markus war hinterlistig und bösartig.«

Eine junge Beamtin steckte ihren Kopf ins Zimmer und winkte Engel nach draußen.

Claudia starrte auf die Spulen des Rekorders, die sich weiter drehten.

3

Ben schloss die Tür hinter sich und folgte Ela. »Können die von der Haustechnik das Scheißpräsidium nicht anständig heizen?«

Am Ende des Gangs traktierte Kommissar Schranz den Kaffeeautomaten mit Boxhieben. Schranz war gut darin. Er trainierte regelmäßig im *Body and Soul*.

Ela antwortete: »Du hättest erst mal die Leichenhalle erleben sollen.«

»Dort muss es kühl sein. Hier nicht. Was gibt's Neues?«

Ela warf einen Blick auf Schranz, doch der war mit dem Automaten beschäftigt. »Nichts zu machen«, sagte sie. »Der Rechtsmediziner bleibt dabei. Todeszeitpunkt zwischen zwanzig und einundzwanzig Uhr.«

Schranz stieß einen kurzen Schrei aus. Blech schepperte, dann ergoss sich Kaffee in den Becher. Schranz reckte die Faust. Sein Siegerblick suchte nach Zuschauern, die mit ihm jubeln würden.

Ben schlenderte auf ihn zu. »Und was hast du so rausgekriegt?«

Schranz nahm den Becher aus dem Ausgabeschacht. »Die Techniker haben Spuren von Kaliumzyanid in der Wohnung des Opfers gefunden. In einem Mörser. Ihr wisst schon. So'n Ding, mit dem man Pfefferkörner zerstößt.«

»Nach Bittermandel hat der Tote aber nicht gerochen«, bemerkte Ben.

»Auch nicht bei der Leichenöffnung«, ergänzte Ela.

Schranz rührte mit einem Plastikstab. »Man riecht es nicht immer, sagen die Leute vom Labor. Sie arbeiten daran.«

»Heißt das, sie hat ihn vergiftet *und* aus dem Fenster gestoßen?«

Schranz spekulierte. »Vielleicht wollte sie auf Nummer sicher gehen.«

Ben nahm dem Kollegen den Becher aus der Hand und nippte daran. Dünn, aber heiß. »Der Typ muss ein richtiger Kotzbrocken gewesen sein, sagt sie.«

»Genau wie du. Gib her!«

»Habt ihr sein Aquarium gesehen?«

»Scheiß drauf. Das ist mein Kaffee!«

Ben schlürfte von der dunklen Brühe und wandte sich Ela zu: »Ich frag mich nur, wer sich jetzt um all die Fische kümmert.«

»Die füttert ein Automat. So hässlich dieses Hochhaus ist, aber oben in der Wohnung ist alles vom Feinsten.«

»Und jetzt? Du wirst sie doch nicht laufen lassen?«, fragte Schranz, als Ben zu seinem Büro zurückging.

Der Hauptkommissar griff mit der freien Hand nach der Klinke. Dann überlegte er es sich noch einmal anders, angelte ein Markstück aus der Hosentasche und warf es dem Kollegen zu.

»Danke, Schranz. Das nächste Mal mit Milch, bitte.«

4

Die Stadt lag still und starr, der Schnee ließ die Nacht leuchten. Morgen würde die Pracht zu grauem Matsch zusammenschmelzen, dachte Claudia. Wie die Liebe. Von gleicher Vergänglichkeit. Seinen blöden Buntbarschen war Markus mit mehr Wärme begegnet als ihr. Weil er der Futtermaschine nicht traute, war er nie länger als drei Tage in Urlaub gefahren. Wenn es nach ihr ging, konnten die Viecher jetzt vergammeln.

Er hatte sich nicht einmal die Mühe gegeben, die Briefe richtig zu verstecken. Zartgrünes Papier mit aufgedruckten Ranken. Eine unschuldig wirkende Schnörkelschrift, wie die eines Schulmädchens. Im Gegensatz zu den beigelegten Polaroids.

Als Markus beteuerte, dass er die Affäre mit der langmähnigen Boutiquenbesitzerin längst beendet hatte, war für Claudia das Fass übergelaufen. Der Kerl log am laufenden Band und bildete sich auch noch ein, sie würde ihm alles glauben.

Das war es, was sie an Markus am meisten gehasst hatte: Einfalt gepaart mit Arroganz. Es gab nichts Schlimmeres.

Sie kramte die Schlüssel aus der Handtasche. Ihr die Firma, ihm die Luxuswohnung mit Blick bis zum Rhein – so hatten sie sich zunächst verständigt. Doch plötzlich sattelte er um. Die Firma habe während der Zeit ihrer Ehe eine beträchtliche Wertsteigerung erfahren. Als hätte Markus jemals dazu beigetragen. Wenn sie nicht flüssig sei, solle sie die Klitsche eben verkaufen.

Der Nichtsnutz hatte tatsächlich *Klitsche* gesagt.

Claudia betrat das Marmorfoyer, der Bewegungsmelder klickte, die Beleuchtung im Treppenhaus sprang an. Die Mieten hier im Rheinhafen waren sündhaft hoch, aber das

Geschäft lief gut und die ausgefallene Architektur hatte bis jetzt jeden Besucher beeindruckt.

Art Mobil war ihr Baby, von dem sie sich nie trennen würde. Gut, dass sie die Firma nicht Golz-Kunstspedition genannt hatte, wie ihr fantasieloser Mann vorgeschlagen hatte.

Mit Golz war jetzt Schluss. Es hatte sich ausgegolzt.

Claudia tippte den Nummerncode in das Kästchen neben dem Büroeingang im ersten Stock und drückte die Glastür auf. Sie hatte überlegt, die Ziffernkombination zu ändern, um wenigstens in der Firma Ruhe vor Markus zu haben. Das war jetzt nicht mehr nötig.

Schluss mit Golz. Endgültig. An ihren Mädchennamen würde sie sich rasch wieder gewöhnen. Morgen würde sie als erstes neue Briefbögen und Visitenkarten in Auftrag geben. Ein zweites Leben würde für sie beginnen. Und die Polizei hatte nichts in der Hand.

Den blinkenden Anrufbeantworter ignorierte Claudia. Ihr Terminkalender war aufgeschlagen, die Mappe mit den Aufträgen lag nicht an ihrem Platz. Markus, dachte sie. Wahrscheinlich als sie am Vormittag die Anlieferung in der Kunsthalle beaufsichtigte. Du Schwein hast hier zum letzten Mal herumgeschnüffelt.

Aus-ge-golzt.

Die Kopfschmerzen. Sie wühlte in der Schublade nach den Kapseln. Sich ein Alibi zu verschaffen war ein Kinderspiel gewesen. Das Bohren hinter ihren Schläfen bereitete größere Probleme.

5

An der Auffahrt zur Rheinkniebrücke war ein Taxi in einen Kleinwagen geschlittert – keine gute Art, den Tag zu beginnen. Im Vorbeifahren dachte Ben daran, welchen Stau ein solcher Unfall im Berufsverkehr auslösen würde. Mindestens bis zum Kaarster Kreuz. Ben war froh, dass er in der Stadt wohnte und das morgendliche Verkehrschaos rund um Düsseldorf nur aus dem Radio kannte. Als Hauptkommissar konnte er sich eine hübsche Singlewohnung in Unterbilk leisten. Um zwanzig nach eins war er zu Hause.

Noch bevor er die Regenjacke auszog, drehte Ben den Hahn auf und ließ die Badewanne voll laufen. In der Küche tunkte er ein paar Gnocchi in die Tomatensauce, die erkaltet auf dem Herd stand – sein Abendessen, zu dem er gestern nicht mehr gekommen war. Er legte eine CD in den Player. Wayne Shorter, eine Aufnahme aus 1964. Dabei ging ihm Claudia Golz nicht aus dem Sinn. Noch nie hatte ihm eine Verdächtige ein so perfektes Alibi serviert.

Ben stieg in die dampfende Wanne. Eine Wohltat. Er goss einen Schuss von dem grünen Zeug ins Wasser, das eine Freundin ihm zum Geburtstag geschenkt hatte, verrührte es und sog Kräuterduft in die Bronchien. Ein schmeichelndes Saxophon tönte aus dem Wohnzimmer herüber, doch Ben konnte den neuen Fall nicht verdrängen.

Kataleptische Erstarrung – er hielt die Diagnose des Rechtsmediziners für Unsinn. Noch nie hatte Ben einen taufrischen Toten gesehen, der so steif war, als hätte er bereits vor fünf oder sechs Stunden den Löffel abgegeben. Und in den acht Jahren, die er nun im KK11 arbeitete, hatte er schon Hunderte von Leichen gesehen. Garantiert mehr als dieser Schnösel von Porschefahrer.

Das Telefon schrillte. Ben wartete darauf, dass sich der

Anrufbeantworter einschaltete. Nach dem fünften Klingeln wurde ihm klar, dass er das Gerät nicht aktiviert hatte. Er stieg aus der Wanne und lief in den Flur, doch bevor er den Hörer greifen konnte, brach das Klingeln ab. Ben fror und beeilte sich, ins warme Wasser zurückzukehren.

Jetzt begann sein Handy zu dudeln. Er beugte sich über den Wannenrand und wühlte im Klamottenhaufen, der auf den Fliesen lag. Diesmal schaffte er es, bevor der andere aufgab.

Ela war dran.

»Was gibt's?«, fragte Ben die Kollegin.

»Das Zyankali hat mir keine Ruhe gelassen. Ich hab mit dem Labor telefoniert und gedacht, es würde dich interessieren. Liegst du in der Wanne?«

»Wie kommst du darauf?«

»Ich hör's plätschern. Du machst das tatsächlich nach jedem Leichenfund.«

»Fang jetzt bloß nicht an zu psychologisieren. Ich will keine Grippe kriegen, das ist alles. Was sagen die Laborratten?«

»Dass das Cyanid von einem Algenvernichtungsmittel stammt. Von dem Pulver, das Golz für sein Aquarium benutzt hat. Und dass die Leiche frei von Spuren war. Gift hat seine Frau also nicht verwendet. Falls sie es war.«

Ben bedankte sich. Er beendete das Gespräch und dachte nach.

Schließlich warf er den Hörer auf die Wäsche, ließ heißes Wasser nachlaufen und rutschte nach vorn, bis er mit den Schultern ins Wasser tauchte. Er legte den Kopf auf den Rand, das Kinn im Schaum. Kräuterduft kitzelte in der Nase, das Wayne-Shorter-Quartett spielte eine sanfte Ballade. Endlich entspannte sich Ben.

Um auch die Knie von den wärmenden Wellen umspülen

zu lassen, hob er für einen Moment die Füße über die Wanne hinaus. Gar nicht so einfach, einen langen Kerl in die Wanne zu packen.

Plötzlich erkannte Ben, dass er exakt die gleiche Haltung eingenommen hatte, in der Markus Golz auf den Beton geknallt war. Die Haltung, die ihm von Anfang an seltsam erschienen war. Er rekapitulierte, was er über die Kriterien zur Todeszeitbestimmung gelernt hatte. Abkühlung. Rigor mortis . . .

Ben sprang aus der Wanne. Er wusste, wie er die losen Enden verknüpfen konnte.

Von wegen *kataleptische Erstarrung*.

6

Claudia spürte, dass sie zu aufgedreht war, um jetzt gleich in ihre neue Bude zu fahren und zu schlafen. Sie öffnete den Bürokühlschrank. Bingo. Champagner war jetzt genau das Richtige, um das Excedrin hinunterzuspülen. Sie würde die Kunstspedition behalten und das millionenschwere Apartment dazu. Die kleine Bude, die sie sich am Rand der Altstadt gemietet hatte, war von Anfang an nur eine Übergangslösung gewesen.

Der Korken knallte, der Schampus schäumte ins Glas. Claudia trat ans Fenster und prostete den Schneeflocken zu. Zum ersten Mal empfand sie die Einfalt der anderen als einen Grund zu feiern. Die Bullen ahnten, dass sie es getan hatte, aber sie kamen nicht auf das *Wie*. Dabei war es gewissermaßen nur eine Frage der Körperpflege gewesen, um zu verhindern, dass Markus in der Wanne eine Waschhaut bekam, während sie mit Conradi Rebhuhnbrüstchen aß und flirtete.

Sie schluckte zur Sicherheit gleich drei Kapseln und trank ein Glas Schampus hinterher. Auf das neue Leben. Claudia Friederike Müller. Bis zu ihrer Eheschließung hatte sie ihren Namen als banal empfunden. Wie naiv sie damals nur gewesen war.

Es schellte an der Haustür.

Claudia füllte ihr Glas nach. Sie prostete ihrem Ideengeber zu: *Rechtsmedizin – Lehrbuch für Mediziner und Juristen.* Das Wissen über die Bestimmung von Todeszeiten konnte man in jedem Buchladen kaufen. *Mit vollständiger Berücksichtigung des Gegenstandskatalogs für die Ärztliche Prüfung.* Sie hatte die so genannten Experten mit ihren eigenen Waffen geschlagen. Halte den Kerl warm und sie glauben, er sei hops gegangen, während du vor Dutzenden von Zeugen Fisch gegessen hast.

Das Klingeln hörte nicht auf. Claudia wurde flau in der Magengegend. Sie sagte sich, dass es keinen Grund gab, nervös zu werden, ging zur Gegensprechanlage und drückte einen der Knöpfe.

»Wer ist da?«

Zuerst lärmte nur ein Auto aus dem kleinen Lautsprecher. Vielleicht ein Streufahrzeug. Dann krächzte eine Stimme, die ihr bekannt vorkam: »Ich hab Licht gesehen und dachte, wir könnten uns noch mal unterhalten.«

Hauptkommissar Engel. Der Bulle im grauen Anzug. Und wenn schon, dachte Claudia. Sie leerte das Glas, stützte sich an der Wand ab und neigte sich ganz dicht an das Kästchen. Sie beschloss, sich einen Spaß zu erlauben und gab ihrer Stimme einen tiefen, sanften Klang, der auf die meisten Männer so erotisch wirkte. »Um ein Uhr nachts?« So ganz zufällig spazieren Sie hier vorbei?«

»Mir geht etwas durch den Kopf, das mich einfach nicht schlafen lässt. Geht's Ihnen nicht genauso?«

Irgendetwas war los mit ihrem Magen. Claudia beschloss,

es zu ignorieren. Selbst wenn er auf die Idee mit der Wanne gekommen war, hatte der Polizist keine Beweise. Sie durfte nur keine Unsicherheit zeigen. »Glauben Sie wirklich, Sie hätten mich so tief beeindruckt, Herr Kommissar?«, flirtete sie mit der Gegensprechanlage.

Für zwei oder drei Sekunden war es still. Dann antwortete Engel: »Entschuldigen Sie die Störung. Ich denke, Sie haben Recht. Wir können das auch morgen im Präsidium besprechen. Gute Nacht.«

»Warten Sie. Warum so förmlich?« Sie betätigte den Türöffner. Neugier trieb sie an. Eine Art sportlicher Herausforderung.

Sie hatte Markus mit der flachen Seite der Fischpfanne erschlagen – die Verletzung sah aus wie eine typische Aufprallwunde. Blutspuren? Hatte sie beseitigt, bevor sie an die Kö zu ihrem Date mit Conradi fuhr. Sie hatte sogar daran gedacht, Wanne und Leiche gründlich trocken zu reiben, bevor sie den warm gehaltenen Toten aus dem Fenster stemmte. Die alte Schmidt hatte nicht bemerkt, dass Claudia zurückgekehrt war. Zu dieser Stunde glotzte sie die Quizsendung auf RTL. In einer Lautstärke, die durch alle Wände drang. Und selbst, wenn Claudia im Aufzug jemanden getroffen hätte, wäre ihr zur Not auch dafür eine Begründung eingefallen.

Claudia hörte Engels Schritte im Treppenhaus. Sie hielt sich den Magen. Der Fisch, dachte sie. Warum hatte sie sich im *Ristorante Bugatti* auch diese Seezunge aufdrängen lassen?

Sie erschrak, als ihr Blick auf das Lehrbuch fiel. Keine Zeit, es durch den Aktenvernichter zu jagen. Sie warf es in den Kühlschrank.

Ein Pochen an der Glastür, die unverschlossen war. Engel trat in den Flur. Claudia holte ein zweites Glas für den Polizisten. Sie zitterte leicht, als sie eingoss. Ihr war, als bekäme sie zu wenig Luft. Sie zwang sich zu lächeln. Kein Grund, warum sie das Duell nicht bestehen sollte.

Der groß gewachsene Kommissar stand im Raum. Der gleiche zerknitterte Anzug wie vor einer Stunde. Mit dem Champagnerglas deutete Claudia eine einladende Geste an. Es entglitt ihr und klirrte zu Boden. Wie ungeschickt, dachte sie.

7

Benedikt Engel registrierte, wie das starre Lächeln im Gesicht der Witwe einem Ausdruck von Panik wich. Die Frau taumelte einen Schritt zur Seite, als stemme sie sich gegen einen schwankenden Schiffsboden. Mühevoll röchelnd stieß sie gegen den Schreibtisch und suchte nach Halt. Ihre unkontrollierte Bewegung fegte einen Arzneikarton vom Schreibtisch.

Kapseln kullerten über das Parkett. Claudia Golz brach zusammen, bevor Ben sie auffangen konnte.

Ben kniete sich neben sie und tastete nach ihrer Halsschlagader. Kein Puls.

Ihr Mund war halb geöffnet. Kein Atem, aber Ben nahm deutlich einen leichten Geruch wahr. Bittermandel – als habe sie Amaretto getrunken und nicht Champagner.

Er studierte die Schachtel. Excedrin, ein Schmerzmittel. Die Kapseln lagen über das Parkett verteilt, fast jede zweite war beim Aufprall geplatzt und hatte helles Pulver verstreut.

Ben erkannte, dass der Hass der beiden Eheleute auf Gegenseitigkeit beruht hatte. Ihr Einfallsreichtum auch. Der Ehemann hatte das Medikament präpariert, bevor Claudia ihn ermordete – schade, dass jetzt keiner da war, mit dem Ben eine Wette darüber abschließen konnte.

Markus Golz hatte die Kapseln aufgeschnitten, den Inhalt

ausgetauscht und die Hälften wieder zusammengesteckt. Es musste eine langwierige Fummelei gewesen sein, dachte Ben und war sich sicher, dass das Zyankali aus dem Vorrat stammte, den Markus Golz als Algenvernichter zu Hause hatte. Die Chemiker des Landeskriminalamtes würden es bestätigen.

Was Ben allerdings ärgerte, waren all die Weißkittel, mit denen er zusammenarbeiten musste. Was hatten die Laborratten seiner Kollegin Ela weiß machen wollen? Man rieche es nicht immer?

Ein Märchen. Genau wie das des Arztes von der angeblichen kataleptischen Erstarrung.

Einfalt, gepaart mit Arroganz. Nichts ist schlimmer als das, dachte Ben und wählte die Nummer der Spurensicherung.

Ohrringe

-KY

In der letzten Novemberwoche erreichte mich der umfängli-
che Brief eines mir bis dato völlig unbekannten Menschen,
und wenn ich seither schlecht geschlafen habe, dann seinetwegen:

Lieber -ky! Mein Name ist Tjark Thomas, und ich kenne Sie
von vielen Ihrer Bücher her, war auch schon Gast einiger
Ihrer Lesungen. Sie werden sich womöglich nicht an mich
erinnern, aber ich leite aus diesen ›Berührungen‹ doch ein
gewisses Recht her, diese Zeilen an Sie zu richten. Sie sind
ebenso ein Hilferuf an Sie, denn ich stehe unter Mordver-
dacht, wie auch ein Versuch, *Ihnen* aus der Not zu helfen. Vorgestern nämlich habe ich in einem RIAS-Interview mit Ihnen
gehört, dass Sie Anfang nächsten Jahres im *Museum für Deutsche Völkerkunde* zur Bereicherung der Ausstellung *Aufs Ohr
geschaut* eine Kurzgeschichte zum Thema Ohrringe vorlesen
sollen, wollen oder möchten, jedoch noch immer keinen Plot
gefunden hätten und schon ganz verzweifelt seien. Ich habe
nun eine Geschichte für Sie, die voll ins Genre Krimi passt
und bei der es in entscheidender Weise auch um Ohrringe
geht. Sie können sie gerne haben, wenn Sie mir versprechen,
sich für meine Rehabilitierung einzusetzen und mir das
›Lebenslänglich‹ zu ersparen.

Ich bin, wie Sie, Diplom-Soziologe, 34 Jahre alt, und seit
1981 wissenschaftlicher Mitarbeiter im *Institut zur Erfor-*

schung von Kaufentscheidungen, kurz INKA genannt. Warum, so fragen wir, greift ein Käufer zur Seife A und nicht zur Seife B, zum Toilettenpapier der Sorte X und nicht der Sorte Y oder zum Roman Ihres Kollegen Q und nicht zu einem Ihrer Bücher? Um das herauszufinden, sind im INKA-Team Psychologen, Soziologen, Betriebswirte und Kommunikationswissenschaftler froh vereint. Obwohl unsere Arbeitszufriedenheit als sehr hoch anzusetzen ist und unsere Entfremdung dementsprechend niedrig, hat jeder von uns ein respektables Hobby. Meines nun besteht darin, Ohrringe zu sammeln, Ohrringe in jeder Form, aus jedem Kulturkreis und aus jeder geschichtlichen Epoche. Der Grund für diese Affinität ist mir und meinem Psychiater noch immer verborgen, Tatsache aber ist, dass ich seit Jahren zu keiner geschlechtlichen Erregung irgendwelcher Art mehr fähig bin, wenn ich dabei keine Ohrringe fühle oder sehe. Diese Kopplung kann ebenso von einer Mitschülerin herrühren, die auffallend korallenrote Ohrringe getragen hat und deren Foto ich meinen ersten Samenerguss zu verdanken habe, wie auch von all den verdrängten Wünschen meiner Stief- oder Ziehmutter gegenüber, einer äußerst attraktiven Frau, die vernarrt gewesen ist in Ohrringe exotischster Art.

Wie auch immer, verstehen Sie dies bitte als Überleitung zum Eigentlichen, sprich: dem Fall meiner INKA-Kollegin Julia Kpuczyk, den Namen kennen Sie vielleicht, Jahrgang 1956 und Psychologin von Beruf. Mehr als zweihundert Tage pro Jahr haben wir jeweils zusammen im Büro gesessen, an zwei gegeneinander gestellten Schreibtischen sozusagen Gesicht an Gesicht, so dass mir kaum eine ihrer Regungen verborgen bleiben konnte. Da ich selber auch einmal Romane schreiben möchte, habe ich über ihr Verhalten des Öfteren regelrechte Protokolle verfasst. So kann ich mir das, was sich im Herbst dieses Jahres im Zusammenhang mit ihr ereignet hat, mühelos ins Gedächtnis rufen; und urteilen Sie selbst: Ist das nicht alles überaus merkwürdig gewesen . . .?

Montag, 4. September

»Julia, ist der Brief an GeBu-Stahl endlich raus . . .?«

»Nein, aber getippt ist er schon . . . Ich will ihn heute noch mal mit nach Hause nehmen . . .«

»Warum denn das?«

»Um ihn noch einmal durchzusehen . . . Auf Tippfehler und ob inhaltlich alles . . .«

Ich sah sie kopfschüttelnd an. »Da machst du eine Staatsaktion draus . . .! Wir wissen doch nun, nach welchen Kriterien Frauen ihre Küchenmesser kaufen . . . Obenan die Ergänzung ihres Sortiments . . .«

Sie beharrte aber darauf, den Text noch einmal sorgfältig prüfen zu müssen, und als sie es schließlich getan hatte, hielt sie das Papier noch mehrmals gegen das Licht, so als enthielte das Wasserzeichen verschlüsselte Botschaften.

Aufgefallen war mir ferner, dass sie in unserem Bericht das Wort Messer des Öfteren durch ›Schneidewerkzeug‹ oder ein anderes, ebenso umständliches Synonym zu ersetzen versucht hatte: ›Zerteilhilfe‹ zum Beispiel oder ›Tranchiergerät‹.

Donnerstag, 14. September

Durch Zufall, weil mein Wagen nach einem kleinen Auffahrunfall am Vortag noch in der Werkstatt war, habe ich Julia gegen 17 Uhr im Bus der Linie 19 getroffen, das heißt, ich war vor unserem Büro in Halensee eingestiegen und hatte in der hintersten Reihe des Oberdecks einen Platz gefunden, während sie erst an der Gedächtniskirche zugestiegen ist, ohne mich dabei in meiner Ecke zu entdecken. In etwa drei Metern Entfernung schräg vor mir sitzend, hatte ich sie ständig im Blickfeld, und so konnte mir nicht entgehen, dass sie ihre rechte Hand minutenlang überaus kräftig gegen Mund und Kiefer presste. Zuerst dachte ich, sie unternehme dies heftiger Zahnschmerzen wegen, bis mir dann allmählich bewusst wurde, dass sie es tat, um sich am Sprechen zu hindern, am Herausschleudern von Worten und Sätzen. Wären sonst Laute zu vernehmen gewesen, wie man sie von Hunden hört, denen ›Aus!‹, ›Pfui!‹ und ›Ruhig jetzt!‹ befohlen worden ist, die aber gerne lostoben wollen . . .?

Sonnabend, 23. September

Am Vortag hatten wir bis weit nach Mitternacht bei Julia ihren 33. Geburtstag gefeiert, und sie hatte vom INKA-Team ein Paar wunderschöne Ohrringe geschenkt bekommen und sich beim Tanzen auch schon angesteckt: Am Oberteil mit seinem Haken saßen jeweils eine facettierte Kugel, drei Blätter und ein Käfer, alle drei Teile aus einem Kunststoff geschnitten, der eine magisch klare Amethystenfarbe zeigte. Sofort war ich furchtbar wild auf sie und flüsterte ihr zu, den Ring am rechten Ohr schon küssend, ob ich wohl die Nacht bei ihr . . .

»Nein, aber morgen früh zum Saubermachen kannst du wiederkommen . . .«

»Danke, kein Bedarf . . .!«

Dann war ich aber doch gegen 9 Uhr bei ihr in Neukölln,

um ihr zu helfen. Sie hatte zu dieser Zeit eine kleine Wohnung im Seitenflügel eines der alten Blöcke, und als ich durch die Toreinfahrt kam und in den Hinterhof blickte, sah ich sie den Müll wieder aus der Tonne holen, den wir in der Nacht zuvor beim Nachhausegehen mitgenommen hatten, um sie ein wenig zu entlasten. Sie stopfte alles in einen blauen Plastiksack und trug es wieder nach oben.

Freitag, 13. Oktober

Lieselotte B., unsere gemeinsame Chefin, war mit ihr zu einer Weiterbildungsveranstaltung in Allensbach und berichtet, dass sich Julia im Hotel pausenlos die Haare waschen musste. Endlos lange habe sie unter der Dusche gestanden, um sich das Shampoo wieder auszuspülen. Auch sei sie beim Mittagessen von Panik erfasst in ihr Zimmer gestürzt, um das Kleid zu wechseln, als ihr ein Messer in den Schoß gefallen war.

»Wenn alles dreckig ist . . .«
»Nicht doch, das war ein völlig sauberes Messer!«

In der Folge konnte ich die Beobachtung machen, dass Julia sowohl bei uns in der INKA-Kantine wie auch anderswo nur noch Speisen zu sich nahm, bei deren Verzehr mit Löffel beziehungsweise Gabel auszukommen war. Auffällig war auch, dass sie ihren Tagesablauf im Kleincomputer ihrer Armbanduhr bis ins Letzte abgespeichert hatte und immer nur auf seinen Piepton reagierte: 9 Uhr Anruf bei der kranken Mutter. 9 Uhr 30 Gang zur Toilette. 9 Uhr 40 Beschicken der Kaffeemaschine. 10 Uhr Essen eines Joghurts – und so weiter und so weiter.

Immer wenn sie unser gemeinsames Zimmer für längere Zeit verlassen hatte, schickte ich mich an, mit einiger Erregung in ihren Fachbüchern zu blättern und war auch sehr bald zu der Überzeugung gelangt, dass sie unter einer schweren Zwangsneurose litt, denn zu typisch waren mir ihre ›ritualisierten Handlungen‹, wie die Psychiater dazu sagen. Auch schien sie mir sehr unter den so genannten ›wiederkehrenden Gedanken‹ zu leiden, worunter die Fachleute in der Hauptsache ganz bestimmte Ängste verstanden, zum Beispiel, man könnte eine andere Person mit einem Messer oder Ähnlichem verletzen oder töten oder die Kontrolle über sein eigenes Verhalten verlieren, etwa Selbstmord begehen.

Meine große Frage war natürlich, woher denn diese Zwangsneurose stammte. Eine Antwort darauf fand ich aber nicht, so sehr ich mich auch mühte.

Das war der Stand der Dinge, als mich an einem Sonntagmorgen, es war, um präzise zu sein, der 29. Oktober des vergangenen Jahres, heftiges Klingeln hochschrecken ließ. Allein in der Wohnung, warf ich mir den Bademantel über und eilte auf die Diele hinaus.

». . . wer ist denn da bitte . . .?«

»Sind wir hier richtig bei Herrn Thomas, Tjark Thomas . . .?« Das war eine nicht unfreundliche Stimme. Ein Mann Anfang dreißig, schätzte ich, vom Tonfall her mit Sicherheit Berliner, von der Sprache wohl höherer Bildungsabschluss.

»Ja . . . ich kann jetzt aber nicht . . .« Dies sagte ich in der Annahme, dass mich wieder einmal die Werber einer religiösen Sekte heimgesucht hätten.

»Kripo, aufmachen bitte!«, dröhnte nun eine weibliche Feldwebelstimme durchs wie immer stille Treppenhaus.

»Nanu . . .!« Ich zog die Tür den berühmten Spalt weit auf und sah die beiden mit gezückten Marken. Er leptosom und überraschend intellektuell, sie bullig wie die Nummer 9 einer Hallenhandballmannschaft aus dem östlichen Europa und mit einem Gesicht, wie es mir bei Reps-Wählerinnen immer wieder aufgefallen war. Sie stellten sich vor. Er hörte auf den schönen Namen Hundt, mit dt am Ende aber, sie nannte sich Zechow, Petra Zechow.

»Dürfen wir eintreten . . .?«

»Wenn Sie nicht meine Tür, dann gerne . . .«

»Wie witzig!«, fauchte die Frau Kriminalobermeisterin.

Wir nahmen in der Küche Platz, und der Oberkommissar, das war er wohl mit Abitur und FHS-Ausbildung, warf den Ball zum ersten Service in die Luft.

»Sie sind doch wissenschaftlicher INKA-Mitarbeiter, der Kollege von Julia Kupczyk . . .?«

»Ja . . .« Ich sprach dabei ein großes Fragezeichen mit.

»Und haben die zum letzten Mal gesehen – wann . . .?«

Ich überlegte nicht lange. »Nun, am Freitag gegen 15 Uhr . . . Als wir Büroschluss hatten . . .« Jetzt war es mir aber unmöglich geworden, das ». . . wieso . . .?« nicht hinten dranzuhängen.

Die Zechow bellte es heraus. »Weil sie ermordet worden ist. Heute Nacht. Am S-Bahnhof Waidmannslust. Ein Messerstich von hinten. Anschließend verblutet!«

Ich reagierte nun nicht mit Schock, mit Tränen und Erschütterung, was mich sogleich entlastet hätte, sondern so, als wäre mir eben mitgeteilt worden, dass unsere Eishockey-Preußen im Heimspiel gegen Frankfurt 1:4 verloren hätten. Na und, die Saison war ja noch lang, und worauf es ankam, waren einzig und allein die Play-Off-Runden im März. Dies aber nicht aus Herzenskälte oder gar, weil ich der Täter war, sondern einzig und allein, weil ich den Fakt nicht fassen konnte.

»Das ist doch unmöglich, dass sie, dass Julia so . . .«

»Wir sind nicht hier, um Scherze mit Ihnen zu machen! Wo waren Sie denn heute Nacht, von 2 Uhr 30 bis 2 Uhr 45 . . .?«

»Bei mir, im Bett!«

»Allein . . .?«, fragte Hundt, und ich merkte ihm an, dass er sich bei einem Nein sehr gefreut hätte.

»Leider . . .«, brachte ich hervor.

»Was . . .!?«, schnauzte die Zechow mich an.

»Leider allein . . .«

Hundt stöhnte auf. »Dann muss ich Sie ein paar Sachen fragen, die . . . Wir haben schon mit Ihrer Chefin gesprochen und ein paar Kolleginnen und Kollegen und dabei immer wieder gehört, dass Sie . . . Sie verzeihen das bitte – sexuell nur in Fahrt kämen, wenn da Ohrringe im Spiel seien . . . Die Damen sie am Ohr oder Sie sie dabei in der Hand hätten . . .«

Ich bemühte mich um Contenance. »Dass das schon 'ne Perversion ist und im Strafgesetzbuch steht, wäre mir neu . . .«

»Ha-ha-ha!« Die Zechow lachte wie Alf. »Neu ist Ihnen sicherlich auch, dass die Kupczyk im Sterben noch ein Wort geflüstert hat . . .«

Kein Sterbenswörtchen mehr darüber, assoziierte ich ganz automatisch und hatte Mühe, dies hier alles als real zu nehmen, nicht als Szene zwischen Tag und Traum; Albtraum besser.

»Welches Wort denn . . .?«, stieß ich schließlich hervor.

»Ohrringe!«

»Uff!« Meine Reaktion war etwas kindlich, doch ich ahnte, was das hieß, denn sicher wussten sie schon von meiner Sammelwut, was die Ohrringe betraf, hatten mich ja eben gar als Ohrring-Fetischisten abgestempelt.

»Ohrringe . . .« Hundt bemühte sich um ein wirklichkeitsgetreues Flüstern, eine echt verhauchende Stimme. »Ja . . .« Erst nach kurzem Abhusten fand er zu normalen Tönen zurück. »Drei Zeuginnen respektive Zeugen haben wir dafür . . .«

Die Zechow sah mich böse an. »Sie sollen Frau Kupczyk mehrfach sexuell belästigt haben, so bedrängt und . . .!?«

»Gott . . .! Das ist doch wohl 'n bisschen übertrieben!«

»Am Freitag soll es zu einem heftigen Streit gekommen sein . . .?« Hundt hatte in seinen Notizen geblättert.

»Aber deswegen nicht! Nur, weil sie den Brief an GeBu-Stahl immer noch nicht abgeschickt hatte; das war der mit der Küchenmesser-Untersuchung . . .«

Die Zechow stand auf. »Wir hätten dann gern mal Ihre Ohrringsammlung gesehen . . .«

»Im Wohnzimmer, im Sideboard . . . Aber . . .?«

»Wir haben einen richterlichen Durchsuchungsbefehl . . .!« Die Zechow wedelte mit einem amtlichen Schriftstück herum. »Also . . .!«

»Der Grund ist ein ganz einfacher«, erklärte mir Hundt und zeigte mir ein Hochglanzfoto. »Diesen Ohrring hier, diesen violetten Quarz, nachgemachter oder echter Amethyst, was auch immer, unsere Spezialisten kommen erst morgen wieder . . . Kennen Sie den . . .?«

Ich wusste natürlich, wohin das alles lief, aber was sollte ich noch machen? »Das ist wahrscheinlich der, den wir Frau Kupczyk zum Geburtstag . . .«

»Ah, ja . . .!« Die Zechow freute sich.

»Was hat denn der mit ihrem Tod zu tun?«, war meine Frage.

Hundt ließ mich nicht mehr aus den Augen. »Von dem hier haben wir in der Handtasche der Kupczyk nur einen gefunden, und da . . .«

». . . Ohrringe im Allgemeinen paarweise auftreten, suchen wir nun den anderen«, fuhr die Zechow dazwischen. »Und zwar bei Ihnen hier!«

Ja, was soll ich dazu weiter sagen: Sie holten noch ein paar Kollegen von unten herauf und begannen zu fünft, meine Wohnung auf den Kopf zu stellen.

Zuerst stürzten sie sich auf die samtbeschlagenen Tabletts, auf denen ich meine Kostbarkeiten ausgebreitet hatte, darunter seltene Stücke wie Kreolenohrringe aus dem 18. Jahrhundert und voluminöse Pendeloques aus Frankreich, Ohrgehänge aus Eisen mit den Bildnissen der Königin Louise und Friedrich Wilhelms III., etliche so genannter Demi-Paruren aus blauem Email, Schaumgold oder Elfenbein, Ohrgehänge in Form von Steigbügeln, Hufeisen oder Schrauben, den Ohrring eines Sennen aus dem schweizerischen Toggenburg, Seefahrerohrringe alter Zeiten – und so weiter, und so weiter.

Die Kripo-Leute gingen meiner Meinung nach ganz offensichtlich von der Arbeitshypothese aus, ich hätte der Julia Kupczyk im Affekt und aufgrund irgendwelcher Perversionen den einen, den fraglichen Ohrring entrissen und in meine Sammlung eingereiht, doch sie fanden weder ein Einzelstück dieser Art und Form noch ein Paar, dessen eine Hälfte sich als nachgemacht erwiesen hätte.

Schon schien ich gerettet, da schrie die Zechow: »Da ist er! In'er Besucherritze von sei'm Bett!«

Hundt sah mich an. ». . . dann ist es hier zum Kampf zwischen Ihnen beiden gekommen, sie hat sich aus Ihrer Wohnung geflüchtet, und Sie sind ihr hinterher . . . Und oben am Bahndamm haben Sie dann die Nerven verloren und von hinten auf sie eingestochen . . .« Das klang furchtbar logisch, denn der Tatort, den sie genannt hatten, lag keine dreihundert Meter von meiner Wohnung, am Zabel-Krüger-Damm, entfernt.

Angesichts dieser Fakten musste meine Version in ihren Augen arg lächerlich klingen, und ich wagte es kaum, sie ihnen anzubieten. ». . . das ist ganz anders gewesen . . .«

»Und wie . . .?«

»Ich habe ihr den Ohrring im Büro geklaut, um . . . Das hat mich eben angeregt . . .«

Die Zechow war auch in der Tat einem Lachkrampf nahe. »Wäschefetischisten kenn ich ja, dass sich einer 'n Slip . . . Aber 'n Ohrring, o Gott! So 'n Schwachsinn, Mensch!«

Die 7. Mordkommission der Berliner Kripo war sich damit im Klaren, dass sie mich nach §127 Strafprozessordnung vorläufig festzunehmen hatte, und zu meinem Entsetzen entschied sich der Richter, dem ich knappe sieben Stunden später vorgeführt wurde, nicht für meine sofortige Freilassung, sondern sagte mir mit dürren Worten, dass die Haft aufrechtzuerhalten sei. So sitze ich nun, davon 23 Stunden des Tages allein, in meiner Zelle in der Moabiter Untersuchungshaftanstalt und muss tatenlos zusehen, wie alles daran wirkt, mir das Grab zu schaufeln. Nie habe ich vorher einen Rechtsanwalt gebraucht und auch keinen im Freundeskreis gehabt, so dass ich nun den erstbesten nehmen musste, den man mir nannte. Auf ihn setze ich keinerlei Hoffnung, ganz im Gegenteil, aber immerhin wird er Ihnen diesen Brief zukommen lassen. So sehe ich nur noch eine Chance für mich, dass nämlich Sie, lieber -ky, das nötige Interesse an meiner Story gewinnen, die Ihnen dann auch exklusiv gehört, und Ihre connections zu Polizisten wie Journalisten nutzen, den wahren Mörder meiner Kollegin Julia Kupczyk zu finden. Mit herzlichem Dank und besten Grüßen – Ihr Tjark Thomas.

Soweit der flehentliche Brief meines, wenn Sie so wollen: Verehrers, der mich als die berühmte ›echte Herausforderung‹ nicht mehr losgelassen hat, sodass ich sogar in der heiligen Weihnachtszeit wie auch am Silvestertage seinetwegen unterwegs gewesen bin. Über die Ergebnisse meiner Recherchen habe ich ihn dann letzten Sonntag über seinen Anwalt informiert; hier meine fünf Seiten an ihn:

Lieber Tjark Thomas, wenn ich Ihnen erst heute antworten kann, dann deswegen, weil sich die Nachforschungen so übermäßig lange hingezogen haben, vor allem aber viel Mühe aufzuwenden war, etwas mehr über die Krankheitsgeschichte der Julia Kupczyk in Erfahrung zu bringen, denn von Anfang an schien mir klar, dass ihr gewaltsamer Tod etwas zu tun haben musste mit den Gründen ihrer Zwangsneurose, wie Sie sie in Ihrem Brief geschildert hatten. Lassen Sie mich also damit beginnen.

Von der Buddelkiste, über Kindergarten und lange Schuljahre hinweg, bis zu gemeinsamen Tanzstunden- und Discobesuchen hat Julia eine ganz enge und intime Freundin gehabt, ihre Ingeborg. Doch dann, in der gymnasialen Oberstufe, war Ingeborg Borrmann, so ihr voller Name, augenscheinlich nicht mehr in der Lage, dem vorgelegten Lerntempo zu folgen, verließ die Schule und ging jobben; mal hier, mal dort. Und wie das so ist, wenn man zu den attraktiven Mädchen zählt, war sie Model für Versandhauskleidung, Go-go-girl im *Eden* und Animateurin in den unterschiedlichsten Ferien-Clubs am Mittelmeer, bis sie dann bei der Internationalen Funkausstellung in Berlin am Stand einer japanischen Firma Kataloge verteilte und dabei High-Society-Herren kennen lernte, die viel für das bezahlten, was sie bis dahin als Amateurin eh schon immer gern betrieben hatte. Acht Jahre brauchte sie, um von einer klassischen Mätresse zur Kudamm-Nutte zu werden, genau die Zeit, die Julia benötigt hatte, um das Abitur zu machen und an der FU ihr Psychologie-Studium mit einer Zwei zu Ende zu bringen. Beide hatten sich bei so unterschiedlichen Wegen alsbald aus den Augen verloren, da aber in Berlin fast alles mit allem verknüpft ist, geheimnisvoll vernetzt, war es keineswegs der pure Zufall, sondern allemal Wahrscheinlichkeitslogik, dass sie eines Tages wieder aufeinander trafen, denn Julia Kupczyk als links-bemühte Psychologin und stark frauenbewegt, bekam fast automatisch Kontakt zum *Hydra-Projekt*, unserer stadt-, wenn nicht bundesweit bekannten Selbsthilfeorganisation all jener Prostituierten, die sich nicht länger von Zuhältern ausbeuten lassen wollen.

Als ich diese Geschichte mit Hilfe meines Journalistenfreundes Carsten Corzelius, Sie werden ihn vom SFB her kennen, soweit eruiert hatte, musste ich nach Bramme fahren, wo mein guter alter Mannhardt ja derzeit an der Hochschule für öffentliche Verwaltung (HÖV) als Dozent für Kriminalistik sein Gnadenbrot verdient.

»Du hast doch damals in Berlin den Mordfall Ingeborg Borrmann . . .?«

»Ja; wieso?«

»Mir geht's da gar nicht um die Borrmann, primär jedenfalls, sondern die eine Tatzeugin: Die Kupczyk, Julia . . . Kannst du dich noch dran erinnern?«

Mannhardt stützte den Kopf in die Hände, um die alten Bilder aus dem Gedächtnis zu rufen. »Ja, sicher . . . die Kupczyk hat ihr Praktikum in Tegel im Knast gemacht und sich berufen gefühlt, einen der drogenabhängigen Knackis wieder zum glücklichen Menschen zu machen . . . War so 'ne richtige Mode bei den Bewährungshelferinnen damals. Wenn die armen Gestrauchelten Freigang hatten, haben sie bei denen zu Hause schlafen dürfen, bei und mit ihnen . . .«

»Ich würd das gar nicht so ironisch sagen . . .«, warf ich tadelnd ein. »Eine bessere Re-Integration kann ich mir nicht denken.«

»Okay . . .« Mannhardt winkte ab. »Jedenfalls hieß ihrer Giselher, fühlte sich zum Hochliteraten berufen und hielt sich für eine Mischung von Genet und Papillon . . .«

»Ah, ja, alles selber erleben: Liebe, Dreck und Tod; Folter, AIDS und Suff; Drogen, Knast und Nutten . . . Das ist es!« Bei allem Spott musste ich zugeben, dass das schon etwas Imponierendes hatte.

Mannhardt lächelte. »Nun, wie das Leben so spielt . . .«

»Seifenoper, was . . .?«

». . . eine auf berlinisch, ja: Julia liebt Giselher – Giselher kommt aufgrund ihres außerordentlich positiven Gutachtens früher aus dem Knast, wird aber trotz all ihrer Bemühungen leider sehr schnell wieder zum Dealer und versucht, sein Glück und Geld als Zuhälter zu machen . . .«

Ich schlug mit der flachen Hand auf den Tisch. »Und will diese Ingeborg Borrmann für sich anschaffen lassen! Sag bloß!?«

»Ja und nein . . . Er schafft es jedenfalls bei ein, zwei anderen Frauen und macht die total abhängig von sich. Das genau zu der Zeit, als Ingeborg . . .«

». . . der Selbstbefreiungs-Trip, ich weiß, Stichwort *Hydra* . . .«

Mannhardt nickte und legte den Arm um Heike, seine neue Lebensgefährtin, eine Journalistin des *Brammer Tageblattes*. »Wobei ja noch einmal zu betonen ist, dass ja Julia und Ingeborg so eng befreundet waren, wie es enger kaum noch ging . . .«

Heike stellte unsere Calvados-Gläser zum Dreieck zusammen. »Bühne frei fürs klassische Drama . . . Darf ich mal raten, wie's ausgegangen ist . . .?«

»Bitte . . .« Mannhardt sah sie an.

»Ingeborg hat Beweise gegen Giselher und will ihn, die *Hydra*-Frauen im Rücken, für lange Jahre hinter Gitter bringen . . .«

»Richtig!«

»Julia sieht sowohl den Erfolg ihrer therapeutischen

Arbeit mit Giselher wie auch ihre große Leidenschaft gefährdet . . .«

»Stimmt ebenfalls . . .«

»So unternimmt sie nichts, so sieht sie tatenlos zu, als Giselher ihre Freundin Ingeborg ersticht!«

Mannhardt klatschte in die Hände. »Genial!«

Heike lachte. »Nein, hab ich doch selber im *Tageblatt* berichtet von . . .«

»Nur unser lieber -ky hat das verpennt!«, rief Mannhardt. »Ja, wer immer nur vorm Fernseher sitzt und Sportsendungen sieht . . .!«

Ich stöhnte auf. »Scheiße, das muss mir irgendwie entgangen sein . . . Pardon, aber . . .« Nun war mir vieles klar. »Julia Kupczyk wird dann freigesprochen – oder?«

»Ja . . .« Heike wusste es noch. »Sie hat einen sehr guten Verteidiger gehabt, der dem Gericht klarmachen konnte, dass alles sehr schnell gegangen sei und sie keine Chance gehabt hätte, ihren Geliebten noch bremsen zu können.«

»Wie auch immer, ich glaube schon, dass sie es zumindest innerlich, unbewusst, so gewollt hat. Darum fühlt sie sich auch schuldig am Tod der Borrmann. Mea culpa – alles meine Schuld! Und daher rühren auch all ihre zwangsneurotischen Verhaltensweisen, wie Tjark Thomas sie beschrieben hat: Immer die Angst, sich zu verraten, herauszuschreien, dass sie Giselher angemacht habe, Ingeborg beiseite zu schaffen.«

Heike stimmte mir zu. »Spricht alles dafür.«

»Und Giselher selber, den können wir nicht fragen?«

»Der ist Anfang des Jahres gestorben . . .«

Ich goss mir einen neuen Calvados ein. »Schön . . . Aber Tjark Thomas ist damit immer noch nicht aus der Bredouille, denn die große Frage bleibt ja offen: Wer hat Julia Kupczyk erstochen . . .«

Da kam ein spitzbübisches Glitzern in Mannhardts eis-graue Augen. »Sie selber!«

»Wie!? Du spinnst! Von hinten in den Rücken?«

»Der Thomas Hundt, mein Nachfolger, hat mich gestern angerufen, mehr zufällig, und ich hab ihn gebeten ... Weil wir da vor Jahren mal 'n ähnlichen Fall gehabt haben ...«

»Was denn?«

»Da hat sich jemand, um einen Mord vorzutäuschen, selber ein Messer in den Rücken gestoßen oder besser: Gedrückt. Eine Backsteinmauer, der Mörtel aus den Fugen gewaschen. Das Messer dort mit dem Heft hineingedrückt – und dann den Rücken mit aller Kraft selber in die herausragende Klinge gejagt ...«

»Das geht ...?«

»Sicher. Am S-Bahnhof Waidmannslust, da gibt es eine sol-che Mauer, und Julia Kupczyk kann sich durchaus auf diese Art und Weise die tödliche Verletzung selber zugefügt haben, ist ja nach einem Stich in die Milz relativ langsam verblutet. Wollte sterben, krank wie sie war, von ihrer Schuld erdrückt ...«

Heike und ich hatten atemlos gelauscht, waren überzeugt von allem.

Dann aber hatte ich, in Gedanken bei Ihnen, lieber Tjark, doch einen Einwand, eine Frage. »Ja, aber, warum hat sie, als sie am Sterben war, noch das Wort ›Ohrringe‹ geflüstert ...«

»Sie hat nicht ›Ohrringe‹ geflüstert ...«

Ich wurde richtiggehend ärgerlich. »Klar hat sie ›Ohrringe‹ gesagt! Drei Zeugen haben's doch gehört!«

»Drei Zeugen haben sich *ver*hört!«

»Wieso?«

»Weil sie nicht ›Ohrringe‹ geflüstert hat sondern ›Ohr-Inge‹; Ohr-Bindestrich-Inge. Das war nämlich der Spitz- und oder Künstlername ihrer Freundin. Inge als Kurzform von

Ingeborg, klar!? Und Ohr-Inge deswegen, weil es der Ingeborg bei einem Autounfall – vor Jahren auf der Insel Formentera – die linke Ohrmuschel weggerissen hatte, und sie nun bei jedem Arbeitseinsatz darum bangen musste, dass ihre Freier davon abgeschreckt wurden. Man muss sich nur einmal ihre komischen Frisuren und Perücken ansehen . . .«

Ohr-Inge, das war's!

Ja, lieber Tjark Thomas, mein ganzes Entlastungsmaterial geht mit derselben Post an Ihren Verteidiger wie an die Staatsanwaltschaft, und ich hoffe sehr, dass Sie schon ein freier Mann sein werden, wenn ich am 18. Januar meine Ohrring-Story im *Museum für Deutsche Volkskunde* vortrage. Es wäre geradezu ein Triumph für mich, wenn ich Sie am Ende im Saal begrüßen dürfte. Bis dann, mit festem Daumendrücken für Sie und herzlichen Grüßen – Ihr -ky.

Die Giftmörderin von Dornumersiel

Barbara Wendelken

Gleich nach Hermanns Pensionierung hatten wir uns ein Haus an der Küste, genauer gesagt in Dornumersiel gekauft. Ich glaube, Hermann hat das Klare, das weithin Überschaubare der ostfriesischen Landschaft angezogen, die Ordnung, die über allem liegt.

Ich selbst hingegen bin wegen der Farben gekommen. Gelb, Grün und Blau. Und wegen der hier herrschenden ganz eigenen Lichtverhältnisse. Und nicht zuletzt wegen der Einsamkeit. Ich wollte endlich ungestört malen, nichts und niemand sollte mich von meiner Leidenschaft ablenken.

An jenem Morgen ließ ich meinen zweiten Kaffee stehen und sagte freundlich: »Den Tisch kannst du abräumen. Ich muss arbeiten.« Und dann verschwand ich in meinem neuen Atelier.

Ich *muss* arbeiten, diese Worte hatte ich sehr bewusst gewählt. Hermann sollte endlich begreifen, dass die Aquarellmalerei mehr als ein Hobby für mich war. Sämtliche Freunde und Bekannte in Hannover beneideten mich um meine leider viel zu spät entdeckte Begabung, nur mein Gatte hielt mich für gänzlich talentlos. Nicht einmal die Tatsache, dass ich meine Werke in der Volkshochschule hatte ausstellen dürfen, beeindruckte ihn. »Ich weiß nicht, was bedeutet das schon. Die haben doch selbst keine Ahnung von Kunst. Sei nicht böse, Luise, aber auf mich wirken deine Bilder irgendwie schwammig und konturlos, um nicht zu sagen flüchtig.«

»Die Aquarelltechnik lebt von diesen fließenden Farbverläufen«, wollte ich mich verteidigen.

Hermann zog nur die Augenbrauen hoch. »Das sagst du, meine Liebe. Weil du es nicht besser kannst.«

Ich tröstete mich damit, dass Hermann vielleicht ein guter Bilanzbuchhalter, aber gewiss kein Kunstkenner war und malte unbeirrt weiter. Zugegeben, es konnte vorkommen, dass ich darüber den Einkauf vergaß, dass ich kein Mittagessen kochte, manchmal hing unsere Wäsche auch tagelang an der Leine, das will ich gar nicht abstreiten, aber ist das denn so schlimm? An jenem Junimorgen setzte ich mich also mit seligem Lächeln an meinen neuen, riesengroßen Arbeitstisch. Endlich ein eigenes Atelier! Wie lange hatte ich darauf gewartet. Überschwänglich breitete ich die Arme aus. Ich war so übermütig, so fröhlich, so gut gelaunt! Wie hätte ich auch ahnen sollen, welch schwere Zeiten mir bevorstanden?

Das Bild, das ich zu malen gedachte, sah ich in Gedanken bereits im Schalterraum der Dornumer Sparkasse hängen. Der Raum war groß und hell und bot sich für eine Ausstellung geradezu an. Den Filialleiter würde ich schon überreden, dachte ich. Als Motiv hatte ich unseren herrlich verwilderten Garten gewählt. Die saftiggrüne Wiese war übersät mit dottergelben Löwenzahnblüten, gelb und grün, ein wunderbarer Farbkontrast, doch auch das zarte, blasslilafarbene Wisenschaumkraut durfte ich nicht vergessen. Im Hintergrund erhoben sich die Holunderbüsche wie eine dichte, grüne Wand. Linker Hand blühten die ersten Heckenrosen in kräftigem Pink, dahinter schaute man auf das ziegelrote Mauerwerk der Garage. Über dem Tor hatte ein Schwalbenpaar sein Nest gebaut. Emsig fütterten die Vögel ihre Brut. Es war ein Bild des absoluten Friedens.

Großzügig benetzte ich das Aquarellpapier mit einem nassen Schwamm, dann befestigte ich den Bogen mit breiten Klebestreifen auf der Sperrholzplatte. Mit Schwung öffnete ich meinen Farbkasten. Chromoxidgrün feurig ist eine meiner Lieblingsfarben. Und ich gedachte, sie in Zukunft sehr oft zu gebrauchen. Mein ganzer Garten schien ja chromoxidgrün feurig zu leuchten. Mit einem hauchfeinen Pinselstrich markierte ich den Horizont.

In diesem Moment durchdrang ein aggressives Knattern die friedvolle Stille. Das Geräusch war entsetzlich laut, es explodierte förmlich in meinem Kopf und mordete dort jeden kreativen Gedanken. Und es wollte und wollte nicht enden. Entnervt riss ich das Fenster auf und lehnte mich hinaus. Es war nicht schwer, die Ursache dieser Geräuschattacke auszumachen. Hermann mähte mit seinem frisch erworbenen Aufsitzmäher den Rasen. In aller Seelenruhe fuhr er auf dem Grundstück hin und her. Und hin und her. Und hin und her.

Ich war außer mir. »Hermann, hör sofort auf mit dem Lärm!«, brüllte ich aus dem Fenster.

Hermann verstand kein Wort, was bei dem Krach nicht weiter verwunderlich war, doch er winkte mir fröhlich zu und setzte seinen Zickzackkurs fort.

Resigniert legte ich den Pinsel mit der chromoxidgrünen Farbe ab. Es war sinnlos. Mal abgesehen von der unerträglichen Geräuschkulisse mähten Hermann und sein Teufelsgerät gerade mein Motiv zunichte. Sämtliche Löwenzahnblüten sowie das Wiesenschaumkraut fielen ihnen zum Opfer.

Zwei Stunden später – solange brauchte Hermann für seine ruchlose Tat, unser frisch erworbenes Eigentum wies die stattliche Größe von zweitausend Quadratmetern auf – stellte ich ihn zur Rede. »Wer hat dir gestattet, den Rasen zu mähen?«

Er zuckte nur mit den Schultern. »Rasen? Eine Wildwiese

war das doch wohl, total ungepflegt. Was sollen die Nachbarn von uns denken?«

»Ich hätte diese so genannte Wildwiese gern gemalt. Leider ist das nicht mehr möglich. Du hast ja nichts davon übrig gelassen.«

Hermann lächelte matt.

»Außerdem ist der Lärm, den dieser Mäher produziert, eine Zumutung«, schimpfte ich weiter. »Dabei kann kein Mensch kreativ arbeiten.« Im Nachhinein weiß ich, dass ich an dieser Stelle einen großen Fehler begangen habe. Indem ich Hermann nämlich verriet, wie er mich von meinem Arbeitstisch fern halten konnte. Wie schon gesagt, Malen war für ihn reine Zeitverschwendung.

Das Türklingeln unterbrach unseren Streit. Eine große, streng wirkende Frau stellte sich als »Meta Trauernicht« vor. »Ich wohne da«, sie zeigte auf das Haus, das links neben dem unseren stand. »Allein. Ich bin verwitwet.« Für mich hatte sie einen großen Strauß purpurroter Blumen aus ihrem Garten mitgebracht. Fingerhut, wie ich sogleich erkannte, und für Hermann eine Flasche Kräuterschnaps. Kruiden war der wenig Vertrauen erweckende Name. Laut Meta Trauernicht handelte es sich um eine ostfriesische Spezialität.

Wie es sich gehört, bat ich unsere neue Nachbarin herein. Ich führte sie ins Wohnzimmer, wo es einigermaßen ordentlich aussah. Für meine Verhältnisse jedenfalls. Frau Trauernicht sah das möglicherweise anders. Auf jeden Fall musterte sie interessiert den Zeitungsstapel auf dem Tisch, der gerade nach rechts zu kippen drohte. Und auch der Korb mit der Bügelwäsche, der das halbe Sofa in Anspruch nahm, fand ihre Beachtung.

Am nächsten Tag kaufte Hermann sich gleich nach dem Frühstück eine Motor-Kettensäge. »Ich werde die Holunderbüsche einkürzen«, erklärte er mir. Und dann wagte er noch hinzuzufügen: »Bei dem Lärm, den diese Säge produziert, kannst du garantiert nicht pinseln. Wenn du gebügelt hast, könntest du die Fenster zur Straße putzen. Die haben es nötig.« Pinseln sagte er, nicht malen. Ich weiß es noch genau.

Keine Ahnung, was mit mir los war. In einem Moment der geistigen Verwirrung ließ ich tatsächlich heißes Wasser in einen Plastikeimer laufen. Zum Glück kam ich rechtzeitig zur Besinnung. Ich kippte das Wasser ins Klo. Nein. Ich war an die Küste gezogen, um mich als Künstlerin zu verwirklichen. Und nicht als Hausfrau.

Entschlossen erklomm ich die Treppe zu meinem Atelier. Ein wenig niedergeschlagen schaute ich auf mein angefangenes Bild. Viel war ja nicht zu sehen. Gerade mal eine grüne Linie, die den Horizont markierte. Nun gut. Das würde sich ändern. Ich sprenkelte Wasser auf das Papier.

Das laute Aufheulen eines Motors ließ mich erschrocken zusammenfahren. Zuerst dachte ich, dass ein verrückt gewordener Mopedfahrer auf unserem frisch gemähten Rasen ein Rennen fuhr, aber selbstverständlich war es Hermann, der den Krach produzierte. Hermann mit seiner neuen Säge. Was die Lautstärke anging, hatte er mir nicht zu viel versprochen.

Ich wollte mich nicht aus der Ruhe bringen lassen, tapfer begann ich mit dem Himmel. Viel Wasser, Coelinblau und ein paar Konturen in Umbra. Doch es wurde nichts, mein Himmel sah weder sommerlich noch unbeschwert aus. Vielmehr schien sich auf dem Aquarellpapier ein böses Gewitter zusammenzubrauen. Entnervt klappte ich den Farbkasten zu. Es hatte einfach keinen Zweck. Sollte Hermann sich doch an den bedauernswerten Holunderbüschen austoben. Irgendwann würde er damit ja fertig sein. Tatsächlich brauchte er drei Tage.

Am Freitagabend waren wir bei Meta Trauernicht eingeladen. Ihr Haus war so klinisch rein, dass ich am liebsten auf der Schwelle wieder umgekehrt wäre. Vor allem, als Frau Trauernicht misstrauisch zuerst unsere Schuhe und dann die Abdrücke beäugte, die sie auf ihrem himmelblauen Teppich hinterließen. Mir konnte sie nichts vorwerfen, aber unter Hermanns linkem Fuß klebte Sand, den er häufchenweise im Flur verteilte.

Neugierig schaute ich mich um. Im Grunde gab es keinerlei Indizien dafür, dass unsere Nachbarin ihr eigenes Haus tatsächlich bewohnte. Kein Fussel, kein Staubkörnchen, kein Fußabdruck auf dem Teppich, nicht mal ein Knick im Sofakissen oder eine aufgeschlagene Zeitung. Blumen konnte ich auch nirgends entdecken. In den Fenstern mit den akkurat gefältelten Stores standen leere Porzellanübertöpfe. Als die Trauernicht meinen irritierten Blick bemerkte, erklärte sie, dass Blumen in der Wohnung unhygienisch wären. Und ungesund. Wegen des starken Geruchs. Besonders höflich war diese Bemerkung nicht. Immerhin hatte ich ihr gerade einen üppigen Strauß Sommerblumen überreicht.

Witwe Trauernicht servierte uns Tee mit Kluntjes und Sahne und Buttercremetorte. Selbst gebacken natürlich. Und das zur Abendbrotzeit. Hinterher gab es diesen Kräuterschnaps. Kruiden. Den brauchte man allerdings auch nach dieser Fett- und Kalorienbombe.

Unser Gespräch verlief eher schleppend. Über eine äußerst genaue Beschreibung der Wetterlage kamen wir nicht hinaus. Als ich auf meine Aquarelle zu sprechen kam, fiel die Trauernicht mir gleich ins Wort. »Für so was hab ich keine Zeit. Das Haus, der große Garten, da gibt es mehr als genug zu tun. Abends bin ich immer todmüde.« Hermann nickte bedeutungsschwer.

»Jeder hat eben andere Prioritäten im Leben«, sagte ich spitz.

Im Bett, die Torte lag mir wie ein Mühlstein im Magen, musste ich dann auch noch Hermanns Lobreden auf die Nachbarin ertragen. »Endlich mal eine Frau mit vernünftigen Ansichten. Die hat ihren Haushalt wenigstens im Griff. Ich wünschte, bei uns würde es auch mal so blitzen vor Sauberkeit.« Der Einfachheit halber stellte ich mich schlafend.

Als Nächstes schaffte Hermann eine elektrische Heckenschere an. Angeblich hatte niemand in der Nachbarschaft eine derart hohe und ungepflegte Hecke wie wir. Mit der Nachbarschaft meinte er natürlich die Trauernicht, deren Buchenhecke aus der Ferne wie eine scharfkantige grün gestrichene Betonmauer wirkte. Glücklich war ich nicht über Hermanns neue Aktivitäten, aber ich ließ ihn gewähren. Irgendwann, so dachte ich, würde mein Gatte schließlich sämtliche Gartenarbeiten erledigt haben. Und ich würde mich endlich wieder der Malerei widmen können. Ganz in Ruhe. Oder? »Hermann, was glaubst du, wann du mit dem Garten fertig bist?«

Sein Blick war voller Mitleid. »Fertig? Aber Luise. Einen Garten in Ordnung zu halten ist ein immer während er Kampf gegen die Natur. Da ist man nie fertig. Außerdem habe ich mich entschlossen, Frau Trauernicht auch mal die eine oder andere Kleinigkeit im Garten zu helfen. Du weißt ja, ihr Mann ist tot. Und wie soll die arme Frau allein das große Grundstück in Ordnung halten?«

Lange hatte ich die Augen vor der Wahrheit verschlossen. Doch an diesem Tag musste ich mir eingestehen, dass es in meinem Paradies keinen Platz für Hermann gab. Jetzt, da er angedroht hatte, seinen Maschineneinsatz im heimischen Garten nur zu unterbrechen, um auf dem Nachbargrundstück zu lärmen, musste er verschwinden. Aber wie? Ich hatte noch nie einen Menschen ermordet. Und mir fiel beim besten Willen nicht ein, wie ich das bewerkstelligen sollte.

Einmal, als er abends in der Badewanne lag und über Muskelschmerzen klagte, dachte ich ernsthaft daran, die laufende Heckenschere in das Wasser zu werfen. Aber nach einem Unfall hätte das weiß Gott nicht ausgesehen. Und da ich die Befürchtung hegte, dass man mir im Gefängnis kein eigenes Atelier zur Verfügung stellen würde, nahm ich Abstand von diesem Plan.

Den Juli und die erste Augusthälfte verbrachten wir in einer Art Kriegszustand. Mein Mann lieh sich im Baumarkt einen elektrischen Vertikutierer, mit dem er zuerst unseren und dann den Rasen unserer Nachbarin entmooste. Er fällte mit seiner Kettensäge zwei riesige Kastanien auf dem Nachbargrundstück, die er anschließend genüßlich zu Kaminholz zersägte. Er schaffte einen Kompressor an, mit dem er irgendwelche Insektizide auf die Pflaumen- und Apfelbäume der Trauernicht sprühte. Auf ihr Anraten verdreifachte er dabei die angegebene Höchstdosierung des Giftes. Wenige Tage später wunderte ich mich, dass die Schwalben, die mittlerweile die zweite Brut aufzogen, nicht mehr zu dem Nest über der Garage flogen. Als ich nachschaute, musste ich entdecken, dass alle Jungvögel tot waren. Wahrscheinlich hatten die Eltern sie mit vergifteten Insekten gefüttert. Wutentbrannt stellte ich Hermann zur Rede. Er stritt jeglichen Zusammenhang zwischen seinem Aufbringen der dreifachen Insektizidmenge und dem Tod der Vögel ab.

Inzwischen war unser Grundstück praktisch entwaldet. Einzig die hohe Birke neben der Terrasse hatte Hermann verschont, aber wie lange noch? Die prächtige Holunderhecke hatte er in ein Gestrüpp aus kahlen, braunen Stängeln verwandelt. Angeblich würde alles im nächsten Frühjahr neu austreiben. Von den Heckenrosen war nichts mehr übrig geblieben. Die Wiese war zu einem unpersönlichen grünen Rasen mutiert, dessen Mittelpunkt ein Haufen von abgeschnittenem Strauchwerk bildete. Hermann hatte mein Paradies zerstört. Im Gegenzug ließ ich unseren Haushalt völlig verkommen. Ich machte weder die Betten noch wischte ich Staub oder saugte den Fußboden. Vor der Waschmaschine türmte sich ein riesiger Wäscheberg. Dafür war Hermanns Schrank praktisch leer. Nachmittags unternahm ich stundenlange Spaziergänge am Strand. Ich brachte mir Muscheln und Federn mit, die ich zu malen versuchte. Doch sobald Hermann mich am Atelierfenster entdeckte, warf er eine seiner Höllenmaschinen an. Einmal fand ich einen Zettel zwischen dem nicht abgeräumten Frühstücksgeschirr. Ich kann diesen Zustand nicht länger ertragen. Ich brauche geordnete Verhältnisse. Ich bin wieder nebenan. Hermann.

Scheinbar war Hermann sehr wütend gewesen, als er diese Zeilen schrieb. Jedenfalls hatte er »geordnete Verhältnisse« dreimal unterstrichen. In der Zeit, die es brauchte, diesen Brief zu schreiben, hätte er genauso gut den Tisch abräumen können, fand ich.

Wenn Hermann nicht seinen Maschinenpark bediente, war er bei unserer Nachbarin zu finden. Die beiden steckten immer voller Pläne. Wo gab es noch ungehemmt wucherndes Grün, das man ausrotten konnte? Unkraut, wilde Triebe oder gar gefräßige Insekten? Wenn es mir schlecht ging, stellte ich mir vor, wie mein Gatte mit seinen Schuhen auf Meta Trauernichts hellblauer Auslegeware feuchte, schwarze Gartenerde hinterließ. Und wie die Trauernicht abends auf allen vieren über den Boden kroch und die Flecken schrubbte. Das tröstete mich ein wenig.

Am Abend klagte Hermann jetzt häufig über Schwindel und Schmerzen in der Brust. »Du übernimmst dich«, warnte ich ihn. »Einer, der sein Leben hinter dem Schreibtisch verbracht hat, sollte im Alter nicht mehr so schwer körperlich arbeiten.« Doch Hermann, der in dreißig Jahren noch nicht einmal auf mich gehört hatte, blieb auch diesmal stur.

Ich glaube, es wäre ewig so weitergegangen, wenn ich nicht eines Tages in Hermanns Nachttischschublade diesen Katalog für Heimwerker entdeckt hätte. Entsetzt erkannte ich, dass es Maschinen gab, von deren Existenz ich noch nie gehört hatte. Einige davon waren mit dicken roten Kreuzen markiert. Zum Beispiel dieser Schredder, mit dem man Äste von bis zu sieben Zentimetern Durchmesser zerhäckseln konnte. Der Mann auf dem Foto trug übrigens Ohrenschützer.

Mir wurde schwarz vor Augen. Der riesige Berg Strauchwerk fiel mir ein. Hermann würde Tage, ja vielleicht sogar Wochen brauchen, um die ganzen Äste kleinzuhäckseln. Nein. Das war zu viel. Er musste vorher verschwinden. Irgendwie. Verzweifelt suchte ich nach einer Mordmethode, bei der ich ungeschoren davonkommen würde. Mir fielen die toten Schwalben ein. Und die Flasche Kruiden, die im Kühlschrank stand. Ob dieses Insektizid einen starken Eigengeschmack hatte? Ich ging in den Keller. Ich wusste genau, in welchem Regal die Dose mit dem Insektengift stand. Hermann hatte es mir gezeigt. Der Totenkopf auf dem Etikett grinste mich freundlich an.

An diesem Tag konnte ich zum ersten Mal wieder malen. In einem wahren Farbenrausch entstand ein Beet voller grellbunter Blumen. Kadmiumrot, Zitronengelb, Ultramarinblau, Hookersgrün, Violett, Kadmiumorange und natürlich mein über alles geliebtes Chromoxidgrün feurig. Stunden später betrachtete ich irritiert mein Werk. Ich hatte ein mit Kränzen überhäuftes Grab gemalt.

Am nächsten Morgen klagte Hermann über Herzrasen und starke Kopfschmerzen. War er nachts heimlich aufgestanden, um einen Kräuterschnaps zu trinken? Ich wagte nicht zu fragen. Trotz seiner Beschwerden ließ Hermann sich nicht davon abhalten, den Vorgarten zu mähen. Ich zog mich in mein Atelier zurück. Zum Malen fehlte mir allerdings die Ruhe. Einmal hörte ich Schritte in der Küche. Die Kühlschranktür wurde geöffnet. Ich zwang mich, hinter meinem Arbeitstisch sitzen zu bleiben.

Gegen Mittag torkelte mein Mann ins kühle Haus. Hätte ich ihn jetzt malen wollen – ich male allerdings nie Menschen –, ich hätte für sein Gesicht Kadmiumrot hell gewählt mit einem Hauch Violett feurig vielleicht. Er sah Furcht erregend aus. Das Insektizid schien rasend schnell zu wirken. »Ich glaube, mir platzt gleich der Schädel«, stöhnte er.

Noch ehe ich ihn in einem Anfall von Reue zum Arzt schicken konnte, vielleicht gab es ja ein Gegenmittel, das ihn in letzter Sekunde retten könnte, begann seine tägliche Mäkelei am Essen. Meine Hühnersuppe schmeckte angeblich nach nichts.

»Hast du die Gewürze vergessen?«, schimpfte mein Gatte.

Nun, möglicherweise hatte ich das wirklich. Mit meinen Gedanken war ich schließlich ganz woanders. Trug man als Witwe heutzutage noch ein ganzes Jahr Schwarz? Oder reichten drei Monate aus?

»Das kann ja kein Mensch essen. Ich geh wieder raus«, unterbrach Hermann meine düsteren Fantasien. »Ich werde die Birke absägen. Die macht nur unnötigen Dreck.«

Die Birke war der letzte Baum weit und breit. Sie stand genau neben unserer Terrasse. Gerade in den letzten Tagen hatte ich ihren Schatten schätzen gelernt. Ganz plötzlich war es mir egal, ob Hermanns Gesicht rot oder lila oder chromoxidgrün feurig leuchtete. Ich ließ ihn gehen. Ja, ich bot ihm nicht einmal ein Aspirin an. Den kleinen, unschuldigen Schwalben hatte auch niemand geholfen.

Ich saß in der Küche und lauschte dem ständigen Aufjaulen der Motorsäge. Irgendwann konnte ich es nicht mehr aushalten und ging hinaus. Hermann stand auf einer Leiter und bearbeitete wie ein Besessener besagte Birke mit seiner Motor-Kettensäge.

Unglaublich. Der Mann ist nicht umzubringen, dachte ich noch, als er mitsamt seiner röhrenden Säge ganz langsam von der Leiter kippte.

Mein Herz schlug einen dreifachen Trommelwirbel. O Gott, es hatte geklappt, mein Mann war tot! Ich, Luise, hatte ihn mit Insektengift umgebracht. Ich zwang mich, an den zweiten Teil meines genialen Plans zu denken. Jetzt bloß keinen Fehler machen.

Mein Ehemann lag wie ein Maikäfer auf dem Rücken. Er rührte sich nicht mehr. Die Motorsäge lag ein paar Meter weiter im Gras. Ebenfalls stumm. In diesem Moment kam mit wehender Schürze die Trauernicht angelaufen. Direkt aus ihrem Gemüsegarten. Ihre Hände waren ganz schwarz. Sie versuchte Hermann aufzurichten, was ihr aber nicht gelang. »Ich hol schnell einen Kruiden, der hilft immer...« Ihre Stimme überschlug sich beinahe.

»Nun hören Sie doch mit Ihrem dämlichen Schnaps auf! Rufen Sie lieber einen Arzt!«, herrschte ich sie an. »Sehen Sie nicht, dass mein Mann bewusstlos ist?« Oder tot, fügte ich in Gedanken hinzu, von mir persönlich vergiftet.

Sagte ich schon, dass ich eine sehr gute Schauspielerin bin? Als der Notarzt, der von Herzversagen sprach, mir mitfühlend die Hand drückte, begann ich hysterisch zu kreischen. »Mein Mann war kerngesund! Nie im Leben hatte der was mit dem Herzen. Er ist ermordet worden. Vergiftet oder so was! Ich bestehe auf einer Obduktion!« Ich zeigte mit dem Finger auf die völlig überraschte Meta Trauernicht. »Sie hatte ein Motiv! Enttäuschte Liebe!« Der Notarzt schaute mich mitleidig an. Aber ich war ja noch gar nicht am Ende mit meinen

Anschuldigungen. »Hier, dieser Brief ist der Beweis. Vorgestern hat mein Hermann ihn rübergebracht. Und gestern lag er bei uns im Briefkasten.« Ich las laut vor. »Ich kann diesen Zustand nicht länger ertragen. Ich brauche geordnete Verhältnisse (dreimal unterstrichen). Ich bin wieder nebenan. Hermann. Sie hat gedroht, dass sie sich und ihn umbringen will. Gestern haben wir noch überlegt, ob wir zur Polizei gehen sollen. Und jetzt ist er wirklich tot.« Ich schluchzte theatralisch. Meta Trauernicht war sprachlos.

Zwei Tage später klingelte es an der Haustür. Zwei nette, gut aussehende Männer, einer blond und einer dunkel, leider waren sie ein paar Jahre zu jung für mich, hielten mir ihre Dienstausweise entgegen. »Kriminalpolizei. Es geht um den Tod Ihres Mannes.«

In diesem Moment wusste ich, dass ich einen Fehler gemacht hatte. Einen dummen, unverzeihlichen Fehler, der mich ins Gefängnis bringen würde. Die Dose mit dem Insektizid stand immer noch in meinem Keller. Mit meinen Fingerabdrücken darauf. Ja, ich hatte nicht mal daran gedacht, die Flasche mit dem vergifteten Schnaps aus dem Kühlschrank verschwinden zu lassen. Mein Entsetzen war also keineswegs gespielt, als einer von beiden sagte: »Ihr Mann wurde tatsächlich vergiftet. Wie Sie vermutet haben.«

Da ich in Ohnmacht zu fallen drohte, führten die beiden mich langsam ins Wohnzimmer. Hinter meiner Stirn war das Chaos ausgebrochen. Wie sollte ich der Trauernicht den Mord in die Schuhe schieben, wenn das Gift sich in meinem Besitz befand? Mir fiel nichts ein. Absolut nichts. Ich schaute verzweifelt auf meine zitternden Hände. Wie würden sie mit Handschellen aussehen?

Einer der beiden, es war der Blonde, räusperte sich. »War Ihr verstorbener Gatte herzkrank? Nahm er irgendwelche Medikamente ein?«, wollte er wissen.

Ich schüttelte den Kopf. Ein wenig schnell und übertrieben, fast schon anfallartig. Aber ich konnte nicht anders. »Hermann war kerngesund. Da können Sie gern unseren Hausarzt fragen. Den aus Hannover meine ich, hier war er ja noch nie in Behandlung.«

Die beiden wechselten einen Blick. »Wie steht es denn um Ihre Gesundheit? Nehmen Sie regelmäßig Medikamente ein?«

Ich verneinte. »In meinem Haushalt gibt es höchstens Aspirin.« Im Keller allerdings, steht so eine bunte Dose mit einem Totenkopf darauf. Wenn Sie mal schauen wollen, die Substanz darin dürfte Ihnen bekannt vorkommen, fügte ich in Gedanken hinzu.

»Ihr Mann ist an einer Digitalisvergiftung gestorben«, sagte der dunkelhaarige Kripomensch.

»Digitalis?«, flüsterte ich ungläubig.

Die beiden nickten. »Ja. Digitalis. Eine Substanz, die die Herztätigkeit anregt und die bei Überdosierung zu Kammerflimmern und Herzstillstand führen kann. Ihr verstorbener Mann muss über längere Zeit hohe Dosen davon zu sich genommen haben.«

»Unmöglich«, krächzte ich.

Der Blonde lächelte. »Vielleicht nicht wissentlich. Nun, Sie selbst haben doch Ihre Nachbarin verdächtigt. Wussten Sie, dass Frau Trauernichts Mann seinerzeit ebenfalls ganz unerwartet an Herzversagen gestorben ist? Genau wie seine Mutter und seine Schwester? Damals wurde viel geredet im Dorf. Die Leichen werden übermorgen exhumiert. Ich bin sicher, dass wir Spuren von Digitalis nachweisen können.«

An dieser Stelle wurde mir endgültig schlecht.

Die Gerichtsverhandlung werde ich wohl nie vergessen. Meta Trauernicht gab freimütig alle Morde zu. In jedem Frühsommer hatte sie eine Mischung aus Fingerhutblüten und Kräuterschnaps angesetzt, mit der sie ihre Opfer langsam vergiftete. Der Tod sah jedes Mal wie normales Herzversagen aus. Sie und Hermann, ich kann es immer noch nicht glauben, hatten tatsächlich ein Verhältnis. »Aber er wollte mich nur ausnutzen. Sobald ich von Scheidung sprach, wechselte er das Thema. Außerdem hat er nie die schmutzigen Schuhe an der Haustür ausgezogen. Deshalb habe ich ihn umgebracht«, sagte sie mit unbewegter Miene. Bereuen würde sie nichts. Alle hätten ihren Tod verdient.

Hermann, Gott hab ihn selig, hat mir eine anständige Lebensversicherung hinterlassen. Ich konnte davon das Haus der Trauer nicht kaufen. Sie hat in den nächsten fünfundzwanzig Jahren keine Verwendung dafür. Die Mieter sind sehr nett und ruhig. Laut Mietvertrag dürfen sie keine motorbetriebenen Gartengeräte benutzen.

Mamis Liebling

Gisbert Haefs

Diesmal machte Hein einen Punkt gut. In unserem Drei-
kampf um gute Geschichten führt Hagen natürlich nach
Längen; ein Taxifahrer hört und sieht viel, und manchmal
erzählen Leute ihm Dinge, die sie nirgendwo loswerden
können außer bei einem, den sie nie wieder sehen müssen.
Mir erzählt sowieso keiner was; ich könnte es ja schreibend
missbrauchen. Und was Hein in seiner Kneipe hört, ist meistens nicht der Rede wert, da es von Gästen stammt, die
meistens nicht des Schweigens wert sind und bei denen
man sich bisweilen nicht einmal erinnern kann, sie je vergessen zu haben.

Aber diesmal hatte Hein eine Story. Das Lokal war mäßig
besetzt; gerade genug Kundschaft für Heins rhetorische Pau-
sen, aber nicht so viel Arbeit, dass die Geschichte lange
Unterbrechungen hätte erleiden müssen. Hagen und ich
hockten vor dem Tresen, Hein lehnte am Gläserschrank.
Gelegentlich zapfte er Bier oder verschleppte Speisen, die per
Aufzug aus der unredlich geführten Küche kamen. Einmal
musste er einen Sektkübel suchen, weil ein Stenz zu seiner
Havanna unbedingt französisches Bubbelwasser haben
wollte. Was ihn in *Die Fremde* getrieben hatte, war rätselhaft.

Hagen, ein kleiner drahtiger Rheinländer von der giftigen
Sorte, war an diesem Tag noch hektischer als sonst. Sein Diesel wartete draußen, aber Hagen verschob den Aufbruch zur
nächsten Taxischicht immer wieder um ein Glas Sprudel. Mit

mindestens einem Ohr war er auf der Straße; alle paar Minuten murmelte er eine Automarke, oft mit Detailangaben zu Hubraum und Modell, und wetzte hinaus. Wenn er zurückkam, nickte er und kletterte wieder auf den Hocker.

»Was soll das eigentlich werden?«, sagte ich, nach dem zehnten oder fünfzehnten Sprint.

»Isch hab en Wett am laufen«, sagte Hagen. »Mit en paar Kumpels. Jeht um en Tausender. Mer wollen uns in nem Kaffe setzen un die Auren verbinden un dann en halbe Stund Autos identifizieren.«

»Ach so, du übst. Und? Wie stehen deine Chancen?«

Er strich über sein scheußliches Menjoubärtchen. »Och, isch wööd saare, de Schangsen stehn jut. – Pöschscho fünf null vier. Zement mal.« Er glitt vom Hocker, rannte zur Tür, blickte hinaus, nickte und kam zurück.

»Haste sonst nix zu tun?«

»Doch. Fahren.« Hagen berichtete von einer rasanten Taxitour, bei der eine Frau fast verblutet wäre, weil ihr Kind zu eilig in die Welt hinaus wollte und einen zu dicken Kopf hatte. Das brachte uns auf alte Bekannte, es war Winter, beste Leichenzeit, und dauernd starb jemand, der Anlass zu lässlichem Lästern bot.

Hein räusperte sich und nahm seine saure Pfeife aus dem Gebiss. Mit dem Stiel kratzte er sich durchs halb offene Cordhemd die Brustbehaarung.

»No, also so kalt est es ja nu auch nech. En mejner kalten Heimat . . .« Er grinste und paffte weiter.

Hein ward nach 1945 fern von Keenichsbarch geboren; alles an seiner Ostpreußelei ist falsch, vom Hejmweh bis zum aufgesetzten Akzent. Den er schnell fallen lässt, wenn echte Königsberger in die Nähe kommen.

»Un beinah«, sagte Hagen, »hätt isch och noch ene Unfall jebaut. Diesel jejen Jaguar.«

»Wer hat gewonnen?« Mein Glas war leer; ich wies mit dem Finger hinein, und Hein holte den Muscadet unterm Tresen hervor.

»Keine. Bloß wisster, wer in dem Jaruah jesesse hat?«

»Nej, Mannchen, woher denn?« sagte Hein.

»Ein Tiger«, schlug ich vor. »Dem Tank entronnen.«

Hagen warf mir seinen »Du-bescheuerter-Intellektueller«-Blick zu. »Nein«, sagte er geziert. »Et Valerie.« Dann sprang er zu Boden, knurrte etwas über einen »Zitröhn« und rannte zur Tür.

»Valerie?« Hein schüttelte den Kopf und flitschte mit seinem Hosenträger. »Valerie? Nu na, wieso?«

Valerie ist rothaarig und, wie mir versichert wurde, insgesamt alpin, mit eleganten Massiven, kurvenreichen Passstrecken und atemberaubenden Schluchten. Ein Beueler Mädchen aus der Nachbarschaft, seit ihrem Abitur (das ist ja heute nichts mehr wert) im Eros-Center auf der anderen Rheinseite tätig.

Hagen kam zurück. »Stimp.«

»Kannste nech mal met dejnem Jerenne ond Jerase schlossmachen? Es est onjemietlich.« Hein bewegte seine zwei Zentner schubbernd hin und her; die gummibeschürzte Wampe ratschte an der Kante des Spülbeckens.

»Hein sagte eben, ›Valerie nu na, wieso‹.«

Hagen blinzelte. »Wieso wieso?«

»Ich nehme an, weil Valerie eigentlich nicht zu denen gehört, die das nötige Geld für einen Jaguar haben.«

Hein schüttelte den Kopf. »Nein. Ech mejne, nejn. Hab ech nech jemeint, nej. Ech hab jemejnt, wieso es dem Haaren verwondert, dasstie Fallerie sech en ejnem Dschäg beweecht. Wesster denn das nech?«

»Wat solleme wisse?« sagte Hagen. »Tu mir noch en Wasse.«

Hein gehorchte. Als er die Flasche wieder verschraubte, blickte er uns lauernd an. »Nu, also von weejen die Toten, wo sech em Wenter anhäufen. Habt ihr nech jehört, dass dem Erwin Klejnhammer sejne Frau Motter est jestorben?«

»Wat hat dat dann mit dem Valerie ze donn?« sagte Hagen mit grimmem Antlitz. »Willze nit erß die eine Jeschisch verzälle, eh datste mit de nääxte anfänks?«

»Hänkt sech alles zosammen, hänkt es«, sagte Hein.

Ich wusste nicht, worum es ging. Ich hatte das Gefühl, den Namen schon gehört zu haben, konnte ihn aber nicht richtig einsortieren.

»Dann is Mamis Liebling jetzt also ene Waise, wat?«, sagte Hagen. »Aber wat hat dat mit dem Valerie ze donn?«

Da erinnerte ich mich. Erwin Kleinhammer ist einer jener neurotischen Linkshänder mit naturwissenschaftlichem Genie; unbrauchbar für den normalen Umgang, blass, mit strähnigen dunklen Haaren, die ewig ungewaschen aussehen wie die von Anatolij Karpow, sowie mit leicht angemuffter Garderobe. Er arbeitete im Wissenschaftsministerium, hat vermutlich noch immer etwas unangenehm Mönchisches und lebte bis kurz vor diesem Abend nicht weit von Heins Lokal mit seiner Mutter in einem nach Katzen stinkenden Altbau.

»Na ja«, sagte ich. »Die alte Dame war nicht mehr ganz frisch. Da darf einen der Heimgang nicht verwundern.«

»Schon recht, Jongchen. Aber das est es nech.«

»Wat ist wat nit?« Hagen setzte sein halb leeres Wasserglas mit einem Ausdruck des Ekels ab. »Tu mir n Stang Kölsch, Hein. Isch fahren hück nimmieh.«

Hein zapfte. Hagen lauschte einem vorbeifahrenden Wagen, blieb aber hocken. Offenbar hatte er beschlossen, neben dem Taxifahren und Wassertrinken auch das Autoraten aufzugeben, für diesen Abend.

»Es est nech, wejl die alte Dame verblechen est. Nej, es est was anderes. Est von euch jemals ejner en dem Haus jewesen?«

»Nein, danke. Das stinkt von außen schon so bös nach Katze; da muss man nicht auch noch reingehen.« Ich schüttelte mich bei dem Gedanken.

»Un isch jlööv, dä Erwin hätt do kinne erinjelosse.«

Ich nickte Hagen zu. »Schätzungsweise wollte er mit Mutter Jokaste allein sein.«

Hein deutete mit dem Pfeifenstiel auf mich, anklagend; dann nahm er die angebrochene Flasche Muscadet aus dem Kühler und füllte mein Glas nach.

»Da. Quatsch nech so viel Buchzeuch. Trenk lieber. – Hat wer von euch en der letzten Zejt dem Erwin jesehn?«

Hagen starrte ins Leere. »Enä. Dat is mindichstens, also allermindichstens en halb Johr her. Worömm?«

Hein grinste und reichte ihm sein Kölsch. »No, es hat sech einejes verändert. Fallerie fährt Dschäg, ond Erwin est janz ejn neuer Mänsch. Er est doch emmer jewesen ejn weenech, no ja, schmoddelech. Oder nejn, jlebberech est ejn besseres Wort dafir. Nu, aber en de letzte Wochen hab ech ehn paar Mal jesehn, ond hat er auf mech da emmer ejnen jewaschenen Ejndrock jemacht.«

Ich spähte durch mein Glas nach einem verzerrten Hein. »Wie macht man einen gewaschenen Eindruck? Und wie ist man glibberig?«

Hagen rülpste zustimmend. »Wie meinze? Haat der sauber Fingernääjel? Duftisch Haar? De wilde Frische vun Limone?«

»So onjefähr. En de letzte drej, vier Wochen est es jewesen, dass er sech so jeändert hat. Ond Fallerie ond ejn paar andere Majden von der Zonft haben sech sälpständech jemacht.« Er beendete einige vorschriftsmäßige 7-Minuten-Pils und watschelte mit seinem Tablett von hinnen.

Hagen sah mich an; ich sah Hagen an.

»Häh?« machte er.

»Tja«, sagte ich. »Abermals tja. Das sieht wie eine längere Geschichte aus. Also Valerie hat nen Jaguar?« Ich gurgelte mit dem Muscadet. »Meinst du, Hein will auf was Bestimmtes hinaus?«

Hagen lauschte aus der *Fremde* hinaus, murmelte »Commodore zwei-fünf, wat?«, und hob die Brauen. »Also, da jlööv isch nix von. De ahl Frau Kleinhammer, die haat Jeld, jo. Dat Haus, dat wor ihr sin. Un von Erwinschen singe Vadder wor och no jett do. Ävve – enä dat.«

»Du meinst also nicht, dass Hein uns erzählen will, Erwin Kleinhammer und die Mädels, Valerie und Co, hätten Mutter Kleinhammer umgebracht, und die Mädels sind jetzt mit ihrem Anteil Freiberufler geworden? Mit Telefon zu Hause statt Kajüte im Eros-Center?«

Hagen schüttelte heftig den Kopf. »Dat hätt isch jehüürt. Weiße, so en Sach, da wööd jede Taxifahre vun Kublenz piss Kölle von nix anders mehr verzälle.« Dann grinste er. »Ich weiß was«, flüsterte er, auf Hochdeutsch und hochvertraulich. »Ich werde ose joode, hm, unsren kuten Hein ein wenik hochnehmen. Denk mal an Seife.«

»Wat für?«, sagte ich. »Schmier?«

Hagen zwinkerte nur, denn Hein ging wieder hinter dem Tresen vor Anker. Er hakte den rechten Unterarm an den Zapfhähnen fest und sah uns an, mit seiner versonnensten Märchenerzähler-Miene.

»Also, wo war ech? Ach so. Wie dass der Erwin sech verändert hat. Hat sech jewaschen.«

»Irrsinnig aufregend«, sagte ich. »Willst du uns jetzt den ganzen Abend mit den Waschgewohnheiten des Waisenknaben Erwin Kleinhammer ergötzen?«

»Pochsche«, sagte Hagen. Er lief zur Tür und kam leicht

verdutzt zurück. »Et Josefinschen. Mim Pochsche. Vallerie mim Jaruah un Josefin mim Pochsche. Wat es los? Sin die all jeck?«

Hein lächelte in mildem Triumph. »Ond Rita, die fährt non ejnen wejßen Märzädes. Ond Elfie ejnen BeEmWe.«

»Die hatte schon immer nen schlechten Geschmack«, sagte ich. »Valerie, Josefine, Elfi und Rita – alle haben neue schicke Autos? Und alles bloß, weil Erwin Kleinhammer sich neuerdings wäscht?«

Hein nickte. »Fast, Jongchen. Fast. Nu stellt sech ejne Fraare: Wozu hat er sech jewaschen?«

»Wichtige Frage, Herr Wirt. Wozu hat er sich gewaschen? Er wird ja doch wieder schmutzig.«

»Hach. Schwejch still, Mann. En mejner Hejmat, der kalten, da sacht man, wann ejn Knabe sech frejwellech am waschen fänkt, so soll de Motter met dem Schlemmsten rächnen, denn es steckt wohl dann ejn Wejbchen en sejn Koppe.«

»Furchtbar, furchtbar, Marjällchen«, sagte ich. »Vor allem, wo der Knabe in diesem Waschfall Mitte dreißig ist.«

»Na eben. Ejn jlebberejer Jongmann von femfondrejßech Jahr. Lebt bej sejner alten Motter. Wäscht sech onjern. Dann, aus hejterem Hemmel, fänkt er mit dem Jewasche an, ond . . .«

»Was und?«

»Ond drej Wochen später est sejne Motter tott.«

Ich schwieg erschüttert.

Hagen kicherte schrill. »Vleisch isse am Jestanksentzuch jestorben. Dat ist wie Jiff, un an dat Jiff isse jewöhnt, un wenn se dat Jiff dann esu mir nix und dir och nix nit miehr kritt, dann stürv se halt.«

Hein schüttelte den Kopf. »Kejn Jeftentzoch.« Dann quäkte der Speiseaufzug leise, und der Hobbyostpreuße holte eine unersprießliche Portion Leberkäse mit Spiegelei und Kartoffelsalat heruas. Damit entschwand er in den Tiefen des Lokals.

Erstmals wurde mir bewusst, welche absurde Musik er aufgelegt hatte. Beziehungsweise eingeschoben. Eine Kassette, die ich ihm irgendwann einmal geschenkt hatte, als mir seine gewöhnliche Dauerberieselung auf den Keks ging: *The Modern Jazz Quartet with Laurindo Almeida*. Die Musik perlte über uns hinweg. Beziehungsweise schwappte; zu Heins Lokal und seinem Gerede schien sie mir an dem Tag etwa so gut zu passen wie die Rote Valerie in einen Jaguar. Nein, schlechter.

Hein kam zurück, hängte sich wieder hinter die Zapfhähne und nuckelte an seiner längst erloschenen Pfeife.

»Ehr wesst, dass de alte Frau Klejnhammer zemmlech blend est jewesen. Nejn? Nu, macht nuscht. War se nämlech. Blend. Fast janz. Außerdem seit ejn paar Jahre noch fast janz jelähmt.«

»Herbes Los. Das erklärt, dass sie nie mehr auf die Straße gekommen ist. Aber wie hat sie sich denn um die Katzen kümmern können, wenn sie kaum was sieht und nicht gehen kann?«

Langsam und betont sagte Hein: »Wälche Katzen etwa, Jongchen?«

Hagen hustete in sein Bier. »Wieso, Hein, wieso wat für Katze? Dat Haus stink doch esu nach die Drissviesche . . .«

»Nu ja, es stenkt, das est wahr. Aber Katzen jept es darenn kejne nech. Nech ejne.«

»Wonach stinkt es denn dann? Ich weiß doch, wie Katzen riechen, und das Haus stinkt bis zur anderen Straßenseite nach Katze.« Ich kniff ein Auge zu. »Willst du uns 'nen Bären aufbinden? Bären riechen aber anders.«

»Nej, weder Bär noch Katz, noch sonst was. Nech mal ejn Joldfesch. Kejn ejnes tier em janzen Haus.«

Hagen setzte ein ernsthaft betroffenes Gesicht auf. »Dann muss dä janze Stunk davon jekomme sin, dat dä Erwin sisch so unjern wasche tut. Puuuh.«

Hein hüstelte und kratzte sich die Tonsur. »Ech jlaub«, murrte er, »ech moss das anders aufzöjmen. Anders aufzöjmen moss ech das.«

»Zäume schnell, o Wirt«, sagte ich. »Was immer du da zu zäumen gedenkst – der Zossen äpfelt schon.«

Hein rümpfte die Nase. »Kennt ihr die Nelly?«

Hagen nickte. »Dat Nelly? Et Kornelia, vun de Müllers? Klaa doch. Dat ärm Ding.«

Nelly war um die dreißig, eine harmlose freundliche Schwachsinnige, die lächelnd durchs Viertel wanderte und Selbstgespräche führte. Ihre Familie kümmerte sich um sie, statt sie abzuschieben.

»Ja, Nelly. Wesst ehr, dass Nelly de ejnzeje est, wo Motter ond Sohn Klejnhammer ham em Haus jelassen?«

»Man muss ja auch bekloppt sein, um da freiwillig reinzugehen.«

»Ja. Tja, tja, tja. Nu fänkt de Jeschechte an, schwierech zo werden.«

Hein holte weit aus und berichtete. Hagen und ich lauschten und staunten. Man hatte die alte Frau Kleinhammer gefunden. Genauer: Die schwachsinnige Nelly, die einen Hausschlüssel besaß und für Frau Kleinhammer (mit schriftlichen Anweisungen an die Verkäufer/-innen) die Einkäufe erledigte, hatte sie gefunden. Wie gesagt, sagte Hein, man müsse betonen, dass niemand außer Nelly ins Haus durfte. An einem Montag hatte Nelly wie üblich das Haus betreten, um sich sagen zu lassen (bzw. einen Zettel entgegenzunehmen, auf dem stand), was sie einkaufen sollte. Und da hatte sie Frau Kleinhammer tot vorgefunden. Sie war nach Hause gegangen und hatte es ihrer Mutter erzählt, die zunächst nichts glauben wollte, dann aber doch die Polizei anrief. (Hier schob Hein weitläufige Anekdoten ein über Leute, die aus den irrsten Gründen die Polizei angerufen hatten.)

Man fand die alte Frau tatsächlich tot, umgeben von seltsamen Geräten. Mitten in die Durchsuchung des Hauses platzte der Sohn Erwin, den man in seinem Ministerium nicht hatte erreichen können. Er erlitt einen mittleren Zusammenbruch, konnte zunächst wenig und später gar nichts mehr zu den merkwürdigen Apparaten sagen, von denen das Haus nur so wimmelte.

Hein räusperte sich und sah mich Hilfe suchend an. »Ond jetzt est der Jonge kata-, no, wie heßt es, Jenosse Schreftsteller? Wo man sech nech mehr beweecht ond nechts sacht?«

»Katatonisch? Kataleptisch? Katatholisch? Katalogisiert?«

»Erjendsowas. Jedenfalls hat er sech janz en sech zuröckjezooren. Die Ärzte saaren was wie Schock enfolje Scholdjeföhl, oder so.«

Hein schloss die Augen und dachte nach, offensichtlich mit Wucht.

Hagen klopfte auf den Tresen und hielt sein leeres Glas hoch. »Wigge!«

Hein öffnete die Klüsen wieder. »Was bette?«

»Nu mach schon. Noch 'n Kölsch. Und dat war doch nit alles, ne? Isch kenn disch doch, du Drisspickel. Dat soll doch en Jeschisch werde.«

»Ja. No. Also, Erwin est en der Klapsmöhle. De Frau Kleinhammer est tott, ond bloß de schwachsenneje Nelly kann Auskönfte jeben.«

»Do bin ich ävve ens jespannt, wat die für Auskünft jebe sull. Hat se dem Erwin sin Seif . . .?«

Hein winkte ab. »Es est alles ejn weenech werr. Also, wo fänkt man bloß an?«

Ich ächzte theatrisch. »Mit dem Anfang, Hein, mit dem Anfang. Ich frag mich aber, ob du weißt, wo hier der Anfang ist.«

»Ebent. No, fangen wer an met dem Jongchen, dem Erwin. Der est jetzt en der Klapsmöhle, ond deshalb hat man, das est de Behörden, hat man sech nach ehm erkondecht. Er est emmer schon technesch bejabt jewesen, est er, hat was stodiert ond dann Platz jenommen an ejnem fejnen Schrejptesch em Menestereom. Ond dahenn est er jeden Morjen jejangen, ond jeden Nachmettach wieder nach Hause, bej sejne Motter. Kejne Fröjnde, kejne Fröjndennen, nech mal ejn Schnäpschen. Emmer nur Menestereom ond Motter.«

Hagen knurrte: »Hundertneunzisch E.« Dann legte er den Kopf schief. »Hat er sisch desweje nit jewasche?«

»Halt die Klappe, Mann«, sagte ich. »Endlich will Hein zur Sache kommen; da musst du ihn nicht rausbringen.«

Hagen grinste. »Dat tut misch ävve inserieren, wejen dem Waschen un so.«

Hein zischte: »Wasch dech doch sälpst! – Em Haus von den Klejnhammers hat man jefonden viele Biecher, alles was met Kommpijutern ond harte Ware.«

Hagen blinzelte. »Mit wat?«

»Hardware, meint der Genosse Ostpreuße. Das sind die komplizierten Maschinen, Hagen. Die komplizierten Bänder und Programme sind nicht hart, sondern weich, deshalb heißen die Software. Wie Softeis.«

»Ach esu. Dann verstehen isch ävve nit, wieso dem Hein sing Birn nit als Softwehr jilt.«

»Pah. Also, dem Haus est voll met Kommpijuterbiecher ond met komesche Maschehnen. Da est man natierlech schnäl darauf jekommen, dasste Maschehnen was met de Biecher zo ton ham. Ond no kommt, was Nelly erzählt.« Hein machte eine effekthaschende Pause.

»Mach's nicht so spannend«, sagte ich. »So spannend ist es nämlich gar nicht.«

»Wart's nor ab, Henry Heggens.«

»Higgibaby, heißt dä.« Hagens Bärtchen zuckte.

»Das est ejn anderer. Also, Nelly est als ejnzeje emmer mal em Haus jewesen, wejl se hat ejnjekauft fier de alte Frau Klejnhammer. Ond wenn se est jewesen em Haus, dann hat se manchmal jesehn, wie sech ejn Apparat beweecht. Oder mehrere. Ond se erzählt welde Jeschechten daröber.«

Ich deutete auf mein leeres Weinglas. »Bitte please, s'il vous plaît, por favor. Also die arme, schwachsinnige Nelly ist in diesem Fall, wenn es einer ist, die einzige Zeugin?«

»So est es.« Er entkorkte eine neue Flasche Mucadet. »Ond se erzählt welde Jeschechten, wie jesacht. Zom Blejsteft sacht se, de Frau Klejnhammer hat emmer jespielt Skat.«

Hagen hob drei Finger und knickte zwei wieder ein. »Allein?«

Hein strahlte. »Nej. Met zwej Maschehnen hat se jesessen aan Tesch ond jespielt. De Maschehnen haben jehabt Hände ond Antennen oder so, ond haben jemescht de Karten ond ausjetejlt.«

Ich zielte mit einer unangezündeten Zigarette auf den Feisten. »Moment mal. Du hast irgendnen Sciencefictionfilm gesehen und willst uns jetzt an der Nase rumführen.«

»Ech wörd eure Nasen nech mal anfassen, wann ech mösste. Jeschwejje denn frejwellech. Nejn, ech erzähl, was Sache est. Was de Nelly jesacht hat. Se sacht auch, obwohl se nech wejß, was es hejßt, dass de Frau Klejnhammer sech hat beschwert ieber schlächtes Projramm von Maschehnen, wejl bejde nech Revolution spielen kennen.«

»Is auch in de neue Skatrejele nit mieh drin.« Hagen nickte beifällig. »Moderne Roboter. Kennen de neueste Rejel. Jeck.«

»Abermals bitten um Aufschub ich«, sagte ich beinahe

schüchtern. »Hein, ich denk, Frau Kleinhammer war so gut wie blind. So schlecht wie blind. Wie kann sie da Karten spielen?«

Der Wirt sah mich lobesvoll an. Ich war ein guter Stichwortlieferant.

»Ja, no kommt es noch decker. Nelly sacht, Frau Klejnhammer hat aufjehabt ejne komesche Mötze met Fiehlern, ond met diese Fiehler hat se können sehn. Karten ond andere Denge; zom Bejspiel hat se auch Nelly damet sehen jekonnt.«

»Eindeutig Scienceficiton. Oder hast du neuerdings irre Träume, Hein? Isst du vielleicht abends zu viel? Voller Bauch träumt gern von Fühlern. Altes chinesisches Sprichwort.«

»Hach, was ejn Quaatsch! Jongchen, ech well der ejns saaren: Alle Nachbarn send jeworden befraacht, ond ben ech Nachbar? Na also, ben ech nämlech. Ond ben ech jewesen en Wohnong, met Polezej, ond hab ech jesehn Apparate. Ond Nelly, Nelly hat emmer erzählt ond dabej de ejnzelne Apparate jezejcht. Ond ech sach dir auch: Alles, was se jezejcht hat, stemmt – sieht werklech so aus. Fonkzioniert bloß nech mehr.«

»Aha«, sagte Hagen. »Hat et bestimp och nie. Oder da ist Seife dran jekomme, wie sisch dä Erwin am Wasche fänk.«

Hein zeigte ihm einen Vogel. »Ja, mejnste denn, ausjerächnet de Nelly kann sech so was Verröcktes ausdenken? Nemmer nech.«

Wir diskutierten diese Frage eine Weile, bei Jazz gegen alle, Kölsch für Hagen und Muscadet für mich. Hein schwor bei allen Stammgästen, ihren sämtlichen Gallensteinen und Schambeinen, dass er alles so gesehen habe wie berichtet; schließlich zeigte er uns sogar ein paar Polaroids, auf denen die seltsamen Geräte zu sehen waren. Er habe sie, sagte er, mit Erlaubnis der Polizei selbst geschossen.

Hagen wischte den Stapel beiseite. »Jut, jut, jut, Jung. Isch jlaub et dir ja.«

»Erfolgreiche Kampagne gegen Skepsis, Herr Wirt. Man sollte dich zum Ehrenbürger von Kaliningrad machen. Aber weiter im Text. Was waren das denn noch für Apparate?«

»Tja, seltsame Sachen, zom Teil. Ond onfejn.«

»Wir werden nicht gleich von deinen Barhockern fallen, wenn's unfein wird.«

»Also, zom Bejspiel ejn mechanischer Arschwesch.« Er nickte bekräftigend, als er unsere ungläubigen Gesichter sah.

»Ene wat?« sagte Hagen. »En Maschin für zum Po-Abputze? Die mööt isch och han.« Er blinzelte wieder. »Imme dat Händewasche, dat hüürt dann op.«

Hein ignorierte ihn. »No, ehr wesst doch, de alte Frau Klejnhammer war nech bloß blend, se war ja auch fast lahm. Da est so was helfrejch, nech? Dann hat es da jejeben, sacht Nelly, ejne Maschehne, was hat der alten Frau Klejnhammer emmer vorjelesen.«

Ich verschluckte mich fast. »Vorgelesen? Wie, vorgelesen?«

»Na, aus ejnem Booch, do Trottel.«

»Ein Robot, der ein Buch aufschlägt und daraus vorliest?«

»Jenau. Ond . . .«

»Halt. Allmählich wird mir das zu wild. Hör mal, die Skat-geschichte ist schon ziemlich wüst. Bloß – ein Roboter, der lesen und die gelesenen Zeichen in Sprache umsetzen kann – meine Güte, das ist Millionen wert, wenn's so was gibt. Daraus könnte man zum Beispiel auch das Umgekehrte machen – eine Maschine, die nach Diktat schreibt. Danach lecken sich alle Chefs der Welt die Finger. Ich betrachtete die meinen. »Und alle Schriftsteller sowieso.«

Hein schmatzte. »Ja. Hat es auch jejeben, so was, em Hause Klejnhammer. Ejn Säkrätehr, wie Nelly sacht.«

Wir schwiegen. Hagen sah mich von der Seite an und seufzte. Ich starrte Hein an. Die Bilder, die er uns gezeigt hatte, wirkten verdammt echt. Die Maschinen sahen wirklich seltsam aus, wie aus einem bizarren Spielberg-Film, und Erwin Kleinhammer war ein komischer Vogel mit technischem Geschick und naturwissenschaftlichem Genie. Trotzdem. Es war unmöglich. Oder? Vielleicht doch? Es wäre nicht das erste Mal, dass jemand etwas im stillen Kämmerlein entwickelt, ohne es sofort weiterzugeben.

»Na«, sagte Hein herablassend, »soll ech wejtermachen?«

Hagen grunzte. »Du lässt disch ja doch nit hindere.«

»Ja, komm schon«, sagte ich ergeben. »Mach weiter. Was gab's da noch an tollen Geräten? Ich bin in Märchenlaune.«

»No, es jab da ejnen – was hat Nelly jesacht? Ejnen Rubbeler. Ejn Jerät, was hat de Frau Klejnhammer abjeschrobbt, eh, nejn, nech jeschrobbt, jetrocknet, met Handtooch, wann se hatte jebadet. Dann ejnen Bettenmacher ond ejnen vollautomateschen Staubsaurer. Ejnen Koch, wo auch hat jekonnt Kartuffeln schälen ond rote Jrötze auf Chenesisch machen. Ejn klejnes wuselejjes Jerät met Fleejenklatsche. Nelly sacht es est ejn Fleejenpatscher . . .«

»Ein Fliegenpatscher? Ach du liebe Zeit.«

»Ja. Ond dann ejnen Kröcker . . .«

»Ene wat?« Hagen stierte Hein verständnislos an.

»Ejnen Karücker. Hae se sech drauf jestötzt, als wie auf Kröcken, ond der Apparat ese met ehr jejangen dorch Zemmer, auf Kommando. Ejnen Jescherrspöhler. Ond ejnen Büjelrobot. No, ond wie jesacht ejn Säkrätehr. Der hat auch emmer jemacht de Ejnkaufszättel, ond der spiele noch ejne Rolle, später. Ach, ond ejn Frisehr. Aber das Tollste – ehr wesst doch, das Haus, emmer hat es jestonken nach Katzen. Aber em janzen Haus hat es nech jejeben ejne ejnzeje Katze.

Hagen hob die Hände über den Kopf. »Ja, ävve wat hat denn dann jestunke? *Doch* dä Jung, da Erwin, weejen nit wasche?«

»Nejn, viel schöner. Nelly sacht, Frau Klejnhammer hat

emmer jeliebt Katzen. Ond wie se est blend ond lahm jeworden ond hat sech nech mehr kennen kimmern om Katzen, da hat se aber emmer noch wälche riechen jewollt. Ond da hat der Jonge ehr als erstes, sacht Nelly, als erstes von alle die Jeräte, ejnen Katzenstenker jebaut. Ejne Maschehne, wo ejnfach nechts anderes toot als riechen wie Katz.«

Ich fasste mir an den Schädel; er schaukelte. »Au weia. Na schön, ich sag nix. Mach weiter.«

»Ja. Ejne Maschehne wo riecht wie Katz. Stenkt, jenauer. Ond was est das denn wohl?«

Hein holte aus einer Schublade weitere Polaroids und legte sie auf den Tresen. Sie zeigten, aus unterschiedlichen Winkeln und Entfernungen, das gleiche Objekt – eine Art Hausaltar mit elektrischen Kerzen. Da, wo bei frommen sowie katholischen Menschen das Marienbildchen oder das Kruzifix angebracht ist, hatte dieser Altar ein Rad.

»Wat es dat dann? Ene Rad-Altar?« sagte Hagen. »Isch wääd verröck. Dä Hillije hät en Rad ab.« Er kicherte.

»Est es aber wohl«, sagte Hein leise. »Ejn Altar. Nelly sacht, se hat dem Erwin schon mal davor knien jesehn, so wie als ob dass er betet.«

Ich hustete mich frei. »Also, mal alles wie Skepsis oder Unmöglichkeit beiseite. Dieser Erwin baut also geheimnisvolle Geräte, die allem, was die Japaner und Amerikaner zu bieten haben, weit überlegen sind und Dinge tun, die bis jetzt kein Gerät kann. Fein. Hier, meine Damen und Herren Stadtrundfahrer, sehen Sie ein Haus, in dem es unbedingt nach Katzen riechen musste. Alldorten begann die Beueler Mikroelektronische Revolution. Und was erst der Professor für Technische Archäologie sagen wird. Toll, toll, toll. Und der Erfinder, Erwin Kleinhammer, baut sich einen Altar, natürlich mit Elektrokerzen, auf dem er ein Rad anbetet. Symbol für die Technik überhaupt, an sich und als solche, was? Es bleiben aber, abgesehen von den offensichtlichen, noch viele Fragen zu beantworten.« Ich holte mehrmals tief Luft; Hein und Hagen betrachteten mich ohne besonderes Interesse. »Zum Beispiel: Woran ist Frau Kleinhammer gestorben? Warum hat Erwin Kleinhammer so plötzlich angefangen, sich zu waschen? Warum ist er jetzt katalaunisch oder leptosomatisch? Warum, wenn sie überhaupt je funktioniert haben, tun die Maschinen es jetzt nicht mehr?«

Hagen grinste. »Wüsst isch och jern. Un wat dat all mit Valerie un Rita un die neue Autos zu tun hat. Un vor allem, worömm dä Jung sisch plötzlich am wasche fänk. Womit övehaup? Lapp? Schwamm? Seif? Schelee?«

Was nun folgte, lässt sich nicht in wörtlicher Rede wiedergeben – es dauerte zu lange und war mit allzu irrsinnigen Ausflügen ins Reich der Fantasie garniert. Außerdem mit allem Klatsch von Beuel.

Zusammengefasst sieht es etwa so aus. Nellys zweifelhaften, aber weder zu verifizierenden noch widerlegbaren Angaben zufolge hatte die Mutter, Frau Kleinhammer, schon lange keine Freude mehr am Leben; sie konnte ja nur noch mit Hilfe der angeblichen Maschinen existieren. Außerdem war sie besorgt über die allzu große, ausschließliche Anhänglichkeit ihres Sohnes. Verschiedentlich hatte sie versucht, ihn auf die Existenz von Mädchen aufmerksam zu machen. Nelly sagte, vor einiger Zeit, und zwar etwa einen Monat vor dem Tod der Mutter, habe Erwin Kleinhammer einmal sehr heftig gesagt: »Gut, also wenn es dich beruhigt und wenn es unbedingt sein muss, geh ich mal ins Eros-Center.« Er war also doch nicht ganz weltfremd. (Mir kamen spätestens an dieser Stelle ernsthafte Zweifel an den Ärzten, die Nelly Schwachsinn bescheinigt hatten.)

»Ond non kommt äs«, sagte Hein. »Er est wohl an ejnem Samstach en Bonn jewesen, em Eros-Center, ond an Valerie jeraten. Sejt vier Wochen vor dem Tod der Motter, so hejßt es em Menestereom, hat er sejne Arbejt nor noch schlächt jemacht. So, als ob er pletzlech nechts mehr von Technek ond Wessenschaft versteht. Ond das hejßt wahrschejnlech, sejt er em Poff war, hat er sech om nechts mehr jekömmert. Oder nechts mehr verstanden.«

Hagen zog die Stirn kraus. »Alter Kadett«, murmelte er. »Wie kann dat denn?«

Ich muss ziemlich bescheuert dreingeblickt haben, denn Hein lachte. »Das hast du dir doch ausgedacht, Hein, oder?«

»Nejn. Ech schwöre. Hab ech nech.«

»Ja, ävve wat soll dat?«

»Das is 'ne alte Sache, Hagen. Du weißt doch, dass katholische Priester nicht heiraten dürfen. Also, das gibt's auch schon viel früher. Zum Beispiel bei alten Naturvölkern. Der Magier, der Schamane, der Hexer des Stamms hat göttliche Gaben, und die verliert er, wenn er nicht mehr seinem Gott allein gehört. Gilt auch für Frauen, übrigens. In vielen Kulten mussten die Priesterinnen jungfräulich bleiben. In anderen nicht.«

Hagen nickte, eher abwehrend. »Ach, dat han isch nit jewooss. Stimp dat?«

»Alles Quatsch. Hein will uns einreden, der Erwin hätte sich 'nen Altar gebaut und darauf den Gott der Maschinen oder der Technik oder so ähnlich angebetet. Er war also 'ne Art Hoher Priester – der Chipskardinal, so was. Dafür, dass Erwin auf die Freuden des Fleisches verzichtet, offenbart ihm der Technikgott Geheimnisse. Und in dem Moment, wo Erwin in Bonn im Puff war, zieht der Maschinengott sich von ihm zurück, und schlagartig hat Erwin keine Ahnung mehr von Technik. Außer vielleicht von gewissen anderen Techniken.«

Hagen nickte wieder. »Ujujuj. Ävve – worömm hat er dann mit dem Wasche aanjefange?«

Hein fletschte die Zähne. »Do emmer met dejnem Jewasche!«

»Ist doch klar – das hat ihm Spaß gemacht, im Puff, und jetzt wäscht er sich, weil ihm die Mädels gesagt haben: Junge, so nich. Du stinkst.«

Hein klopfte mit der flachen Hand auf den Rand des Spülbeckens. »Ja, jenau«, sagte er mit Nachdruck. »So est es jewesen.«

»Bisse sische? Mit dat Waschen un alles?«

»Jewesslech doch. De Jeschechte jeht ja noch wejter. Nelly sacht, nach drej, vier Wochen haben lanksam de Maschehnen anjefangen, nech mehr zo fonkzionieren. Ende letzte Woche waren's man nor noch drej oder femf. Dabej war der Säkrätehr, der wo auf Dektat schreipt. No, ond am Frejtach hat de Frau Klejnhammer, so jot es jeng, ejnen decken Scheck geschrieben ond de Nelly damet nach der Bank jescheckt. Vier Stöck Tausender hat sie holen jesollt. Hat se auch jetan. Wie se no zoröckkommt, sacht se, hat Frau Klejnhammer jrad den lätzten von vier Briefe dektiert. Ond dann hat se zo Nelly jesacht, se soll en jedem Omschlaach ejnen von den Schejnchen schieben ond dann die Briefe bej de Emfenger brengen.«

Er machte seine nächste Theaterpause. Er hätte sie an dieser Stelle auch dann gemacht, wenn nicht neue scheußliche Atzung per Fahrstuhl aus der so genannten Küche gekommen wäre. Leise summend watschelte er mit dem Tablett davon.

Hagen blickte zur Tür. »Da fährt ene Jaruah eröm«, sagte er halblaut. »Wie wenn er 'nen Parkplatz am suchen is.«

»Hör doch mal mit deinen Scheißautos auf. Was hältst du von der Geschichte?«

Hagen zuckte mit den Achseln. »Waat ens«, murmelte er. Als Hein mit leeren Gläsern und Tellern zurückkam, deutete Hagen mit seinem versiegenden Kölschglas auf ihn.

»Also Briefschen. Un dann? Is de Erwin nit dajewese?«

Hein rammte die Schmuddelteller in den Speiselift und ließ die Gläser ins Spülbecken fallen. »Nej.« Er zog die Nase hoch und stellte vier Pils- und zwei Kölschgläser zum Zapfen hin. »Nej, der war noch em Menestereom, wo se nech mehr met ehm send zofrieden jewesen.«

Mir ging ein grelles Licht auf. »Hein, das ist der dickste Köter und Haken an der Geschichte. Ich bin bereit, dir die ganzen Maschinen zu glauben, notfalls sogar den Technikgott und Erwins Magieverlust nach Defloration . . .«

»Wonach?« sagte Hagen. »Ach esu. Du Firkel.«

»Aber dass in einem Bonner Ministerium innerhalb von drei oder vier Wochen auffällt, wenn jemand Mist baut – das ist mir dann doch zu unwahrscheinlich.«

Hein bückte sich und holte ächzend eine Flasche mit Maracuja-Saft aus dem Kühlfach. Er hatte den ganzen Abend noch nichts getrunken, und nun dieses klebrige Zeug.

»Wart's ab«, sagte er, gurgelnd. »Jeht noch wejter. Natierlech hat de Krepo das öberjeprööft. Ond se hat de Emfenger jefraacht, was met de Briefe est. Ond wesst ehr, wer de Emfenger send jewesen?«

Hagen lauschte immer noch seinem imaginären Jaguar bei der vermeintlichen Parkplatzsuche. »Enä.«

Hein lächelte satt. »Fallerie, Rita, Elfi ond Josefehnchen.«

Hagen zuckte zusammen. »Wat? Die vier Profis? Un alle auf eimal?«

»Jenau ja. Frau Klejnhammer hat se jebeten, se sollen sech dem Jongchen schnappen ond daran denken, dass se alle mal von ehr, als wie se noch hat laufen jekonnt, ond als de Mädels send klejn jewesen, also da sollen se dran denken, dass se damals alle mal von ehr send jeföttert ond verhauen jeworden. Ond se wörden noch viel mehr Jeld kriejen. Jedenfalls sollten se sech erst mal fier den jewejlejen Tausender das

Jongchen schnappen ond das janze Wochenende nech nach Hause lassen, sondern ehm beackern. Oder beharken.«

Ich sang halblaut: »›Er säet und ackert, er ackert und sät, und regt seine Hände von morgens bis spät.‹ So etwa?«

»Janz jenau so. Ond de Mädels ham das jetan.«

Hagen schob sein leeres Glas von sich. »Da hat er sisch winnischstens nit omsunz jewasche.«

»Und? Was ist dann passiert?«

Hein strahlte. »Dann hat sech de alte Frau Klejnhammer, wie se wejß, dass ehr Sohn das janze Wochenend nech werde hejmkommen, da hat se sech von dem Robotkoch, so hejßt das doch wohl, hat se sech ejnen fejnen Tee brauen jelassen, mejnt de Krepo. Ond se hat ehm jesacht, er soll von weejens das Aroma ejn Röhrchen met Schlaftabuletten henejnjeben. Ond dann hat se dem Tee nech janz, aber fast janz ausjetronken.« Hein wog ein Pilsglas in der Hand, hielt es dann unter den Hahn und drehte auf. Es spuckte. Hein würde in den Keller gehen und ein neues Fass anstechen müssen. Immer diese rhetorischen Tricks. Aber er überraschte mich: Er redete weiter.

»Ond wie se dem Tee hat ausjetronken, da est se jestorben. Aber vorher, da hat se noch ejn Testament dektiert. Dem Säkrätehr nämlech. Ond da hat se den Mädels was ausjesetzt. Janz schön viel.«

Ich wollte den Mund öffnen und mich erkundigen, aber in diesem Moment öffnete sich die Tür. Hagen murmelte: »Jaruah is jepark«, und es trat ein Valerie. Die Rote Valerie. Ihr langes Haar glomm über etwas, das aussah wie ein echter, gesäßlanger Zobel. Valerie nickte uns lächelnd zu, wie man eben flüchtigen Bekannten zulächelt, blickte sich suchend um und steuerte auf den Tisch zu, an dem der Gigolo mit seinen Al-Capone-Schuhen saß, Montecristo rauchte und Heins echten Moëet & Chandon Brut Impérial trank.

Diesmal rutschte ich vom Hocker und ging zur Tür. Gegenüber, halb um eine Laterne gewickelt, stand ein Jaguar. Als ich zurückkam, sagte Hagen, überflüssig: »Mit dem isse jekomme.«

Hein flitschte wieder mit seinem Hosenträger. »Ha. Hab echs nech jesacht? Das est ehr nejer Waaren.«

Ich versuchte mir einzureden, dass ich bestimmt gleich aufwachen würde; ich hielt mich am Weinglas fest und starrte in den Muscadet, aber der gab keine Auskunft. Hein watschelte grinsend ins Lokal, um die Kundin nach Wohl, Ergehen und Wünschen zu fragen.

»Sso«, sagte er, als er wieder hinterm Tresen stand und für Valerie einen dreifachen Chivas ohne Eis eingoss. »Sso. Ond se hat sech sälpständech jemacht. Wie de anderen drej auch. Fier Notständer bej mejne Jäste hab ech alle vier Kartchen met Nommern. Zom anroofen.«

Ich wusste immer noch nicht, was ich sagen sollte. Ich starrte auf die Polaroids mit den seltsamen Apparaten, die vielleicht ein Genie gebaut hatte. Aber das Genie, wenn es denn stimmte, war nun katatonisch, und niemand würde je erfahren, wie die Geräte funktioniert hatten. Und mit wem Erwin einen Pakt geschlossen haben mochte, zu dessen Einhaltung das Gebet vor dem elektrisch bekerzten Radaltar ebenso gehörte wie Unberührtheit des Leibes.

Neben mir räusperte sich Hagen. Er hatte sein Schlusswort-Gesicht aufgesetzt.

»Harrumph. Wisster, dat is all schön un jut. Ävve, ävve, ävve – es dat nit ene forschbar komplezeete Selpsmord? Un isch weiß noch imme nit, womit sisch dä Jung jewasche hätt.«

Lilos Liebster

Renate Müller-Piper

»Wenn du glaubst, gestern wäre einer dieser trüben, ein-schläfernden, angefaulten Hannover-Tage gewesen, dann bist du auf dem Holzweg, Sabine!«

Sabine wirft den Kopf in den Nacken, als galoppiere sie über Solling-Höhen, und gibt sich gelangweilt. Bloß nicht vor Neugier sterben, dann erfährt man gar nichts mehr.

»Was soll schon gewesen sein gestern! Der Himmel war oben, die Erde unten. Wie immer.«

»Du Schaf! Gestern hat er mich eingeladen. Spätvorstel-lung im Hochhaus. Ein Louis Malle. *Das Verhängnis.* Frag mich aber bitte nicht nach dem Inhalt des Films – wir hatten Besseres zu tun als die Leinwand anzustarren.«

Spricht da Lilo? Lilo in Backfisch-Hochstimmung? Lilo, die ernste, skeptische Schöne, die es nie anlegt auf Flirts? Lilo, die Taille, Busen und Beine vor abschätzenden Blicken ver-steckt, den Kussmund nur alle Jubeljahre mal mit künstli-chem Rot aus ihrem Ingrid-Bergman-Gesicht hervorleuchten lässt?

Sabine traut ihren Ohren nicht, bimmelt übermütig mit ihrer Fahrradklingel und sagt: »Hört, hört! Und danach? He, Lilo Lindemann, was kam nach Louis Malle? Das war doch nicht alles? Spann mich nicht so auf die Folter! Wenn du einem männlichen Wesen auch mal deine Gunst schenkst, solltest du deine beste Freundin nicht im Ungewissen darü-ber lassen.«

»Danach? Was schon? Wir sind noch ein bisschen gebummelt. Ins Pasta Basta und so. Du weißt doch, wie so was läuft.«

»Super! Dann wirst du ja die Szene jetzt öfter mal abends beglücken. Was hältst du von Samstagabend, so gegen elf Uhr in der Baggi? Kneifen gilt nicht!«

»Och«, Lilo greift den Lenker ihres Fahrrades fester. »Wir machen uns da eigentlich nicht so viel draus – du kennst mich ja. Außerdem – er ist 'ne Ecke älter als ich und nicht mehr so für diese Kindereien.«

»Hört, hört! Und wann, bitte schön, soll ich ihn mal begutachten? Diese Geheimniskrämerei! Ätzend!«

»Wie sagte die englische Lady? Abwarten und Tee trinken. Es ist eben was Besonderes mit uns – und ganz neu, eine leise Story, fast lyrisch, wenn du weißt, was ich meine. Damit geht man nicht gleich hausieren. Irgendwann wirst du ihn schon mal kennen lernen. Also, bis morgen früh. Und denk an das Bio-Referat! Tschüs!«

Lilo biegt ein in den von tief hängenden Magnolienzweigen beschatteten Anliegerweg, stoppt vor dem sich protzig hervortuenden Haus ihrer Eltern, schiebt das Rad mit der rechten Hand durch die Gartenpforte, knallt drinnen die abgewetzte Naturledermappe an die lange Garderobenwand und verschwindet erst mal in der Küche. Dort braut sie sich das unverzichtbare Spezi zusammen: Zwei Drittel Fanta, ein Drittel Coca. Zitronenspritzer. Eis. Gelangweilt überfliegt sie die heutige Mama-Botschaft:

Suppe auf dem Herd.
Guten Appetit!
Bin gegen Abend zurück.
Bussi.
      Mama

Super eigentlich, dass Mama wieder ihre Runden dreht, auf Tour ist. Mama tuppert sich durch die guten Stuben Hannovers, wie Papa bei seinem letzten Kurzbesuch zu Hause treffend spöttelte. Diese Tupperei! Wieder so ein Krampf von Mama. Warum verbringt sie ihre Stunden damit? Geld? Mama schwimmt im Geld, und wenn sie nicht aufpasst, verschluckt sie sich glatt daran. Aber, sie kann offensichtlich nicht genug davon bekommen. Mit dem Tupper-Kleingeld kommt ein kleiner Zuschuss in ihre Kasse, für ihre kostspieligen Scheußlichkeiten: Weite Crêepe-de-Chine-Kleider in verwaschenen Farben, die doch nichts verbergen können. Elend kurze Röcke, in denen Mama sich breitbeinig auf Stühle, Sessel, Bänke, Sofas plumpsen lässt. Und, und, und.

Was soll's. Ich muss sie ja nicht heiraten. Lilo grinst und verschwendet noch ein paar Gedanken an diese Tupperdosen-Besessenheit! Fällt die – logischerweise – nicht nur wirklich leidenschaftliche Hausfrauen an? Eine große runde Dose für die Cremetorte. Eine mittlere runde Dose für den Rest von der Quiche Lorraine. Eine kleine runde Dose für Weihnachtsplätzchen. Eine ganz kleine runde Dose für gehackte Petersilie. Flache Dosen, hohe Dosen, eckige Dosen.

Von einer leidenschaftlichen Hausfrau jedoch, von einem guten Geist der Küche, ist Mama so weit entfernt wie Papa von einem jeden Abend heimkommenden Familienvater im Ohrensessel.

Ach, Mama! Ist schon klar: Sie trägt ja beileibe nicht nur die Tupperdosen-Auswahl auf die Wohnzimmermärkte, sondern eben vor allem sich selbst, als vermeintliche Expertin gestylter Einbauküchen, Altbau-Speisekammern und gefräßiger Gefrierschränke. Mama Lindemann, Tupperin in stets neuem, aber gleich bleibend unvorteilhaftem Outfit. Mama Lindemann, die bei diesen Dosenpartys aller Augen auf sich gerichtet weiß und da Leute sammeln kann: Alte, junge, reiche, o reiche!, und nicht ganz so wohlhabende. Die gesammelten Leute bevölkern dann – erst mal auf Probe – Mamas Teestündchen am Kamin oder ihre Haschmich-Partys. Der eine oder andere erscheint auch tatsächlich noch ein zweites oder drittes Mal.

Lilos Gesicht wird hart, trotzig. Wenn Sprösslinge ihre Kinderkleidchen ablegen, beginnen sie, ihre Eltern kritisch zu wiegen. Und gar nicht so selten zu leicht zu befinden. Irgendwann hat es auch bei Lilo geklickt. Mein Gott, mit Mama kann ich mich ja gar nicht sehen lassen. Eine aufgetakelte Schmierenkomödiantin! Und das irrste: Sie betet sich selbst an, findet sich unwiderstehlich.

Lilo seufzt. Wenn es nur Äußerlichkeiten wären! Aber dahinter diese Hohlheit, diese plappernde Betriebsamkeit. Blabla-blassimo. Ich kann euch alle überplappern, totplappern, also, haltet am besten gleich den Mund!

Je lauter Mama tönte, desto mehr verschlug es Lilo die Sprache. Insgesamt reicht es jetzt gerade noch zu einem lustlosen, halbherzigen Balancieren auf mehrfach geknotetem Seil, zwischen Abstand und einem Rest von Nähe, Familie, Zuhause. Man kann da nicht einfach so raus. Wohin auch? Es dauert noch, bis sie auswärts studieren wird, möglichst weit auswärts. Irgendwas mit Maschinenbau und technischen Basteleien. Wäre sie schon achtzehn, wäre sie im Bedarfsfall hinter dem Steuer eines rasanten Flitzers zu suchen, eine Fahrerin, die darauf brennt, Motorschäden mit eigenen Händen zu beheben.

Die aufgewärmte Suppe – Schnippelbohnen mit Hammelfleisch – im Bauch. Mittagsruhe. Gedanken kommen lassen. Gedanken an wen? An Frederik! Tummelt sich in ihrem Kopf überhaupt noch Frederik-Fremdes? Er streckt sich neben ihr auf der blaurot geblümten Couch aus, reibt seinen blonden Strubbelkopf an ihrer Schulter. Seine Blicke! Seine Stimme!

Ihre Hand in seiner. Er wird sie nicht mehr loslassen, sie in sein Leben führen. Weg von Mama, ja das auch.

Bei dem Vergleich mit den Typen aus Lilos Jahrgang, auch mit denen aus der Tanzstunde, schneidet Frederik blendend ab. Eine Rolle spielt auch, dass er . . . na, bestimmt fünfzehn Jahre älter ist als diese oberflächlichen Kindsköpfe. Also, er ist nicht so wie die Gleichaltrigen und schon gar nicht wie Mamas gockelnde Galane, denen sie sich so lange penetrant anzubieten pflegt, bis die ehrenwerten Familienoberhäupter die miese Gelegenheit für ein unverbindliches Abenteuer nutzen.

Jahr für Jahr hat Lilo das mitgekriegt, ohne es zunächst einordnen oder werten zu können. Ihr war nur irgendwie mulmig. Erst als sie eben gar nicht mehr dieses kleine Kind war, kapierte sie, was da ablief. Und dann, an jenem 31. Dezember, vor sieben Jahren, neun war sie damals, hatte es den berüchtigten Klick bei ihr gegeben. Mama, bei der schrillen Silvesterfeier im Haus, schlängelte sich zuckend um tanzende Herren im Smoking, thronte neckisch auf dem Schoß von diesem oder jenem. Ja, und dann im Weinkeller die Sache mit dem glatzköpfigen Nachbarn von Nummer 5! Lilo hatte es – allen Göttern sei Dank! – geschafft, das Toilettenbecken im Parterre noch zu erreichen. Im Sprinten ist sie einfach gut. Und auch im Erwachsenwerden. Es bringt nichts, naiv zu sein. Aber, maybe, es bringt was, Idealen nachzuhängen. Das ist was anderes. Und ganz ohne Ideale . . . wäre öde.

Lilo rollt sich auf die rechte Seite, streichelt hartnäckig den Platz neben sich. Frederik! Es gibt ihn also doch, den Traummann, den Märchenprinzen. Seit sie Frederik kennt, verabschiedet sie sich Tag für Tag ein bisschen mehr von den Maximen ihrer Mädchenzeit: *no boys, no men, no love.*

»Mensch, Lilo, schon wieder eine Woche vorbei! Und du? Du versteckst deinen Halbgott immer noch!«, quengelt Sabine.

»Merke: Erstens ist eine Woche in der Liebe eine kurze Zeit. Zweitens verstecke ich ihn nicht. Und drittens ist er kein Halbgott – du kannst das ›Halb‹ getrost streichen!«

Sabine lehnt sich leicht gegen die rote Klinkermauer des Schulinnenhofs, nimmt schlürfend einen Schluck aus der Limoflasche, blinzelt die Freundin an.

»Mensch, dich erwischt es wahrhaftig gar nicht oder ganz. Bist ein gründlicher Mensch. Lädst du mich zur Trauung ein? Ganz in Weiß? Was wünscht ihr euch denn? Habt ihr schon ’nen Edelstahltoaster? Und ’ne Fußmatte ›Bienvenu‹? Braucht ihr noch ein niedliches Stövchen?«

»Wart’s ab. Und bloß kein Neid! Wer weiß, vielleicht sind wir ja seit Wochen heimlich getraut. Übrigens: Kannst du ein Geheimnis für dich behalten?«

»Klar, Lilo, Ehrensache!«

»Ich auch, Sabine!«

»Mensch, du Gurke!« Sabine knufft die Freundin in die Seite, schiebt den Arm unter ihren und steuert sie bummelnd über den Schulhof. Große Pause. Ein Lärm wie bei Grönemeyers Auftritten im Stadion. Na ja, fast. Sind natürlich weniger Leute hier. Aber die hier fordern den Vergleich heraus. Und wie alle Tage lassen sie ihre geleerten Sasabecher und ihre Butterbrotpapiere auf dem Schulhof oder drüben in der Pausenhalle fallen, wo sie gerade gehen oder stehen. Und die unteren Jahrgänge haben dann bei Pausenschluss das Vergnügen, den Müll aufzusammeln. Wenn sie dann später Oberstufenweihen haben, muten sie ihrerseits den Jüngeren wieder dasselbe zu. Und das übelste: Eine halbe Stunde später, im Unterricht, quatschen dieselben Wegwerfherrschaften hochtrabend von der Notwendigkeit des fairen Umgangs miteinander, von der Unerlässlichkeit, Unterdrückungsmechanismen weltweit abzubauen.

»Mensch, Lilo, da ist der Herz! Da drüben! Klingelt's bei dir? Los, wir baggern den noch mal an, ob wir nicht doch mitmachen können in der Theater-AG. Los! Die ersten Schritte auf den Brettern, die . . .«

». . . die Welt bedeuten. Ich weiß. Alter Hut . . . du, hab ich dir noch gar nicht erzählt . . . der Herz hat mir da jetzt doch eine kleine Rolle gegeben . . .«

»Lilo! Lilo Lindemann!« Sabine entzieht der Freundin ihren Arm und geht keinen Schritt weiter. »Ohne mich? Ist das wirklich wahr? Du weißt doch, dass ich auch . . . wir wollten doch beide . . .«

»Mensch, Sabine, er hatte eben nur noch diese eine Rolle. Und wir beide sind doch nicht Alice und Ellen Kessler: Was du machst, tue ich auch . . . Es hat sich eben so ergeben.«

»Ergeben?! Wann? Wieso?«

»Na, eben so. Mach doch nicht soviel Wind deswegen. Als ob unser ganzes Erdenglück davon abhinge. Vielleicht klappt es ja nächstes Mal. Nun, komm, sei ein braves Kind.«

Aber Sabine ist nicht mir nichts, dir nichts zu besänftigen, durchwacht sie doch halbe Nächte im Fernsehsessel, wenn sich da – selten genug! – der Vorhang hebt für Brandauer, Lohner, die Kutzmany, die Fendel. Wenn die Marthe Schwerdtlein der Flickenschildt sich mit Gründgens' Mephisto verschwört.

Dabei weiß sie genau, dass sie in diesem Leben nicht am Theater in der Josefstadt oder bei den Salzburger Festspielen engagiert sein wird – aber mit der Materie zu tun zu haben, darauf ist sie scharf.

»Ich hätte nie gedacht, dass du so gemein sein kannst. So hinterfotzig. Ausgerechnet du, mit deinen Idealen. Schiller pur. Ich habe es doch auch nicht ohne dich versucht!«, zischt Sabine und kann in diesem Moment nachfühlen, wie es zu Prügeleien unter den gesittetsten Frauen kommen kann. Na, wenigstens hat sie einen bemerkenswerten Abgang. Bühnenreif. Na bitte.

Das war schon richtig, resümiert Lilo zwei Stunden später zu Haus, dass ich Sabine nicht eingeweiht habe. Noch nicht.

Mamas Speisezettel verheißt heute »Kartoffelsuppe in der Tupperdose im Kühlschrank«. Als die Suppe in Lilos Teller dampft – Maggi lässt freundlichst grüßen! –, zieht sie damit in den Wintergarten, in die Aprilsonne, die schon einen Vorgeschmack auf Sommerstrahlen vergibt.

Zum Dessert ein Fertigpudding und die Katastrophentexte der *Allgemeinen*. »Entführer in Costa Rica wiederholen Forderung. Bombenbastler bei Explosion getötet. Serientäter schlägt in Hannovers Supermärkten erneut zu. Rentnerin in der List brutal niedergeschlagen. Von den Tätern fehlt jede Spur.«

Erfrischend immerhin die Kolumne von Jo: »Professor erforscht Liebesleben seiner Ehemaligen.« Spielt auch im Gerichtssaal, dennoch: Schmunzeln gestattet.

Ach ja, der Aufsatz! Lilo kramt die Unterlagen aus ihrer Tasche, arbeitet auf Sparflamme. Warum? Prangt erst mal ein Gut unter ihren Ergüssen, ist es aus mit dem Nachhilfeunterricht vom Herz. Beim letzten Elternsprechtag ist er Mama empfohlen worden. Hinter vorgehaltener Hand. Denn streng genommen sollte ein Pauker nach den Vorstellungen seiner Obrigkeit niemandem auf die Sprünge helfen, dem er auch in seiner Schule begegnet. Aber Mama hat's mal wieder geschafft. Plapper, plapper, plapper. Ich glaube, man gibt Mama in dem, was sie fordert, nach, damit sie aufhört zu nerven. Echt. Wo nötig, setzt Mama auch Tränen ein oder geflüsterte Halbsätze, die auf eine angeblich unglückliche Kindheit weisen. »Ach, wenn Sie wüssten . . . Wenn man schon so viel durchgemacht hat wie ich . . .«

Hat Lilo alles schon mit eigenen Augen gesehen. Mit eigenen Ohren gehört. Am liebsten wäre sie dann dazwischengefahren, fürchtete jedoch Mamas Gezeter. Dem ist sie nicht gewachsen.

Und die Leute? Die Welt will betrogen sein. Dumme Sprüche haben's in sich.

Gleich fünf Uhr! Zeit für die Nachhilfe! Lilo befragt die Spiegel in Mamas Ankleidesaal, dreht sich, beugt sich vor, winkelt die Arme an, stellt den rechten Fuß vor. Echt mannequinverdächtig – sie prustet los. Aber, es muss entschieden werden: Jeans mit Einfach-Shirt oder das neue arktisblaue Kleid? Ein mystisches Blau, ein Blau, aus dem die Träume sind. Und mit dieser Definition ist dann auch entschieden, wie die Schülerin Lilo Lindemann den Studienassessor Herz, Frederik Herz, empfängt, um mit ihm Tellheims Verhalten zu Minna von Barnhelm zu analysieren und die Ergebnisse auf das Geschickteste und Überzeugendste auf liniertes Papier zu bannen.

Da läutet er schon. Frederik! Lilos Knie wackeln, ihr Herz ist zu hören bis zum Leibniztempel in Herrenhausen. Sie zwingt sich, ihm äußerlich gelassen die Tür zu öffnen, ihn gelassen zu begrüßen und zu ihrem Schreibtisch vorauszugehen. Soviel Gelassenheit strengt an.

»Ein Glas Tee? Darjeeling?«

»Gern. Und es muss für mich nicht unbedingt ›First flush‹ sein. – Aber dann an die Arbeit. Also . . .«

Seine Stimme! Damit könnte er ihr getrost die Verkehrsmeldungen aus dem Bereich Bochum oder Wetterberichte vom vorigen Jahr vorlesen.

Lilo schweift in Gedanken ab: Selbst in unseren Chaostagen finden sich noch Männer, die meinen, einer Frau nichts aufbürden zu dürfen, sie schonen zu müssen. Klar, aus anderen Gründen als Tellheim. Und doch, eine Parallele kann man ziehen. Hält nicht auch Frederik Abstand von ihr, obwohl es ihm bestimmt sauschwer fällt? Das spürt sie. Aber er ist behutsam, weil sie noch so jung ist und zudem Schülerin an seiner Schule. Ein feiner Mensch eben, Tellheim-like, sozusagen. Bald wird er sich trauen – vielleicht, wenn sie siebzehn ist, in einem halben Jahr. Bis dahin wird sie warten, werden sie beide warten. Sich aufheben, das ist eine Kostbarkeit. Über dem Alltäglichen schweben wie auf einer jener irisierenden Wolken, die für Verliebte am Himmel stehen. Und bald wird Frederik leibhaftig neben ihr sitzen, leibhaftig mit ihr im Kino schmusen und wirklich abends seinen Arm an der Bar im Pasta Basta um sie legen wie einen wärmenden Pelz.

»Lilo! Hallo! Hallo! Wo tummeln sich deine Gedanken? Streng dich bitte an. Du blamierst mich sonst zu Tode – und ich habe dann sozusagen mein Geld nicht verdient! Also, wie gelingt es Minna, den Major endgültig an sich zu binden?«

Lilo nickt, lächelt den Herz an. Er hat recht, natürlich. Er will ihr Bestes. Und mit schnell überlegten Antworten stellt sie ihn zufrieden. Halbwegs jedenfalls.

Als Frederik sich heute verabschiedet, strahlt er Lilo Sekunden länger an als sonst. Hat er nicht auch ihre Hand gedrückt?

»Und morgen geht's für eine Woche ins Landheim, Lilo? Viel Spaß bei gutem Wetter!«

»Danke. Eigentlich habe ich gar keine Lust, wegzufahren«, gesteht Lilo und denkt, er weiß schon, warum. Er soll es auch wissen.

»Tja, ihr reist nur eine knappe Stunde weit. Eine Studienreise nach Athen oder Rom würde dein Herz sicher höher hüpfen lassen – das kommt dann im 13. Jahrgang. Aber so macht's doch auch Spaß – ihr lernt euch alle besser kennen, privat, in einer anderen Umgebung. Ich halte das für eine feine Sache. Und wenn die Sehnsucht zu groß wird, dann setzt du dich einfach in den nächsten Bus und unterbrichst mal für ein paar Stunden. – Bis nächste Woche also! Und vergiss den Lessing nicht ganz!«, gibt der Göttliche ihr noch auf den Weg und ist auch schon auf seinem Drahtesel um die Ecke gebogen.

»Da! Was war das? Hast du das gehört?« Frederik löst sich mit einem Ruck aus der Umarmung, reckt den Kopf aus der smaragdgrünen runden Wanne im Badezimmer des Lindemannschen Bungalows. Aufgescheucht wendet er den Blick zum Fenster, hinter dem das Tageslicht der Dunkelheit gerade Platz gemacht hat.

»Brrr. Nichts! Nichts gehört! Und wenn, dann war's draußen – die Straße da drüben ist ja schließlich nicht nur für uns da, Schatzi – aber hier, die Wanne ist für uns da. Komm ...«

»Mir war so ... soll ich nicht besser mal nachsehen?«

»Da war bestimmt nichts. Sei locker. Sei locker. Ich sage immer, mir kann keener. Und ich mache, was mir gefällt. Pech für die anderen, wenn es denen nicht gefällt. Ihr Pech, nicht mein's!«

Mama Lindemann schlägt mächtige Badewellen wie das Nilpferd im Zoo, füllt die hohlen Hände mit Pariser Duftschaum – Mille de Patou –, klatscht ihn auf Frederiks Charakterkopf wie einen Faschingshut. Nur das Gesicht spart sie aus, dafür hat sie Champagnercreme auf dem marmornen Sockel bereitgestellt. Im Handumdrehen wird die aufgetra-

gen. Stirn, Nase, Wangen, Mund – und dann wieder abge-
schleckt. Wer isst denn so was aus der Schale?

Keine Geräusche! sagt Lilo sich, draußen, neben dem Gins-
terbusch am Badezimmerfenster. Durch das spaltbreit offene
Fenster sieht sie Mama planschen, mit diesem albernen, knal-
ligen Turban auf dem Kopf. Sie hört *seine* Stimme, jene, die sie
eben noch auf allen CDs dieser Erde hätte konservieren wollen. In Lilos Kopf dröhnen jene Worte, die in den letzten
Tagen ihr Spruch waren: »Wenn die Sehnsucht zu groß wird,
dann setzt du dich einfach in den nächsten Bus.«

Wie lange steht sie da? Lilo scheint es einen Atemzug nur
und gleichzeitig ihr ganzes Leben lang. Lang genug! sagt sie
sich und nimmt die Sache in die Hand, als sei sie in solcher
Praxis geübt, als sei sie deshalb hergekommen, als bedürfe es
nicht einer Sekunde des Nachdenkens.

No boys. No men. No love.

Lilo tastet sich – leise, leise – vorbei an Frederiks Fahrrad
zur Garage an der anderen Seite des Hauses. Das Tor steht
offen.

Sie macht sich zu schaffen am Werkzeugschrank und an
Mamas metallicgrünem BMW.

Jeder Handgriff sitzt.

Der letzte Bus in Richtung Landheim. Er fährt um 22 Uhr 30,
und Lilo erwischt ihn. Als Latein-Lange um Mitternacht
besorgt ihre Schäfchen im Schlafsaal zählt, sieht sie Lilo Lindemann in dem oberen Etagenbett neben der Tür schlum-
mern, eingerollt in ihren Schlafsack. Auch sonst fehlt offenbar
niemand.

»Na, dann gute Nacht. Und bis morgen«, murmelt sie,
mehr zu sich selbst.

Wie läuft das immer ab in den Krimis aller Buchverlage, aller Filmtheater und TV-Kanäle? Zur Todesstunde vermutlich abwesende Sprösslinge werden schonend benachrichtigt, wenn daheim der Sensenmann einen Besuch abgestattet hat, und fürsorglich von einer Vertrauensperson zum Trauerhaus begleitet.

In jeder Sekunde des nächsten Tages hält Lilo sich bereit. Umsonst. Was bedeutet das? Mama zelebriert nie autofreie Tage.

Für morgen ist allgemein die Heimfahrt angesagt.

»Ich wollte dir die Landheimtage nicht verderben, Lilokind. Und – wenn du gestern schon zurückgekommen wärst – wem hätte das genützt? Das hätte Papa auch nicht wieder lebendig gemacht. Er ist ... es hat ihn erwischt ... seine Raserei ... Totalschaden! Er war gestern schon zurück aus Hongkong, du weißt ja, er wollte erst übermorgen ... Natürlich hatte er kein Sitzfleisch zu Hause, ist gleich ab ins Werk, ausnahmsweise mit meinem BMW – der ist auch hin. Drei Monate alt und ein Haufen Blech.

Auf dem Schnellweg ist es passiert ... Wir müssen jetzt sehr tapfer sein, Lilokind. Es wird sich einiges ändern. Und Trauerkleidung, für die ersten Tage ... findest du, ich kann dies hier anbehalten?«

Mama quillt aus einem schwarzen Samtkostüm, kniescheibenkurz, zieht ihre Tochter an sich, in einen Nebel von Mille de Patou.

Lilo atmet ganz flach, hält still, krallt ihre Finger ineinander. Und sie weiß sofort, wie es weitergehen muss. Hier gilt die faire Maxime: Jeder hat einen zweiten Versuch.

Stein und Bein

Jörn Ingwersen

1

Als Hartmann wieder zur Besinnung kam, fühlte er sich, als kauerte er im feuchten Kielraum eines Frachters. Knarrend schwankte der stählerne Eimer über die See. In jedem Wellental lief ihm Galle über die Zunge und am Kamm der nächsten Woge rollte er wie schwerelos umher. Metallisch hallten die Kolben der Maschine an den kahlen Wänden seines Schädels zurück.

Er dachte an Rita, ihre rote Mähne, die vor seinen Augen tanzte wie eine Fackel im Wind. Zum Greifen nah. Er wollte sich aufrichten, zumindest auf die Knie, musste ihr zeigen, dass er nicht am Boden lag, noch lange nicht, das war der Anfang, nicht das Ende. Er wollte drohen, wollte zeigen, wo er war, aber er konnte zerren, wie er wollte, die Hände blieben stur und unbeweglich hinter seinem Rücken verschränkt.

Hartmann schlug die Augen auf. Dann drückte er sie fest aufeinander. Es machte keinen Unterschied. Der schwache Farbton, der sich unter das bleierne Schwarz mischte, wechselte ins Rötliche hinein, ansonsten blieb alles beim Alten. Sehen konnte er nichts. Er hörte das dumpfe Signal eines Dampfers. Abgase stiegen seine Nasenwände hinauf, unter ihm röhrte es. Er ruckte mit Gewalt an seinen Händen. Brennender Schmerz an den Gelenken ließ ihn aufschreien. Er riss die Zähne auseinander, aber seine Lippen blieben geschlossen. Das dicke Klebeband auf dem Mund erstickte seinen Schrei zu nutzlosem Grunzen. Hartmann warf den Kopf hin und her. Wütend knurrte er in sich hinein.

Er hörte Stimmen. Weit weg. Jemand sprach mit abgehackten Sätzen. Ein anderer lachte. Gehässig. Der erste fiel in das Lachen ein. Dann war es wieder still. Hartmann konnte nicht verstehen, worum es ging, aber er meinte sich zu erinnern, dass die beiden an seiner Lage nicht ganz unschuldig waren, und je länger er darüber nachdachte, desto sicherer wurde er seiner Sache. Es war kein Schiff, in dessen Laderaum er lag. Er war an Land, und wenn er sich noch so sehr gegen den Gedanken sträubte, konnte er ihn doch nicht abschütteln. Er lag im Kofferraum eines Wagens, und die wortkargen Witze der Männer vorn gingen eindeutig auf seine Kosten.

Hartmann ahnte, was sie vorhatten. Er hatte damit gerechnet, dass sein Plan schief gehen konnte, aber er hatte keine Ahnung gehabt, wie schief.

Er dachte an Rita.

Er hätte es wissen müssen. Er hätte sich von vornherein bremsen sollen. Dunkel erinnerte er sich an seine ersten Zweifel, die er dumm und geldgeil beiseite gewischt hatte. Hartmann schloss die Augen und gab sich dem Wiegen der ausgeleierten Stoßdämpfer hin. Hart schlug der Auspuff an den Unterboden. Es hätte nicht so kommen müssen. Irgendwo hatte er die falsche Abzweigung genommen. Die Frage war nur, wo.

2

Es war eine ziemlich langweilige Donnerstagnacht gewesen. Die meiste Zeit über war Hartmann mit seiner Droschke durch die ausgestorbene Stadt gekurvt, hatte den halben Tank leergefahren und eine ganze Schachtel Gitanes geraucht. Mit der einzigen Fuhre in den letzten zwei Stunden war er in Steilshoop gelandet. Das schweigende Pärchen auf der Rückbank hatte am Ende kein Geld gehabt, und Hartmann war nichts anderes übrig geblieben, als die Mutter des Mädchens aus dem Bett zu klingeln, um sich von ihr bezahlen zu lassen. Die Frau hatte die Hände in die Hüften gestemmt und ihn wüst beschimpft. Es hatte heute einfach keinen Sinn.

Als Hartmann mit Schrittgeschwindigkeit die Lange Reihe hinunterfuhr, sah er, dass die ersten Sonnenstrahlen in die Schluchten der Straßen einbrachen, und er beschloss, einen letzten Versuch auf der Reeperbahn zu wagen, wo sich jetzt die Mädchen und ihre späten Kunden langsam, aber sicher auf den Weg machten. Zumindest musste er da nicht allein diese nutzlose Nacht verfluchen. Schlafen war sowieso nicht drin.

Im Schatten der Justizgebäude hielt er am Straßenrand, kramte seinen Tabaksbeutel vor, krümelte etwas Gras in ein Blättchen und zündete die Mischung an, als er sich wieder in den beginnenden Morgenverkehr einfädelte. Er riss das Schiebedach auf und drehte die Musik lauter. *Led Zeppelin. Stairway to Heaven.* Hartmann fühlte sich besser.

Am Posten Reeperbahn Stein stellte er sich ans Ende der Schlange, die bis auf die Straße reichte. Von den Antennen der meisten Taxen wehten Trauerflore. Er betrachtete die braunen Blätter der Bäume, die zwischen Parkuhren und Peepshows zu Boden taumelten. Altweibersommer.

Hinter ihm hupte jemand, und Hartmann sah, dass er aufrücken sollte. Gerade hatte er den Motor angelassen, als hinten eine Tür aufgerissen wurde.

Drei Mädchen kletterten gut gelaunt plappernd der Reihe nach auf die Rückbank. Sie schoben ihre Schminktäschchen vor sich her und rückten die Pelzjacken zurecht, um zu verbergen, dass sie drunter mehr oder weniger unbekleidet waren. Die vierte passte nicht mehr auf den Sitz, und so stieg sie vorn ein und stellte ihre Tasche am Boden neben ihren Beinen ab. Hartmann warf seine Zigarette aus dem Fenster und legte den ersten Gang ein.

»Hier riecht's ja gut«, kicherten die Mädchen von hinten, nannten ihm eine Straße in Altona und kündigten an, dass die Tour danach noch weitergehen sollte. Hartmann war zufrieden. So eine kleine Rundreise würde seinem Kilometerschnitt auf die Sprünge helfen. Lothar, dem der Wagen gehörte, machte sich deswegen jedes Mal fast in die Hosen. Die Mädchen kümmerten sich nicht weiter um ihn, und so versuchte er, sich dem Verkehr zu widmen, wenn es ihm auch nicht ganz gelingen wollte.

Entweder war es eine Wolke von Parfüm, die ihn mit schöner Regelmäßigkeit umnebelte, oder aber er konnte die Augen nicht von dem schweigsamen Mädchen an seiner Seite nehmen. Sie hatte sich nach hinten gewandt, um den anderen bei ihren Erlebnissen der Nacht besser zuhören zu können, und dabei war ihre Jacke verrutscht und hatte die nackte Haut darunter freigelegt. Hartmann schielte aus den Augenwinkeln.

Sie hatte einen ausgesprochen niedlichen Bauchnabel und eine gewisse Ähnlichkeit mit der jungen Bardot. Rotblondes Haar fiel ihr in dicken Locken auf die Schultern herab.

Nachdem er die ersten beiden Mädchen in einer kleinen Seitenstraße hinter dem Bahnhof abgesetzt hatte, wurde es still im Wagen. Offenbar machte sich Müdigkeit breit. Als er sich einmal umwandte, um nach der Hausnummer zu fragen, merkte er, dass ihn die Rothaarige aufmerksam musterte. Am Kaiser-Friedrich-Ufer stieg das Mädchen im Fond aus. Hartmann wartete einen Moment lang auf das neue Fahrtziel, dann sah er ihr in die grünen Augen.

»Schlüterstraße«, hauchte sie. Es war das erste Wort gewesen, das sie während der ganzen Fahrt gesprochen hatte, aber es genügte, um zu verraten, dass sie keine Deutsche war. Umlaute waren nicht ihre Sache. Sie kramte aus ihrer Tasche Zigaretten hervor und zündete sich eine an.

»Müde?«, sagte Hartmann.

»Hm«, machte sie und stieß den Rauch gegen die Scheibe. »Weiß nicht.«

Das war das ganze Gespräch gewesen, und er hatte sich gar nicht erklären können, wie es eigentlich kam, dass sie ihn vor der Haustür gefragt hatte, ob noch mehr von dem Gras da wäre und er nicht Lust hätte, mit raufzukommen. Hartmann überlegte kurz, was ihn zu Hause erwartete, dann suchte er einen Parkplatz und stellte den Wagen ab.

3

Rita stammte aus St. Louis, Missouri. Genau konnte sie nicht mehr sagen, was es eigentlich gewesen war, das sie nach Hamburg verschlagen hatte. Ursprünglich war sie der Meinung gewesen, ihr Grund hätte Dieter geheißen, aber der hatte längst mit einer anderen im Bett gelegen, als sie vor vier Jahren samt Koffern vor seiner Haustür gestanden hatte.

»Manchmal ist die Elbe wie der Mississippi«, hatte sie an diesem Morgen mindestens dreimal gesagt. Hartmann hatte ihr nicht widersprochen, obwohl er es sich eigentlich nicht vorstellen konnte.

Sie hatten, nachdem Rita von ihrer spärlichen Arbeitskleidung befreit war und sich Jeans und ein weites T-Shirt übergezogen hatte, auf ihrem Bett gelegen, den Stuck an der Decke betrachtet und geraucht. Die Wohnung war hell und freundlich, spärlich eingerichtet. Für Hartmanns Geschmack etwas spartanisch, bis auf die Küche, in der es alles in zigfacher Ausfertigung zu geben schien. Einer der drei Kühlschränke war randvoll mit Bier. Er holte zwei davon und riss sie auf.

Es war seltsam. Sie mussten nicht viel erklären. Rita wollte nur wissen, ob er eine Freundin zu Hause hätte. »Falls sie wartet . . .«

»Nein.« Hartmann wollte nicht darüber reden, und sie bohrte auch nicht weiter.

Gras und Müdigkeit ließen die Gedanken fliegen. Bald wurde sie gesprächiger, erzählte mit schwerem Akzent von früher, von Danny, dem kleinen Bruder, ihrem Vater, dem Schwein, der im Krieg eine Vietnamesin geheiratet hatte, von ihrer Mutter, die noch immer in dem grauen Kaff wohnte und darauf wartete, dass der Mann zurückkam. Ausgerechnet nach St. Louis.

Sie hörte gar nicht wieder auf. Erzählte vom College in der Kleinstadt, den Jungen, die sich von jedem Rendezvous nach dem Kino oder noch im Kino eine Nummer erwarteten. Mindestens mit der Hand. Erst nur an den Wochenenden zwei, drei, dann bald jeden Abend ein anderer. Alle wollten mal, keiner wollte sie richtig. Irgendwann mussten sie bezahlen. Eine Sache von Angebot und Nachfrage. Hartmann sah sie an. Wenn sie kicherte, wirkte sie kaum alt genug, ein Auto zu fahren.

Eines Tages war dann dieser Dieter aufgetaucht. Seine

Freunde sagten ›Elvis‹. Gleiche Welle, oder wie sagt man in Deutsch?« Hartmann nickte. Das Ganze wurde für seinen Geschmack etwas sentimental.

Und als sie fertig war, sah sie ihn mit großen Augen an. Wollte alles Mögliche wissen, von früher, von jetzt, seinen Vornamen.

Ausgerechnet.

Stockend setzte er an, erzählte, wie er vor Jahren sein Jurastudium abbrechen musste, weil man ihn wegen Hehlerei verurteilt hatte, naja, und dann war noch Dokumentenfälschung hinzugekommen. Die zwei Jahre auf Bewährung waren nicht so schlimm gewesen, aber mit der Vorstrafe in den Papieren konnte er nicht mehr Anwalt werden.

Seitdem saß er im Taxi und steckte seine ganze Energie in die Band, mit der er auf Tour gehen wollte, als Gitarist, sobald Spider und er den richtigen Drummer gefunden hätten. Das war sein nächstes Ziel. Entweder das oder endlich der kleine Plattenladen am Weidenstieg, den, wenn er ihnen erst mal gehörte, nur Langhaarige betreten durften. Keine Glatzen, keine Schmalzlocken. Sie brauchten nur noch die Kohle. Rita hatte laut gelacht. Mit ihrem Fingernagelstudio war sie auch noch nicht weitergekommen. Zweimal die Woche drückte sie die Schulbank. Volkshochschule, Nachmittagskurs.

Sie blieben wach, bis alles aufgeraucht und soweit preisgegeben war, wie sie es verantworten konnten. Hartmanns fahrige Annäherung wies sie zurück.

»Behalt's lieber für dich«, waren die letzten, schon im Halbschlaf gemurmelten Worte gewesen, an die er sich erinnern konnte. Das hatte gesessen.

Hartmann zog sich das Kissen über den Kopf und langte in die Richtung, in der er sie vermutete. Er tastete einen Moment lang ins Leere, fuhr mit der Handfläche über das Laken und schlug die Augen auf. Er war allein.

Die Vorhänge waren zugezogen, das Zimmer ein trübes Grau. Sein Gähnen hallte von den Wänden zurück, und die Bettdecke raschelte laut, als er sie mit Schwung zurückschlug.

Er stellte fest, dass er noch angezogen war, und fing an, in seinen Taschen nach den Gitanes zu kramen. Da hörte er ein seltsames Geräusch. Ganz leise. Ein Zischen, ein Brummen. Er hielt still und lauschte. Hinter einer der Türen, von der er sich zu erinnern glaubte, dass sie auf den Flur hinaus führte, war angestrengtes Flüstern zu hören. Ritas Stimme, die langsam immer lauter wurde und etwas in der Art sagte wie: »Und von dir hör ich mir so was schon gar nicht an.«

»Schschsch«, machte jemand.

Hartmann rührte sich nicht.

»Was soll das?« Rita. »Willst du mir vielleicht sagen, was ich tun soll? *Du?*«

»Verdammt, halt's Maul, oder soll er uns hören?«

Sonore Stimme. Dann war es still.

Der Mann knurrte. »Kannst du vielleicht woanders ficken? Wenn du die paar Tage schon nicht warten kannst. Oder willst du, dass wir deinetwegen auffliegen?«

»Au, du tust mir weh.«

»Noch so'ne Nummer und ich mach dich lang. Die Wohnung ist tabu. Klar? Such dir was anderes. Und lass den Kerl da drinnen verschwinden. Vielleicht bringst du uns hier noch die Bullen an, oder was?«

Hartmann schluckte. Vorsichtig stand er auf und ging über das leise knarrende Parkett zum Fenster. Von hier aus konnte er das Gemurmel nicht mehr richtig verstehen, aber das war nicht schlimm. Er hatte genug gehört.

Langsam schob er den Vorhang beiseite, um hinaussehen zu können. Es war ein grauer, diesiger Freitag geworden, wie warm die Sonne am Morgen auch geschienen haben mochte. Die Schlüterstraße war wie immer vollgeparkt. Hartmann sah sein Taxi auf der anderen Straßenseite neben einem Möbelwagen stehen, der von Männern in blauen Overalls entladen wurde. Davor parkte ein silberner Benz mit Alufelgen und Telefonantenne. Der Motor lief. Ein gedrungener Charakter stand mit Sonnenbrille und verschränkten Armen an der Fahrertür gelehnt und sah herüber.

Hartmann zuckte zurück. Er versuchte, das Kennzeichen des Wagens zu erkennen, aber kaum hatte er die ersten beiden Zahlen hinter den Buchstaben entziffert, da schlug unten die Haustür zu. Der Chauffeur kam in Bewegung.

Hartmann beugte sich vor und wartete, bis er sehen konnte, wer aus dem Haus kam. Der Mann blieb am Gehweg stehen, überprüfte mit beiden Händen seinen dicken, schwarzen Zopf und schlug den getigerten Kragen seines Mantels hoch. Der Fahrer öffnete die Tür, tat einen Griff zum Armaturenbrett und holte eine Schachtel Zigaretten hervor, die er dem anderen gekonnt zuwarf, als dieser nah genug herangekommen war. Der fing sie auf, zündete sich eine an und boxte seinen Begleiter freundschaftlich an die Schulter. Als er um den Wagen ging, um auf der Beifahrerseite einzusteigen, zeigte er sich von vorn.

Hartmann schloss die Augen.

Den kannte jedes Kind.

Er hatte ihn oft genug in der Zeitung gesehen, wenn er trauernd am Grab eines ermordeten Luden gestanden hatte, wenn er von den Gesellschaftsseiten der Boulevardzeitungen herabgrinste, weil er eine weitere Künstlerkneipe auf dem Kiez eingeweiht hatte, und nicht zuletzt, nachdem er vor wenigen Wochen mit seiner Aussage bei einem Mordprozess dem Gang der Dinge eine unerwartete Wendung beigebracht hatte. Apachen-Paul war bekannt dafür, dass er alles eigenhändig regelte. Hartmann versuchte, das Kennzeichen, soweit er es sich gemerkt hatte, schnell wieder zu vergessen.

4

Als Rita ins Zimmer kam, lag Hartmann auf dem Bett und rauchte, den Kopf etwas erhöht, die Arme dahinter verschränkt. Sie hielt zwei dampfende Becher in Händen und lächelte schief.

Räusperte sich. »Kaffee, der Herr?«

Auf nackten Sohlen kam sie herüber und reichte ihm einen davon. Sie hatte verdammt wenig an. Auf ihrem Schlafhemd stand *If they can shoot one man to the moon, why can't they shoot them all?* und der Slip darunter sah aus, als wäre er aufgemalt. Ihre Haut schimmerte weiß wie die Laken, abgesehen von einigen Sommersprossen, die sich gleichmäßig darüber verteilten. Sie gefiel ihm immer besser.

Aber sie wollte sich nicht zu ihm aufs Bett setzen. Lief etwas auf und ab, stand schlürfend am Fenster, schob die Vorhänge ein Stück zur Seite und sah hinaus, gähnte.

Schließlich strich sie sich das Haar aus der Stirn. »Und? Gut geschlafen?«

»Wie in Abrahams Schoß.« Er zog die Augenbrauen hoch, schlug die Beine übereinander, lächelte. Das Leder seiner engen Hosen knarrte. Der Becher schwankte auf seinem Bauch. Er drückte die Kippe aus. »Und selbst?«

»Du hast gelauscht.« Sie klang nicht gerade begeistert.

»Tut mir Leid. Ließ sich nicht verhindern.«

Sie holte tief Luft und atmete langsam wieder aus, sah ihn fragend an, als überlegte sie, ob sie ihn rausschmeißen sollte.

Hartmann probierte den Kaffee. »Dein Freund, der Lude?«

»Nein. Vergiss, was du gehört hast.«

Hartmann stellte den Becher ab und langte hustend in seine Lederjacke, die am Bettpfosten hing. Zwei Zigaretten hatte er noch. »Willst du?«

Sie schüttelte den Kopf und kam langsam zu ihm herüber. Blieb vor dem Bett stehen und sah ihn an. »Bitte«, sagte sie. »Ich hätte dich gar nicht herbringen dürfen.«

Hartmann sah die roten Druckstellen an ihren Handgelenken und schüttelte den Kopf. »Das hab ich wohl gehört. Er hat dir ziemlich wehgetan, oder? Was ist denn los?« Er setzte sich auf, machte ihr Platz, aber sie wollte nicht. »Na gut, lass mich raten.« Er sah zur Decke. Der Stuck war frisch ausgebessert. »Könnte ein Puff werden, und der Vermieter weiß noch nichts von seinem Glück. Bisschen wenig Ambiente vielleicht, aber die Gegend stimmt.«

Sie runzelte die Stirn.

»Okay, blöder Spruch. Aber ein Versteck. Ja? Die vollen Kühlschränke? Jemand will hier untertauchen?«

»Was heißt das, untertauchen?«

Ihre Wimpern waren lang, die Lider lagen schwer auf den Pupillen. Hartmann seufzte. »Heute Morgen war dein Deutsch noch ganz gut. Was ist mit dir?«

Sie nahm ihm die Zigarette aus der Hand und zog daran, blies nervös den Rauch an die Decke. »Nichts.«

Hartmann lächelte schräg, neigte den Kopf, aber sie sah zu Boden, wich seinem Blick aus. »Ich hab im Moment keine Wohnung. Wegen dieser blöden Janine, egal, ich – ich wusste nicht, wohin. Und weil ich seinen Schlüssel noch hatte, hab ich mir gedacht . . .«

Ungläubig sah er sie an.

»Ehrlich.« Sie legte ihre Stirn in Falten. »Lass sie doch vorhaben, was sie wollen. Ich will jedenfalls nichts damit zu tun haben.« Sie schüttelte ihre Mähne und sah trotzig auf ihn herab.

»Aber du *hast* damit zu tun.« Er sah an ihr hoch, den Slip direkt vor Augen. »Stimmt's?«

»Hör auf.«

»Sag mir, worum es geht.«

»Was soll das? Was bist du so neugierig?«

Er machte seine Finger zu Tentakeln. »Gier, pure Geldgier!« Grinste breit.

»Idiot.« Sie schüttelte den Kopf und stand auf, drückte seine Zigarette im Ascher aus. »Scheiße, ihr seid doch alle gleich.« Drehte sich um und stampfte in die Küche, ließ ihn mit dem Ausblick auf ihren nackten Hintern zurück.

Hartmann fuhr sich mit den Fingern durchs Haar, saß einen Moment lang auf der Bettkante und sah sich um. Das Bett war tatsächlich das einzige Möbel im Raum, die Wände frisch gestrichen. Behäbig stieg er in seine Stiefel und stand auf. Das Parkett knarrte unter dem Gewicht.

»Ganz schön teures Versteck«, rief er zur Küche gewandt. »Um wie viel Geld geht es denn?«

Sie tauchte im Türrahmen auf, rieb die Knie aneinander, rührte in ihrem Becher.

Er grinste sie an.

Sie schnaubte verächtlich. »Mehr, als du jemals einfahren kannst.«

»Oh? Aber du.«

Sie dachte nach, zuckte mit den Schultern. Hinter ihr brutzelte es. Der Geruch von ausgelassenem Speck wehte herüber.

Als Hartmann näher kam, drehte sie sich um und stellte sich an den Herd, rührte in der Pfanne herum und trat dabei von einem Bein auf das andere. Die Fliesen waren kalt.

Auf dem Küchenschrank stapelten sich Lebensmittel.

Hartmann stellte seinen Becher ab und nahm sich einen von den knallgrünen Äpfeln, wischte ihn am Hemd ab und biss angestrengt hinein. »Jetzt weiß ich«, sagte er mit vollem Mund. »Aussiedler! Dreißig, vierzig Wolgadeutsche gehen hier rein, bestimmt . . .«

Sie schlug Eier in die Pfanne und drehte mit spitzen Fingern die Flamme kleiner, kramte zwischen den Gewürzen herum.

Er kaute seinen Apfel und sinnierte zum Fenster hinaus. Die Autos fuhren schon wieder mit Licht. Der Fernsehturm blinkte über den Dächern. »Nicht? Dann vielleicht doch ein Versteck. Erpressung, Entführung? Ihr verschleppt Brille Fielmann und zwingt ihn . . .«

»Wie willst du sie?«

»Bitte?«

»Wie willst du deine Eier?«

Er hörte auf zu kauen. »Am liebsten? Gekrault.«

Sie knallte den Kotelettwender in die Pfanne. »Mann! So was hör ich sowieso den ganzen Abend. Langsam steht mir das bis hier . . .« Sie fuhr sich mit dem Finger über die Kehle. Funkelte ihn an.

Kleinlaut betrachtete er seinen Apfel. »Gut, dann möchte ich sie mit heilem Dotter.«

Sie sah zu ihm auf, rote Flecken auf den Wangen, dunkler, größer als die Sommersprossen. »Bitte, was ist los mit dir? Können wir nicht wieder so sein wie heute Morgen?«

Hartmann stand direkt vor ihr. Sie roch gut. Die feine Stirn, der sinnliche Mund. Sie weinte fast.

»Glaub schon.«

Sie sah ihm fest in die Augen, suchte in seinem Blick, strich ihm eine Strähne aus der Stirn.

»Wenn ich es dir sagen würde, versprich mir, dass du es für dich behältst.«

Er nickte, legte den Apfel weg.

Sie stellte sich auf Zehenspitzen. Ihr Mund kam ganz nah an sein Ohr. »Und versprich mir, dass du nicht wieder davon anfängst. Okay?«

»Mh, gut.«

Sie seufzte und sah dabei nicht besonders glücklich aus, aber sie konnte sicher sein, dass Hartmann nicht lockerlassen würde.

»Es geht um eine Bank.«

Seine Brauen schoben sich zusammen wie Gewitterwolken.

»Eine Privatbank an der Alster. Jemand hat alte Baupläne aufgetrieben. Keine Ahnung, woher. Jedenfalls haben sie rausgefunden, wie man sich von einem alten Bunker aus zum Keller dieser Bank durchgraben kann. Dahin, wo der Tresor steht.«

»In eine Privatbank.«

Sie zögerte, dann nickte sie. »Mit schallgedämpften Bohrmaschinen. Nachts.«

»Unsinn. Was soll da zu holen sein? Aktien?«

Sie dachte kurz nach, als wäre es ihr entfallen. »Jemand hat Gold bestellt. Das wird da unten gelagert. Seit zwei Monaten graben sie und übermorgen wollen sie drin sein.«

»Wie viel Gold?«

Sie blies die Backen auf und nickte ihn an. »Ziemlich.«

»Wie viel?«

»Na, so zwei, drei Millionen, habe ich gehört.«

Hartmann kniff die Augen zusammen. Grauer Qualm hing in der Luft. Rita kreischte kurz und sprang an den Herd. Die Eier waren schwarz.

5

Es kostete Hartmann eine gute Stunde, bis er Rita breitgeschlagen hatte. Sie drehte und wand sich, fand immer neue Ausflüchte, gute und weniger gute Gründe, die Finger davon zu lassen. Von der störrischen Vernunft einer mütterlichen Freundin bis zur beklemmenden Sorge um die große Liebe ihres Lebens. Sie versuchte sich in allen Rollen, und biss bei Hartmann auf Granit.

Seine Argumente waren zu gut. Brauchte sie nicht auch Geld? Genau wie er? Mehr als sie anschaffen konnte? Wie wollte sie irgendwann den Absprung von der Straße schaffen? Jetzt war sie Anfang zwanzig. Wollte sie sich ihr Leben lang verkaufen? Würde sie denn was übrig behalten? Wozu die ganzen Kurse, wenn sie doch nie genug hatte, einen eigenen Laden aufzumachen? Wenn sie die ganze Kohle immer wieder auf den Kopf haute? Für Schampus, Klamotten und Taxis, und all die Geschenke, die sie irgendwelchen schrägen Vögeln machte, wenn sie sich mal wieder Hals über Kopf verliebt hatte? Er sagte es ihr auf den Kopf zu. Warum sollte sie in der Beziehung anders sein als all die anderen Mädchen vom Kiez, deren Geschichten er längst auswendig kannte?

Die Sache lag einfach zu nah.

Schließlich war die Rede von Millionen. Zweihunderttausend taten da niemandem weh. Hunderttausend für jeden, den Plattenladen und die Fingernägel. Damit ließ sich doch was anfangen. Dagegen konnte Rita irgendwann nichts mehr sagen. Aber froh war sie damit nicht.

»Warum hab ich bloß nicht die Klappe gehalten?«

»Dieser Typ vorhin, der Indianer. Hat der sich das ausgedacht?«

»Warum hab ich nicht auf ihn gehört?«

»Am besten schreiben wir einen Brief. Damit er uns auch glaubt. Hast du alte Zeitungen?«

Dann kniete er am Boden, vor sich Uhu und ein leeres Blatt, um sich herum unzählige Schnipsel, die Schere in der Hand. Rita stand am Fenster, rauchte nervös und sah immer wieder zu ihm herüber, unsicher, wie sie das alles finden sollte.

Zweihunderttausend klebte Hartmann gerade auf das Blatt, *in kleinen Scheinen. Samstagabend. Wenn nicht, freut sich der Staatsanwalt.*

»Warum sollten sie sich darauf einlassen?« Rita setzte sich aufs Bett, drückte ihre Kippe in den vollen Ascher.

Hartmann sah auf. »Wart's ab. Bei dem Aufwand, den sie treiben. Die haben 'ne Menge zu verlieren.«

Sie neigte den Kopf. »Ich nicht?«

Er stutzte. Was war mit ihr?

»Hey.« Er setzte sich neben sie, nah dran, sah die glasig grünen Augen, nahm ihr Kinn zwischen Daumen und Zeigefinger. Sie hatte die Unterlippe leicht vorgeschoben.

Er hob ihr Kinn an, aber sie wich seinem Blick aus. »Ich pass auf dich auf, wenn du willst.«

Sie schnaubte kurz.

»Ich mein es ernst. Wenn du willst.«

Sie sah ihn an. »Die werden es sich nicht so einfach gefallen lassen. Wer sagt, dass sie uns nicht kriegen? Wer sagt, dass du mich nicht reinreitest? Wer sagt . . .?«

»Können diese Augen lügen?«

Sie sah zu Boden, bedrückt wie ein Kind, dem man den Glauben an den Weihnachtsmann ausreden wollte. Dann plötzlich lachte sie, schüttelte den Kopf. »Du bist ein echter Idiot.« Gab ihm einen flüchtigen Kuss auf die Wange, wippte auf dem Bett.

»Oh?«

Er ließ sich nach hinten fallen. Sie fiel mit, rollte über ihn, drückte seine Arme in die Kissen, hüpfte herum, schaukelte.

»Idiot, Idiot, Idiot!«

Er ließ sich überwältigen. Sie war kleiner als er, strampelte mit nackten Beinen auf ihm herum. Ganz weich. Er tat, als wehrte er sich, fasste sie um die Hüfte, dann strich er ihr über den Rücken, packte sie und zog ihr plötzlich das T-Shirt über den Kopf. Kleine, feste Brüste wippten darunter hervor. Sie richtete sich auf, langsam, eine Geisha, wich seinem Blick aus, dann kauerte sie sich über ihm zusammen, nestelte an seiner engen Hose herum und zog den Reißverschluss auf. Das rote Haar fiel darüber, der weiße Hintern ragte in die Luft. Er hätte gern ihr Gesicht gesehen, aber sie drückte es in seinen Schoß, holte mit zarten Händen seinen Schwanz aus der Hose, streichelte und rieb, dann wurde ihm ganz feucht und warm, und Hartmann schloss die Augen.

Es klingelte.

Er heulte auf.

Sie hob den Kopf und sah zum Wecker.

»Oh, no.«

Sie setzte sich auf die Knie und atmete tief, dann sprang sie auf das kalte Parkett und schnappte sich ihr Hemd. »Zieh die Hose an. Schnell. Versteck dich. Und nimm das Zeug da mit.« Sie deutete auf den Boden.

Hartmann wusste kaum noch, wer er war.

Es klingelte wieder. Sie stand schon an der Tür. »Die beiden kommen jede Woche.«

»Wie?«

»Stammkunden. Pack dein Zeug zusammen, schnell!«

»Aber . . .«

»Los!«

Es war wie im Traum. Ein schlechter Traum, ein fieser, mieser, kleiner Scheißtraum. Hartmann räumte alles wieder ein, sammelte die Zettel vom Boden auf, nahm Uhu und Schere mit und trottete ins Nebenzimmer. Farbeimer standen herum, eine Trittleiter, Rollen mit Raufasertapete. Die nackte Glühbirne blendete ihn. Er zog die Tür hinter sich zu.

Das konnte ja wohl nicht wahr sein.

Er hörte Stimmen aus dem Flur, Männerstimmen. Sie plauderten und lachten, man begrüßte sich, ging nach nebenan. Zwischendurch Ritas helle Stimme. Sie lachte mit.

Vielleicht ging es ja schnell.

Der Boden vibrierte von Schritten. Hartmann fing an, die Schnipsel zu sortieren. *Wir wissen alles* klebte er auf das Blatt.

Von nebenan hörte man bald ein Juchzen, ein Stöhnen. Rita quiekte. Jemand brummte tief. Der Zweite schnaufte und hechelte. »Aaah . . .«

Hartmann hatte Schwierigkeiten, seine Gedanken beieinander zu halten. *Die Sache mit dieser Bank an der Alster ist eine gute Idee.*

Der Boden bebte. Wahrscheinlich konnte er froh sein, dass es nur Freier waren.

Hoffen wir, dass sie unter uns bleibt . . . wir melden uns. Ein Freund klebte er zusammen. Betrachtete sein Werk.

Rhythmisches Krächzen war zu hören. Beide Männer gleichzeitig. Etwas fiel zu Boden. Rita kicherte hell, dann ein ersticktes Winseln.

Hartmann hatte genug.

Er stand auf und faltete das Blatt, zog seine Lederjacke über. Wieso eigentlich Stammkunden, wenn es gar nicht ihre Wohnung war?

Wieder dieses Krächzen.

Was waren das eigentlich für Typen?

Hartmann schlich über den Flur, lauschte kurz an der Tür.

Das konnte dauern. Er seufzte, dann öffnete er leise die Haustür, trat hinaus und zog sie mit einem kurzen Ruck von außen ins Schloss.

6

Der Hauptbahnhof war kein Ort, an dem man sich länger als nötig aufhielt. Trotz nagelneuer Wandelhalle mit chromblitzenden Läden, in denen man vom Zobel bis zum Zierfisch alles bekommen konnte, was man als Reiseproviant so brauchte, stank es draußen in jeder Ecke nach Pisse. Abgerissene, alte Männer ließen den Rotwein kreisen, krank wirkende Kinder sprachen Reisende an. Überall standen Stricher, immer die Bahnpolizei im Blick, die die meiste Zeit damit beschäftigt war, zusammengebrochene Fixer zu verarzten.

Hartmann stand vor einer der Telefonzellen. Zwei ältere Damen mit Gepäckkarren waren noch vor ihm dran. Er hatte den Brief am Spätschalter der Post abgegeben. Per Express, damit er auch bestimmt am nächsten Tag ankam. Er wollte dem Indianer keine Zeit lassen. Heute war Freitag, morgen Abend musste die Sache über die Bühne gegangen sein. Hoffentlich hatten die Vögel auch genug Bares.

Ein paar Meter weiter hockte neben den Fahrplänen eine in dunkle Tücher gehüllte Frau am Boden, um sich herum drei apathische Bälger, vor sich ein Pappschild, auf dem mit Kugelschreiber etwas Unleserliches geschrieben stand. Die meisten Leute gingen vorbei. Nur zwei blonde Mädchen mit roten Rucksäcken blieben in einiger Entfernung stehen, dann kramten sie in ihren Taschen und legten ein paar Münzen auf die Pappe.

Schwedinnen auf Europatrip. Hartmann kannte sie genau. Früher hatten Spider und er wöchentlich die Jugendherberge an den Landungsbrücken nach ihnen abgegrast, aber das war auch nicht mehr so einfach wie sonst.

Als er endlich in der Zelle stand und drei Groschen in den Schlitz geschoben hatte, wählte er Spiders Nummer, aber es meldete sich nur der Anrufbeantworter. Eine Nachricht extra für ihn. Spiders Stimme klang aufgeregt. Er haspelte noch mehr als sonst.

»Hartmann? Mann, Alter, ich hab 'ne Überraschung für dich! Und was für eine! Rätst du nie! Nie im Leben! Ich geh jetzt in die Meise. Es ist jetzt – warte, halb sechs so was. Ich warte auf dich! Okay?« Dann der Piepton.

Was sollte das denn wieder? Spider, der alte Geheimniskrämer. Wahrscheinlich hatte er mal wieder die absolute Frau aufgetan. Oder das absolute Pulver. Spider war ein guter Bassmann, aber manchmal ein echter Spinner.

Hartmann schob sich durch die Leute zum Ausgang, wo er die Taxe am Posten abgestellt hatte, wimmelte ein paar Schnorrerpunks ab und legte sich, bei seinem Wagen angekommen, mit drei Kutschern an, die rumstanden und ihn anpöbelten, er solle seine Mühle gefälligst woanders lassen, wenn er schon nicht arbeiten wollte.

Er hatte die Schnauze gestrichen voll.

Am Dammtor standen Leute an der Straße und winkten ihm, aber Hartmann hatte keine Lust auf Gesellschaft, und die paar Mark, die er dabei kassieren würde, waren die Mühe nicht wert. Er stellte den Scheibenwischer auf Intervall. Es war dunkel und ungemütlich, ein Tag zum Totschlagen. Diese elenden Staus im Feierabendverkehr waren das Letzte. Die entgegenkommenden Scheinwerfer blendeten gemein, und die Funkerin gab ununterbrochen Touren raus, die bei dem Verkehr doch keiner schaffen konnte. Sie bettelte und bettelte.

»*Bitte, der Kunde wartet auch gerne eine halbe Stunde.*« Rauschen. »*Kann das jetzt mal einer annehmen? Bitte?*« Er stellte den Kasten ab und bog in den Weidenstieg ein.

Spiders giftgrüner Taunus stand direkt vor der Meise. Unter der Linde. Die Chromfelgen blitzten. Er saß im Wagen und rauchte.

Hartmann parkte dahinter, ließ die Taxe offen.

Spider winkte ihm. Er war bester Dinge.

»Heee, da ist er ja!« Er kicherte und schnippte die Kippe aus dem Fenster. »Setz dich! Setz dich! Komm rein, mach die Tür zu. Hör dir das an!« Er drehte den Recorder lauter. Johnny Winter sägte den Blues. »Morgen Abend Große Freiheit. Angeblich ausverkauft.« Er trommelte auf dem Lenkrad, zehn Sekunden hin und weg, dann reichte er Hartmann, ohne ihn anzusehen, eine verknotete Plastiktüte. »Nimm dir was von den Pilzen. Aber pass auf, nimm nicht zu viel. Du lachst dich tot.« Er gluckste und rieb sich die Augen. »Unglaubliches Zeug. Gestern Abend . . .«

»Deswegen bin ich hier?«

»Ja, nein, mach schon, nimm dir was von dem Zeug.« Er knisterte mit der Tüte. »Wir können ja . . .«

»Ich denk, du willst mir was erzählen.«

Spider wackelte viel sagend mit dem Kopf. »Rate.«

»Oh, Mann . . .« Er hätte ihm gern von Rita erzählt. Von dem Geld.

»Rate.«

»Eine Frau.«

»Nope.«

»Ein Drummer.«

»Schön wär's.«

»Deine Mutter hat angerufen.«

»Witzig.«

»Also was?«

Spider grinste, rückte sich auf seinem Sitz zurecht. »Ich hab's getan. Eins A Gelegenheit, und ich hab zugegriffen.«

Hartmann knabberte an einem Pilz. Schmeckte salzig.

»Schön im Mund auflösen, bis er ganz weich ist. Du lachst dich schlapp!« Spiders Augen blitzten. Das alte Spiel. Er genoss es, Hartmann zum Versuchskaninchen zu machen.

»Ich hab uns einen Laden gemietet.«

Er wartete. »Rate, wo.«

Hartmann schluckte runter.

»Ganz genau die Ecke, die du immer wolltest. Völlig genial. Da vorne links neben dem Klamottenladen. Na?« Pause. »Was sagst du?«

Hartmann war sprachlos.

»Voll geil, oder? Lübke hat mir Bescheid gesagt. Dafür müssen wir ihm mal was zukommen lassen. Hinten im Laden ist sogar 'ne Wohnung. Und der Keller gehört auch dazu. Da können wir proben.« Er strahlte. »Na, was sagst du?«

Hartmann nickte und steckte sich eine an.

»Was ist?« Spider wischte sich die Hände an der Hose ab. »Passt dir was nicht?«

»Wann?«

»Am ersten November krieg ich den Schlüssel. Bisschen Farbe an die Wände, Platten rein, fertig.«

Hartmann drehte seine Scheibe runter und atmete die kühle, feuchte Luft. Ausgerechnet. Was sollte er sagen? Er würde kaum in Hamburg bleiben können, wenn die Sache gelaufen war. Die Typen, die er über den Tisch ziehen wollte, würden ihn finden. Bestimmt. Selbst wenn Rita dichthielt. Das ließen sie nicht auf sich sitzen. Hamburg war ein Dorf. Irgendwann lief man sich unweigerlich über den Weg. Sie würden kommen und erst den Laden zusammenschlagen, dann ihn, dann Spider. Dann Rita. Und das wäre noch die weiche Welle.

So ging es nicht.

»Welche Laus ist dir denn über die Leber gelaufen? Lothar, die kleine Ratte? Sag Bescheid, ich misch ihm was ins Essen.«

»Ist da auch was von dem Gras drin? Und Wachmacher könnte ich gebrauchen.« Er nahm die Tüte, sah hinein, schob mit der anderen Hand die Tür auf.

»He, nicht alles, so war das nicht gemeint. Nimm dir was raus, aber lass mir den Rest da.« Spider beugte sich über den Beifahrersitz, nahm ihm die Tüte wieder weg und kramte darin herum. Hartmann stand im Regen.

Spider drehte sie zusammen und hielt sie ihm hin. »Ich schreib's mit auf die Rechnung. Wir sehen uns morgen.« Er sah besorgt aus. »Schlaf mal drüber. Sonst mach' ich's allein.«

»Ja.« Hartmann nickte, klappte die Tür zu. Er war nicht mehr sicher, ob er die Sache mit der Erpressung zu Ende gedacht hatte.

7

Als sich Hartmann am Posten Reeperbahn Stein hinten einreihte, war aus dem feinen Nieseln ein satter Regen geworden, kleine Tropfen zwar, aber enorm viele davon. Es war Freitagabend, Wochenende.

Touristen schoben sich in dichten Reihen pärchenweise unter den Markisen hindurch, traten nur ins Nasse hinaus, wenn sie sich den Mädchen in ultrakurzen Röcken und knappen Pullis näherten, deren auffordernde Gesten die Herren der Schöpfung meist unsicher zu Boden blicken und die dazugehörigen Damen wie Adlerweibchen drüber wachen ließen, wie sich ihre Männer verhielten, wohin sie zuerst sahen, wie groß die Versuchung war. Was hat die, was ich nicht habe? Rein äußerlich war das leicht zu beantworten.

Rita konnte er nicht finden. Hartmann stellte den Motor ab, musste ihn aber gleich wieder anwerfen, weil sein Vordermann anfuhr und eine zu große Lücke entstand. Regen war gut fürs Geschäft. Zwei Minuten später stand Hartmann auf dem ersten Platz.

Drei Seeleute stiegen ein, bibbernd. Koreaner. Einer reichte ihm einen gelben Zettel, auf dem ein Name stand. Unmöglich zu sagen, welcher. Es dauerte, bis sich herausstellte, dass es sich um ein Schiff handelte.

»Fraihaffen«, sagte der Mann neben ihm auffordernd und zeigte immer wieder auf den Zettel.

Hartmann lächelte. Wenn sie erst mal im Hafen waren, gab es sowieso kein Zurück. Die Tour beschäftigte ihn fast eine Stunde. Achtundvierzig Mark standen auf der Uhr, als sie endlich an der Gangway eines rostroten Containerfrachters hielten. Da konnte man nichts machen.

Solange der Regen anhielt, blieb Hartmann am Ball. Die Ablenkung tat gut. Zwei schwäbelnde Ehepaare vom Operettenhaus zum Hotel Ramada, vom Gänsemarkt zwei schweigende, türkische Jungluden zum Hansaplatz. Da sammelte er einen voll getankten Norweger auf, der gerade über die Sitze reihern wollte, als Hartmann geistesgegenwärtig an einer roten Ampel die Beifahrertür aufstieß.

Die Krönung war ein weinerlich betrunkener Redakteur mit seiner Frau, die ihn dauernd mit ›Häschen‹ und ›Mäuschen‹ anredete und ihm die ganze Fahrt nach Eidelstedt ohne Wenn und Aber nach dem Mund redete, dass die Zeitung, die Kollegen und schließlich die ganze Welt ungebildet, verlogen und schlicht zum Kotzen wäre. Soweit hätte Hartmann ihm noch zustimmen können. Am Ende aber war der Mann zu breit, um sagen zu können, wohin er eigentlich wollte und fing an, Hartmann zu beschimpfen, woraufhin der mitten in der Walachei anhielt und die beiden einfach rausschmiss. Eine echte Genugtuung. Wenn auch ohne Bezahlung.

Gegen Mitternacht landete er dann wieder auf dem Kiez und stellte sich am Stein hinten an. Der Regen hatte aufgehört, das Geschäft vorerst auch, aber das machte nichts. Er schob *Graham Parker* in den Recorder, *Chain of Fools*, rauchte und hörte zu. »*Chain, chain, chain . . .*«

Und plötzlich war er ganz woanders. Konnte gar nicht sagen, was passiert war, aber auf einmal wirkte alles wie künstlich ausgeleuchtet. Die Lichtreklamen ultrabunt, die Bewegungen nur noch fließend, die Leute wie Krabbeltiere. Vor allem das Licht: Alles schien zu glänzen und sternenförmig abzustrahlen. Und seine Handflächen, schweißnass.

An der Ecke tauchte Rita auf. Sie spielte mit ihrem Regenschirm herum und hielt nach Freiern Ausschau. Trug ihr Pelzjäckchen und drunter etwas, das aussah wie nichts.

Hartmann schüttelte den Kopf. Dass ihr nicht kalt wurde in dem dünnen Ding . . .

Ihre Sache.

Er fummelte am Funkgerät herum, wechselte den Kanal, schaltete wieder zurück, stellte ab.

Sie trat auf einen Herrn mittleren Alters zu, der scheinbar unbeteiligt die Riege der Mädchen abschritt. Buchhalter, Schraubenverkäufer, irgend so was. Ekelhafter Typ, Brille und brauner Hut. Mit so einem würde sie wohl kaum gehen.

Die beiden standen kurz beieinander. Sie strahlte ihn an, deutete mit dem Kopf auf eine grüne Tür zwischen den Schaufenstern. Der Mann wirkte kaum größer als sie. Er nickte und folgte ihr.

Na prima. Hatte Spider nicht gesagt, mit den Pilzen würde er sich totlachen?

Hartmann suchte die rötlich schimmernden Fenster im ersten und zweiten Stock ab und versuchte sich vorzustellen, was sie da oben mit dem Typen anstellte. Schraubendrehen? Er verdrängte den Gedanken und steckte sich die nächste an.

Die Glut schien den ganzen Wagen auszuleuchten. Er musste sie sprechen, sichergehen, dass ihm seine Einbildung kein Bein gestellt hatte. Machte er sich nicht was vor? Alles Luftschlösser? Er hatte immer geglaubt, er wäre mit den Regeln auf dem Kiez vertraut, aber so nah war er noch keinem Mädchen gekommen. Woher das Vertrauen? Was hatte sie an sich? Er hatte sie doch zu einer Erpressung überredet, oder? Hunderttausend für jeden? Plötzlich schien ihm das alles eine unglaubliche Schnapsidee zu sein. Wie konnte er sich einbilden, dass er diesen Typen gewachsen war? Nur, weil er sie dauernd vor Augen hatte? In der Zeitung, im Fernsehen, im Taxi?

Und wenn, warum gab er sich mit hunderttausend zufrieden?

Die grüne Tür ging auf. Der Schraubenverkäufer kam heraus, zwei Minuten später Rita. Unverändert. Stellte sich in die Reihe zurück, streckte sich, plauderte mit den anderen Mädchen, schlenkerte mit ihrem geblümten Schirm.

Hartmann glaubte kurz, den Geruch ihrer Haut in der Nase zu haben, und ein unbestimmter Drang, ihr nah zu sein, drückte ihn im Magen.

Er zog den Schlüssel ab und stieg aus, schüttelte seine Beine aus und stopfte das Portemonnaie in die Jacke. Dann schlenderte er zwischen den Taxen hindurch. Begutachtete erst die anderen Mädchen, dann sie.

Sie lächelte ihn an. Unverbindlich.

»Hi.« Mit Händen in den Hosentaschen stand er da.

»Na? Alles klar?«

»Soweit . . .«

Sie sah an ihm vorbei und schnalzte zwei jungen Typen hinterher, die sich umdrehten und abwinkten.

»Und? Was gibt's?«

Die umstehenden Mädchen wandten sich ab, kümmerten sich um eigene Kunden.

»Ich arbeite.«

»Sehen wir uns noch? Später?«

Sie überlegte. Dann spitzte sie die Lippen und nickte, zog die Jacke fester um die Schultern, »Wenn du willst . . .«

»Ich könnte dich abholen . . .«

»Brauchst du nicht!«

Die Abfuhr kam so schroff, dass sie selbst darüber erschrak. »Nein, nein, heute lieber nicht. Aber wenn du willst, du kannst vorgehen.« Sie griff ins Innere ihrer Jacke und fummelte einen Schlüssel mit Herzchenanhänger hervor. »Rote Straße 43. Bei Klamroth. Warte auf mich. Vielleicht kann ich früher weg. So um fünf.«

Mit einem Ausdruck ehrlichen Bedauerns sah sie zu ihm auf.

Hartmann nickte. »Okay. Ich warte.«

Er drehte sich auf dem Absatz um, stieg in sein Taxi, ließ den Motor an und scherte aus, ohne einen Blick zurückzuwerfen. Eine scheußliche Stunde lang kurvte er wie ferngesteuert durch die Straßen, nahm kaum jemanden wahr, sah nicht, wenn Leute winkten, stierte vor sich auf den Asphalt, ließ sich vom Aufblitzen der Mittelstreifen hypnotisieren und dachte nach.

Da war doch was faul. Was hatte sie?

Am Rathausmarkt rief er Spider an, bekam wieder nur den Anrufbeantworter an den Apparat und legte auf. Was sollte er ihm auch erzählen? Spider würde ihn auslachen.

Er versuchte, die Wirkung der Pilze abzuschütteln. Das Zeug war heute nichts für ihn. Bei *Castaneda* hörte sich das alles so gut an. Seinen Platz im Leben finden ... Viel besser hätte er einmal im Leben einen klaren Kopf gebrauchen können.

Schließlich landete er am Hansaplatz, beobachtete eine Zeit lang die schwarzen Junk-Dealer bei der Arbeit und die zugedröhnten Leichenheinis auf dem Geländer.

Die Übergabe.

Er musste sich langsam mal was einfallen lassen.

8

Über dem Briefschlitz der dunkelblauen Tür stand *S. Klamroth – Bitte keine Werbung einwerfen.*

Hartmann stocherte mit dem Schlüssel im Loch herum und schob die Tür auf. Der schmale Flur hing voller Jacken. Er drückte die Tür ins Schloss und rückte den verschobenen Flokati zurecht. Sah sich die Fotos und Postkarten neben dem Spiegel an. Die schlanke Blonde, die sich da auf mehreren Bildern unter Palmen rekelte, hatte Hartmann gestern Morgen hier abgesetzt.

»Na gut«, sagte er in die dunkle Küche hinein. »Ich hoffe, du hast Bier im Kühlschrank.«

Die Uhr an der Wand zeigte viertel nach fünf. Hartmann riss sich eine Dose Faxe auf und nahm die Wohnung unter die Lupe.

Zwei gleich große Zimmer führten symmetrisch vom Flur ab, ein Schlafzimmer, ein Wohnzimmer. An der Wand hingen Poster. Springsteen. Schwarzenegger. Massenweise Zeugs lag herum, Klamotten, Schuhe, Bücher, Platten, alles am Boden verstreut. Sie hatte vergessen, die Anlage auszumachen, und der Verstärker war heiß. Hartmann stellte ihn ab.

Er nahm einen Aschenbecher mit in die Küche und setzte sich an den Tisch.

Wartete.

Auf halber Höhe über der Platte leuchtete eine Weltkugel als Lampe. Nett.

Er zog die Gitanes aus der Jacke und klopfte seine Taschen nach Feuer ab.

An der Wand, neben einem Bierglas voller Kugelschreiber, lagen mehrere Rollen Papier. Sahen aus wie Plakate. Hartmann nahm ein Streichholz vom Bord, riss es an und rauchte. Er trommelte mit den Fingern auf den Tisch und sah sich in der Küche um. Kniehoch stapelten sich die Zeitschriften am Boden neben der Heizung. Der Abwasch stand schon länger da. Er seufzte.

Was wollte er hier?

Sex?

Mit wem?

Reden?

Worüber?

Er fummelte an den Plakaten herum. Rollte sie ein Stück weit auseinander und nahm einen Schluck Bier.

Stutzte.

Er schob den Aschenbecher beiseite. Breitete das große Blatt auf dem Tisch aus, stellte den Ascher und zwei Becher auf die Ecken.

Im blauen Licht der Weltkugel lag ein Bauplan.

Die Alster, eine Häuserreihe, die Bank. Mit rotem Filzer war ein Tunnel eingezeichnet. Vom Hinterhof einer Seitenstraße aus. Da musste der Bunker sein. Der Tunnel führte geradewegs zum Ballindamm, Ecke Alstertor. Daten waren eingezeichnet, Meterangaben, Tagesleistungen.

Warum lag das hier?

Hartmann schüttelte den Kopf.

Irgendwie fühlte er sich verarscht.

Fehlten nur noch die Telefonnummern der Täter. Das war doch wohl ein Witz.

Oder?

Ein Schlüssel wurde ins Schloss geschoben.

Hartmann lehnte sich auf seinem Stuhl zurück und wartete. Es war Rita. Sie trat in die Tür, im Pelz, rotblond, etwas struppig, glasiges Lächeln. Hinter ihr schob sich jemand durch den Flur.

Rita stellte ihr Tasche ab, drückte sich die Stiefel von den Füßen. »Du hast dich schon mal umgesehen?« Ihre Zunge war schwer.

»Mit deiner Erlaubnis . . .«

Sie kicherte leise, trat an die Spüle, wusch sich die Hände.

»Ich wunder mich gerade.« Er deutete auf den Plan. »Dass der hier so offen rumliegt.«

»Das da? Hat bestimmt Paul hier liegen lassen. Er und Biene . . .« Sie machte eine Geste, als drehte sie etwas zusammen. »Sonst kommt doch keiner her.« Sie stand hinter ihm, ganz nah, schmiegte sich an ihn, hauchte ihm ihre Fahne über die Schulter. »Siehst du? Wie ich's dir gesagt habe.« Sie schlang die Arme um ihn und fuhr mit dem Zeigefinger die Spur des Tunnels ab. Hartmann wurde ganz heiß. »Da . . .«, schnurrte sie, als wäre er blöd. Und schon war sie wieder verschwunden. Duschen, sagte sie.

Einmal noch sah Hartmann ihre Freundin grußlos über den Flur huschen, hörte, wie eine Tür klappte. Dann saß er wieder allein und wartete. Brütete über der Zeichnung.

Warum stieß ihm heute alles übel auf? Vielleicht waren sie ihrer Sache wirklich so sicher, dass sie den Plan offen liegen lassen konnten. Warum misstraute er ihr? Bloß weil er gesehen hatte, wie sie mit einem schmierigen Schraubenverkäufer verschwunden war? Dass es ihr egal zu sein schien, mit wem sie es trieb? Weil es an ihm nagte?

Da!

Jetzt war es raus, nicht gesagt, aber gedacht.

Warum stieg sie nur mit anderen ins Bett? Was war mit ihm? Es machte ihn ganz verrückt. Sollte das etwa ein Liebesbeweis sein? Warum fühlte er sich immer wie Nachbars Lumpi, wenn man ihn nicht ließ?

Hatte er nicht ganz andere Sorgen?

Und dann ging alles sehr schnell. Sie kam in die Küche geschlichen, nackt, leise, das Haar nass in den Nacken gekämmt. Löschte die Weltkugel. Kam zu ihm, beugte sich herab, biss ihn sanft in den Hals, schob die Hände unter seine Jacke. Zog ihn ins Nebenzimmer.

Hartmann ließ sich führen. Im Flur waren nicht mal Umrisse zu erkennen. Er stieß gegen den Türrahmen, blieb am Flokati hängen, folgte ihrem Duft. Ein paar Matratzen waren am Boden zusammengeschoben, was er eher spürte als sah. Sie schob ihm die Jacke von den Schultern, kniete auf den Laken nieder, öffnete seine Hose, zielstrebig, zog sie ihm auf die Stiefel.

»Komm«, sagte sie.

Hartmann kniete nieder, drückte sein Gesicht in ihr feuchtes Haar, umfasste ihren Nacken, die Hüften, betastete ihre Brüste, weich und warm, zwei kleine Hand voll, dann packte er ihren Hintern und hob sie auf die Matratze, schob sich im Liegen die restlichen Klamotten vom Leib.

Es war kühl im Zimmer. Schwaches Mondlicht fiel durch das Fenster auf ihre Körper. Sie drängten sich auf der schmalen Matratze aneinander, Bauch an Bauch. Er wollte sie küssen, aber sie wich ihm aus, biss ihm ins Ohr, sagte nichts, aber er spürte es, sie wich ihm aus.

Es dauerte nicht lange. Fast hektisch drängte er sie an die Wand, als müsste er die Gelegenheit nutzen. Sie wand sich, drehte sich ab, hielt ihm den Rücken hin, er presste ihre

Schenkel auseinander, zwängte sich dazwischen. Ungeduldig drang er in sie ein. Sie stöhnte auf. Er stieß sie gegen die Wand, immer wieder, als wollte er sie zerbrechen. Er spürte seine Macht über sie, hörte sein Keuchen, krallte sie im Nacken wie eine junge Katze vor dem Ertränken und explodierte in ihr, minutenlang. Sie lachte leise, er ächzte und stöhnte ...

Dann lag er wach. Sein Herz hämmerte wie wild. Er sah die schwankenden Schatten der Bäume auf ihrem Rücken.

Sie war gleich so liegen geblieben, das Gesicht zur Wand, ins Kissen gedrückt, die Decke um sich gekrallt. Sagte keinen Ton, schlief sofort ein.

Er bereute nicht viel in seinem Leben, aber auf diese Nacht hätte er gern verzichtet.

Gegen Mittag hatte er genug. Er stand auf, zog sich an und ging.

9

Die *Meise* hieß eigentlich *Meisenfrei.* Wahrscheinlich konnte nur noch die schmallippige Besitzerin hinter dem Tresen sagen, was der Name eigentlich zu bedeuten hatte. Vielleicht lag es an den schrägen Vögeln, die den Laden bevölkerten und hier eine gewisse Freiheit genossen.

Hartmann saß hinten am Tresen, rührte seinen Milchkaffee und blätterte in der *Morgenpost.* Das Käsebrötchen fasste er nicht an. Sein Magen streikte.

Er hatte auch so von allem mehr als genug.

In der Küche klapperte Angelina, der er lieber aus dem Weg ging. Gut ein halbes Jahr war es her, dass sie sich getrennt hatten. Dass er sie endgültig rausgeschmissen hatte.

Sechs Monate.

Schon oder erst?

Er war ungeheuer erleichtert gewesen, als sie endlich weg war, aber er wurde nicht gern daran erinnert, dass er sich fast zwei Jahre lang an ihr abgearbeitet hatte. Er konnte gar nicht mehr sagen, wie oft sie in der Zeit ihre Religion, ihren Job, ihre Wohnung, ihre engsten Freunde gewechselt hatte. Und wenn nur die Hälfte von dem stimmte, was ihm im Nachhinein über sie gesteckt wurde, hatte sie ihn von vorn bis hinten für dumm verkauft.

Hartmann legte den Löffel weg und betrachtete sich im Spiegel hinter den Flaschen. Fertig sah er aus. Genau wie der Backenbart neben ihm, von dem man sagte, er wäre Soziologe. Müde und genervt. Hartmann hatte seine langen Zotteln hinter die Ohren geklemmt, auf der hohen Stirn glänzte Schweiß.

»Na, rumgetrieben?« Angelina trat ins Bild, neugierig, schob Hartmanns Nachbar einen Hawaiitoast unter den Bart und lächelte ihn an.

Schwarze Mähne, schwarze Augen, feurig, üppige Formen, und einen lasziven, immer etwas müden Blick. Wen wollte sie damit beeindrucken? War ja doch nichts dahinter. Hartmann knirschte mit den Zähnen. Scheußlich, was die Katholiken ihren Kindern antaten.

»Hallo«, sagte er, kippelte mit dem Hocker und blätterte um.

In Jugoslawien herrschte noch immer Bürgerkrieg, in Hamburg sperrten aufgebrachte Bürger seit Tagen die Stresemannstraße. Der Mord an dem Hamburger Taxifahrer war aufgeklärt. Zwei minderjährige Jungen aus Tornesch hatten die Tat gestanden und ausgesagt, sie »hätten nur mal sehen wollen, wie das so ist«. Hartmann schlürfte seinen Kaffee, hielt die Schale mit langen Fingern, setzte sie ab.

»Du zitterst.« Angelina ließ nicht locker.

»Gut beobachtet«, sagte er ohne aufzusehen, blätterte um.

Apachen-Paul.

Grinste ihn von einem Foto an, neben ihm auf der einen Seite dieser Juwelier, den man erst vor kurzem mit einer Gehwegplatte an den Füßen einigermaßen verwest aus der Elbe gezogen hatte, auf der anderen ein blond gelocktes Arschgesicht direkt von der Sonnenbank. Unter dem Foto stand: *Ein Bild aus harmonischen Zeiten: Kiezgröße Paul-Hermann Wendlinger (38) mit dem ermordeten Prominenten-Juwelier Justus Thälmann (links) und seinem Wirtschafter Dieter ›Elvis‹ Busch (35), dessen für Montag angesetzte Aussage Prozessbeobachter mit Spannung erwarten.*

Ach.

Der ganze Fall wurde aufgerollt, die bisherigen Aussagen aufgelistet, und im vorletzten Absatz war die Rede von einer längeren Reise, mit der sich besagter Elvis vor einigen Jahren dem Zugriff der deutschen Justiz für einige Zeit entzogen hatte. Er war verheiratet mit einer gewissen Rita M. (22).

»Scheiße!« Hartmann knallte die Zeitung auf den Tresen. Mehrere Tränensäcke sahen auf, genervt.

Angelina stand da und beobachtete ihn interessiert.

Hartmann langte in seine Jackentasche und holte einen Zettel hervor. Die Nummer hatte er sich vorhin notiert, bevor er gegangen war. Er sah zum Münztelefon an der Wand.

Was sollte er sie fragen? Wenn sie ihm was vormachte, würde sie es ihm kaum erzählen. Hatte es überhaupt was zu bedeuten? Vielleicht lebten sie schon lange getrennt. Aber warum hatte sie es nicht mal erwähnt? Nicht mal am Rande?

Er legte einen Zehner auf den Tresen und stand auf. Angelina rief ihm irgendwas hinterher, aber er verstand nicht, was. Wahrscheinlich wollte sie sich mal wieder mit ihm treffen, aussprechen, aufarbeiten, sich seinen Segen holen. Scheiße.

Draußen vor der Tür war ihm wohler. Eine kühle Brise wehte vom Fluss her durch die Straßen, die Sonne kam immer mal wieder hinter den Wolken hervor. Grau, aber besser als gestern.

Drüben auf der anderen Straßenseite rissen Bauarbeiter die Straße auf und machten mit ihren Presslufthämmern einen Höllenlärm. Überall im Viertel wurde gebaut.

Eigentlich keine schlechte Gegend, ideal für den kleinen Plattenladen. Vielleicht konnte er ja Spiders stiller Teilhaber werden. Nur die Band würde wohl dran glauben müssen. Das war ein Problem.

Das größere Problem war: Was sollte er von Rita halten? Konnte er ihr noch trauen? Würde sie wirklich mitkommen, wenn er ging? Sobald er die Kohle hatte, konnten sie los, Sachen hinten rein und ab. In drei Stunden wären sie in Berlin, wenn's sein musste im Ostteil. Zum Abtauchen bestimmt nicht das Schlechteste. Da konnten sie in Ruhe überlegen, wie es weitergehen sollte. Und ob sie tatsächlich zusammenbleiben wollten, würde sich dann schon zeigen.

Falls sie mitkam.

Vor der Baustelle standen zwei kleine Jungen in gelben Anoraks und hielten sich die Ohren zu.

10

Vollendet euer Schicksal, ihr Verwirrten,
    Und flieht die Hölle, die ihr in euch tragt.
Hartmann schlug das abgegriffene Buch zu und warf es zu den anderen in den Karton. *Baudelaire.* Der konnte hier bleiben.

Er räumte das Regal leer und stellte den Karton zu den

anderen Sachen. Den Rest konnte Spider machen, wenn er sich die Pflanzen holte. Hartmann ging in die Küche, holte Wasser und goss die halb vertrockneten Yucca-Palmen. Mit Blumen hatte er noch nie Glück gehabt.

Er sah sich um. Ein finsteres Loch. Er konnte sich nicht erinnern, wann jemals Sonnenlicht in dieses Zimmer gefallen wäre. Von unten aus dem *Vienna* hörte man aufgebrachte Stimmen. Jemandem schmeckte das Essen nicht.

In der Post war nur Werbung gewesen. *Call-A-Pizza,* eine *Herrliche Busfahrt in den Bayerischen Wald,* ein *Body-Building-Studio.* Hartmann stand in der Tür zur Küche und dachte an die langen, kalten Monate im letzten Winter, als Angelina und er sich hier das Leben zur Hölle gemacht hatten. Klaustrophobisch. Die Decken waren mit der Zeit immer niedriger geworden. Hamburg im Winter konnte der Tod sein.

Aber vielleicht war Berlin auch nicht gerade die glücklichste Wahl. In Gegenden, in denen im Winter die Sonne schien, wurden genauso Platten verkauft. Bahamas, Balearen, Malediven. Sonstwo. Vielleicht sollte er sich einfach treiben lassen, sein Ziel nicht zu eng fassen, sehen, was der Zufall ihm brachte.

Dreimal hatte Hartmann schon im Flur vor seinem Telefon gestanden, den Zettel in der einen Hand, mit dem Daumen der anderen hielt er die Gabel unten. Da klingelte es.

»Ja?«

»Honey?«

»Oh. Dich wollte ich gerade . . .«

»Ich hab nicht lange Zeit. Hast du was zu schreiben?«

»Warte . . .« Hartmann kramte auf dem Küchentisch herum. »Sag an.«

Eine sechsstellige Nummer. »Club Sabrina. Er ist jetzt da. Ruf ihn an.«

»Woher . . .?«

»Du warst weg, als ich aufgewacht bin.«

»Ja, ich konnte nicht schlafen, ich . . .«

»Hat es dir nicht gefallen?«

»Doch, aber ich war . . .«

»Erzähl's mir heute Nacht, ja? Ich hab keine Zeit . . . Es bleibt doch dabei, oder?«

Sie klang unsicher, als hing alles an ihm.

»Bist du noch da?«

»Sicher. Wann kannst du weg?«

»Egal, sag eine Zeit. Ich nehm mir ein Taxi und komm, wohin du willst.«

Hartmann überlegte. »Nein, ich hol dich ab. Um zwei in Altona. Rote Straße. Warte vor der Tür.«

»Gut, um zwei. Bis dann, Honey.«

Es knackte in der Leitung.

Hartmann spürte Wärme in sich aufsteigen. Er stieß ein heiseres Lachen aus.

Soviel zu seinen Zweifeln.

Er nahm eine *Gitanes* und setzte sich an den Tisch. Hatte er doch gewusst, dass er sich auf sie verlassen konnte.

Club Sabrina.

Telefonieren war nicht gerade seine Stärke. Vor ihm lag der Schreibblock mit der Nummer des Indianers. Er sollte seinen Schwung nutzen. Draußen auf dem Hof war es finster. In ein, zwei leeren Fenstern brannte Licht. Er sah auf die Uhr. Kurz vor sechs. Gute Zeit.

Er nahm eins von den rotkarierten Küchenhandtüchern und wickelte es um die Sprechmuschel. Räusperte sich, richtete sich auf, atmete durch. Er durfte sich nicht in ein Gespräch verwickeln lassen. Er rief nur an, um ihnen zu sagen, wann und wo sie das Geld abdrücken sollten. Spider hatte ihn auf die Idee gebracht.

Er wählte. Es klingelte zweimal. Am anderen Ende meldete

sich eine Frauenstimme. Er zögerte, dann hörte er aus dem Hintergrund jemanden brüllen: »Ist er das? Gib her!«

Kurze Stille.

»Ja?«

Hartmann sprach mit hoher Stimme. »Heute war was in der Post von mir.«

»Hör zu, Kasper. Wenn du meinst, dass du von mir auch nur einen Pfennig siehst . . .«

»Heute Abend. Zweiundzwanzig Uhr dreißig. Große Freiheit 36. Zweihunderttausend . . .«

»Pass auf, Mann . . .«

». . . dreihunderttausend. Links neben der Bühne ist eine Treppe. Da drunter. In kleinen Scheinen. Alles in einer Tasche. Und keine Tricks.«

»Du glaubst doch wohl nicht . . .«

»Mein Anwalt hat einen Brief, in dem alles über den Tunnel steht. Dreihunderttausend. Halb elf. Wenn nicht, geht ihr genauso leer aus wie ich.«

Er legte auf.

Nahm die Zigarette und inhalierte tief, blies den Rauch durch gespitzte Lippen. Sein Hemd klebte am Rücken. Dann stand er auf und lief ein paar Mal in der Küche auf und ab. Drei Schritte hin, drei zurück. Er setzte sich und schlug auf seine Schenkel. Die Hand knallte auf dem Leder.

Alles lief. Das war doch ziemlich einfach gewesen.

Er sah auf die Uhr. Kurz nach sechs. Noch fast fünf Stunden.

Eine Ewigkeit.

Er brauchte Beschäftigung, Bewegung, also stand er auf und sah sich nach Sachen um, die er mitnehmen wollte. Da war nicht viel. Sein alter Lederrucksack, die spitzen Stiefel. Die Platten kriegte Spider. Bis auf weiteres. Dann nahm er seine zerkratzte *Gibson*, verstaute sie in ihrem Koffer und stellte ihn an die Eingangstür.

Er trug die Tasche mit den Klamotten runter zu seinem alten Strich Achter, der ein Stück die Straße hinunter parkte. Der Stern war schon lange abgebrochen, aber das mit der Antenne war neu. Er verstaute die Tasche im Kofferraum, sah noch mal nach dem Öl und ließ den Diesel kurz laufen, um auf Nummer Sicher zu gehen. Wie gewohnt nagelte er gleichmäßig vor sich hin. Nichts wäre dümmer, als heute Nacht auf der alten Transitstrecke liegen zu bleiben.

Als er zurückkam, standen vor dem *Vienna* vier hagere Gestalten in schwarzen Mänteln und diskutierten lautstark. Einer mit Zopf und Hornbrille regte sich über irgendwas auf. Der männliche Rest nickte. Die beiden blonden Hühner, die dabei standen, langweilten sich und froren.

Oben in der Wohnung blinkte der Anrufbeantworter. Spider war dran, sprach gerade auf das Band: »He, Mann, was ist los mit dir? Wo bist du? Ich dachte, du meldest dich? Wir wollten reden, oder? Ich bin jetzt erst mal zu Hause. Ruf an, verdammt!«

Hartmann stand vor dem blinkenden Gerät. Er konnte nicht mit Spider reden. Nicht jetzt. Er hätte sich in den Arsch treten können. Feige Sau. Er nahm sich vor, ihm Geld zu schicken, von unterwegs. Stiller Teilhaber, das war doch die Lösung. Damit wäre vorerst allen geholfen.

Spider würde ihm fehlen.

Er setzte sich an den Küchentisch und faltete die Plastiktüte auf. Er suchte zwischen Pilzen und Gras herum und fand unten am Boden der Tüte ein kleines, weißes Briefchen. Er zog es hervor, faltete es auf und nahm ein oval gerahmtes Bild von der Wand. Er mit Angelina in Dänemark am Strand. Er streute etwas von dem Pulver darauf. Es war sehr fein, nicht feucht. Er drehte einen Geldschein zusammen und sog das Pulver in die Nase, schniefte und wischte sich die Augen.

Das würde ihn davon abhalten, vor sich hinzuträumen, wenn er wach sein musste.

Er stand auf, streckte sich und gähnte. Sein Blick fiel auf die Bücherkiste im Flur. *Baudelaire* war obenauf. Er nahm ihn heraus, blätterte darin herum. Dann steckte er ihn in die Tasche. War vielleicht doch nicht so schlecht.

11

Der Laden war brechend voll, genau wie er es vermutet hatte. Vor der Kasse gab es kaum ein Durchkommen. Drinnen standen die Leute dicht an dicht.

Die Luft war zum Schneiden, Schwaden von Zigarettenqualm legten sich wie Schleier über die Köpfe. Hartmann hatte gerade am linken Tresen zwei Wodka Lemon bestellt, als der Albino fast unbemerkt auf die Bühne schlich, sich die weißen Haare hinter die Ohren klemmte und seine *Firebird* umhängte. Aschfahl und hager. Die Leute hörten nicht auf zu quatschen. Einzelne johlten.

Dann der erste Ton, und alle waren da. Schneidend laut, immer derselbe Ton, endlos, die Gitarre heulte, kreischte, jaulte und schließlich mündete alles in einem röhrenden Akkord. Der Albino verzog das Gesicht und baute sich vor dem Mikro auf.

Grinste.

Dann setzte die Band ein. Wuchtig. Vorne wurden Fäuste geballt, der Saal begann zu toben.

Hartmann schob sich am Rand durch die Menge, trug seine Gläser auf Kopfhöhe vor sich her. Die Zitronen blieben irgendwo auf der Strecke.

Der hintere Notausgang war die einzige Lüftung für den

ganzen Laden. Gülle, selbst Trommler, stand an der offenen Stahltür und passte auf, dass keiner reinkam, der nicht achtunddreißig Mark abgedrückt hatte. Seine Größe erleichterte ihm die Arbeit. Hartmann reichte das eine Glas rüber und sah an ihm hoch.

Gülle machte ein erstauntes Gesicht, prostete ihm zu, und Hartmann zog ihn kurz draußen vor die Tür. Zwei Roadies in *Johnny-Winter*-T-Shirts hockten auf der offenen Laderampe ihres Trucks und rauchten.

»Hartmann, altes Auge, Spendierhosen an?« Er nahm einen gierigen Schluck.

Hartmann deutete mit dem Kopf nach drinnen. »Du musst mir einen Gefallen tun. Vielleicht werd ich zwischendurch mal schnell verschwinden müssen.«

»Haben sie dich endlich am Arsch?«

»Du musst mir den Rücken freihalten.«

Zwei Punks in zerrissenen Schottenröcken, einer mit grünen, einer mit blauen Haaren, schoben sich wie zufällig an der Plakatwand entlang zur Tür. Gülle hatte sie im Blick. Hartmann bot ihm eine *Gitanes* an, aber er lehnte angewidert ab.

»Also, wenn ich angerannt komm, lässt du mich durch und knallst die Tür zu. Von außen. Okay?«

»Für einen läppischen Wodka Lemon?« Gülle sah ihn gar nicht an. Er machte einen Schritt nach vorn und packte einen der Punks am Ohr, als der sich gerade reinschleichen wollte. Der andere fing an zu nölen. »He, lass meinen Freund los . . .«

Die beiden Roadies hoben die Köpfe.

Hartmann sah auf die Uhr. Kurz vor halb.

»Gut, ich muss rein.«

Gülle war beschäftigt. Er hatte alle Hände voll zu tun, auch den anderen Punk an den Ohren zu ziehen.

Drinnen war es unverändert stickig und laut. Hartmann

stand eine Zeit lang im Gedränge und suchte sich einen Platz mit Blick auf die Treppe links neben der Bühne, was gar nicht einfach war, denn da hockten schon die ersten Kreislaufkandidaten und versperrten ihm die Sicht.

Auf der Bühne war der Teufel los. Der Schlagzeuger knüppelte wie ein Berserker auf seine Felle ein, der Bassmann brummte stampfend vor sich hin, und vor den Monitoren schrie sich der Albino die Seele aus dem Hals. *Jumpin' Jack Flash, it's a gas, gas, gas . . .*

Hartmann sah sich um. Er hoffte, dass Spider ihm nicht über den Weg lief. Irgendwo im Pulk entdeckte er ein paar bekannte Gesichter. Marina, Eddie und dieser arrogante Schwachkopf, der sich für den wieder auferstandenen *Stevie Ray Vaughn* hielt. Den Namen hatte er vergessen.

Wie spät?

Er trat von einem Fuß auf den anderen, wischte sich die Stirn.

Und wenn sie ihm gar keine Kohle brachten? Wenn sie ihn auflaufen ließen?

Die sollten ihn kennen lernen.

Langsam schob er sich durch die Menge, behielt die Treppe im Blick, sah sich mehrmals um, ob ihn jemand beobachtete, offen oder aus den Augenwinkeln, aber soweit er sehen konnte, waren alle Blicke gebannt auf die Bühne gerichtet. Ledermänner, Schnösel, Brotbeutel, alle voll der Bewunderung.

Die nächste Nummer wartete er noch ab. *Good Morning, Little Schoolgirl.* Keiner kam raus, keiner verschwand unter der Treppe. Und dann war es genug. Es musste sein. Irgendwann sowieso. Er kniete sich hin, als wäre ihm was runtergefallen, dann machte er einen Satz.

Unter der Treppe war es stockfinster. Er sah die Schuhe der Leute über ihm, hörte ihre Stimmen. Seltsam still war es hier unten.

Eine Käseglocke.

Er kniete sich hin und tastete den Boden ab.

Nichts.

Er fasste ins Leere. Und wenn nichts da war? Hektisch fummelte er in der Dunkelheit herum.

Scheiße, sie verarschten ihn . . .

Da stieß er an einen größeren Gegenstand, weich, mit Griffen. Er zog sein Feuerzeug aus der Hose und leuchtete kurz.

Puma stand auf der blauen Tasche. Weiße Buchstaben.

Na also!

Über ihm trampelte einer die Treppe runter.

Er hob die Tasche an. Sie war schwer.

Sein Atem ging schnell, zu schnell.

Er atmete durch.

Klemmte sie sich unter den Arm.

Einen Augenblick lang hockte er noch im Schatten der Treppe, mit dem Rücken zur Wand, den Ausgang im Blickfeld. Dann richtete er sich auf, als wäre nichts gewesen, zog die Nase hoch, wischte sich über die Stirn, holte noch mal tief Luft.

Er tat einen Schritt nach vorn, trat ins Licht, klammerte sich an die Tasche und sah links von sich, wie jemand versuchte, eine Schneise in die Menge zu schlagen. Ein Muskelmann mit Schnäuzer.

Die Leute wehrten sich, ein paar Bomberjacken stellten sich quer. Hartmann legte einen Schritt zu. Ein Zweiter tauchte auf, ein Stück dahinter, wollte sich den Weg freistoßen, geriet an den Falschen, stolperte und ging zu Boden. Hartmann stürmte zur Tür. Er hatte die beiden nicht richtig erkennen können, aber sie sahen nicht gerade so aus, als wären sie wegen der Musik hier.

Vor ihm tauchte Gülle auf. Dahinter die Tür.

Verriegelt.

Wie ein Schrank stand er davor, die Arme verschränkt.

Hartmann krallte seine Hände in die Sporttasche und schrie wie am Spieß.

»*Mach auf, Mann!*«

Gülle grinste, fand sich ungeheuer witzig und schüttelte langsam den Kopf.

Hartmann verstand die Welt nicht mehr.

Das konnte doch nicht wahr sein. Hinter sich sah er den Tumult, aus dem sich die beiden Figuren lösten. Mit rudernden Armen steuerte der erste auf ihn zu.

Hartmann stand vor der Tür, schrie, so laut er konnte, bis ihm der Hals brannte. Um ihn herum nur Kreischen und Heulen, ihm wurde ganz schwindlig, die Augen wollten fast aus ihren Höhlen treten.

Luft! Er musste raus!

Raus!

Gülle sah die beiden Schläger in der Menge. Wilde Tiere, hungrig. Er runzelte die Stirn.

Dann flog die Tür nach draußen auf.

Hartmann stürzte hinaus in die Nacht, rannte fast den blauen Punk im Schottenrock über den Haufen, stolperte, sah noch die Roadies am Laster stehen, hörte, wie die Stahltür mit hässlichem Scheppern ins Schloss fiel. Er wagte nicht, sich umzudrehen, rannte die Schmuckstraße runter, an den Transibars vorbei, an der Tiefgarage zum Eros-Center, grub seine Fingernägel in die Plastikhaut der Tasche, japste, fiel, rappelte sich auf. Ein paar Leute blieben stehen und drehten sich um.

Ecke Talstraße stand die Taxe. Der gelbe Geier war an. Er schleuderte die Tasche auf den Beifahrersitz und duckte sich, keuchte rasselnd, wartete, bis er sich etwas beruhigt hatte. Dann stellte er die Funke an.

Samstagabend war die Hölle los. Er ging dazwischen.

Vierachteins mal bitte. *Vierachteins.* Zentrale, hören Sie mich? Dringend mal *Vierachteins.*«

Es dauerte einen Augenblick, bis die Funkerin ihn beachtete. Sie klang genervt.

»Was ist denn los mit Ihnen, *Vierachteins*?«

»Bin besetzt zum Heiligengeistfeld. Wenn Sie das mal kurz notieren würden.«

»*Dreidoppelzwo,* warten Sie doch, ich hör Sie ja. Ich hab gerade keine Zeit. *Vierachteins,* sind Sie noch da?« Sie wusste, was er wollte. Sie klang ernstlich besorgt. »*Vierachteins,* hören Sie? Alles klar bei Ihnen?«

»Bis jetzt ja.«

»Sie melden sich?«

»Ich melde mich. Danke *Vierachteins.*«

Der Wagen schüttelte sich, als er den Diesel anließ. Geschafft. Jetzt konnte nicht mehr viel passieren. Wenn die Luden ihm ans Leder wollten, hetzte er ihnen die Meute auf den Hals. Dreihundertsechzig Wagen am Funk, und wenn es sein musste, die Bullen.

Eine echte Streitmacht.

Genialer Plan.

12

Hartmann sah in den Rückspiegel und grinste. Schwer atmend machte er den gelben Geier aus und nahm das Schild mit seiner Funknummer aus der Heckscheibe. Er kurvte durch die engen Straßen von St. Pauli, passte sich dem fließenden Verkehr an, am *Grünspan* vorbei, an der *Kaiserin von Altona,* bog an der *Bar Centrale* links ab in Richtung Pferdemarkt. An der nächsten Ecke musste er warten. Rechts vor links. Verkehrsberuhigt.

Da sah er ihn im Spiegel.

Die Scheinwerfer aufgeblendet.

Der gelbe Camaro brach hinten leicht aus, als er die Kurve an der *Bar Centrale* nahm, schlitterte auf dem feuchten Kopfsteinpflaster. Ein bestialisches Brüllen hallte von den Häuserwänden zurück.

Hartmanns Hände waren feucht. Seine Reifen drehten durch. Er zog nach links rüber, knüppelte den Daimler durch eine schmale Gasse, dann rechtsrum gegen die Einbahnstraße, wieder links, dann rechts in eine Hofeinfahrt, ganz hinten durch, Licht aus, Kopf runter.

Er zitterte am ganzen Körper, hatte die Augen weit aufgerissen, starrte auf die Gummimatte. Vielleicht waren sie schneller, aber kaum einer kannte sich hier aus wie er.

Er kurbelte die Scheibe runter. Irgendwo in der Nähe blubberte der Camaro, man konnte ihn hören, er wartete, lauerte. Drei Minuten, vier, fünf. Dann wurde die Maschine hochgerissen, und sie heulte wütend auf. Reifen jammerten.

Hartmann war allein.

Er steckte sich eine an. Seine Hände zitterten, die Glut vibrierte in der Dunkelheit. Er rauchte ein paar Züge, sah sich den Mond über dem Hinterhof an, dann hatte er keine Ruhe mehr. Er überlegte noch, ob er den Wagen einfach stehen lassen und abhauen sollte, aber er fürchtete, man würde eine Großfahndung nach ihm auslösen, wenn die Karre gefunden wurde. In der allgemeinen Panik nach dem Mord in der letzten Woche wäre bald die ganze Republik auf den Beinen.

Das war nicht gut.

Langsam setzte er zurück, rollte auf die Straße, fuhr an, schaltete das Licht erst an der Ecke ein.

Übers *Schulterblatt* rumpelte er in Richtung Eimsbüttel. Die Straßen waren voll. Vor dem *Pickenpack* drängten sich Trauben von Menschen, die rein oder raus wollten. An der *Alten Flora* standen vier Wagen Bereitschaftspolizei. Die Beamten langweilten sich auf den Bänken der Busse. Zweimal noch um die Ecken, dann dieselte er im Leerlauf durch die Fettstraße. Es war dunkel, kaum irgendwo brannte noch Licht. Vor dem *Vienna* standen ein paar Leute und krakeelten.

Er suchte nach einem Parkplatz, was um diese Zeit so schwierig war wie zu jeder anderen.

Alles dicht.

Und dann war es wieder da.

Dieses Brüllen.

Erst wusste er nicht, aus welcher Richtung es kam, dann sah er den Camaro hinter sich um die Ecke biegen und trat im selben Augenblick das Gaspedal auf die Bodenplatte. Die Typen vor dem *Vienna* grölten und wedelten mit den Armen. Der Diesel sträubte sich.

Scheiße! Scheiße! Scheiße!

Woher wussten sie, wo er wohnte? Wie kamen die hierher? Hartmann trat der Schweiß auf die Stirn.

Was jetzt?

Er raste durch die Stadt, hupte sich den Weg frei, überfuhr zwei rote Ampeln, Augen zu und durch, und immer die Lichter im Spiegel. Er wollte nicht in die Außenbezirke, wo die Straßen breiter wurden und der Camaro seine Muskeln spielen lassen konnte. Er kam immer weiter in die Innenstadt, am Posten Gänsemarkt vorbei, wo mindestens zehn Leute standen und entnervt winkten. In Panik sprangen sie beiseite, als er runterschaltete und an ihnen vorbeipreschte.

Die Straßen wurden enger und enger.

Vor den Glastüren des Hanseviertels hielt er mitten auf dem Posten an, schnappte sich die Tasche und sprang aus dem Wagen.

Er sah sich nicht um.

Die Fliesen in der noblen Einkaufspassage waren frisch gefeudelt. Hartmann rutschte auf seinen Stiefeln aus und

schlug mit der Schulter gegen eine Scheibe. Ein Spielzeugla-
den, Antike Puppen und Teddys. Er kniete am Boden,
lauschte, dann hastete er weiter. An der nächsten Ecke blieb
er stehen.

Eine Nische.

Eingerahmt von postmodernen Säulen.

Er zwängte sich dazwischen und verschwand.

Hielt die Luft an.

Schritte.

Hartmann schloss die Augen.

Sie waren zu zweit. Der eine war der schnauzbärtige
Chauffeur, der andere trug eine Fransenjacke, sah aus wie ein
Schlagersänger. Fünf Meter vor ihm blieben sie stehen und
beratschlagten sich. Der eine fluchte, der andere kratzte sich
am Kopf. Dann trennten sie sich, liefen in entgegengesetzten
Richtungen auseinander.

Hartmann zog die Stiefel aus, sah sich kurz um, dann
zwängte er sich aus der Nische hervor und schlich auf leisen
Sohlen zum Ausgang, an den Puppen und Teddys vorbei,
drehte sich ein paar Mal um, wagte kaum zu atmen, dann
war er an den Glastüren, riss sie auf und stürzte hinaus zum
Posten.

Am Wagen stand ein großer Mann und wartete, den
Rücken an die Beifahrertür gelehnt, die Arme verschränkt.

Apachen-Paul.

Er grinste.

Hartmann heulte auf, stand auf Strümpfen da, die Tasche
unter dem Arm, die Stiefel in der anderen Hand. Er wollte
weglaufen, Kollegen rufen, Hilfe holen, irgendwen.

Hinter ihm gingen die Glastüren auf. Der Indianer hatte
aufgehört zu grinsen, machte einen Schritt nach vorn, packte
ihn kurz im Nacken und schlug seinen Kopf auf das Wagen-
dach.

Hartmann taumelte.

Sein Schädel war ein Kürbis. Er wollte platzen.

Blut lief ihm in die Augen.

Alles wurde rot.

Er sackte in sich zusammen.

Einer fing ihn auf, dann trat ihm der Sänger in die Eier, und er klappte zusammen wie ein Zollstock. Spucke lief ihm aus dem Mund, er hustete, sabberte, sein Magen, er wollte kotzen, aber er hatte nichts gegessen.

Der Schnauzbart klebte ihm mit Paketband den Mund zu und die Handgelenke zusammen, nahm die Taxenschlüssel und stieß ihn hinten rein. Er rutschte zwischen die Sitze und kauerte am Boden, hielt sich den Magen, den Kopf, dann den Magen.

Hinter ihnen blubberte der Camaro im Leerlauf, brüllte kurz auf und war bald nicht mehr zu hören.

Der Chauffeur setzte sich ans Steuer und ließ den Motor an. Der Indianer neben ihm drehte seine Scheibe runter. Sie fuhren los, und als Hartmann kurz den Kopf hob, sah er, wie die blaue Tasche aus dem Fenster flog. Mit weit aufgerissenen Augen sah er ihr nach.

Der Indianer drehte sich um. Lachte.

»Er hat echt gedacht, da ist Geld drin.«

Der andere lachte mit.

Einer schaltete das Funkgerät ein.

»*Vierachteins bitte. Keine anderen Vermittlungen mehr. Dreisechszwo, halten Sie sich doch zurück. Hat in der letzten Viertelstunde jemand den Vierachteins gesehen?*« Es rauschte kurz. »*Und können noch Kollegen zum Heiligengeistfeld kommen?*« Sie klang verzweifelt. Renate, die gute Seele. Hartmann kannte sie. Sie hatte die tollste Stimme von allen. Er versuchte, sich aufzurichten, stützte einen Ellenbogen auf den Sitz, hob den Kopf.

»Vierachteins. Vierachteins.«

Der Indianer stellte ab und sah nach hinten.

Es wurde still im Wagen, bis auf das Brummen des Motors und das Summen in seinem Kopf.

Warum redeten diese Typen nicht?

Hartmann blinzelte. In einiger Entfernung sah er Lichter, gelbe und blaue. Verschwammen vor seinen Augen, zogen Streifen wie bunte Sternschnuppen. Die Gelben standen beieinander, die Blauen blinkten, kreiselten aufgeregt.

Der Chauffeur bog ab. Sie ließen die Lichter hinter sich, fuhren in Richtung Hafen. Hartmann starrte aus dem Rückfenster, sah die Lichter in der Dunkelheit verschwinden.

Seine Streitmacht.

Die Lichter.

Sie wurden immer kleiner.

Er sackte in sich zusammen.

Im Schatten der Bäume unter dem Bismarckdenkmal hielten sie an und stiegen aus. Sie zerrten Hartmann um den Wagen, verklebten auch noch die Füße und warfen ihn zu zweit in den Kofferraum. Er versuchte sich aufzurichten, knurrte in seinen Knebel hinein, hob den Kopf, um hinauszusehen.

Einer schlug den Deckel zu, traf ihn an der Schläfe. Bunte Lichter flammten auf, ein schriller Ton schnitt ihm durch den Kopf, von einem Ohr zum anderen, sank herab, ganz langsam, tiefer, immer tiefer, wie ein Plattenspieler, dem der Strom ausging. Alles wurde langsamer, verlor den Ton, die Farbe, das Leben. Er kriegte keine Luft. Es stank nach Abgasen, beißend, ätzend.

Und die Platte blieb stehen.

Als Hartmann wieder zur Besinnung kam, fühlte er sich, als kauerte er im feuchten Kielraum eines Frachters.

Bahamas, Balearen, Malediven. Scheiße.

Sie waren fast da.

Hartmann spürte es.

Er hatte nicht die leiseste Ahnung, wie lange sie schon unterwegs waren, aber er wusste genau, was sie vorhatten. Sie fuhren durch den Hafen, suchten irgendwo einen verlassenen Pier. Er hörte es an den Geräuschen, den Nebelhörnern der Schiffe, dem dumpfen Klang des Kopfsteinpflasters. Sie waren mit der Taxe gefahren, damit sie am Zoll nicht kontrolliert wurden. Die Funknummer hatte er selbst aus der Heckscheibe genommen, um nicht gleich erkannt zu werden. Und wer achtete schon auf das Kennzeichen? Im Hafen doch keiner.

Er dachte an Rita.

Warum war der Camaro in der Fettstraße aufgetaucht?

Er hätte sich ohrfeigen können, konnte aber seine Hände nicht bewegen. Er hatte sich benommen wie der letzte Schwachkopf. Nicht mal in die Tasche gesehen hatte er. Das wäre Spider nie passiert. Selber schuld, dachte er, aber er konnte nicht glauben, dass die Typen vorn im Wagen ihn tatsächlich kaltmachen würden. Sie wollten ihm Angst machen. Das war alles.

Ihm tat zwar jetzt schon alles weh, aber darauf kam es nicht mehr an. Schmerzen gingen vorbei.

Aber wegen eines Bankraubes würden sie doch keinen Mord begehen, keinen kaltblütigen Mord an einem mehr oder weniger unwichtigen Mitwisser, der gedroht hatte, ihnen die Tour zu vermasseln. Selbst wenn es um Millionen ging. Geld war ein Faktor, aber so wichtig doch auch wieder nicht.

Oder?

Andererseits waren schon Leute für zwanzig Mark umgelegt worden. Und weniger.

Er rollte im Kofferraum hin und her. Irgendwas bohrte sich ihm in den Rücken. Konnte der Wagenheber sein. Hartmann versuchte, in eine bequemere Lage zu kommen, als sie durch ein Schlagloch knallten, hart aufsetzten und langsamer wurden. Etwas schleifte unter dem Wagen, die Bremsen knarrten, dann standen sie.

Vorn schlugen Türen. Die Männer schwiegen. Er hörte Schritte. Einer kam um den Wagen herum, öffnete die Kofferraumklappe ein Stück weit.

Endlich.

Luft.

Hartmann sog sie durch die Nase, füllte seine stechenden Lungen, konnte gar nicht genug davon kriegen. Durch das Rauschen in den Ohren hörte er ihre Stimmen, abwechselnd, versuchte zu verstehen, was sie sagten, aber es schien unmöglich, einen Sinn daraus zu machen. Er nahm wohl die Worte wahr, brachte sie aber nicht zusammen. Dann sah er über sich das narbige Gesicht des Indianers. Er schien bester Laune zu sein. Hinter ihm tauchte der Chauffeur auf.

Sie packten Hartmann und zerrten ihn nach draußen, stellten ihn auf die Beine, klopften ihn ab wie einen alten Mantel. Ihm wurde schwindlig.

Ganz in der Nähe gluckerte Wasser. Es roch modrig. Im Licht der Scheinwerfer fing der Chauffeur an, den Boden abzusuchen, trat mit dem Fuß gegen lose herumliegende Mauersteine. Der Indianer hielt Hartmann fest, ganz leicht, dass er schon fürchtete, er würde das Gleichgewicht verlieren.

Immer noch sprachen die Männer miteinander. Kurze, knappe Sätze. Zwischendurch lachten sie. Hartmann verstand nur einzelne Worte, versuchte, das dumpfe Gefühl im Kopf abzuschütteln, kniff die Augen zusammen, konzentrierte sich.

»Die da!«

»Meinst du?«

»Die ist gut.«

Der Chauffeur bückte sich. Seine Hose war neu, die Slipper standen im Matsch, das Jackett spannte über dem Kreuz.

Keuchend trug er eine der kleineren Betonplatten herüber und stellte sie neben Hartmann ab.

»Könnte gehen.«

Der Indianer schob das Kinn vor und nickte. Wirkte abwesend. Hartmanns Blick wanderte von einem zum anderen.

Die Platte war früher mal quadratisch gewesen. Der Chauffeur hatte Schwierigkeiten, die Wäscheleine so gleichmäßig darum zu binden, dass sie nicht abrutschte. Er klemmte seine Zunge in den Mundwinkel und arbeitete daran.

Hartmann wurde übel. Schweiß trat ihm auf die Stirn, und seine Knie wollten nachgeben.

Das stimmte nicht.

Das konnte nicht sein.

Sie wollten ihm nur Angst machen.

Der Chauffeur wickelte die Leine um das Klebeband an Hartmanns Füßen, fünfmal, sechsmal, dann verknotete er sie wieder an der Betonplatte. Wischte sich zufrieden die Hände ab.

»So, meinetwegen können wir«, sagte er.

Der Indianer brummte, packte Hartmann unter den Achseln und trug ihn zum Pier hinüber, während der Chauffeur ihnen ächzend die Platte hinterherschleppte.

»Bin mal gespannt, was Elvis sagt, wenn er hört, dass der kleine Schwanz hier sein Huhn gevögelt hat.«

Der Indianer schnaubte. »Kannst ihn ja morgen fragen.«

Stille.

»Lass mal, das soll sie ihm lieber selber sagen, wenn wir ihn draußen haben.« Der Chauffeur ließ die Platte am Rand des Piers zu Boden. Gleich neben Hartmann. »Kann sich nur noch um Stunden handeln.«

Sie sahen zu dritt auf das Wasser hinunter. Drei, vier Meter tief. Nach links rüber konnte man im Dunst die Lichter der Stadt auf der anderen Seite des Flusses erkennen.

Der Indianer schüttelte den Kopf. »Der Hammer ist, dass die Pfeife hier die Sache mit dem Bankraub tatsächlich geglaubt hat.«

Der Chauffeur hatte eine fiese Lache. Dann stockte er unvermittelt. »Auf Rita könnte ich auch reinfallen. Ohne Probleme.« Er starrte den Indianer an.

Hartmann auch.

»Ich weiß.« Apachen-Paul sah bekümmert aus. »Egal, bringen wir es hinter uns.«

Der Chauffeur kniete sich hin und schob die Betonplatte ganz nah an den Rand. Hartmanns Schuhspitzen ragten schon ins Leere. Unter ihm schlugen kleine Wellen gegen die Kaimauer.

Die beiden Männer sahen sich an.

»Eins . . . zwei . . . drei.«

Er kriegte von hinten einen Stoß, stürzte vornüber, klatschte mit dem Kopf zuerst ins eisige Wasser. Der Stein zerrte ihn in die Tiefe. Gnadenlos. Er wand sich, zappelte, versuchte freizukommen, dann setzte er am Grund auf.

Rita.

Er sah Rita.

Vor seinen Augen war alles rot. Feuerrot.

Ihr Haar. Es brannte wie eine Fackel.

Er warf den Kopf hin und her, riss die Augen auf, dann stieß er sich mit aller Kraft vom Boden ab, blieb in der Leine hängen, kriegte Wasser in die Lungen, hustete, Blasen stiegen auf, er zappelte, kämpfte, wehrte sich.

Das konnte nicht sein.

Er träumte.

Das stimmte alles nicht.

Seine Füße wateten im Schlamm. Er reckte den Kopf, machte sich gerade, strampelte, wollte hoch, höher.

Schaffte es, den Kopf aus dem Wasser zu bringen.

Ging wieder unter.

Tastete mit den Füßen.

Reckte die Nase in die Luft.

Luft?

Er prustete, rotzte, spuckte Wasser, dann hielt er still, lauschte, hörte hinter dem Rauschen in seinen Ohren, wie ein Motor angelassen wurde, ein Wagen abfuhr, sah in einiger Entfernung Bremslichter aufleuchten.

Das war unmöglich.

Er sah zum Pier hoch.

Sie waren weg.

Hartmann gluckste, wollte lachen, schüttelte sich. Das Wasser stand ihm bis zum Hals, seine Lungen brannten, Tränen liefen ihm übers Gesicht. Er stand mit den Füßen im Schlamm, auf Strümpfen, im Morast des verlassenen Hafenbeckens, reckte den Hals in die Luft, grunzte in sich hinein.

Irgendjemand würde ihn schon finden. Wenn die Sonne erst aufgegangen war und die Barkassen wieder fuhren . . .

Wenn bis dahin nicht die Flut kam.

Hartmann schluckte. Das Wasser schmeckte fies.

Toter Hering

Reinhard Junge

1

»Meine Güte«, sagte Hauptkommissar Lohkamp, als der Wagen am Stadtpark vor einer Jugendstilvilla hielt, »ich dachte immer, diese Ruhrgebietsvereine wären alle pleite.«

»Jetzt weißt du, warum das so ist«, entgegnete Martina Langer.

»Aber dass die Germania so feudal residiert . . .«

»Seit dieser Millionär Vorsitzender ist, hat sich alles geändert. Demnächst laufen die Spieler samstags im Smoking auf . . .«

Drei, vier Stufen, dann standen sie zwischen ein paar sehr griechisch anmutenden Säulen vor dem Portal der Hütte. Lohkamp suchte noch nach einer Art Klingel, als sich die messinggerahmte Glastür bewegte. Eine Dame Ende der Vierzig öffnete ihnen. Schlichtes Kostüm, unauffällige Perlenkette – und das Gesicht so verheult, dass die Reste ihres Make-ups auf die teure Bluse tropften.

»Sind Sie von der Polizei?«

»Ja.«

»Endlich . . .«

Lohkamp stellte sich und seine Kollegin vor, dann sah er die Dame mit der Perlenkette abwartend an. Es dauerte ein paar Sekunden, aber dann merkte sie, was von ihr erwartet wurde.

»Sabine Kirsch. Die Sekretärin«, sagte sie und schluchzte erneut auf. »Es ist ja so schrecklich!«

»Was ist schrecklich?«

»Sehen Sie selbst . . .«

Sie führte sie durch eine weite Halle mit einem Mosaik-Fußboden. Die Treppe nach oben war breit genug, um die Schleppe von Dianas Hochzeitskleid nicht zu zerknautschen.

»Hier, bitte . . .«

Frau Kirsch betrat einen Seitentrakt. Ein dicker Teppich schluckte jeden Schritt. Vor einer geöffneten Tür blieb sie stehen. Lohkamp blickte in einen zum Park gelegenen Saal, der von einem riesigen Schreibtisch und einer bequemen Sitzgarnitur beherrscht wurde. Die Kronleuchter hätten ausgereicht, einen Flutlichtmasten im Ruhrstadion zu ersetzen. Jetzt aber beleuchteten sie einen massigen Mann, der hinter dem Schreibtisch saß und sein Gesicht in dem breiartigen Gericht auf seinem Teller versteckt hatte.

»Beim Essen sterben«, raunte Lohkamp. »Ein schöner Tod.«

Martina Langer schob sich an ihm vorbei und trat auf den Schreibtisch zu: »Ich weiß nicht, Chef. Den Kopf im Heringssalat?«

»Glatze in Panhas sieht auch nicht besser aus . . .«

Er sah die Sekretärin an: »Und wer ist der Mann?«

Frau Kirsch sah ihn an, als wüsste Lohkamp nicht, was eine Wasserspülung ist: »Mein Chef. Hans Wolke.«

»Der Präsident?«, fragte die Oberkommissarin.

Die Kirsch nickte.

»Wann haben Sie ihn gefunden?«, wollte Lohkamp wissen.

»Weiß nicht. Kurz bevor ich Sie angerufen habe.«

»Vor einer halben Stunde also«, konstatierte Lohkamp. »Haben Sie irgendetwas angefasst?«

»Nein.«

»Ist sonst noch jemand im Haus?«, schaltete sich die Oberkommissarin ein.

»Sie waren alle hier. Herr Schatz aus dem Vorstand. Der Trainer. Die Gattin des Chefs . . . Aber als ich ihn fand, war ich schon allein mit ihm.«

»Schon klar. Weiß außer Ihnen jemand, dass Herr Wolke tot ist?«

»Nein«, sagte die Kirsch. »Ich habe sofort die 110 angerufen.«

Sie deutete quer über den Flur in einen Büroraum, der zur Straße gelegen war. Der Schreibtisch dort sah wesentlich kleiner und voller aus als der des Toten: »Ich habe da gesessen, die Tür offen, und geheult. Bis Sie gekommen sind.«

»Wann haben Sie Ihren Chef zum letzten Mal lebend gesehen, Frau Kirsch?«

Sie wusste es nicht.

»Überlegen Sie mal!«, sagte die Langer warm.

»Vor . . . Ungefähr vor einer Stunde. Bei mir im Vorzimmer. Als ich gerade vom Einkaufen wiederkam.«

»Und was haben Sie geholt?«, fragte Lohkamp. »Den Heringssalat?«

Jetzt wirkte die Sekretärin beinahe empört: »Nein. Für den Chef mach ich den immer selbst.«

»Immer?«

»Ja. Mein Heringssalat ist im ganzen Verein berühmt. Altes westfälisches Rezept.«

»Wunderbar. Und was haben Sie dann gekauft?«

»Sekt. Wir haben morgen einen Vertragsabschluss. Und als ich zurückkam, stand Herr Wolke gerade am Kühlschrank und holte sich seinen Imbiss heraus . . .«

»Wäre das nicht Ihre Aufgabe gewesen?«, hakte die Langer sich wieder ein. »Ihm den Imbiss ins Büro zu bringen?«

Sie schluchzte: »Ja. Tu ich sonst ja auch. Jeden Tag um

fünf. Aber heute war die Schlange an der Kasse so lang, dass . . .«

»Verstehe«, sagte Langer und trat ein paar Schritte vor. Sah sich den Toten aus der Nähe an. Beugte sich schließlich über den Teller und sah überrascht auf. »Chef, der Heringssalat stinkt.«

»Wie bitte?«, fuhr die Kirsch auf. »Mein Heringssalat stinkt nicht!«

»Heringssalat stinkt immer!«

»Nein. Meiner duftet!«

»Er stinkt«, beharrte die Polizistin. »Und außerdem . . .«

»Ja?«, fragte Lohkamp.

»Der Tote hat Schaum vor dem Mund, Chef.«

»Und – was heißt das?«, stammelte die Sekretärin.

»Herr Wolke wurde vergiftet, Frau Kirsch. Mit Ihrem Heringssalat!«

»Nein, unmöglich!«, schrie sie und rannte über den Flur in ihr Büro, wuchtete die hohe Tür hinter sich ins Schloss. Die Langer wollte ihr nach, aber Lohkamp hielt sie fest: »Lass sie, Martina!«

»Aber sie hat doch ihren Chef vergiftet!«

»Abwarten – ich bin mir da gar nicht so sicher!«

»Und wieso?«

»Überleg mal – jeder im Haus wusste, dass die Kirsch dem Präsidenten täglich Heringssalat mitbringt. Und als sie kurz vor fünf zum Einkaufen ging, da hätte eben jeder andere genauso gut . . .«

Die Tür gegenüber öffnete sich. Die Kirsch kam zurück, jetzt nicht nur mit der Perlenkette, sondern auch mit einem Stofftaschentuch bewaffnet: »Entschuldigen Sie, es war sicher dumm von mir, einfach wegzulaufen.«

»Schon gut«, tröstete die Langer. »Aber sagen Sie: wer hätte einen Grund für die Tat?«

Sie zierte sich noch ein wenig, aber dann kam die erste denkbare Spur: »Letzten Samstag, nach der Niederlage gegen Schalke. Da hat der Chef den Sukowski angebrüllt.«

Sie sah Lohkamps fragenden Blick und reagierte sofort: »Den Trainer, Herr Lohkamp. Also, Herr Wolke hat den Trainer angebrüllt, er würde ihn jetzt feuern. Und das wäre Sukowskis dritter Rausschmiss in vier Jahren. Er wäre out gewesen.«

»Und wie ernst war die Drohung gemeint?«

Die Langer seufzte: »Chef, die Germania steht auf dem 17. Platz! Hinter ihr nur noch Unterhaching – und vor ihr ein Loch von fünf Punkten bis zur Rettung.«

2

Was das bedeutete, wusste selbst Lohkamp. Nur Trainer Sukowski wusste es nicht. Nach einem Anruf auf sein Handy fanden sie den Graukopf einen halben Kilometer weiter im Tierparkrestaurant. Er saß an einem Fenster, das zur Terrasse hinausging, und sah den modisch aufgepeppten jungen Müttern hinterher, die ihre Kinder mit dem Versprechen auf Seehunde, Ponys und Waffeln in den Park lotsten.

»Kriminalpolizei. Martina Langer. Und das ist mein Chef, Hauptkommissar Lohkamp!«

Normale Sterbliche hätten sich jetzt erschrocken umgesehen und ein »Nicht so laut!« gezischt. Aber vor Sukowski stand ein fast leeres Cognacglas und die Zeichen auf seinem Deckel verrieten, dass es nicht das erste war.

»Um was geht es denn?«, fragte der Trainer und deutete unwirsch auf die freien Stühle.

»Ihr Boss ist tot!«

»Wolke?«

»Ermordet. Vor einer guten Stunde.«

»Ach du Scheiße . . .«

Ein junger Kellner mit einem unglaublich arroganten Zug um den Mund schwebte heran. Als die Polizisten zwei Fläschchen Wasser bestellten, verwandelte sich der Hochmut in Verachtung. Für den Rückweg zum Tresen brauchte er fast doppelt so lange wie für die Anreise.

Martina Langer beugte sich vor: »Eigentlich müssten Sie doch ganz froh sein.«

»Ich? Wieso?«

»Auf welchem Tabellenplatz steht die Germania?«

»Auf dem siebzehnten. Na und?«

»Fünf Punkte Abstand zu einem Nichtabstiegsplatz.«

»Hören Sie, wir haben noch zehn Spiele!«

»Nur noch«, grinste die Langer. »Gegen Bayern und Dortmund, in Rostock, Cottbus und Freiburg . . .«

»Aber ab Samstag haben wir Bestbesetzung. Vier verletzte und gesperrte Spieler laufen wieder auf. Und dann bekommen wir einen neuen Stürmer.«

»Experten glauben eher an einen neuen Trainer«, verriet Lohkamp.

»Unsinn. Die Germania hat noch nie einen Trainer gefeuert . . .«

»Jaja«, sagte die Langer und zitierte Bochums Nationalhymne: »Hier wo das Herz noch zählt und nicht das große Geld . . . Glauben Sie an den Weihnachtsmann?«

Ohne zu antworten leerte der Trainer sein Glas. Dabei folgten seine Augen wieder einer der jungen Frauen, die angesichts des schönen Wetters ihren Kleiderschrank nur um das Notwendigste erleichtert hatten.

»Herr Sukowski«, sagte Lohkamp, »es ist besser, wenn Sie jetzt erst mal einen Kaffee bestellen.«

»Ist Ihre Ausnüchterungszelle voll?«

»Nein. Wir treffen uns gleich alle in der Villa. Und dann wollen wir mal sehen, was wir herausfinden . . .«

Sukowski grinste: »Ich dachte, Sie wüssten schon alles!«

»Was zum Beispiel?«

»Na ja – dass ich es war, der ihn erschossen hat.«

»Er wurde aber nicht erschossen.«

»Sondern?«

»Vergiftet.«

»Wie bitte?«

»Mit Heringssalat.«

Einen Augenblick lang starrte Sukowski sie ungläubig an, dann lachte er auf: »Das ist gut! Mit Sabines Heringssalat?«

»Sieht so aus.«

»Wunderbar.«

»Wieso?«

»Weil ich dann aus dem Schneider bin«, sagte Sukowski und streckte ihnen seine Hände entgegen: »Was sehen Sie?«

»Sie zittern«, sagte Lohkamp. »Offenbar haben Sie Ihren Pegel noch nicht erreicht.«

»Quatsch«, entgegnete der Trainer. »Ich bin kein Alki. Aber sehen Sie irgendetwas an den Händen, was da nicht sein sollte?«

Lohkamp und Langer wechselten einen Blick.

»Nichts?«, fragte Sukowski und strahlte. »Dann rufen Sie meinen Doc an.«

Da kapierte Langer: »Chef, ich glaube, er will uns darauf aufmerksam machen, dass er eine Fischallergie hat.«

»Schön«, sagte Lohkamp. »Aber es gibt auch diese schönen Plastikhandschuhe, mit denen die Ärzte operieren.«

»Ja«, sagte Sukowski. »Und dann bin ich mit Tarnkappe zum Kühlschrank geschlichen, um Wolkes Heringe zu vergiften.«

Er kippte den Rest aus seinem Glas, als wäre es Zuckerwasser.

»Geben Sie auf: Ich war's nicht.«

»Und wer dann?«

Sukowski brauchte keine fünf Sekunden: »Klaus Kater. Der Manager.«

»Der hat doch den ganzen Tag herumtelefoniert, um einen neuen Stürmer einzukaufen.«

»Ja«, sagte Sukowski. »In der Villa. Da hatte er alle Zeit der Welt und mindestens drei oder vier Gelegenheiten, um den Heringssalat zu vergiften.«

»Aber auch ein Motiv?«

Jetzt kam Sukowski gerade noch mit fünf Minuten aus. In seiner Aufzählung fehlte nur eine einzige Gemeinheit von Bedeutung: Noch nie hatte der Präses dem Manager einen Teddybären geklaut.

»Schön. Und wo finden wir Herrn Kater?«

Sukowski sah auf die Uhr: »Um diese Zeit? Bei seiner Krankenschwester. Die wohnt genau 100 Meter von hier entfernt – gegenüber der Klapse. Gehen Sie in die Küche und gucken aus dem Fenster, dann können Sie seinen Schlitten sogar von hier aus sehen. Wenn kein Möbelwagen davor steht . . .«

3

Sukowski musste den Manager vorgewarnt haben: Als er die Tür öffnete, trug er zumindest wieder Hemd und Hose. Aber sein glattes Gesicht war so rot wie nach einem Dauerlauf.

»Was wollen Sie?«

»Kriminalpolizei.«

»Weiß ich. Aber ich war's nicht. Und wir stecken jetzt dick in der Scheiße. Morgen haben wir eine Vertragsunterzeichnung, aber ohne die Unterschrift des Vorsitzenden läuft da gar nichts.«

»Lassen Sie mich raten: ein neuer Trainer?«

»Unsinn. Sukowski steht nicht zur Debatte. Ich habe einen neuen Stürmer verpflichtet.«

Kater schüttelte mit Nachdruck seinen Kopf und machte noch immer keine Anstalten, sie in die Wohnung zu bitten: Offenbar brauchte die Dame im Hintergrund ein wenig länger, um sich wieder in einen vorzeigbaren Zustand zu versetzen.

»Hören Sie!«, sagte Lohkamp. »Der FC steht auf dem 17. Platz. Was macht ein Verein da in der Regel?«

»Den Trainer feuern. Aber nicht die Germania. Wir sind hier in Bochum.«

Langer stöhnte auf, aber ersparte sich eine Wiederholung des Grönemeyer-Zitats. Statt dessen wiederholte sie den Vereinsklatsch, der am Montag in der Blut-Zeitung gestanden hatte: »Ihr Präsident hat Bernd Sukowski am Samstag was anderes gesagt, Herr Kater.«

»Stimmt schon. Aber ich war dagegen.«

»Ja?«

»Ja. Weil ich Sukowski einiges verdanke. Er hat mich vor 20 Jahren als Jugendlichen nach Bremen vermittelt. Und da hatte ich meine besten Jahre.«

»Ich weiß«, nickte die Oberkommissarin. »Zwölf Länderspiele.«

»Dreizehn.«

»Na ja – aber gegen Albanien waren Sie nur die letzten fünf Minuten auf dem Platz. Als es schon 6:1 stand.«

Kater starrte sie an: »Kompliment! Das hatte ich schon verdrängt . . .«

Hinter ihm näherten sich Schritte. Eine schlanke Blonde, mindestens ein Erdzeitalter jünger als Kater, kam heran. Sie nickte den Polizisten zu und schenkte ihrem Verehrer einen vorwurfsvollen Blick: »Warum bittest du die Leute nicht herein?«

Kater starrte seine Geliebte einen Moment lang ausdruckslos an, griff aber den Faden auf: »Hast völlig recht. Ich bin mal wieder etwas zu unhöflich . . .«

Sie betraten eine Wohnung, deren Einrichtung nicht allein vom Gehalt einer Krankenschwester finanziert worden war, und versanken in einem weichen und teuren Ensemble aus warmem Leder. Kaum saß der Manager, stellte seine Krankenschwester ihm schon einen Aschenbecher auf die Armlehne. Daneben deponierte sie eine der dicken Zigarren, ohne die Kater nicht mal mehr den Weg zum Abtritt schaffte.

»Danke, Liebes . . .«

Routiniert, aber mit der Sorgfalt des Genießers machte der Manager seinen Rauchgenerator feuerbereit. Dann startete er ohne jeglichen Übergang die zweite Strophe seiner Hymne auf die Unvergänglichkeit einer wahren Männerfreundschaft: »Außerdem hat mich Sukowski vor zwei Jahren hierher geholt, Herr Lohkamp. Zum FC Germania. Und ganz unter uns: Er ist ein Könner.«

»Was man von Ihnen als Manager schon lange nicht mehr sagt . . .«

»Wie bitte?«

»Die Sprechchöre im Fanblock sind nicht zu überhören. Sie haben acht Millionen Mark in den Sand gesetzt. Für drei Spieler, die keine 80 000 wert waren. Die Bayern zahlen solch einen Verlust aus der Portokasse, aber Bochum?«

»Sieht so aus, was? – Stimmt aber nicht.«

»Ach«, machte Lohkamp.

»Hören Sie – ein Manager hat eigentlich gar nichts zu sagen . . .« Er wartete ab, bis seine Krankenschwester den Kaffee eingeschenkt hatte. Sie tat das mit einer ungeheuren

Grazie und ohne ihre lange, noch feuchte Mähne in die Tassen zu tunken. Lohkamp stellte sich vor, wie diese Strähnen bei einer Blinddarmoperation in der Wunde landeten, und rief sich zur Ordnung. Aber so viel hatte er lange nicht mehr über Fußball geredet.

»Also«, meinte Kater, »der wichtigste Mann ist der Präsident...«

Ausgiebig schilderte er seine Sicht der Vereinshierarchie. Als er fertig war, wunderte sich Lohkamp, dass er den Manager noch vor den Balljungen genannt hatte.

»Und wer hat die drei Spieler vorgeschlagen, die Sie Anfang der Saison eingekauft haben?«

»Sukowski. Aber ich habe immer gesagt: Lasst den Trainer in Ruhe, der ist gut, wir brauchen nur einen guten Stürmer zusätzlich. Gestern hat der Präsident mir grünes Licht gegeben – und ich habe jetzt einen.«

Die Langer nickte, als wollte sie ihm zustimmen, und schoss die nächste Frage ab: »Herr Kater, wenn Sie und der Trainer keinen Grund hatten, Ihren Präsidenten zu vergiften – wer war es dann?«

»Vergiftet?«, wunderte sich der Manager. »Ist das nicht eine typisch weibliche Mordmethode?«

»Nicht unbedingt«, sagte die Langer und Lohkamp präzisierte: »Na ja – drei von vier Giftmorden werden von Frauen verübt.«

»Aber einer eben nicht«, beharrte die Oberkommissarin.

Kater schüttelte den Kopf: »Dieses Mal war's eine Frau. Und ich kenne da auch eine mit einem vorzüglichen Motiv...«

Die Blonde gab einen Laut von sich, der wohl wie eine Warnung klingen sollte, aber Kater beachtete sie nicht. Stattdessen rückte er mit seinem Geheimtipp heraus: »Lydia Wolke.«

»Und weswegen?«

»Weil Wolke ein Verhältnis hatte – mit der Sekretärin Frau Kirsch.«

4

»Cleveres Bürschen«, sagte Lohkamp, als sie wieder ihren Wagen erreichten. Die Sonne war weiter gewandert und mit ihr der Schatten, in dem sie den Vectra geparkt hatten. Sie kurbelten die Fenster herunter, bevor sie wieder einstiegen, aber erst der Fahrtwind fächelte ihnen ein wenig Abkühlung zu.

»Ich glaube ihm gar nichts«, sagte die Langer, als sie auf die A 40 bogen und in den Stadiontunnel tauchten.

»Und warum nicht?«

»Weiß nicht. Intuition. Außerdem . . .«

»Ja?«

»Diese Vereins-Frickel sind alle so unglaublich cool und routiniert . . .«

Über die Stadtautobahn erreichten sie einen der südlichen Vororte der Stadt. Je weiter sie sich von der Abfahrt entfernten, desto niedriger wurden die Häuser, während die Abstände zwischen ihnen größer und die Gartenzäune höher und teurer wurden. In einer stillen Nebenstraße stand der bescheidene Gebäudekomplex, in dem der Clan des Präsidenten residierte. Seine Witwe saß im Bikini auf der Terrasse und lackierte sich die Fußnägel – und Lohkamp grübelte darüber, in welchem Chandler-Krimi er das schon gelesen hatte.

»Frau Wolke?«

»Ja . . .«

Die Polizisten stellten sich vor und durften sich setzen. Ein

Wink, und das Hausmädchen goss aus der fahrbaren Poolbar ein paar kühle Säfte ein.

»Frau Wolke – wir haben eine schlechte Nachricht für Sie . . .«

»Ist was mit meinem Mann?«

Lohkamp schluckte: »Frau Wolke, Sie müssen jetzt stark sein.«

Sie kicherte und fragte: »Hat ihn endlich jemand umgebracht?«

Bevor Lohkamp dieses »endlich« verarbeitet hatte, hörte er sich sagen: »Wir versichern Ihnen, dass wir alles tun werden . . .«

Die Witwe lachte: »Bloß nicht!«

»Wie bitte?«

»Wer immer es war – ich bezahle ihm den Anwalt. Eine gute Tat muss belohnt werden. Nicht wahr?«

»Frau Wolke«, begann die Langer irritiert, aber die Dame im Bikini unterbrach sie: »Seine Angestellten hat er schikaniert, seine Kinder vernachlässigt und mich mit seiner einzigen Leidenschaft, dem Fußball, fast ins Grab getrieben. Als ihm klar wurde, dass ich ihm gar nicht mehr zuhöre, hat er angefangen, mit der Kirsch zu vö . . .«

»Woher wussten Sie, dass . . .«

»Das weiß jeder, der mit dem Verein zu tun hat.«

Lohkamp beugte sich vor: »Frau Wolke, was haben Sie vor zwei Stunden in der Vereinsvilla gemacht?«

»Was schon – ich habe ihm gezeigt, was eine Harke ist.«

»Das Resultat sieht man.«

Die Wolke sah die Oberkommissarin an und schüttelte ihre blonden Strähnen: »So doch nicht. Nein, heute Mittag hat mich ein Freund angerufen. Ein Makler. Ob ich von dem Penthouse mit Ruhrblick wüsste, das mein Mann gekauft hat.«

»Wussten Sie?«

»Natürlich nicht. Damit war klar, für wen die Wohnung war. Und darum habe ich ihm klargemacht, dass er so nicht mit unserem Geld umgehen kann.«

»Hat er es begriffen?« fragte Lohkamp.

»Sicher. Ich habe unser Konto geräumt und unser Guthaben in Sicherheit gebracht. Er sollte sich sein Taschengeld bei mir abholen und Kassenbuch führen.«

»Und wie hat ihm das gefallen?«

»Gar nicht. Aber das Penthouse konnte er nicht mehr bezahlen. Und damit hatte er für dieses Mäuschen jeden Reiz verloren.«

Eine Weile schwiegen alle. Die Frühlingssonne setzte Lohkamp zu. Neidisch dachte er daran, dass während ihres ganzen Gesprächs noch kein Auto an dem Grundstück vorbeigefahren war. Eine himmlische Ruhe . . .

»Wenn Sie's nicht waren«, sagte Langer schließlich. »Wer dann?«

»Schatz«, sagte sie. »Der Mäzen. Wollte sich mit seiner Kohle das Präsidentenamt erkaufen. Aber gegen meinen Mann hatte der keine Chance. Wenn der nämlich eines konnte, dann war es dies: Leute um den Finger wickeln. Und auf den Jahreshauptversammlungen konnte ihm keiner das Wasser reichen.«

»Nein«, sagte Lohkamp und unterdrückte die Fortsetzung: Aber toten Hering.

Sie verabschiedeten sich und gingen. Beim Einsteigen fragte er: »Was meinst du, Martina?«

»Na ja – wenn ein Mensch in Bochum ein wirklich überzeugendes Motiv hatte – dann sie.«

»Stimmt schon. Aber sie war's nicht. Hatte sie gar nicht nötig.«

Der Mäzen wohnte nur eine Straße weiter in einem dieser Niedrig-Energie-Häuser, die an drei Seiten so schmucklos und unscheinbar aussehen wie ein altrömisches Landhaus. Aber nach Süden bestand der Bau fast nur aus Glas und bot an schönen Tagen einen Weitblick bis zu den Höhenzügen beiderseits der Ruhr. Diese Aussicht war es auch, die den beiden Polizisten den Atem verschlug, als sie in die Wohnhalle des Hauses geführt wurden – auf einen derart weichen Teppich, dass jeder Dackel in den Schlingen versunken wäre.

»Bitte, setzen Sie sich doch, Frau Langer. Und Sie auch, Herr Lohkamp. Kann ich Ihnen etwas anbieten? Kaffee, Cognac? Oder einen sehr trockenen . . .«

Der sportlich getunte End-Vierziger überschlug sich fast vor Gastfreundlichkeit – und konnte es nicht fassen, dass seine Gäste so bescheiden waren, seine Kostbarkeiten zu verschmähen: »Herr Lohkamp, ich bitte Sie! Eine Tasse Kaffee liegt doch klar unter der Bestechungsgrenze. Ein Glas Wein auch. Nur bei meinem Cognac bin ich mir nicht mehr so sicher . . .«

»Es geht um Mord.«

»Ich weiß.«

»Woher, Herr Schatz?«

»Nun, ich hätte im Leben weniger Erfolg gehabt . . .«

»Von wem?«, fragte Lohkamp kalt.

Schatz lächelte und blies sich ein Stäubchen von den Manschetten seines blütenweißen Oberhemds: »Wolkes Sekretärin hat mich angerufen.«

»Frau Kirsch?«

»Genau. Traurig, traurig, sage ich nur.«

»So sehen Sie aber nicht aus.«

»Nun, dicke Freunde waren wir nicht. Und Wolkes Art, den Verein zu leiten, waren etwas antiquiert. Aber er war ein guter Präsident. Das sehen Sie an den Abstimmungsergebnissen bei den Vorstandswahlen.

»Haben die Sie nicht gestört?«

»Unsinn. Wir leben in einer Demokratie. Da muss man so etwas wegstecken können. Erst recht in einem Sportverein. Sie kennen doch unsere Fairness-Kampagne.«

»Es heißt, Sie wollten selber Präsident werden . . .«

Schatz schenkte sich ein Gläschen Champagner ein und nippte an der Schale: »Hören Sie, ich leite vier Kliniken und besitze jede Menge Immobilien. Allein mit meinen Bochumer Mietern könnte ich die Ostkurve besetzen. Wolkes Pöstchen bei der Germania habe ich für mein Selbstwertgefühl nicht mehr nötig.«

»Aber für neue Spieler haben Sie Millionen ausgegeben«, wandte Langer ein.

»Halb so wild. Die hätte mir sonst das Finanzamt abgeknöpft.«

»Also – kein Verlust?«

»Nicht der Rede wert. Und wenn ich hätte Präsident werden wollen – mit Geld geht das besser als mit Gift. Ich habe keine Lust, meine letzten Jahre in der Krümmede zu verbringen . . .«

»Stand der Trainer auf der Abschussliste?«

Der Schlanke schüttelte seinen Scheitel: »Noch nicht. Er hatte noch zwei Spiele Galgenfrist. Aber Präsident Wolke wollte jemand anders loswerden.«

»Den Manager?«

»Klaus Kater. Genau. Der junge Mann kommt gleich, um von mir das Geld für einen neuen Spieler loszueisen. Wahrscheinlich wieder so eine Flasche, mit der er schon vor zehn Jahren in Bremen bei den Alten Herren gespielt hat . . .«

Der Türgong meldete sich. Sekunden später schob sich der Manager über die Schwelle.

»Kommen Sie, Herr Kater. Wir haben über Sie gesprochen. Das hier sind . . .«

»Danke. Ich kenne die Herrschaften schon. Hat man Sie jetzt in Verdacht, Herr Schatz?«

Der Mäzen lächelte und gönnte sich eine Zigarre, für die Lohkamp höchstens ein halbes Monatsgehalt hätte opfern müssen. »Nur ein bisschen, würde ich sagen. Aber fragen Sie doch Herrn . . .«

Eine elektronisch aufgepeppte Variante von »Carmen« zwitscherte durch den Raum. Lohkamp griff hastig nach seiner Jacke und suchte in den Taschen nach seinem Telefon. Endlich presste er es an seinen Gehörgang.

Martina Langer war unwillkürlich näher gerückt und Lohkamp nickte ihr zu: Das musste das Labor sein.

Einen Augenblick lang hörte er zu, nickte zufrieden und legte wieder auf.

»Tja, Ihr Präsident ist vergiftet worden. E 605 – selbst Ratten wünscht man ein friedlicheres Ende. Was mich wundert . . .«

Das Knistern im Raum war fast zu hören.

». . . ist, dass der Mann das Zeug nicht gerochen hat.«

Schatz zuckte die Achseln: »Er war in den letzten Tagen erkältet.«

»Ach ja? Und woher wissen Sie das?«

»Kommen Sie!« lächelte der Millionär. »Ich habe täglich mit ihm gesprochen.«

»Herr Kater – wussten Sie auch von der Grippe?«

Der Mann nickte.

Lohkamp legt eine kleine Pause ein, dann sagte er: »Ich weiß jetzt, wer es war. Martina – was kommt in einen guten Westfälischen Heringssalat?«

Überrascht sah die Kollegin ihn an: »Was schon? Hering. Rote Beete. Gurke. Ein paar Gewürze . . .«

Kater mischte sich ein: »Das Wichtigste haben Sie vergessen!«

»Und was, Herr Kater?«

»Das Kalbfleisch. Schön klein geschnitten, kommt da Kalbfleisch hinein.«

»Kalbfleisch in den Heringssalat? Das ist Verschwendung . . .«

»Ja«, sagte Lohkamp. »Verschwendung auf Hanseaten-Art. Und genau damit hat sich Herr Kater verraten.«

Staunen im Rund. Martina Langer stemmte für alle Fälle ihre Füße fester gegen den Granitboden. Die Stunde der Fluchtversuche nahte.

»Ich – mich verraten? Absurd.«

»Keineswegs, Herr Kater. Sie haben in der Tat soeben ein Geständnis abgelegt. Genauer: Sie haben sich verraten.«

»Ach ja – und womit?«

»Auf ganz dumme Weise«, grinste Lohkamp und vermaß mit den Augen den Weg des Managers zum Ausgang. »Ihr Präsident hat sonst immer Westfälischen Heringssalat bekommen. Wenn er diesmal Bremer Salat im Magen hatte, gibt es nur eine Schlussfolgerung: Ein anderer hat den Salat im Kühlschrank ausgetauscht. Jemand, der das Bremer Rezept kennen musste. Und von allen Leuten, die Zugang zur Vereinsvilla haben, hat nur einer länger in Bremen gelebt. Sie.«

Kater senkte den Kopf. Seine selbstsichere Fassade verfiel und Lohkamp setzte noch einen Hieb hinterher: »Herr Kater, wir schicken Sie ein paar Jährchen zur Fortbildung. In der Krümmede kriegen Sie jede Woche Heringssalat. Westfälischen. Denn Kalbfleisch ist für eine Gefängnisküche viel zu teuer . . .«

Auf Sand gebaut

Jan Eik

Berlin ist auf Sand gebaut. Diese Binsenweisheit war Wölfi Schettler so in Fleisch und Blut übergegangen, dass er nie darüber nachgedacht hatte, ob andere Städte auf festerem Grund errichtet worden waren. Als Kind, wenn er im Garten der Großeltern buddelte, war er nach zwanzig Zentimetern staubiggrauer Erde voller Begeisterung auf den feinen weißen Sand gestoßen, den die Eiszeit im Berliner Urstromtal hinterlassen hatte; weißgolden wie sein Haarschopf und feucht im ersten Augenblick, aber bald darauf pulverig wie der Strand am Müggelsee, nur viel sauberer. Kein Wunder, dass er es von jeher liebte, tiefe Löcher in den Sand zu graben, abzweigende Stollen, Tunnelsysteme, die man mit Hilfe des Gartenschlauchs fluten konnte, immer wieder neue Schächte, aus denen das Wasser an gänzlich unerwarteter Stelle wieder herausquoll.

Die ganze Gegend, in der Wölfi aufwuchs, im Hinterland einer verkehrsreeichen Hauptstraße unweit der Spree gelegen, stand auf reinem Schwemmsand. Früher war man nach des Großvaters Erzählungen in einem halben Meter Tiefe auf Wasser gestoßen, weshalb die umliegenden alten Häuser ohne Keller gebaut worden waren. Inzwischen lag der Grundwasserspiegel höher.

Nach Großvaters Tod bearbeitete die Großmutter nur noch einen kleinen Teil des gepachteten Landes zwischen den Häusern. Im restlichen Teil des Gartens, der sich bis an die

Rückfront der Hofgebäude jener Hauptstraße erstreckte, durfte Wölfi tun und lassen, was er wollte. Seine Tunnel- und Stollensysteme nahmen größere Ausmaße an; er baute eine U-Bahn-Linie nach und ließ seine elektrische Eisenbahn darin fahren, was nach mancherlei Missgeschicken zu irreparablen Sand- und Rostschäden an Schienen und Wagenpark und bei einem Einsturz gar zum Totalverlust eines ganzen Zuges führte.

Mit der Zeit jedoch lernte Wölfi, wie man Tunnelsysteme ausbauen, mit einfachen Mitteln abstützen und immer weiter vorantreiben konnte. Als Werkzeug für seine Grabungen bevorzugte er neben dem kindlichen Buddelzeug das Wehrmachtskochgeschirr des Großvaters, das sich gleichermaßen gut als Schaufel wie als einfaches Transportgefäß verwenden ließ. Sand faszinierte ihn mehr als alles andere. Kein Wunder also, dass er seine berufliche Karriere beim Tiefbau begann. Ein gut bezahlter Job, wenn auch mühselig und kräftezehrend. Doch mit der Zeit wurde die Tätigkeit immer weiter mechanisiert und Wölfi stieg zum Baumaschinisten auf. Mit dem Sand kam er nur noch indirekt in Berührung. Das schmerzte ihn. Aber irgendwann gedachte er seine Kenntnisse dieses einmaligen Materials und die eigenen Fähigkeiten, damit umzugehen, noch einmal nutzbringend anzuwenden. Nutzbringend – das hieß: mit Gewinn. Mit einem erheblichen Gewinn. Irgendwann einmal . . .

Seit der Großvater ihm einst von den Brüdern Sass erzählt hatte, jenen Berliner Einbrecherkönigen, die an einem Wochenende einen Tunnel bis in die Gewölbe einer Bank vorgetrieben hatten, um sie erfolgreich auszurauben, reifte in Wölfi ein Plan, der mit den Jahren immer festere Gestalt annahm. Er war kein großer Zeitungsleser – in Wahrheit las er überhaupt nicht besonders gerne –, aber wenn es irgendwo in den Gazetten um die Berliner Unterwelt ging, um U-Bahn- oder andere Tunnelbauten oder gar um kriminelle Machenschaften, die mit dem Untergrund der Stadt zusammenhingen, fand Wölfi solche Beiträge mit großer Sicherheit heraus und sammelte sie sorgfältig in einer Mappe. Er wusste, dass der Film »Der Bruch«, den er sich beiläufig zwölfmal anguckte, auf die wahre Geschichte eines Tresorraubes durch einen Tunnel zurückging. Er kannte das Haus und sogar die Tür, durch welche die Gangster in die Eisenbahnverkehrskasse eingedrungen waren und Millionen geraubt hatten, und er hatte mit großem Interesse vom Spionagetunnel der Amerikaner und Briten gelesen, die bei ihrer Buddelei nicht vor der eigenen Latrinengrube und der Unterquerung eines Friedhofes zurückgeschreckt waren.

Wölfi kannte auch das Berliner Mauermuseum und alle Geschichten, die sich um geglückte wie misslungene Tunnelfluchten unter der Mauer hindurch rankten; die Meldungen von Dagoberts unterirdischen Aktivitäten, viel mehr noch aber die vom Zehlendorfer Tunnelraub versetzten ihn in eine tagelange Euphorie und ließen ihn wieder verstärkt über die eigene Planung nachdenken. Er wusste es genau: Eines Tages drehe ich das große Ding und bin weg. Dilettantische Fehler, wie sie Dagobert und den Zehlendorfer Bankräubern unterlaufen waren, würden seinen Erfolg nicht beeinträchtigen.

Noch immer gehörte der Großmutter das Pachtgrundstück, das sie eigentlich schon bei der ersten Erhöhung des Nutzungsentgeltes hatte aufgeben wollen. Nur mit Mühe hatte Wölfi das verhindert und schließlich eine Garage für seinen gebraucht gekauften Daimler darauf errichtet. Dieser Blechunterstand war ein wenig groß ausgefallen. Aus gutem Grund. Und diesen Grund kannte nur Wölfi.

In der Hauptstraße, die sich kaum fünfzig Meter entfernt vom großmütterlichen Grundstück hinzog, befand sich, seit

Wölfi denken konnte und nur durch ein Werkstattgebäude und einen betonierten Hof vom Grundstück getrennt, eine Filiale der Berliner Sparkasse. Auf genau diese Filiale hatte es Wölfi abgesehen.

Anfangs waren es eher spielerische Überlegungen gewesen, wie man wohl unentdeckt in das ebenerdige Gebäude eindringen könne, in dem sich, in den ersten Jahren hinter vergitterten, doch manchmal geöffneten Fenstern sichtbar, ein altertümlicher Tresor befand. Schon der Bequemlichkeit wegen richtete Wölfi sein Gehaltskonto in dieser Filiale ein und beobachtete bei jedem Besuch mit wachen Augen das Treiben in der Sparkassenfiliale. Auch bei jeder Reparatur und bei jeder Durchsicht seines ersten eigenen Fahrzeugs in der im Hof gelegenen Trabant-Werkstatt behielt er die Rückfront der Sparkasse im Auge und dachte an das Geld im Tresor. Mehr als einmal schritt er dabei ganz unauffällig die Strecke zwischen der Wand des Tresorraums und dem Werkstattgebäude ab. Genau siebenunddreißig Meter.

Im Laufe der Zeit gewannen seine Pläne an Professionalität, scheiterten jedoch sämtlich bereits im Vorfeld ihrer Realisierung an höchst einfachen Überlegungen. Nicht die zusätzlichen Stahlblenden vor den Hoffenstern des Tresorraums hinderten ihn, sondern vielmehr der Inhalt des Panzergelasses und das, was man als das eigene gesellschaftliche Umfeld und das seiner Mitmenschen bezeichnen musste. Was, wenn er den Tresor denn wirklich geleert hätte, sollte er mit so viel Ostgeld in einem Land anfangen, in dem es nicht allzu viel zu kaufen gab und aus dem schwerer hinauszugelangen war als in den Sparkassenraum hinein?

Inzwischen aber hatten sich die Dinge gründlich verändert. Im Tresor der Sparkasse, die nicht einmal ihren Namen verändert hatte, lagerte jetzt echtes Geld, das in aller Welt Wert besaß, und jeder konnte – mit Hilfe ebendieses Geldes –

in alle Welt reisen. Der ehemalige Parteisekretär und augenblickliche Personalchef des Tiefbaubetriebes (in Abwicklung) zum Beispiel erholte sich in der Dominikanischen Republik und auf den Malediven, bevor er Wölfi eines kühlen Tages die Entlassung mitteilte. Nun war Wölfi seinen Job los, und auch die Autoreparaturwerkstatt im Hof hinter dem Sparkassengebäude war nach einer kurzen Blütezeit im Gebrauchtwagenhandel längst pleite.

Damit waren drei wesentliche Voraussetzungen für die endgültige Realisierung seines Plans gegeben, dringender als je zuvor benötigte er Geld; niemand hinderte ihn, von der alten Werkstatt aus den künftigen Tatort ungestört zu beobachten, und – er hatte endlich ausreichend Zeit zum Buddeln. Der Mauerdurchbruch zur Werkstatt kostete ihn kaum zwei Stunden. Wie vorausberechnet landete er in der ehemaligen Arbeitsgrube, die sich bis an das verschlossene Stahltor erstreckte. Zu unterqueren blieb lediglich die ganze Breite des Hofes – ein Unterfangen, das Wölfi unverzüglich anging.

Sein Plan war vollkommen. Und er arbeitete ohne Komplizen. Also konnte ihn auch keiner verraten. Niemand ahnte auch nur, dass all das Holz in seiner Garage nicht als Brennmaterial, sondern für den provisorischen Ausbau und der frei werdende Platz für den Aushub des engen Stollens bis unter den Tresorraum gedacht waren. Jetzt war alles noch einfacher. Er konnte den Sand ohne besondere Vorsicht in der Arbeitsgrube und in den leeren Werkstatträumen verteilen.

In kürzerer Zeit als er selber erwartet hatte, grub er sich bis an die Hauswand vor. Er tat das in gehöriger Tiefe, obwohl es einfacher gewesen wäre, die Betonplatte des Hofes als natürliche Decke für seinen Gang zu nutzen. Er fürchtete, dass die sich als nicht haltbar genug erweisen und einstürzen und außerdem jemand auf die unterirdischen Geräusche aufmerksam werden könnte. Deswegen wühlte er sich vorsichtshalber meist am Tage und dennoch wie ein Maulwurf in völliger Dunkelheit voran. Er arbeitete abwechselnd mit dem alten Aluminiumgeschirr des Großvaters, einer Kinderschaufel und einem roten Plastikeimer – Arbeitsgeräte, die sämtlich gut in der Hand lagen und wenig Platz beanspruchten. Die Finsternis und die bedrohliche Enge machten ihm nichts aus. Wölfi wusste, dass ein normal schaufelnder Mensch in acht bis zehn Minuten eine Tonne Sand bewegen konnte, eine Norm, die sich unter seinen erschwerten Bedingungen nicht immer einhalten ließ, zumal er den Sand mit einem handbetriebenen primitiven Förderband über beträchtliche Strecken transportieren musste.

Der Gang war nach Bandmaß genau achtunddreißig Meter lang, als sich vor ihm eine größere Ladung von Sand und Steinen löste und ihn halb verschüttete. Als er sich frei gekämpft hatte, wurde im Schein seiner Taschenlampe das Hausfundament sichtbar. Er hatte es geschafft. Noch ein Meter und er war direkt vor dem Tresor. Als letzten Schritt den Betonboden zu durchstoßen, an den er sich mit wenig Aufwand heranschürfte, konnte nur noch eine Sache von einer halben Stunde sein. Das würde er am Montag früh zwischen sieben und acht erledigen, wenn die Müllabfuhr lautstark auf dem Hof herumrumorte und die Container auswechselte. Spätestens um acht würde er vor dem Tresor stehen, sich die Gummimaske mit dem täuschend ähnlichen Gesicht und der Haarpracht eines bei den Kindern beliebten und Kinder liebenden Popstars über den Kopf stülpen und auf den Filialleiter mit dem Schlüsselbund warten, der so sicher kommen musste wie das Amen in der Kirche. Den Überraschungseffekt vorausgesetzt, war der Rest ein Kinderspiel.

Am Montag kurz nach sieben robbte er, eine Plastiktüte mit der Gummimaske und darin eingewickelt Meißel und Schlegel vor sich herschiebend, durch seine Röhre und verschnaufte einen Augenblick vor dem Fundament, wo er während der Arbeit in einer kleinen Ausbuchtung zwei Colaflaschen und das Buddelzeug abgelegt hatte, als es über ihm zu grollen begann. Die Müllabfuhr war also schon auf dem Hof. Hastig breitete er die Maske aus und zerrte Meißel und Schlegel hervor.

Wölfi konnte nicht ahnen, dass es sich keineswegs um die Müllabfuhr handelte, die auf den Hof des alten Hauses gefahren war, sondern um einen Schwerlasttransporter, der den neuen Tresor für die Sparkassen-Filiale anlieferte. Möglicherweise hatte einer der beiden blau gekleideten Transportbegleiter die schwere Last nicht sorgfältig genug eingehängt. Als der Kranarm mit dem Tresor herumschwenkte und sich noch etwa einen Meter über dem Boden befand, löste sich sirrend eins der Stahlseile und das Behältnis stürzte mit donnerndem Getöse auf den rissigen Boden.

»Scheiße!«, war alles, was dem Urheber des Unfalls entfuhr, der gerade noch beiseite gesprungen war. Der Tresor steckte mit einer Ecke tief im Beton, in dem sich ein breiter Riss abzeichnete.

»Reech dir nich uff, Keule«, beruhigte ihn sein Kollege, der erschrocken aus dem Führerhaus kletterte. »Hier drunta is ja jottseidank bloß Sand . . .«

Im Jahre 2178 n.M.[1] stießen Aqua-Archäologen bei der Suche nach den Überresten einer verschollenen zentraleuropäischen Nekropole[2] an der Küste des nördlichen atlantischen Randmeeres im Plansegment Ngo/134/Hsu auf eine bis dahin unbekannte Form der Gangbestattung.[3] Die Leiche eines jüngeren Individuums war bäuchlings auf zwei primitiven Eisenwerkzeugen und auf einer sorgfältig aus einem dauerhaften Material abgeformten Totenmaske beigesetzt, die wissenschaftlich exakte Rückschlüsse auf Physiognomie

und Haarwuchs jener arktischen Savannenbewohner zulässt.[4] *Als*
Grabbeigaben wurden mehrere Behältnisse in verschiedenen For-
men und ein flaches, zepterähnliches Gerät mit Griff geborgen.[5] *Die*
weitere wissenschaftliche Auswertung der Funde übernahm das
Institut für vorzivilisatorische Frühgeschichte insularer Polarwüs-
ten.[6]

[1] nach Mao
[2] in den Speichern gelegentlich Ba-Rlim oder Pe'llin genannt
[3] »Das Ganggrab am Ende der zweiten Steinzeit«, Mitteilungen der Meeresbiologi-
schen Station Pilma Sens o.J.
[4] s. »Physiognomische Abweichungen vom sinologisch-hellenistischen Schönheits-
ideal als Ausdruck mentalindividualistischer Wandlungen an der Schwelle des Spät-
mittelalters«, Informationsspeicher für Psychopathologische Historiologie 2180/
13/4
[5] s. »Grabbeigaben als Gradmesser individualpsychologischer und kognitiver Pro-
zesse im Zeitalter frühsozialistischer Sozialisationsbestrebungen«, Wissenschaftliche
Hilfsmittel für die Hydroarchäologie eurasischer Schwemmlandgebiete 2183/ 72ff./
244
[6] s. »Dermatoplastischer Totenkult und Geisterbeschwörung in der Frühphase der Kli-
maanomalien« Festmultimedium zum 1500-jährigen Hafenjubiläum von Timbuktu.

Der Puppenspieler

Frank Schätzing

»Zum Beispiel Shakesp . . . p . . . p . . . peare!«

Speimanes träumte von den großen tragischen Rollen.

»Nicht so, wie ihn jeder x-beliebige Arsch inszenieren würde, Koch, das musst du wissen, davon halt ich überhaupt nichts. Geh mal ins Kölner Schauspielhaus und guck dir den Dreck an. Die stecken alle Schauspieler in weiße Anzüge, egal, wann's spielt. Hab ›Caligula‹ gesehen, römische Senatoren in weißen Anzügen, und der Kaiser nackt wie 'n Pavian. Ich meine, was soll das, der läuft da mit baumelnder Banane über die Bühne, und das kaiserliche Fest spielt sich auf einem Klettergerüst ab. Einem Klettergerüst, Koch! Und wir reden hier von der Blüte des römischen Reiches!«

»›Caligula‹ ist, wenn ich mich recht entsinne, nicht von Shakespeare«, gab Koch zu bedenken.

»Weiß ich, weiß doch jedes Kind. Ich wollte dir nur klarmachen, Koch, wo wir kulturell stehen. Mal ehrlich, was ist denn passiert, seit Mephisto das erste Mal in Anzug und Krawatte auf die Bühne fuhr, he? Oder meinetwegen nimm die Oper, Wagner, ›Götterdämmerung‹. Da läuft's doch auch nicht anders. Wotan als Göring, gut, das hatte wenigstens noch was von dieser irritierenden Substanz, da wurde aufbegehrt, aber wie lange ist das her? Und heute? Schockieren um jeden Preis! Wenn heute auf der Bühne nicht gevögelt wird, war das nicht gut. Hab ich ja nichts gegen. Lustig, lustig.

Aber bitte, Koch, dann frag dich in vollem Ernst, was hat das noch mit jungem, aufbegehrendem Theater zu tun? Wo bleiben die Impulse, die Aussagen, die Neuerungen? Warum wird jedes Stück der Selbstgefälligkeit drittrangiger Intendanten geopfert?«

Koch zuckte die Achseln.

»Was beklagst du dich? Wir lassen im Hänneschen die Puppen tanzen, da ist noch nie gevögelt worden.«

»Wart's ab, Koch. Wart's ab.«

»Was? Dass sie anfangen zu vögeln?«

»Dass ich was anderes mache. Ich hab seriöse Angebote.«

»Hm.« Koch legte die Stirn in Falten und nahm einen tiefen Zug aus seinem Kölsch. »Ich weiß nicht, Schlemmer. Was hast du plötzlich dagegen, im Hänneschen den Speimanes zu spielen? Du bist ein guter Puppenspieler.«

Schlemmer machte eine Handbewegung, als wolle er einen Schwarm Mücken vertreiben.

»Ich rede nicht vom Hänneschen.«

»Wovon dann?«

»Echte Kunst, davon rede ich. Richtiges Theater! Mann, Koch, will ich enden wie du? Achtzehn Jahre lang die Puppe vom Schutzmann schwenken!«

»Ist nicht das Schlechteste.«

»Pah. Du hast eben keine Ambitionen.«

Schlemmer stellte fest, dass sich unter den Augen des Alten mehr Ringe versammelt hatten als in den Auslagen von Gold Krämer. Koch wirkte traurig und verbraucht.

»Vielleicht hast du recht«, sagte er.

»Was? Das gibst du auch noch zu?«, entrüstete sich Schlemmer.

»Was soll ich mit Ambitionen? Ich bin fast sechzig.«

»Koch, enttäusch mich nicht. Für Ambitionen ist man nie zu alt! Schau mich an. Schauspielschule, Gesangsunterricht, kleine Rollen hier und da, Filmdose, Rocky Horror Picture Show, ›Carmen‹ vom Klapperhof, jetzt Hänneschen, okay, in Köln nicht schlecht fürs Renommee. Mittlerweile sind sie auf mich aufmerksam geworden. Als Nächstes kommt die große Bühne, das sag ich dir, und dann geht's ab zum Film. Gib mir fünf Jahre, und ich bin berühmt.«

»Das kann keiner wissen.«

Schlemmer lächelte versonnen.

»Und wenn ich gestern Nacht auf dem Nachhauseweg drei alten Frauen begegnet wäre, die mir zuriefen: Heil dir, Schlemmer, Heil, Heil dir?«

Koch verzog das Gesicht.

»Hör mir auf mit dem Nazikram.«

»Das ist aus ›Macbeth‹«, entsetzte sich Schlemmer. »Nazikram! Heil dir, Macbeth, dir, künft'gem König Heil! Der Hexen Prophezeiung. Heil dir, Than von Glamis, Than von Cawdor! Nie gehört?«

»Doch.«

»Macbeth, mein Höchstes! So, wie ihn Orson Welles gespielt hat.« Schlemmers Faust knallte auf den gescheuerten Holztisch. »Mann, das war noch was! Das war eben wirklich große Kunst. Weißt du, Koch, dass ich mich manchmal ein bisschen sehe wie er? Als Universalist, ich meine, was so die Grundlagen angeht. Hab schauspielerisches Talent und den dramaturgischen Überblick, ich könnte also durchaus inszenieren. Tanzen und singen ist eh kein Problem.«

»Tja, Schlemmer«, sagte Koch mit ernster Miene. »Wirst wohl deinen Weg machen. Reich und berühmt werden.«

Sein Gegenüber lachte.

»Zweimal gesprochene Wahrheit, als Glücksprologen zum erhab'nen Schauspiel von kaiserlichem Inhalt – Freund, ich dank Euch!«

Sie stießen an. Schlemmer warf den Kopf mit der edlen

Nase und der breiten Stirn nach hinten, als er sein Glas in einem Zug leerte. Blonde Locken fielen über seine Schultern. Koch, in sich zusammengesunken, sah ihm zu und wünschte, einmal im Leben so ausgesehen zu haben wie dieser hünenhafte, gnadenlos von sich überzeugte junge Mann.

Aber er war nur ein krummbeiniger Glatzkopf, der die Menschen nicht liebte und folglich nicht geliebt wurde.

Oder auch umgekehrt.

Als Schlemmer durch die Nacht heimwärts schlenderte, hatte er den alten Mann fast schon vergessen.

Sicher, er mochte Koch. Weil der Alte klein und fahl und einsam war, tat er ihm sogar ein bisschen leid. Eine Regung, die allerdings zum Äußersten zählte, was Schlemmer für andere zu empfinden bereit war. Seit frühester Kindheit wusste er über seine Mitmenschen nicht viel mehr zu sagen, als dass sie auf der Welt waren, um ihn großartig zu finden oder wenigstens auf beeindruckende Weise arrogant. Wer Schlemmers Nähe suchte, verkümmerte zum Stichwortgeber. Schlemmer hielt großartige Monologe, sang Arien und rezitierte die Klassiker, und weil er das eine wie das andere leidlich gut konnte, verzieh man ihm, dass seine Jovialität oft an Beleidigung grenzte. Wer ihn hingegen ablehnte, den verstand Schlemmer so konsequent zu übersehen, dass die Betreffenden oft an ihrem eigenen Vorhandensein zu zweifeln begannen.

Im Grunde interessierte sich Schlemmer für niemanden als sich selber.

Dennoch sah es so aus, als sei er Kochs einziger Freund. Sie hatten sich kennen gelernt, als Schlemmer ins Hänneschen-Ensemble eingestiegen war, als dreißigster Spieler, was ihn dreißig Kölsch kostete. Er fühlte sich wohl in der bunt zusammengewürfelten Truppe aus Schauspielern, Musikern,

Masken- und Bühnenbildnern, die Kölsch nach dem Reinheitsgebot sprachen und auch dann noch Spaß untereinander hatten, wenn Hänneschen, Bärbelchen und der Rest der Lindenholzbande den Schlaf des Pinocchio schliefen.

Nur Koch erwies sich als schweigsamer, sonderlicher alter Knochen, über den man trotz der vielen Jahre, die er schon dabei war, wenig wusste. Den Schutzmann spielte er nicht ganz von ungefähr. Schlemmer erfuhr in den ersten Wochen, dass Koch früher bei der Polizei gewesen war, in irgendeiner Spezialeinheit. Der Alte sprach nie darüber. Seine Frau war tot, Kinder hatte er keine. Er war zu jedermann höflich, ohne freundlich zu sein. Etwas an ihm hielt alle auf Distanz, und genauso schien er es zu wollen. Gut, sagten die anderen, wenn er nicht will, muss er nicht wollen. Wenn seine einzigen Freunde die Puppen sind, um die er sich so närrisch kümmert, soll er sich halt in Holz und Stoff verlieren. Jeder Jeck ist anders, und in Köln sind Toleranz und Ignoranz Geschwister.

Es war mit Schlemmers Eitelkeit unvereinbar, dass er nicht wenigstens versuchte, den Alten zu knacken.

Anfangs gab er sich unterwürfig und appellierte an Kochs reichhaltige Erfahrung. Koch brachte ihm ein paar Tricks bei, und ziemlich schnell zeigte sich, dass die beiden miteinander konnten. Schlemmer, der Aufschneider, und Koch, der Sonderling, zwei Egomanen vor dem Herrn, begegneten einander mit Respekt und einer gewissen Neigung, dem anderen zuzuhören. Kochs Bereitschaft erwies sich letzten Endes als die größere, und nachdem Schlemmer einmal gewonnen hatte, verfiel er wieder in sein altes Muster und folgte dem leuchtenden Pfad der Selbstverehrung. Sie machten einige Abende miteinander nieder, in deren Verlauf Koch alles über Schlemmer und Schlemmer nichts über Koch erfuhr, weil er ihn nach nichts fragte. Nach einer Weile äußerte sich Koch in unbestimmter Weise darüber, einen Freund gefunden zu haben, was Schlemmer großmütig verbuchte, ohne sich im mindesten verpflichtet zu fühlen.

Jetzt, als er unter der Glocke aus Zwielicht, die Köln gegen den Himmel warf, nach Hause trabte, beschäftigten Schlemmer andere Dinge. Beispielsweise, dass sich seine Kontakte zur großen Bühne in einer Kneipenbekanntschaft erschöpften, die er bis heute nicht hatte aktivieren können. Dass er bei der Bank mit dreißigtausend in der Kreide stand und ihm das Geld durch die Finger rann. Dass er offenbar nicht die Voraussetzungen mitbrachte, seinen eigenen Ruhm noch zu erleben, weil er vorher Opfer des Geldverleihers werden würde, der ihm vergangenes Jahr aus der Patsche geholfen hatte. Mittlerweile, da Schlemmer das Geld zwar ausgegeben, aber nicht zurückgezahlt hatte, wurden ihm Gerüchte von zwei Jugoslawen zugetragen, die Schlemmers schöne gerade Nase in eine Serpentine verwandeln sollten. Dass seine Herzallerliebste überdies die Koffer gepackt hatte, was Schlemmer erst nach einer Woche aufgefallen war, spielte da schon keine Rolle mehr.

Das Geld. Das raubte ihm alle Lebensfreude. Klamm war er immer schon gewesen. Aber nicht pitschnass mit Haien drumherum. Er musste sich irgendwas einfallen lassen, oder der Speimanes würde bald stottern, weil dem Mann unter der Puppe die Zähne fehlten.

Im günstigsten Fall.

Zwei Wochen vergingen, in denen Schlemmer auf fünf Partys eingeladen war. Er lernte eine Sängerin kennen, beschloss, sich zu verlieben und verliebte sich. Ansonsten tat sich nichts.

Im Hänneschen spielten sie zwei Stücke, »Sand für den Sandmann« und »Butz widder Butz«. Über Langeweile konnten sich die Spieler kaum beklagen. Fünf Tage die

Woche volles Programm, vormittags um elf Proben, sechzehn Uhr Kindervorstellung, abends dann die großen Kinder. Der Applaus war gewaltig. Schlemmer rechnete zehn Prozent davon für die anderen und den Rest für sich. Schleierhaft, warum man ihn so schlecht bezahlte bei soviel Applaus.

Als er in seinen Mantel schlüpfte, um zu seiner Neuerwerbung zu entwischen, kam ihm Koch mit schlurfenden Schritten hinterher.

»Hast du ein Stündchen Zeit?«, fragte er tonlos.

Hoppla, dachte Schlemmer.

»Bisschen schlecht, Koch. Ganz schlecht.« Er kehrte entschuldigend die Handflächen nach außen. »Die Liebe. Mich hat's erwischt. Volle Breitseite.«

»Ja«, sagte Koch. Er schöpfte tief und entschlossen Atem. »Mich auch.«

Schlemmer kam zu der Überzeugung, dass Koch mit einem Problem aufwartete. Das war lästig. Vor Verlegenheit wurde ihm ganz kalt.

»Tut mir wirklich Leid. Du warst doch auch mal jung, oder?«

Koch zögerte, dann nickte er kurz und heftig, den Blick abgewandt. Schlemmer fühlte sich immer unbehaglicher.

»Nun, morgen Abend?« Er grinste. »Oder Dienstagmorgen, zu Mittag oder Abend – Mittwoch früh? – O nenne mir die Zeit, doch lass es höchstens drei Tage sein!«

»Was?«, fragte Koch verwirrt.

»›Othello‹, dritter Aufzug, dritte Szene, Desdemona. Im Ernst, was hältst du von morgen Abend nach der Vorstellung? Wir gehen in die Keule.«

Dann sah er Kochs Hände zittern.

»Schlemmer«, flüsterte der Alte. »Nicht wenigstens ein paar Minuten?«

Schlemmer erstarrte, den Mantel halb übergezogen, den

linken Arm abgewinkelt, um in den schlaff herunterbaumelnden Ärmel schlüpfen zu können. Bleib doch noch ein bisschen, hörte er seine Mutter sagen, das letzte Mal, dass er sie gesehen hatte, bevor sie gestorben war. Damals war er nicht geblieben.

Er zog den Mantel vor der Brust zusammen.

»Ein Viertelstündchen kann ich erübrigen. Wohin?«

»Egal.«

»Also in die Keule?«

»Meinetwegen.«

Schlemmer betrachtete den Alten ratlos. Dann holte er ihm seinen Mantel und bugsierte Koch nach draußen.

Schweigsam trotteten sie die paar Schritte hinüber zur Tränke, setzten sich an die Theke und bestellten Kölsch. Koch sah elend aus. Zwischen den mageren Schultern ruhte sein Kopf wie in einer Hängematte, die verhindern sollte, dass er sich zu den Füßen gesellte.

»Ich war heute beim Arzt«, sagte der Alte. »Ergebnisse abholen.«

»Hm.« Schlemmer drehte sein Glas zwischen Daumen und Zeigefinger. »Und? Was hat der Doc gesagt? Dass du hundert Jahre alt wirst?«

Koch starrte in sein Glas.

»Er hat gesagt, ich habe Krebs.«

Schlemmer drehte sein Glas weiter. Er wollte das nicht hören.

»Krebs im fortgeschrittenen Stadium. Die ständigen Bauchschmerzen, weißt du?«

»Nein. Du hast mir nie was von Bauchschmerzen erzählt, verdammt!«

»Ach ja.« Koch lächelte schwach. »Nicht mal dir.«

Schlemmer straffte sich. Er legte Koch den Arm um die Schulter und zog ihn an sich.

»Das wird schon wieder, Koch«, verkündete er im Brustton der Überzeugung. Perlweißes Lachen spaltete sein Gesicht. »Ich hab von Leuten gehört, die . . .«

»Nichts hast du gehört. Trotzdem lieb von dir.«

»Mensch, Koch. Das ist nicht das Ende!«

Koch schwieg eine Weile. Dann ließ er einen Fünfer über den Tresen rollen und stand auf.

»Doch«, sagte er ruhig. »Danke für deine Zeit, Schlemmer. Das ist das Ende.«

Übertrieben zu sagen, dass Schlemmer sich in den folgenden Tagen um Koch bemühte. Bemühungen lagen ihm fern. Aber die Zeitbombe in Kochs Bauch tickte auch in seinem Kopf. Der Alte trudelte einem elenden Ende entgegen, während Schlemmer sich seltsam ausgehöhlt und hilflos fühlte. Er versuchte Trauer zu empfinden, aber die Landschaft seiner Emotionen lag flach vor ihm, und nicht mal der Gedanke an sein eigenes Sterben ließ ihn darauf hoffen, dass er für den Tod je mehr aufbringen würde als peinliches Unbehagen.

Koch ließ einige Vorstellungen platzen, schickte eine offizielle Kündigung und kam dann gar nicht mehr. Einmal wählte Schlemmer noch seine Nummer und war froh, dass niemand dranging.

Nach einer Weile gewöhnte er sich an den Gedanken, dass sich Koch in die Nichtexistenz verflüchtigt hatte. Weder hörte er, dass der Alte lebte, noch, dass er tot war. Andere Mitglieder des Ensembles wussten auch nicht mehr, als dass Koch sich endgültig in die selbst gewählte Isolation zurückgezogen hatte. Der Schutzmann war längst neu besetzt worden, ein viel jüngerer Mann aus Nippes, der seine Sache gut machte und jede Menge Blondinenwitze kannte. Malchers, der Leiter des Theaters, bemühte sich noch einige Male, Koch zu erreichen, aber jedes Mal empfing ihn die Computerstimme des Anrufbeantworters, mit dem der alte Mann auf Kontaktaufnahmen zu reagieren pflegte. Wahrscheinlich würde irgendwann in der Zeitung stehen, die Nachbarn seien durch den Geruch aufmerksam geworden.

Irgend so was.

Es war zwei Monate nach Kochs Verschwinden, als Schlemmer nach Hause kam und das Telefon klingeln hörte. Weil er sich eben von der Sängerin getrennt, beziehungsweise zugelassen hatte, dass sie sich von ihm trennte, gab er der spontanen Vermutung nach, sie habe sich besonnen und versuche nun, verlorenes Terrain zurückzuerobern. Prompt fühlte er sich einige Zentimeter wachsen und griff nach dem Hörer.

»Das kannst du dir abschminken«, sagte er.

»Schlemmer?«

Schlemmer zuckte zusammen und hielt unwillkürlich den Hörer ein Stück vom Ohr.

»Koch?«, fragte er ungläubig.

»Ja.«

Er hatte nicht geglaubt, dass der Alte noch lebte. Genauer gesagt hatte er ihn so gut wie vergessen.

»Mensch, Koch!«, brüllte er. »Was machst du? Wie geht's dir?«

Am anderen Ende war einige Sekunden lang nur Rauschen zu hören.

»Gut«, erklang Kochs Stimme schließlich wieder. »Danke. Mir geht's eigentlich ganz gut.«

»Ganz gut, sagt der Kerl! Gott und alle Menschen machen sich Sorgen! Warum hast du dich nie gemeldet? Ich hab endlos oft versucht, dich zu erreichen.«

Das war eine so unverschämte Lüge, dass Schlemmer sich wunderte, Koch ruhig und freundlich weitersprechen zu hören.

»Ich hatte damit zu tun, meine Krankheit in den Griff zu kriegen. Ich meine, da oben.«

Vor seinem geistigen Auge sah Schlemmer, wie der alte Mann sich an die Stirn tippte.

»Und was heißt das?«, fragte er vorsichtig.

»Das heißt verschiedenes«, kam die unverbindliche Antwort. »Dinge, die man nicht am Telefon bereden sollte. Hast du nicht mal Lust, mich zu besuchen?«

»Was, bei dir zu Hause?«

»Naja«, sagte Koch etwas unsicher. »Wo denn sonst?«

»Ich kann mich nicht erinnern, dass du jemals eine Menschenseele zu dir eingeladen hättest.«

»Soll auch nicht einreißen. Aber dich würd ich schon ganz gern mal wieder sehen. Wenn du magst, natürlich nur.«

»Natürlich, Koch, natürlich.« Schlemmer schüttelte das Unbehagen aus seinen Gliedern. »Wie schön. Sag nur wann. Ich hab dir eine Menge zu erzählen, die Theaterleute sind ganz geil auf mich.«

»Ah! Das klingt ja prächtig. Also, sagen wir . . . wie war das noch? Lasst es nicht länger als drei Tage dauern?«

Schlemmer glotzte verständnislos in den Hörer.

»Was meinst du?«

»Shakespeare, ›Othello‹. Dritter Akt, glaube ich.«

»Ach so«, rief Schlemmer begeistert. »Ja ja! So bald als möglich, deinethalb! Gleiche Szene. Warte mal, heute kann ich nicht, wichtige Termine nach der Vorstellung. Morgen ist auch vertrackt, zu blöde, aber übermorgen. Was hältst du von elf Uhr, da können wir noch einen heben.«

»Gut. Einverstanden.«

Koch gab ihm seine Adresse in der Aachener Straße, gleich neben Millowitsch, und legte auf. Schlemmer starrte vor sich hin und schüttelte dann den Kopf.

»Tja«, sagte er. »Tja.«

Eine Weile lief er wie aufgescheucht durch seine Wohnung und betrachtete sich mehrfach im Spiegel. Dann saß er rund zwanzig Minuten auf der Kante seines viel zu teuren Wohnzimmersofas, bereit zum Sprung.

Die Wohnung war still wie ein Grab. Nur in der Heizung knackte es von Zeit zu Zeit unerträglich laut.

Endlich ging er mit Riesenschritten zum Telefon und wählte eine Nummer. Es tutete, knackte und rauschte, dann meldete sich ein Anrufbeantworter mit karibischer Musik im Hintergrund. Die Sängerin sang auswärts. Mit wem auch immer.

»Das kannst du dir abschminken«, schnauzte er ihr aufs Band und knallte den Hörer auf die Gabel.

Im Übrigen konnte von wichtigen Terminen keine Rede sein, was Schlemmers Zeit betraf. Es war nur so, dass er wenig Lust verspürte, Koch zu besuchen. Weil er aber auch nicht rundheraus ablehnen wollte, hatte er den übernächsten Tag vorgeschlagen, der weit genug weg lag, um ihn erst mal verdrängen zu können, und nah genug, um sich nicht hinterher Vorwürfe machen zu müssen, Koch sei mittlerweile verstorben.

Am folgenden Morgen fand Schlemmer einen Zettel in seinem Briefkasten, dessen Inhalt sehr knapp gefasst war und dennoch keinerlei Zweifel an der Entschlossenheit des Absenders ließ. Eine fünfstellige Zahl, ein Datum – Ende kommender Woche – sowie eine hingekritzelte geballte Faust.

Ohnehin erstaunlich, dass ihn der Wucherer zwei weitere Monate lang in Ruhe gelassen hatte. Jetzt käme also der Auftritt der Jugoslawen. Schlemmer war lang und stark, aber was nützte das gegen Brecheisen und Schlagringe?

Er überstand den Tag und die anschließende Vorstellung

mit Magenschmerzen, setzte sich später zu Hause auf das teure Sofa, verfluchte es und machte eine Flasche Roten auf. Auch der Wein war teuer. Aber Schlemmer konnte nicht anders, als für jede Mark, die er verdiente, zwei auf den Kopf zu hauen, das war immer schon so gewesen.

Nacheinander ging er seine Möglichkeiten durch.

Von der Bank hatte er nichts mehr zu erwarten. Er konnte froh sein, wenn sie ihm nicht das Konto sperrten. Reiche Freunde gab's nicht, und sein Vater verfügte zwar über beträchtliche Summen, hatte ihm jedoch vor einem knappen Jahr die notarielle Mitteilung seiner Enterbung zukommen lassen und jeden Kontakt abgebrochen. Schlemmer dachte, dass er den Alten vielleicht mal hätte anrufen sollen in den letzten Jahren, wenigstens während der Zeit, da er ihm die Schauspielschule bezahlt hatte. Nach Aufkündigung der Erbschaft war er allerdings derart gekränkt, dass er nun erst recht nicht mehr anrufen mochte. Zuvor nicht und erst recht nicht ergaben unterm Strich eine glatte Null und kaum eine Basis, die väterliche Verzeihung zu suchen. Keine Chance.

Vorschuss vom Hänneschen, noch eine Möglichkeit. Auf die erforderliche Summe würde er dabei nicht kommen. Aber selbst wenn, wovon sollte er leben? Der Gedanke fuhr ihm so sehr in die Glieder, dass er geneigt war, den Wein wieder zu verkorken, um ihn für schlechtere Zeiten aufzusparen. Dann überlegte er sich's anders und trank die Flasche leer.

Etwas am Gefüge seiner Selbstsicherheit bröckelte. Rieselte davon wie feine weiße Bäche aus einer Sandburg, nachdem die Sonne den letzten Rest Meerwasser herausgesaugt hat. So saß er da, und seine Gefühle waren trübe wie der feine Nebelschleier, der in dieser Nacht über den Rhein und durch die Straßen Kölns trieb. Er musste sich was einfallen lassen. Und wenn es noch so abwegig war. Er hatte Angst um sein schönes Leben und sein schönes Gesicht. Kurz fiel ihm Koch ein, der sterben würde, wenn nicht ein Wunder eingetreten war. Beinahe hasste er Koch dafür, so alt geworden zu sein.

Er war jung. Er gehörte in den Olymp, nicht in die Ambulanz mit gebrochenen Knochen oder – noch schlimmer – in einen Bleisarg. Zu allen Zeiten waren Künstler knapp bei Kasse gewesen. Wo lag das Problem?

Die Welt war ungerecht. Das war das Problem. Die Ignoranz der anderen war schuld.

Der Weg zu Koch führte unter einer hohen düsteren Einfahrt hindurch. Darüber bröckelte ein Altbau vor sich hin. Schlemmer, der mittlerweile hinter jeder Ecke Unheil bringende Schatten zu sehen glaubte, beschleunigte seinen Schritt, drückte sich in den erleuchteten Hauseinang und studierte mit zusammengekniffenen Augen die Klingelschilder. Koch wohnte ganz oben. Schlemmer warf einen Blick auf die Uhr. Fünf vor halb zwölf. Bisschen spät vielleicht. Gut möglich, dass Koch schon schlafen gegangen war. Man könnte also ebenso gut hinüber ins Königswasser gehen und jemand anderen treffen, mit dem es was zu lachen gäbe.

Schäm dich, dachte er im gleichen Moment, dem alten Furz geht's schlecht, er hat keine Freunde und will quatschen. Vor lauter Reue drückte er gleich dreimal auf die Klingel. Der Summer antwortete prompt. Schlemmer fügte sich und erklomm krummgetretene Holzstiegen in einem zugigen Treppenhaus, dessen Beleuchtung etagenweise ausgefallen war. Wieder ängstigten ihn die Schatten, so dass er froh war, sich plötzlich Koch gegenüber zu sehen, der oben am Geländer lehnte und zusah, wie er mühsam an Höhe gewann.

»Ich dachte, du kommst nicht mehr«, sagte Koch. Es klang nicht enttäuscht oder böse, eher schwang ein feiner ironischer Unterton mit.

So schlecht sah er nicht mal aus, der Alte. Auf alle Fälle besser als am Tag, da sie das letzte Mal zusammen in der Keule gewesen waren.

»Aber Koch!« Schlemmer nahm beherzt die letzten Stufen, breitete jovial die Arme aus und drückte den Alten an sich. Koch reichte ihm gerade bis zur Brust, so dass er auf den furchigen, kahlen Hinterkopf herabsehen konnte. »Du kennst mich doch.«

Koch löste sich und lächelte.

»Ja, eben. Komm rein.«

Neugierig sah sich Schlemmer um, während Koch voranging. Sie durchschritten einen kafkaesken Schacht von Diele, in dem sich nichts befand als ein dunkler Teppichboden und ein schmales Bücherregal. Koch stieß eine Tür am anderen Ende auf und trat unter verlegenem Räuspern beiseite, um seinen Besuch an sich vorbeizulassen.

Schlemmer wollte seinen Augen nicht trauen.

Dicht bevölkert, war sein erster Eindruck. Dutzende, wenn nicht Hunderte menschlicher und menschenähnlicher Wesen, die sich auf engstem Raum zusammendrängten, sitzend, stehend, neben- und aufeinander, von den Wänden herabglotzend, reglos und dennoch auf unheimliche Weise belebt, so, als habe hier eben noch eine bizarre Party stattgefunden, bis zum Augenblick, da der Herr und Meister – Koch – das Zimmer betrat und alles verstummte und erstarrte. Unzählige Augenpaare starrten die Eintretenden an oder knapp an ihnen vorbei, breit lachende Münder öffneten sich neben spitzen Schnauzen. Es hätte ein Höllenspektakel herrschen müssen, aber alles Hörbare beschränkte sich auf das hohle Ticken einer Uhr und Kochs Hüstelei.

Schlemmer drehte sich um und um.

»Verdammt«, flüsterte er. »Die hatten Recht!«

»Wer hat Recht?«, wollte Koch wissen.

»Die vom Hänneschen.« Oh, das war peinlich! Vielleicht

hätte er sich die Bemerkung verkneifen sollen. »Es heißt da – ich meine, einige sind der Ansicht – deine einzigen Freunde seien die Puppen. Und jetzt . . .«

Koch nickte.

»Da haben sie tatsächlich Recht. Willst du was trinken?«

»Was hättest du denn anzubieten?«

»Verschiedenes. Setz dich.«

Schlemmer blickte sich ratlos um, weil sämtliche Plätze von Puppen aller Größenordnungen okkupiert schienen. Aber das war nur der erste Eindruck. Hatte man sich an die kuriose Versammlung gewöhnt, fielen gemütliche Sessel ins Auge, die offenbar den Lebenden vorbehalten waren. Schlemmer ließ sich in ein tief dunkelrotes Etwas fallen, das ihn liebevoll verschlang, so dass seine spitzen Knie vor ihm aufragten wie die Klippen der Skellig Islands.

Koch trat von einem Bein aufs andere. »Ich könnte dir ein Bier bringen.« Nun, da der Besuch da war, schien er nicht recht zu wissen, was er mit ihm anfangen sollte.

»Ein Bier wäre fein«, nickte Schlemmer.

Der Alte betrachtete ihn gedankenverloren. »Nein, zu profan«, beschied er unvermittelt. »Bier trinken kann man immer. Ich weiß nicht, wann ich sterben werde, Schlemmer, vielleicht morgen, vielleicht nächstes Jahr. Weißt du was? Wir sollten uns was gönnen.«

Er öffnete ein Schränkchen und entnahm ihm eine große, grüne Flasche und zwei Whiskeygläser.

»Jameson 1780. Special Reserve. Gerade richtig, um sich in guter Gesellschaft zu betrinken.«

Schlemmer zuckte zusammen. Koch wollte sich betrinken? Das konnte ja heiter werden.

»Einen nehm ich gerne«, sagte er vorsichtig und bekam das Glas voll geschenkt, dass ihn schwindelte. Koch nahm ihm gegenüber Platz und beließ die Flasche in Griffweite.

»Alsdann.«

Sie tranken und tauschten Belanglosigkeiten aus. Das Fatale war, dass Schlemmer nicht vorhatte, lange zu bleiben, andererseits diese alten irischen Whiskeys über alles liebte. Es kam, wie es kommen musste. Koch stemmte sich zwischen zwei Bemerkungen über das Unwesen der 0,3-Liter-Stangen in Altstadtkneipen hoch, griff nach der Flasche, und erneut entsprang dem dunkelgrün glänzenden Hals das Wasser des Lebens. Er schmatzte ein paar Mal genießerisch und blinzelte über den Rand des geschliffenen Kristalls in eine unbestimmte Ferne.

»Dieser Whiskey. Man schmeckt eine ganze Welt«, sagte er. »Ich bin so oft in Irland gewesen, so gerne. Tja. Da werd ich wohl kaum noch mal hinkommen. Bin mittlerweile selber so verfallen wie die aufgelassenen Häuschen an den Küsten Mayos und Sligos. Weißt du, auch die irischen Dörfer sind an einem Krebs gestorben, an der Verlassenheit.«

Er sah Schlemmers verständnislosen Blick und zuckte die Achseln.

»Wenn du über die Welt nachdenkst und dir bewusst machst, dass sie ohne dich nicht anders weiterexistieren wird als zu deinen Lebzeiten, das ist schon komisch. Du gehst am Dom vorbei und denkst, Mensch, der gehört ja irgendwie ein bisschen, dir, weil seine Fundamente so tief in deinem Herzen wurzeln. Aber wenn du tot bist, wird er immer noch genauso dastehen. Und plötzlich kapierst du, dass dir gar nichts gehört. Es wird Leben und Treiben herrschen, aber ohne dich. Es wird Tag und Nacht werden, aber ohne dich. Es wird Krieg und Frieden geben, aber ohne dich. Ohne dein großes Herz. Nichts wird sich ändern. Ich muss sagen, dass mich der Gedanke anfangs sehr erschreckt hat. Sie werden diesen Whiskey destillieren. Leute werden ihn kosten. Die Welt wird schön sein. Ja, verdammt, sie wird kein bisschen weniger schön sein, bloß weil es dich nicht mehr gibt, kein kleines winziges bisschen! Du stirbst unbemerkt von allen, die dich nie gekannt haben und für die dein Tod bedeutungslos ist, und du fragst dich, ob du jemals bedeutungsvoll warst, für irgendwen oder irgendwas. Kannst du dir das vorstellen, Schlemmer? Du verreckst im Angesicht der Frage, ob du von Bedeutung warst, mit einem Nein!«

»Mein Gott, Koch«, sagte Schlemmer. »Wer redet denn vom Sterben?«

Koch schüttelte den Kopf.

»Ich rede nicht vom Sterben. Ich rede vom Dasein und Wegsein. Weißt du, in Irland gibt es alte keltische Hochkreuze, die messen viele Meter. Du setzt dich ins Gras und lehnst dich mit dem Rücken gegen so ein altes moosiges Steinkreuz mit seinen gelben Flechtenkulturen, um über alles Mögliche nachzudenken, was du noch tun musst und was wichtig ist, und du wirst immer ruhiger dabei. Du richtest deinen Blick über die See dorthin, wo du die Hebriden vermutest und an schönen Tagen vielleicht sogar siehst, und etwas sagt dir, dass dieses Kreuz schon da war, als du noch nicht mal die Möglichkeit hattest, geboren zu werden, nicht mal deine Ureltern die Möglichkeit hatten, geboren zu werden. Und dass es wahrscheinlich noch dastehen wird, wenn du eins geworden bist mit dem Humus unter dir. Die Welt ist so ... so unbeeindruckt von einem Menschenleben und davon, dass es endet, sie geht so desinteressiert darüber hinweg ... und ich frage mich, wie ich das finden soll. Wie findest du das?«

»Was?« Schlemmer schreckte auf. Er hatte nicht richtig zugehört. In seinem Kopf stritten jugoslawische Schlägertrupps und mitleidlose Bankbeamte um die Vorherrschaft. »Ich meine, du solltest mir erst mal erzählen, wie es dir überhaupt geht.«

Koch lächelte.

»Ich bin ja dabei«, sagte er. »Aber egal. Erzähl du mir erst mal was. Vom Hänneschen. Und von dir.«

Das Glöcklein erklang, und Pawlow triumphierte: Schlemmer verfiel in den üblichen Erzählrausch, zitierte Shakespeare, gab seiner Meinung über Kunst und Kultur Ausdruck, beschrieb gestikulierend die Annehmlichkeiten der Liebe, dramatisierte, beschönigte und übertrieb, log und verbog und führte Koch durch Dutzendschaften potemkinscher Dörfer. Wie er es liebte, sich zuzuhören, während sich die Zeit davonmachte! Plötzlich hatte er keine Eile mehr, wegzukommen. Über so vieles redete er, dass Koch mehrfach nachschenken musste, und plötzlich begann er sich wohl zu fühlen in dieser Puppenhöhle, holte aus zu immer neuen Monologen und schaffte es, Stunden verstreichen zu lassen.

Koch hielt den Kopf leicht geneigt, hörte zu und schien im Ganzen zufrieden.

Dann, von einem Moment auf den anderen, passierte etwas Unerhörtes und nie Dagewesenes.

Schlemmer gingen die Worte aus.

Eine Weile herrschte Schweigen, segmentiert vom Ticken der Uhr.

»Du wolltest mir erzählen, wie es dir geht«, sagte Schlemmer schließlich. Der Whiskey hatte seine Zunge anschwellen lassen. Oder war seine Mundhöhle kleiner geworden?

»Wie es mir geht . . . danke, im Moment nicht schlecht. Habe dich reden hören und hab's genossen, Schlemmer. Du bist wie die Welt, von gleicher Belanglosigkeit und dennoch irgendwie bedeutungsvoll. Darum wollte ich, dass du kommst. Wenige Stunden mit dir, und man hat die Essenzen dutzender verpasster Festlichkeiten, Einkaufsbummel, Volkshochschulvorträge und intimer Rendezvous genossen. Ich wollte das alles noch mal für mich haben, bevor ich sterbe.«

Schlemmer sah den Alten unsicher an.

»Du wirst nicht sterben«, sagte er.

Koch stieß ein lautes, abgehacktes Lachen aus.

»Aber sicher werde ich das, und du wirst es auch. Kommt halt drauf an, ob du's verstehst, dir den passenden Zeitpunkt auszusuchen und die Art und Weise. Ich denke heute, mein Krebstod wird wohl die Strafe für meine Sünden sein, und ich bin wirklich nicht übermäßig religiös. Trotzdem. Jeder stirbt so, wie er es verdient, und ich verdiene nun mal die Einsamkeit. Tja. Hab zu leben versucht, indem ich alles daransetzte, unerkannt zu bleiben, und unerkannt werde ich sterben. Jedem sein Los.«

Er nahm einen tiefen Schluck aus seinem Glas, starrte hinein, packte die Flasche und goss nach.

»Ich glaube nicht an einen Gott, wie ihn die Kirche predigt«, fuhr er fort. »Mir würd's im Traum nicht einfallen, in ein Gotteshaus zu gehen, um einem Menschen hinter einen Vorhang zu folgen und ihm zu beichten.« Seine Stimme war von erstaunlicher Klarheit. »Und dennoch scheint mir, dass uns allen die Beichte fehlt. Ich meine, das, was ihr Sinn gibt, nämlich mit sich und der Welt ins Reine zu kommen. Mir fehlt sie sehr. Ebenso wie der Glaube, Schlemmer, ja, verzieh nur das Gesicht, der Glaube! Muss ja nicht nicht der Gottesglaube sein – aber wär's nicht trotzdem schön, an etwas Höheres glauben zu können, dass man sich nicht so umherwälzen muss in der Nacht? Früher war das anders. Gut, ich denke, der Mensch hat niemals wirklich an den Menschen geglaubt, aber wenigstens an einen Schöpfer oder das Schöpferische an sich. Er hat Ehrfurcht besessen, er wusste was mit dem Begriff Demut anzufangen. Wenn der Lebensinhalt eines Menschen darin besteht, über den Tod hinauszudenken, so mag das Pragmatikern wie dir und mir absurd erscheinen, na, wenn schon, es ist immerhin ein Inhalt. Verstehst du? Aber heute laufen sie sich selber hinterher, die Menschen, ich nicht weniger als alle anderen, weil es eben keinen Glauben und keinen Inhalt mehr gibt, dem wir folgen können. Wir sind alle wie Hunde, die ihrem Schwanz nachjagen.«

Er seufzte tief auf.

»Dachte mir also, wenn ich schon in keine Kirche gehe, dann beichte ich eben dir, Schlemmer.«

Schlemmer ruckte hoch und fühlte sein Gehirn langsam nachkommen.

»Du willst was?«

»Die Ärzte haben sich noch keine Meinung darüber gebildet, wie viel Zeit mir bleibt. Mit sehr viel Glück kann ich die Krankheit besiegen, mit außerordentlich viel Glück, sollte ich sagen. Du wirst dich doch bestimmt gefragt haben, warum ich inmitten all dieser Puppen lebe?«

»Naja . . .«

»Und ich antworte dir, dass Menschen ohne Glaube und Inhalt in weit ausgeprägterer Weise Puppen sind als diese da.«

Sein Arm beschrieb eine umfassende Geste.

»Ich bin ein Menschenfeind geworden, Schlemmer, mein eigener Feind. So was bringt die Freundschaft zu den Puppen mit sich. Wir gehen ins Hänneschen und stellen uns vor, dass sie eine heilere Welt verkörpern als unsere, so, wie die Welt vielleicht sein sollte. Und wir, die Spieler – im Augenblick, da wir sie bewegen, dürfen wir selber einen Moment lang diesem Ideal entsprechen. Die Illusion, Herr einer Puppe zu sein, ist, Puppe zu sein. Was du hier siehst, ist vielleicht die größte Sammlung an Hand- und Stockpuppen der Welt. Es gibt noch angrenzende Zimmer, die Wohnung hat fast zweihundert Quadratmeter. Alles voller Puppen. Gesammelt wie andere Leute Briefmarken. Da bleibt keine Zeit mehr für die Menschen, Schlemmer. Noch ein Glas?«

Schlemmer nickte verwirrt. Großzügig wurde ihm nachgegossen.

»Was hast du da eben gemeint«, fragte er, »dass du unerkannt bleiben wolltest?«

Koch beugte sich vor und griff nach Schlemmers Hand.

»Ich habe meine Verfehlungen gemeint. Meine Sünden.«

»Was denn für Sünden, Herrgott noch mal?«

»Darf ich beichten, Schlemmer? Willst du mir zuhören?«

Schlemmer rutschte ein Stück tiefer in seinen Sitz und starrte mit Unbehagen auf die fleckige Kralle, die ihn umklammert hielt. Fast meinte er, die Ausdünstung des nahenden Todes riechen zu können.

»Ja«, sagte er schwer. »Sicher.«

»Gut!« Erleichterung zeichnete sich in Kochs Gesicht ab. Er ließ Schlemmer los und sank zurück. »Du musst wissen, dass ich damals, vor einer Reihe von Jahren, nicht einfach Polizist war. Ich gehörte einer Spezialeinheit an. Wir beschäftigten uns mit was Besonderem.«

»Das da gewesen wäre?«

»Sprengstoff.«

»Wow!«

»Ich war Experte für bestimmte Arten von Sprengstoff. Wir hatten die Aufgabe, das Zeug zu entschärfen, aber auch, es einzusetzen. Ist so eine Einheit, über die nicht viel nach draußen dringt. Ein Himmelfahrtsjob, bei dem du aber eine Menge Geld verdienen kannst. Und ich war keiner der schlechtesten.« Koch machte eine Pause. »Na, jedenfalls, es lief eine Weile ganz gut, aber dann wäre ich dreimal hintereinander fast draufgegangen. Mein Nervenkostüm litt ganz gewaltig. Ich hatte meine Hände nicht mehr so unter Kontrolle wie früher. Fing an, Fehler zu machen. Tja.«

Schlemmer überlegte, wie man sich als Beichtvater eigentlich zu verhalten hat.

»Mannomann!«, rief er. »Koch! Das war dann aber gar nicht gut, was?«

»Mir hat's irgendwann gereicht. Hab in den Sack gehauen. Von heute auf morgen den Dienst quittiert. Ich will nicht unbedingt sagen, dass es ganz freiwillig geschah, die haben's mir freundlich nahe gelegt. Naja, durchaus verständlich. Du kannst schlecht losziehen und fünf Pfund Dynamit entschärfen, wenn deine Hände zittern und du dir vor Angst fast in die Hose scheißt. Es ging halt einfach nicht mehr. Schluss, aus.«

»Und dann?«

»Hab ich was anderes gemacht. Bin Puppenspieler geworden. Das mochte ich immer schon, Puppentheater. Hab schon damals Puppen gesammelt, mit wachsender Begeisterung. Ich dachte, wenn meine Hände nicht mehr zum Entschärfen von Bomben taugen, sind sie immer noch geschickt genug, um einer Puppe Leben zu verleihen. Eine Zeit lang stand ich mit meinem selbstgebauten Kasperletheater auf der Schildergasse, die Leute fanden's lustig, ich genauso. Dann kam ich über Umwege ans Hänneschen-Theater. Weißt ja, du brauchst normalerweise eine künstlerische Ausbildung, aber sie sagten, ich sei ein Naturtalent. Fanden's lustig, dass ich den Schutzmann spiele, wo ich doch selber mal einer gewesen bin, so was in der Art zumindest.«

»Vom Sprengstoffexperten zum Puppenspieler!« Schlemmer kicherte blöde. Er war betrunken, aber Koch begann ihm Spaß zu machen. Der Himmel mochte wissen, ob er dieses Kabinett des Dr. Caligari jemals wieder sehen würde.

Koch nickte.

»Hätte schön sein können, Schlemmer. Wenn ich bloß bei der Polizei nicht so viel mehr verdient hätte. Dass ich plötzlich glaubte, mir fehlt was.«

Schlemmer erstarrte.

Geld! Verfluchtes Geld!

»Ich hätte mich natürlich bescheiden können mit dem, was ich verdiente«, meinte Koch. »Aber da waren diese Einflüsterungen, dass einer, der sich so gut mit Sprengstoff auskennt, doch wohl ein bisschen nachhelfen könnte. Nichts Schlimmes. Ein wenig die Leute erschrecken und hoch und heilig versprechen, es sofort zu unterlassen gegen die Entrichtung eines gewissen Obolus in Höhe von ... sagen wir mal, zehn Millionen Mark.«

Schlemmer saß immer noch wie erstarrt. Dann richtete er seinen Blick langsam auf Koch. Seine Augen lagen wund in ihren Höhlen.

»Zehn Millionen«, echote er.

»Sprengstoff zu beschaffen, stellte kein Problem dar«, sagte Koch, als spräche er übers Wetter. »Ich kann in deine Küche gehen und dir einen Knaller bauen aus Sachen, dass du's im Leben nicht für möglich hältst. Für meine Zwecke griff ich auf einen alten Favoriten zurück, Plastiksprengstoff. Hocheffizientes Zeug, eine Art Knetmasse, man kann Männchen daraus bauen und alles Mögliche, bis man es mit einem Zünder und einer Zeitschaltuhr versieht. Dann fliegt es dir so was von um die Ohren, dass kein Stein auf dem anderen bleibt.« Koch grinste schwach. »Oder kein Miederhöschen.«

Schlemmer schnappte nach Luft. »Was? Soll das heißen, du hast ...?«

»Nein!« Koch hob beschwörend beide Hände. »Der Herr, so es ihn gibt, möge meinen Eltern nachsehen, dass sie in meiner Erziehung Fehler begangen haben, aber zum Mörder haben sie mich nicht erzogen. Bin ja kein Killer, Junge. Nein, ich fand meine vorläufige Erfüllung darin, die Abteilung für Miederwaren im Erdgeschoss von Hertie in die Luft zu sprengen. Bei Nacht, versteht sich. Niemand wurde verletzt. Zugleich ließ ich die Filialleitung des Kaufhauses meine Forderungen wissen: Zehn Millionen, zahlbar in Tausendern. Vergleichsweise bescheiden, findest du nicht? Andere haben schon größere Summen abkassiert.«

Schlemmer rieb sich den Nasenrücken und setzte sich aufrecht hin in der Hoffnung, seine Gedanken ordnen zu können.

»Du willst also sagen, dass du ein Kaufhauserpresser bist, der . . . der . . .«

»Seine Millionen am Ende bekommen hat«, ergänzte Koch. »Richtig.«

Fassungslos schüttelte Schlemmer den Kopf. Das war alles nicht zu glauben.

Koch, der Superverbrecher . . .?

Er begann zu lachen. Erst bebten nur seine Schultern, dann brach es laut und schallend aus ihm heraus, und er lachte, bis ihm die Tränen über die Wangen liefen und die Seiten schmerzten.

»Koch«, keuchte er, »das kauf ich dir einfach nicht ab.«

Der Alte war geduldig, bis Schlemmer sich wieder einigermaßen unter Kontrolle hatte.

»Doch«, sagte er schlicht.

»Ich fass es nicht«, japste Schlemmer. »Ich pack's einfach nicht! Das ist die größte Story, die mir je untergekommen ist. Mann, Koch. Mann, Mann, Mann! Legt einfach ein Stück Knetgummi zwischen die Dessous und kriegt dafür zehn Millionen!«

Ein erneuter Lachanfall überkam ihn.

»Ganz so einfach war's nicht«, sagte Koch. »Ich musste immerhin noch zwei weitere Abteilungen hochgehen lassen, bis sie endlich das Geld rausrückten.«

»Oh Mann! Oh Mann! Weißt du eigentlich, was du mir da erzählst? Warum machst du das? Ich könnte zur Polizei gehen.«

Koch sah ihn milde an.

»Dann geh.«

Schlemmer gluckste und atmete tief durch.

»Du weißt, dass ich das niemals täte«, sagte er und meinte es tatsächlich bitterernst.

»Ja«, sagte Koch, »das weiß ich. Aber selbst wenn – was würde es für einen Unterschied machen?«

»Blödsinn, Koch! Es würde den Unterschied machen, ob du in einer Zelle stirbst oder im Bett.«

»Ein Bett ist auch eine Zelle. Ein Krankenhaus ein Gefängnis. Alles eine Frage der Sichtweise.«

Schlemmer prustete schon wieder los.

»Junge, Junge«, rief er, »das nenn ich eine stolze Leistung. Was hast du mit dem ganzen Geld gemacht? Verjuxt? Vervögelt? Komm, Koch, du hast ihn dir doch bestimmt vergolden lassen. Wenn ich an die ganzen Weiber denke, auweia . . .«

Dann hörte er auf zu lachen und räusperte sich verlegen. In Kochs Blick hatte sich plötzlich eine große Traurigkeit geschlichen.

»Nein. Du verstehst nicht, Schlemmer. Ich hab dir das nicht erzählt, um anzugeben. Sondern weil ich mich unglücklich gemacht hab mit dem Blödsinn. Kreuzunglücklich!«

»Ach so«, murmelte Schlemmer peinlich berührt. »Tut mir Leid. Ich wusste nicht, dass du gesessen hast.«

»Hab ich auch nicht. Sie haben mich nie gefasst. Aber glaub ja nicht, mein Leben hätte sich um einen Deut verbessert. Im Gegenteil.«

»Moment mal. Wenn ich dich recht verstehe, haben sie dir zehn Millionen bezahlt.«

»Ja.«

»Du willst mir doch nicht erzählen, dass dich sieben dicke, fette Nullen nicht glücklich machen konnten. Ich wäre heilfroh, wenn ich wenigstens den zehnten Teil davon besäße!«

»Oh, anfangs steckte ich voller Pläne. Ich dachte mir, lass die Scheinchen noch ein bisschen liegen. bis Gras über die Sache gewachsen ist, und dann dolce vita! Schließlich brachte ich hier und da einen Tausender unter die Leute und spürte jedes Mal, wie mir der kalte Schweiß ausbrach. Wehe, der Verkäufer hielt den Schein auch nur eine Sekunde zu lang in der Hand – und jede Sekunde war eine zu viel! – und ich hätte am liebsten Reißaus genommen und wär bis hinter Panama geflohen. Mir kam in den Sinn, sie könnten die Nummern der Scheine notiert haben. Du bist ganz schnell geliefert, sie verfolgen den Weg zurück, den so ein Tausender geht, bis sie dich haben. Kam mir saublöde vor, dass ich nicht vorher darüber nachgedacht hatte. Es gibt ja Mittel und Wege, die Nummern sozusagen abzuwaschen . . .«

»Abzuwaschen?«

»Tauschen. Gegen sauberes Geld. Aber dafür musst du . . . Leute kennen. Jedenfalls bekam ich's derart mit der Angst zu tun, dass ich das Zeug nicht mehr anrührte. Lachhaft! Millionär mit Ladehemmung. Alles war bilderbuchglatt gegangen, die Anschläge, die Übergabe, alles! Und dann hatte ich nichts davon. Gut, dachte ich, dann eben später. Ich beschloss, das eine oder andere Jahr ins Land gehen zu lassen, und versteckte alles. Aber das war ein Fehler. Meine Befürchtungen wuchsen ins Unermessliche. Ständig wechselte ich die Verstecke. So sehr mich die Vorstellung ängstigte, sie könnten meine Spur zurückverfolgen, beschlich mich Panik beim Gedanken, zehn Millionen im Haus zu haben. Der Räuber bekam es mit der Angst, beraubt zu werden. Ich brachte den ganzen Zaster weg, nachts mit dem Auto. Verbuddelte ihn, grub ihn wieder aus. Versenkte das Zeug in Plastiksäcken, holte es wieder hoch. Deponierte es an den unmöglichsten Plätzen. Zwecklos. Es nicht in meiner unmittelbaren Nähe zu wissen, erwies sich als wahre Folter.

Am Ende landete der ganze Packen wieder in meiner Wohnung, wo sich natürlich erneut die fixe Idee einstellte, jemand könne es mir wegnehmen. Eine Zeit lang spielte ich mit dem Gedanken, doch so einen Geldwäscher zu suchen. Aber das hätte erfordert, Kontakte zu gewissen Kreisen zu suchen, ein Risiko, das mir unwägbar und damit zu hoch erschien.«

»Was für ein Dilemma!«, stieß Schlemmer hervor.

»Ja, weiß Gott! Die Millionen begannen mich zu beherrschen. Überall witterte ich Spione, sah in jedermann eine Bedrohung, fürchtete ständig, mich zu verraten. Litt an einem ausgewachsenen Verfolgungswahn, das kann ich dir sagen, Schlemmer, umgeben von Feinden.«

»Wieso denn? Wusste doch kein Mensch Bescheid.«

»Wenn du durchdrehst, siehst du das anders. Du verdächtigst Nachbars Katze. Naja. Kannst dir vorstellen, dass ich dadurch nicht unbedingt geselliger wurde. Da saß ich nun mit dem ganzen schönen Geld und wurde immer frustrierter. Brach sämtliche Verbindungen ab, kam so gut wie nicht mehr vor die Tür, abgesehen davon, dass ich arbeiten ging, weil verhinderte Millionäre ja von irgendwas leben müssen. Das Ganze gipfelte darin, dass ich kaum noch was ausgab. Mit meinem Salär kam ich über die Runden, besser denn je. Und weißt du was? Plötzlich stellte ich fest, dass ich die Millionen gar nicht brauchte. Hätte gar nicht mehr gewusst, wofür. Kurzzeitig fühlte ich mich wie erlöst! Erwog sogar, den ganzen Krempel einfach zu verbrennen oder in den Rhein zu schmeißen.« Koch stöhnte leise auf. »Wie schön wär das gewesen. Wieder ein normaler Mensch sein mit einem ganz normalen Leben. Aber ich hab's nicht fertig gebracht.« Er schüttelte traurig den Kopf. »Hab dann gedacht, ich spar's mir auf für schlechte Zeiten, wenn kein Hahn mehr nach dem Sprengstoffattentäter kräht. Irgendwann verlieren sie das Interesse. Das Geld würde eben die

Stütze meines Alters sein, auch gut. Wer hat schon zehn Millionen im Ärmel?«

»Hattest du nicht auch mal 'ne Frau? Was war mit der?«

»Nix. Die war vorher.« Koch rieb sich die Augen. »Als ich daranging, Miederhöschen in die Luft zu sprengen, war sie schon lange tot.«

»Du hast die ganzen Jahre auf deinen Millionen rumgesessen?«

»Wie die Henne auf dem Ei. Ich entwickelte mich zu einem üblen Geizkragen, der sich selber kaum ertragen konnte, hütete mein Vermögen wie ein Zerberus. Beim Gedanken, jemand käme, um's mir wegzunehmen, wurde ich fast wahnsinnig. Ich begann, alle Menschen zu verabscheuen für die vage Möglichkeit, einer von ihnen könnte mich berauben. Entwickelte einen regelrechten Hass auf jeden, der ein glücklicheres und erfülltes Leben führte, oder sagen wir, der mir glücklicher erschien, als ich es war. Nicht gepeinigt vom Fluch dieses unseligen Reichtums. Nenn mich einen Menschenfeind, Schlemmer, der bin ich ganz sicher geworden in den Jahren.«

Es war unglaublich!

»Und wann«, fragte Schlemmer vertraulich, »hast du die Kohle endlich auf den Kopf gehauen?«

Koch warf ihm einen trüben Blick zu.

»Gar nicht.«

»Was? Wie bitte? Soll das heißen, du . . .«

Schlemmer glaubte, sich verhört zu haben. Er überlegte. In seinem umnebelten Verstand wuchs ein Gedanke heran, einfach und folgerichtig.

»Wenn du das Geld nicht ausgegeben hast«, sagte er langsam, »wenn es also nicht weg ist – wo ist es dann?«

Koch hielt die Flasche gegen die altmodische Deckenleuchte, schüttelte sie und stellte sie wieder ab. Sie war leer.

»Tja. Die Frage hat mich lange beschäftigt. Wohin damit? Dass es ja keiner findet! Meine Millionen, für die ich schlaflose Nächte durchlitten und mir die Nerven abgewetzt hatte, bis sie blank dalagen. Ich habe mir den Kopf zermartert, Schlemmer, aber es half alles nichts. So besessen war ich von dem Geld! Haben und behalten, nur noch darum ging's.« Er lachte meckernd. »Und am Ende hab ich einen Weg gefunden.«

»Einen Weg?«

»Es dem Zugriff anderer zu entziehen.«

»Du hast es versteckt?«

»Wenn du so willst.«

Schlemmer sah nach draußen. Schwach dämmerte der Tag herauf.

Es war einfach nicht zu fassen.

Die Welt war ungerecht. Koch besaß zehn Millionen, die werweißwo vor sich hinschimmelten, und ihm waren die Jugoslawen auf den Fersen.

Die Idee drängte sich förmlich auf.

»Hör mal, Koch . . .« begann er vorsichtig. »Ich hab dir eben vielleicht nicht die ganze Wahrheit erzählt. Will sagen, was meine Situation betrifft.«

Wenn bloß seine Zunge nicht so taub und schwer gewesen wäre!

»Also, es ist so, ich habe . . .«

Weiter kam er nicht. Koch hatte ebenfalls aus dem Fenster gesehen und stand plötzlich taumelnd vor ihm.

»Schlemmer, ich will den Sonnenaufgang sehen!«

»Hä?«

»Irgendwo, wo's schön ist.«

Der Whiskey hatte seine Wirkung getan. Kochs klare Aussprache war dahin.

»Warte«, rief Schlemmer. »Wir müssen über was reden.«

»Können wir ja. Komm.«

»Wohin?«

Koch tapste zu dem Schrank mit den Spirituosen, aus dem die leer getrunkene Flasche Whiskey stammte, und entnahm ihr eine zweite.

»Wir nehmen mein Auto und fahren zum Decksteiner Weiher.«

»Zum Decksteiner Weiher? Bist du noch gescheit? Wir sind beide so betrunken, dass wir allenfalls *in* den Decksteiner Weiher fahren.«

»Kannst mitkommen oder nach Hause gehen.« Koch fletschte die Zähne. »Wenn du was mit mir bereden willst, wirst du allerdings mitkommen müssen. Ich hab womöglich nicht mehr so viele Sonnenaufgänge zu bestaunen wie du.«

»Gut«, fügte sich Schlemmer. »Ich rufe uns ein Taxi.«

»Quatsch. Ich fahre.«

»Vergiss es, Herrgott noch mal! Du kannst nicht fahren. Du bist besoffen.«

»Ich bin besoffen vom Leben und nüchtern von der Feststellung, dass es missraten ist. Kommst du jetzt mit oder nicht?«

Schlemmer setzte zu einer Antwort an, quälte sich fluchend aus der Fleisch fressenden Pflanze, die ein Sessel zu sein vorgab, und wankte Koch hinterher.

Zehn Millionen. Dafür wäre er sogar bis an die Nordsee mit dem Alten gefahren.

Seine Augen brannten.

»Heil dir, Macbeth, Heil«, murmelte er. »Heil dir, Than von Glamis, Than von Cawdor, dir, künft'gem König Heil!«

So gut er eben noch konnte, eilte er Koch hinterher, der bereits im Hausflur war.

Sie fuhren durch den milchigen Morgen stadtauswärts und hatten die Straße für sich. Koch pfiff unmelodisch vor sich hin. Nichts ließ darauf schließen, dass er eine halbe Flasche Whiskey absorbiert hatte. Er überfuhr keine rote Ampel, hielt sich brav an die Geschwindigkeitsbeschränkung und steuerte seinen Uraltmercedes mit dem abblätternden Lack über den Radkästen wie einen freundlichen Seniorendampfer.

Schlemmer hing im Beifahrersitz und blinzelte. Seine Rechte hielt die Flasche umfasst. Er dachte fieberhaft nach, wie er die Rede wieder auf das Geld bringen konnte. Ein schwelender Zorn hatte von ihm Besitz ergriffen. Es war ihm gleich, ob der Alte die Miederwaren hochgejagt hatte oder nicht. Aber dass er zehn Millionen besaß, die nutzlos herumlagen, während ihm, Schlemmer, die Knochenbrecher auf den Fersen waren, ohrfeigte sein Selbstverständnis. Das war unanständig. Koch hatte Krebs, warum konnte er nicht sterben, wie es sich gehörte, und ihm den ganzen Zaster vermachen?

Missmutig starrte er aus dem Seitenfenster.

Sie parkten in unmittelbarer Nähe des Kahnteichs unter den Bäumen. Schräg gegenüber spiegelte sich das Haus am See im quecksilberfarbenen Wasser. Schlemmer schloss die Augen und lauschte dem Knacken des erkaltenden Motors.

»Gib mir die Flasche«, sagte Koch.

Schlemmer reichte sie ihm wortlos rüber. Nacheinander nahmen sie jeder einen tiefen Zug und sahen auf den See hinaus.

»Schön hier«, sagte Koch.

»Ja«, knurrte Schlemmer. »Sicher.«

Der Alte wandte ihm sein Gesicht zu. Es war rot und aufgedunsen.

»Was wolltest du mich eigentlich fragen?«

Schlemmer wischte sich mit dem Handrücken den Mund

ab und ließ die Beifahrertür aufschwingen. Warme Sommerluft drang herein.

»Ich wollte dich fragen, was du mit dem Geld gemacht hast.«

»Ach ja.« Koch lächelte. »Versteckt. Hab ich das nicht erzählt?«

»Doch! Hast du! Und das weißt du verdammt gut.«

Mühsam gelang es Schlemmer, sich aus dem Sitz zu wuchten. Mit schleppenden Schritten ging er bis zum Ufer, was ein paar Enten veranlasste, sich diskret zurückzuziehen. Er fühlte sich hundeelend, aber das kam nicht allein vom Whiskey. Es kam vom Geld und vom Misserfolg und von der Ungerechtigkeit der Welt.

Hinter sich hörte er den Kies unter Kochs Schuhen knirschen, als der Alte ihm nachkam.

»Hab's verstaut«, sagte Koch. »So, dass es mir keiner wegnehmen konnte. Ich war mit Sicherheit ein bisschen wahnsinnig damals. Einsam und bitter, aber eben auch verrückt. Wie sonst wäre es zu erklären, dass ich in meiner Besessenheit sogar mir selber den Zugriff unmöglich machte, bloß damit's kein anderer in die Finger kriegte?«

»Der Fluch gelung'ner Taten«, brummte Schlemmer.

»Ja.«

»Ich will dir mal was sagen, Koch. Es ist schäbig, dass du Geld rumliegen lässt.«

»Geld ist Papier«, konstatierte Koch. »Aber du hast natürlich recht.«

Wieder trank er, nahm gleich mehrere Schlucke. Sein Adamsapfel, eingebettet in pergamentene Falten und hervortretende Sehnenstränge, zuckte auf und nieder. Luftbläschen wirbelten dem himmelwärts gerichteten Flaschenboden zu. Schlemmer fragte sich, wo der Alte den ganzen Whiskey hintat. Ein Wunder, dass er überhaupt noch stehen konnte.

»Weißt du«, sagte Koch, nachdem er einen lang anhaltenden Rülpser in die friedvolle Stille entlassen hatte, »als der Arzt den Krebs fand, war's mir, als ob mich einer rüttelt und mir zuflüstert: Hey, Koch, aufwachen. Du hast schlecht geträumt. Sieh, was aus dir geworden ist. Und ich sah. Mein Gott, ich sah! Ich hatte mir zehn Millionen aufgespart für ein besseres Leben, und plötzlich war das Leben zu Ende. Ich kam mir so töricht vor, ein solcher Idiot war ich gewesen! Diese absurden Verstecke, all die schäbigen Tricks. Jahre verpfuscht. Und was hatte mir der ganze Zirkus eingebracht? Nichts! Weniger als nichts. Nur, dass ich zum Eigenbrötler und Misanthropen verkommen war, der Unglücklichste von allen.« Er seufzte. »Die letzten zwei Monate habe ich damit verbracht, mir den Krebs zum Freund zu machen. Hab mich gefragt, ob es denn wirklich so schrecklich ist, sterben zu müssen.«

»Und? Zu welchem Schluss bist du gelangt?«

»Dass Sterben nichts Schlimmes ist.« Koch blickte zum Himmel hinauf. »Wenn man gelebt hat. Und ich will endlich wieder leben! Ich habe beschlossen, meine Millionen – auch wenn es ja eigentlich gar nicht meine sind – auszugeben.«

Schlemmer fühlte einen Stich. Der elende alte Mistkerl!

»Du hast aber doch gesagt, du kannst nicht ran«, sagte er bitter.

»Ach was.« Koch grinste. »Ich hab mir einen kleinen Gag ausgedacht, der es mir erschwert. Dran käme ich schon, aber es wäre mit mächtig viel Aufwand verbunden. Etwa so, als ob du die Zigaretten hinter die Schrankwand wirfst, um dir das Rauchen abzugewöhnen. Du müsstest schon die ganze Wand abbauen, was absurd wäre. Aber ich war halt ein absurder Mensch. Lieber dafür Sorge tragen, dass kein anderer drankann, als selber dranzukommen.« Der Alte lachte trocken. Mit einemmal schien er fröhlich und ausgeglichen. »Ich habe das Scheißgeld regelrecht in Absurdität verpackt. Aber damit ist jetzt Schluss. Morgen werde ich dem ganzen Spuk ein Ende bereiten. Oder schon heute. Verdammt, ein neuer Tag. Ich darf einen neuen Tag erleben! Ich bin das erste Mal seit Jahren wieder glücklich!«

Schlemmer versuchte, sich dieses phänomenale Versteck vorzustellen. Hatte Koch seine Millionen auf den Mond geschossen?

Seine Mundwinkel zuckten. Er nahm Koch die Flasche aus der Hand und zog den Korken raus. Kaum, dass er noch was von dem Whiskey schmeckte. Alles in ihm war wie abgestorben. Schlemmer, der große Schlemmer – ein Nichts.

»Weißt du was, Koch?«

»Nein.«

»Ich brauch das Geld.«

Koch sah ihn lange an.

»Mir ist schon klar, dass du es brauchst, Junge. Die ganze Zeit über war mir das klar.«

»Dann gib mir was davon. Du wirst nicht alles brauchen in der Zeit, die dir noch . . .«

Er brach ab und presste die Kiefer aufeinander.

»Die ich noch zu leben habe? Hm.«

Koch beobachtete ihn weiter. Dann zuckte er die Achseln. Leicht schwankend, mit der Vorsicht eines Seiltänzers, ging er bis an den Rand des Wassers und beugte sich vor. »Ich kann mich sehen, hey! Ich existiere. Freut mich, Herr Koch. Guten Morgen, Herr Koch! Wie lange noch, Herr Koch?«

Schlemmer fühlte, wie die Wut in ihm zu brodeln begann.

»Koch, verdammt noch mal!«

Der Alte drehte sich um und sah Schlemmer mitleidig an.

»Hast du eigentlich gelernt, bitte zu sagen?«

»Komm mir jetzt nicht mit dem Scheiß! Ich hab andere Probleme.«

»Wichtigere, vermute ich, als bitte zu sagen.«

»Ja. Lebenswichtig.«

Koch nickte. »Lebenswichtig. Machst du dir eine Vorstellung davon, was dieses Wort für mich bedeutet? Ich will leben, Schlemmer! Richtig leben! Nach all den Jahren. Wie lange es auch dauern mag, aber jeden Pfennig, jede Mark, jeden Tausender, alles, was ich habe, werde ich investieren, wenn ich dafür nur eine einzige Minute mehr bekomme.«

Die Augen des Alten loderten. Schlemmer suchte nach einer Erwiderung. Er sah zur Seite.

»Tut mir leid, Schlemmer.«

»Warum hast du mir den ganzen Quatsch dann überhaupt erzählt?« fuhr Schlemmer ihn an. »Ich stecke so tief in der Scheiße, dass die Fliegen auf mir landen, und du reibst mir deine blöden Millionen unter die Nase.«

Koch erbleichte.

»Schlemmer«, sagte er leise, »ich hab's dir erzählt, weil ich jemanden brauche, dem ich es erzählen konnte. Weil ich es einfach nicht mehr aushielt. Ich hab die Sache viel zu lange mit mir rumgeschleppt. Das Geld ist doch völlig unwichtig, mir ging's nur darum, dass ich endlich meine Geschichte erzählen durfte.« Er machte eine Pause und starrte Schlemmer ins Gesicht, als sähe er ihn zum ersten Mal. »Wie seltsam. Hab ich doch tatsächlich angenommen, du wärst mein Freund.«

»Bin ich ja auch«, gab Schlemmer mühsam beherrscht zurück. »Ich bin dein Freund, und deinem Freund geht's dreckig.«

»Das tut mir leid.«

»Offenbar nicht.«

»Doch. Du tust mir Leid. Ein bisschen schade, ich war immer der Meinung, du wärst um so vieles größer als ich.«

»Ich brauche ja nicht viel«, bettelte Schlemmer. Seine

Gedanken rasten. »Gib mir fünfzigtausend. Du bekommst sie zurück, ich schwör's dir.«

»Ach, Schlemmer.« Koch schüttelte traurig den Kopf. »Wie schade. Es wäre so schön gewesen, meine Geschichte jemandem zu erzählen, der sie wirklich hören will. Aber Schlemmer sieht nur Schlemmer. Tja. Trotzdem danke für deine Zeit. Wir sollten zurückfahren.«

»Koch!«, heulte Schlemmer.

Der Alte beachtete ihn nicht. Er drehte sich um und ging die Böschung hinauf zum Wagen.

Schlemmer erbebte.

»Heil dir«, hörte er eine Stimme flüstern; es war seine. »Heil!«

Koch ging weiter.

Wozu wollte der Bastard leben? Er war verbraucht. Alt. Am Ende. Wertlos.

Was für eine Infamie, wie bodenlos! Dieses fleckige, zerknitterte Klappergestell würde sein verpfuschtes Leben weiterleben, vielleicht nur Tage oder Wochen. Zehn Millionen verschwendet für einen krebszerfressenen alten Nichtsnutz, der nicht abtreten wollte. Und dafür Schlemmer geopfert, Schlemmer, der sich in dieser Sekunde endgültig als das erkannte, was er war: ein Selbstbetrüger, aufdringlich und ungeliebt, zur Mittelmäßigkeit verdammt, ebenso einsam wie Koch, aber viel weniger stark.

Hass brach aus ihm hervor. Seine Gedanken verklumpten zu einer schwarzen Masse. Mit wenigen Schritten war er hinter Koch.

Verbirg dich, Sternenlicht!

Schau meine schwarzen, tiefen Wünsche nicht!

Sieh, Auge, nicht die Hand; doch lass geschehen,
was, wenn's geschah, das Auge scheut zu sehen.

Es dauerte eine ganze Weile, bis Schlemmer begriff, warum er nur noch den abgebrochenen Flaschenhals in der Hand hielt.

Koch lag ausgestreckt vor ihm. Sein Hinterkopf war eine blutige Masse. Drumherum Glassplitter, wo man hinsah.

Geistesabwesend starrte Schlemmer auf die Leiche. Dann begann er zu zittern und fiel neben dem Körper des Alten auf die Knie.

»Das wollte ich nicht«, wimmerte er.

Er versuchte zu weinen, aber die Tränen blieben aus. Warum nur war er so verkümmert, so erbärmlich? Kniete neben einem Mann, dem er gerade den Schädel zertrümmert hatte, und dachte . . . Was eigentlich?

Das Geld!

Hastig sah er sich um. Offenbar hatte niemand den Mord beobachtet. Sogar die Enten hatten sich verzogen.

Wo hatte Koch das Geld versteckt?

Der Alte war tot. Er konnte nichts mehr anfangen mit seinen Millionen, Schlemmer dafür um so mehr. So lagen nun mal die Dinge.

Schlemmer, der Oberflächenbewohner, den die Tiefe nicht interessierte, rieb sich die Augen. Nach dem ersten Schock rastete sein Verstand wieder ein und gebot ihm, vor allem die Leiche wegzuschaffen.

Auf allen vieren kroch er zum See und hielt den Kopf unter Wasser, bis er wieder klarer denken konnte. Sein Blick fiel auf den Wagen. Augenblicklich die einzige Möglichkeit. Also ran.

Er durchwühlte Kochs Kleidung, entnahm ihr Haus- und Autoschlüssel, öffnete den Kofferraum und wuchtete den Leichnam hinein. Der Kopf des Alten fiel nach hinten, richtete einen Moment lang glasige Augen auf den Mörder, kippte dann zur Seite weg. Unter Stöhnen bugsierte Schlemmer den Toten ins Reich der Warndreiecke und Verbandskästen, stellte sicher, dass nichts heraushing, und knallte den Kofferraumdeckel zu. Koch war verstaut.

Nachdenken!

Schlemmer setzte sich in den Wagen, förderte aus seiner Jacke ein Päckchen Marlboro zutage und entnahm ihm eine Zigarette. Kalt klebte sie an seiner Unterlippe. Er lehnte den Kopf gegen die Nackenstütze und versuchte sich zu konzentrieren. Seine Schläfen pochten, die Augäpfel brannten, als schwämmen sie in Säure. Dafür arbeitete sein Verdrängungsmechanismus mit gewohnter Präzision, beseitigte jeden Rest von Schuldgefühl und hinterließ ein blank geputztes Gewissen.

Letzten Endes hatte er Koch erlöst, so musste man das mal sehen. Wie hätte der Alte zu leiden gehabt im Endstadium seiner Krankheit! Wenn Schlemmer auch bereit war, sich die Zweifelhaftigkeit seines Tuns einzugestehen, hatte er dem Mann doch eine Menge erspart. Man würde über ein unkonventionelles Begräbnis nachzudenken haben, sicher. In aller Stille. Irgendwo. Vielleicht an unterschiedlichen Stellen, wenn's nicht anders ging. Dann den Wucherer ausbezahlen und die verbleibenden neuneinhalb Millionen so verwenden, dass der Zustand seines Nasenbeins fortan nie wieder in Frage gestellt würde.

Schlemmer, der Mörder, entmaterialisierte sich zugunsten Schlemmers, des Räubers, einer ebenso flüchtigen Erscheinung, sobald das Geld gefunden wäre.

Es sei denn . . .

Nein. Koch hatte viel zu viel Angst gehabt um seine geliebten Millionen, um sie anderswo zu verstecken als im Bereich der eigenen vier Wände. Das Geld hatte ihn vergiftet, eben weil es ständig in seiner unmittelbaren Nähe gewesen war, zum Greifen nahe und doch unerreichbar kraft welch abstruser Schutzmaßnahmen auch immer.

Was hatte der Alte noch gleich gesagt? Ich käme schon dran, aber es wäre mit mächtig viel Aufwand verbunden.

Also mit Arbeit. Nicht unbedingt Schlemmers Sache. Womöglich müsste man den halben Fußboden abtragen oder die Tapeten von den Wänden reißen. Oder Koch hatte die Einbände von Büchern aufgeschnitten und die Scheine einzeln versteckt. Alles war möglich. Hatte ja reichlich Zeit gehabt in seiner Einsamkeit, der Alte.

Besser wär's, durch Nachdenken draufzukommen, als die komplette Wohnung umzupflügen. Schlemmer hatte nur einen kleinen Teil davon gesehen. Allein die Diele war zum Haareausraufen lang. War das Geld unter dem Teppichboden? Unter dem Deckenputz? Oder lag es irgendwo so offen herum, dass man es glatt übersah? Halt, nein, dann wäre es ja kein Problem gewesen, dranzukommen. Koch musste einen anderen Weg gefunden haben.

Im Sofa eingenäht? Zu blöde. Der Alte hatte sicher nicht über die Fantasie eines Schlemmer verfügt, aber doch wohl über einen gewissen Einfallsreichtum. Sofa und Matratze schieden aus. Zuckerdose ebenfalls. Es gab keine Zuckerdosen, um zehn Millionen in Tausendern darin unterzubringen.

Wo dann?

Schlemmer kniff die Augen zusammen. Etwas blendete ihn. Verblüfft registrierte er, dass sich vor ihm ein glutroter Ball aus den Baumwipfeln erhob.

Sonnenaufgang. Höchste Zeit, wegzukommen, bevor ihn jemand hier in Kochs altem Wagen sah, mit einer nicht angezündeten Zigarette im Mundwinkel.

Erst beim dritten Mal sprang der Mercedes an. Schlemmer fühlte sich mittlerweile weniger betrunken, als er vermutlich war. Während er zurückfuhr, ging er noch mal fieberhaft die Möglichkeiten durch, die eine Wohnung bot. Welches Versteck hätte er selber gewählt? Den Knick im Toilettenrohr? Musste man durch die Scheiße, um reich zu werden, so wie meistens?

Er gab Gas. Zu viel Gas.

Kurz vor der Brüsseler Straße überholte ihn ein Polizeifahrzeug. Schlemmers Nerven wickelten sich umeinander. Er rumpelte beim Abbiegen über den Bordstein, dass es krachte, und der Mercedes blieb mit einem Ruck stehen. Die Streife fuhr weiter. Zitternd wartete er, bis sie jenseits des Holiday Inn verschwunden war, riss die Tür auf und rang verzweifelt nach Luft. Es dauerte eine Weile, bis das Gefühl, ersticken zu müssen, von ihm gewichen war. Immer noch heftig atmend und mit einem Presslufthammer unterm Brustbein ließ er den Wagen wieder anfahren. Eine weitere weißgrüne Begegnung würde er nicht überleben, soviel stand fest.

Wenn er nur schon das Geld hätte! Wenn er nur schon die Leiche losgeworden wäre!

Wenn er nur irgendwann in seinem Leben klüger gewesen wäre!

Nicht drüber nachdenken! Überflüssig.

Fast direkt vor Kochs Haustür fand Schlemmer einen Parkplatz. Inzwischen waren mehr Leute in den Straßen unterwegs. Jemand verteilte Wurfsendungen. Schlemmer wartete einen Moment, dann eilte er mit langen Schritten durch die Toreinfahrt, Kochs Schlüsselbund schwer in der Rechten, verschaffte sich Einlass ins Haus, hastete die Treppen hinauf und blieb vor der geschlossenen Wohnungstür stehen.

Seine Hände zitterten. Nacheinander versuchte er alle Schlüssel, ohne Erfolg.

Unmöglich!

Koch hatte nur den einen Bund bei sich gehabt. Der Schlüssel musste dabei sein.

Da war sie wieder, die Panik.

Es dauerte eine längere Weile, bis Schlemmer sich so weit beruhigt hatte, dass er es noch einmal versuchte. Diesmal hatte er Glück. Die schwere Tür mit den Schnitzereien und dem gelblich angelaufenen Riffelglasfenster schwang leise knarrend auf. Schlemmer huschte ins Innere, schlug sie hinter sich zu und lehnte sich dagegen.

Verdammt, der Wagen! Hatte er auf die Schilder geguckt? Uneingeschränktes Halteverbot und so?

Wenn sie kamen, um ihn abzuschleppen!

Nein, nein, nein! Mann, Schlemmer! Doch nicht um fünf Uhr morgens.

Ruhig. Ganz ruhig. Bist doch der Schlemmer mit dem großen Glück. Konzentrier dich lieber auf die Zukunft mit ihren sieben fetten runden Nullen und der stolz geschnäbelten Eins davor.

Gaaaaaaaaaaanz ruhig.

Es klappte. Ganz ruhig mit drei Dutzend a wurde er zwar nicht, aber wenigstens hörte das Zittern auf. Schlemmer huschte die Diele entlang, betrat das Zimmer, in dem sie gesessen hatten, würdigte es weiter keines Blickes und ging ins Nebenzimmer.

Riesig, war sein erster Eindruck.

Dann schrak er zusammen. aus dem Halbdunkel starrte ihn jemand aus kugelrunden, tellergroßen Augen an. Diesmal setzte sein Herzschlag aus, was ihm einen Vorgeschmack auf den Tag X vermittelte. Er würde also hier sterben, vor lauter Schreck. Nicht ganz Sinn der Sache. Zumal das Monstrum mit den Kulleraugen, wie er jetzt erkannte, nur eine weitere Puppe war, eine mindestens zwei Meter große Adaption der kleinen Stockfiguren, die er so gut kannte.

Der Urheber seines panischen Schreckens war niemand geringerer als das Hänneschen persönlich.

Immerhin. Die Hauptfigur.

Schlemmer wischte seine nassen Handflächen an der Hose ab und ließ den Blick kreisen. Nach und nach schälten sich auch hier die abenteuerlichsten Gestalten aus dem Zwielicht.

Obschon es draußen mittlerweile hell und sonnig war, fiel wenig Licht durch die hohen, schmalen Fenster. Die Wirklichkeit wich der Wahrscheinlichkeit, und Kochs seltsame Mitbewohner erwachten zu reglosem Leben. Schlemmer fragte sich angstvoll, wie er inmitten dieser Hundertschaften je das Versteck finden sollte. Kein Fleck, den die Puppen nicht verbargen, kein Weg, den sie nicht verstellten, kein Platz, den sie nicht in Anspruch nahmen. Auch die übrigen Räume, darunter ein düsteres, zum Hof gelegenes Esszimmer, eine Bibliothek, in deren Regalen kein weiteres Buch mehr Platz gefunden hätte, sowie das schimmelig riechende Schlafzimmer dienten Legionen von Puppen als Refugium. Winzig war die Küche, das Bad nicht mehr als eine nachträglich eingebaute Dusche in unmittelbarer Nachbarschaft zum Klosett, das bei fast vier Metern Deckenhöhe am Grunde eines Schachts zu stehen schien. Aber selbst in diesen Zellen hatte Koch noch Platz für seine bizarren Lieblinge gefunden. Ihre Hände und Händchen, Klauen, Pranken, Tatzen und Krallen, schienen sich unter leisem Knacken zu bewegen, wenn Schlemmer nicht direkt hinsah. Jedes Geräusch entfachte in ihm die Vorstellung, dass sich eine der hölzernen Gestalten langsam von ihrem Platz herunterließ, um sich ihm auf Zwergenfüßen zu nähern. Die geschnitzten, modellierten, gegossenen und genähten Gesichter verzogen sich zu Fratzen grausiger Lustigkeit, es raschelte, wisperte, zuckte und krabbelte, bis Schlemmer es nicht mehr aushielt und zurück in die Diele floh, den einzigen puppenfreien Ort in dieser ganzen verwunschenen Wohnung, die Kochs Gruft zu Lebzeiten geworden war, zum Hort seines Wahnsinns.

Kein Wunder, dass der Alte nicht mehr unter die Menschen gefunden hatte.

Moment mal.

Schlemmer runzelte die Stirn. Langsam ging er die Diele

einmal auf und ab, durchdrungen von der unerklärlichen Gewissheit, hier die Antwort auf die Frage nach dem Geldversteck zu finden. Oder bereits gefunden und noch nicht erkannt zu haben. Betrachtete prüfend jeden Quadratzentimeter, strich mit der Hand über die Raufaser, untersuchte eingehend das Regal und dessen Inhalt, riss schließlich an dem Teppichboden, bis er ein Stück davon zurückklappen und daruntersehen konnte.

Hölzerne Bohlen, gescheckt von Resten eines uralten Anstrichs, kamen zum Vorschein. Sonst nichts.

Und wenn schon! Die Diele hielt des Rätsels Lösung bereit. Schlemmer war sich jetzt so sicher, dass er sein Herz darauf verwettet hätte. Irgendetwas Offensichtliches.

Etwas, das mit den Wänden zusammenhing.

Wieder machte er sich an die Untersuchung, begann Streifen von der Tapete zu lösen. Das ging leichter, als er dachte. Wie es schien, wurde die Raufaser nur noch durch Farbe zusammengehalten. Alles hier war alt und morsch. Die Kölner Version vom House of Usher. Beinahe erwartete Schlemmer, den Riss zu sehen, der sich durch Poes verfluchtes Gemäuer gezogen hatte, und der wohl auch den Untergang dieser unheimlichen Puppenwelt einleiten würde. Aber hinter der Raufaser zeigte sich nur eine noch ältere Tapete mit verschlungenem Muster. Weder lepröses Mauerwerk noch freundliche Tausender.

Ratlos sah Schlemmer zur Decke.

Was, zum Teufel, war mit der Scheißdiele los? Was lag da so offen vor seinen Augen, dass er blind dafür war? Er wusste, dass der Flur die Antwort barg in all seiner Kargheit, aber wo sollte er noch suchen?

Kargheit?

Die Erkenntnis traf ihn wie der Blitz.

Es war nicht die Diele.

Es war das, was in der Diele fehlte.

Mit einem überschnappenden Schrei rannte er zurück in das Zimmer, in dem sie begonnen hatten, Whiskey zu trinken, packte die nächstbeste kleine Gestalt, einen chinesischen Clown aus Porzellan, schmetterte ihn zu Boden, und wühlte in den Scherben. Nichts. Gut, dann in der nächsten. Die war aus massivem Holz, die übernächste auch. Aber da, gleich über ihm ein Löwe, zusammengeflickt aus Fellstücken. Schlemmer zerfetzte ihn mit gekrümmten Fingern – kein Geld. Er zertrümmerte und zerstörte, was ihm in die Finger kam, riss Bäuche auf, förderte Eingeweide aus Schaumstoff zutage, köpfte, schlitzte und verstümmelte, wütete unter den hilflosen Wesen wie Macbeth unter Norwegens Horden, nicht weniger vom Irrsinn ergriffen als der unselige Fürst selbst. Seine Suche steigerte sich zum Gemetzel, begleitet von seinem eigenen Knurren und Schreien.

Umsonst. Nirgendwo auch nur ein Pfennig.

Vor Enttäuschung aufheulend fiel Schlemmer zwischen die Überreste, schweißnass. Das Geld musste in den Puppen sein. Musste. Musste!

Keuchend startete er einen neuerlichen Anlauf und nahm sich das riesige Zimmer nebenan vor.

Die Hänneschenpuppe heftete ihren anklagenden Blick auf ihn, als er eintrat.

Schlemmer starrte zurück.

Zehn Millionen in Tausendern.

Ein Riesenbatzen. Großer Gott, das war's! Wenn Koch die Beute nicht auf viele Puppen verteilt hatte, konnte sie nur in einer stecken. In der größten.

Plötzlich hatte er keine Eile mehr. Die Gewissheit siegte. Beinahe gemächlich näherte er sich dem übermannsgroßen Ding und nahm es von der Wand.

»Hallo, mein Alter«, sagte er mit dem breitesten Grinsen,

das Gesichtsmuskeln zu erzeugen imstande sind. Behutsam legte er die Puppe auf den Fußboden und betrachtete sie liebevoll.

Er würde reich sein. Stinkreich.

Bei dem Gedanken vermochte er sich nicht mehr zu beherrschen. Seine Finger fuhren herab und rissen das Wams auseinander, dann die Bauchdecke. Der Stoff leistete Widerstand, genauer gesagt das Garn, mit dem er zusammengenäht war. Schlemmer zog und zerrte. Dann plötzlich ging es ganz leicht, und der Torso platzte der Länge nach auf.

Schlemmer entfuhr ein Geräusch zwischen Schluchzen und Lachen. Er presste die Handknöchel gegen den Mund und gluckste, gurrte, kicherte. Zögernd nahm er den obersten Packen und fächerte ihn mit dem Daumen auf. Griff nach dem nächsten, bewunderte und bestaunte ihn, ergriffen von der Schönheit des Geldes.

Armer, seniler Koch. Wenn das alles war an Sicherheitsvorkehrungen! Schwer zugänglich, was für ein Unsinn! Was hätte Koch denn groß anstellen müssen, um an die Beute zu gelangen? Eine Puppe aufschlitzen, die man hundertmal wieder zunähen kann. Das also war Kochs großer Coup, sein Ass im Ärmel. Eine Puppe.

Schlemmer lachte aus vollem Hals und räumte den Bauch des Opfers aus, dessen Augen immer noch bedrohlich glotzten. Ein Bündel nach dem anderen flog auf den Teppich. Langsam leerte sich das Versteck, aber immer noch war kein Ende abzusehen, und Schlemmer fühlte sich mit jeder Sekunde glücklicher werden, bis er glaubte, vor Glück explodieren zu müssen.

Dann war die Puppe leer und Hänneschens Bauch nur noch eine dunkle Höhle, an deren Grund etwas blinkte.

Schlemmer rieb sich die Augen.

Es blinkte weiter.

12

11

10

Zahlen.

Da war ein Zählwerk.

9

8

7

Schlemmer beugte sich ungläubig vor. Das Ding war auf einer Platte befestigt, nein, einem Klumpen von annähernder Rechteckform, der ihn an Knetgummi erinnerte.

6

Knetgummi?

5

Atemlos riss er die Puppe hoch und starrte auf die zerfetzten Stoffränder der Bauchdecke. Jetzt konnte er sehen, dass es keine Garnfäden waren, die er durchgerissen hatte, sondern haarfeine, feste Drähte.

4

Ich habe mir einen kleinen Gag ausgedacht, der es mir erschwert.

3

Dran käme ich schon, aber es wäre mit mächtig viel Aufwand verbunden.

2

Etwa so, als ob du Zigaretten hinter die Schrankwand wirfst, um dir das Rauchen abzugewöhnen.

1

Du müsstest schon die ganze Wand abbauen, wass absurd wäre. Aber ich war ein absurder Mensch. Lieber dafür sorgen, dass kein anderer drankam, als selber dranzukommen.

0

Süßwasser

Jürgen Ehlers

Nein, ich weiß nicht, wo sich Peter Seltzer zurzeit aufhält. Ich schwöre es. Und selbst wenn ich es wüsste, können sie doch nicht glauben, dass ich ihnen das verraten würde, denn Peter und ich, wir sind doch schließlich Freunde. Da hilft man sich gegenseitig, so gut man kann. Aber diese Polizisten sind stur. Geschlagene zwei Stunden sitzen wir hier nun schon zusammen, und ich erzähle zum dritten Mal, wie sich alles abgespielt hat.

»Also – der Seltzer hat Sie gestern früh in der Firma angerufen und gesagt, Sie sollten sofort nach Sylt kommen?« Sie sind zu zweit. Der, der die Fragen stellt, heißt Kowalczyk. Kommissar Kowalczyk wahrscheinlich. Er ist etwas korpulent, sitzt offenbar zu viel am Schreibtisch, typischer Beamter.

»Ja«, sage ich. Ich wiederhole noch einmal in aller Ausführlichkeit, wie sich die Dinge abgespielt haben. Zum Mitschreiben, sozusagen. Und der andere Polizist macht sich tatsächlich Notizen, während Kowalczyk sich zurücklehnt, die Beine übereinander schlägt und mich anstarrt.

Der Seltzer, den kenne ich aus der Schule. Eine Zeit lang waren wir geradezu unzertrennlich. Später haben wir uns seltener gesehen, aber nie ganz aus den Augen verloren. Ich bin Tischler geworden, und Seltzer hat heute eine gut gehende Kneipe in Hamburg, westlich der Innenstadt.

»In St. Pauli!«, hakt der Dünne nach, der das Protokoll

schreibt. Er heißt Mühlhaus oder Mühlheim. Ich habe seinen Namen nicht ganz richtig verstanden.

»Nein.« Auch das habe ich schon gesagt. Das Lokal liegt nicht in St. Pauli, sondern in Altona.

»In Altona, angrenzend an St. Pauli.«

Na schön. Was soll ich dazu sagen. Wenn die Polizei will, grenzt Hamburg an Bayern, da kann man nichts machen. Aber natürlich stimmt es, dass Seltzers Kneipe so eine Art Vergnügungslokal ist, wenn auch eher für Eingeweihte, nicht irgend so ein Touristenschuppen wie auf der Reeperbahn. Und wenn da jemand strippt oder so, dann dezent im Hinterzimmer, wo sie auch diese Spiele machen. Ich hab das alles ja nur ein- oder zweimal gesehen. »Das ist nichts für dich«, hat Peter gesagt, und wir haben unser Bier woanders getrunken, wo nicht so viel Trubel war.

»Und in diesem Etablissement haben Sie dann auch die verstorbene Nicole Petersen kennen gelernt.«

Ja, habe ich. Peter war stolz auf die Frau. Natürlich waren sie nicht richtig verheiratet, er hält nicht viel von diesen Formalitäten, aber in der Sache machte das keinen Unterschied. Das war seine Nicole, fand er und sie war – weiß Gott – eine attraktive Frau. Mehr als einmal hatte Peter einen seiner Kunden an die Luft setzen müssen, der versucht hatte, die Nicole anzumachen. Sie hat immer nur gelacht darüber, aber er konnte richtig wütend werden in solchen Fällen. Das letzte Mal hatte am Ende der Notarzt kommen müssen und den Typ vom Bordstein einsammeln. Es hatte sogar eine Anzeige gegeben danach, und Karl hatte überraschend Schwierigkeiten damit, Entlastungszeugen zu finden. Der andere sei ein bekannter Zuhälter gewesen, heißt es. Der Fall war noch offen.

»Sie treffen Ihren Freund Seltzer regelmäßig?«

Was heißt regelmäßig? Ich habe Zeit, bin nicht verheiratet,

die Abende sind lang, und da kommt es schon mal vor, dass ich in der Kneipe hocke. Mal treffe ich Peter und mal nicht. Ich bin auch schon in seiner Kneipe gewesen, wenn Peter nicht da war. Einige Male in letzter Zeit. Peter hat schließlich nicht nur die Kneipe, sondern kümmert sich auch noch um andere Geschäfte. ›Big Pete‹, so nennen ihn die Eingeweihten – nicht nur wegen seines Körperumfangs.

»Sie waren also nicht überrascht, als Seltzer Sie in der Firma anrief und Ihnen sein Ansinnen vortrug?«

Nein, nicht wirklich. Ich hatte gewusst, dass die beiden nach Sylt fahren wollten. Es hatte ein bisschen Zoff gegeben in den letzten Wochen, und sie wollten sich mal in Ruhe aussprechen und miteinander versöhnen. Peter hat eine geräumige Ferienwohnung in Keitum. Im Sommer ist die durchgehend vermietet, aber jetzt, im Herbst, steht sie meistens leer. Also brauchte er nur die Sachen ins Auto zu packen und loszufahren.

»Und als ›Big Pete‹ Sie dann anrief, da haben Sie gesagt: ›Ja, natürlich, ich komme!‹ und sind gleich losgedüst?«

Ich höre den Spott in der Stimme des Dünnen. Aber dieser verknöcherte Typ hat ja keine Ahnung davon, was das heißt: Freundschaft. Als Peter angerufen hat, habe ich sofort gemerkt, dass er völlig verzweifelt ist, völlig außer sich, und dass er Hilfe braucht. Und da ich meine Arbeitszeit frei einteilen kann und meistens eher zu viele Überstunden mache, hatte mein Meister nichts dagegen, dass ich mir den Nachmittag frei nehmen wollte. Aber dass ich jetzt, heute, schon wieder hier auf Sylt bin, um diese dämlichen Fragen zu beantworten, das hat ihm schon ein bisschen gestunken. Und mir auch. Aber davon sage ich jetzt wohl besser nichts.

Stattdessen erzähle ich noch einmal, wie sich alles abgespielt hat. Die wesentlichen Grundzüge jedenfalls; schließlich habe ich das meiste schon mehrfach gesagt. Wie ich auf der Insel ankomme, ist Peter allein. Geht im Wohnzimmer auf und ab und raucht. Nicht die erste Zigarette; der Aschenbecher quillt über, und die Luft ist ganz blau. Und ich sehe auch, dass Peter völlig verzweifelt ist. »Wo ist sie?«, frage ich.

»Und dann?«

Diese Polizisten sind einfach zu ungeduldig. Aber ich lasse mich nicht aus der Ruhe bringen.

»Wo ist sie?«, frage ich also, und Peter zuckt mit den Schultern.

»Zum Kliff«, sagt er schließlich.

Damit meint er das Morsum-Kliff. Nach Peters Worten haben sie sich wieder gestritten, und Nicole ist aus dem Haus gerannt. Und jetzt weiß er nicht mehr, was er tun soll. Also sind wir rein ins Auto und los.

Ich weiß nicht, ob Sie Sylt kennen. Vielleicht ist es besser, wenn ich Ihnen die Örtlichkeit ein wenig beschreibe. Das Morsum-Kliff liegt am Ostende der Insel. Ein gut zehn Meter hohes Steilufer. Auf der angrenzenden Hochfläche eine Heidelandschaft mit kleinen Dünen. Im Sommer voller Urlauber, aber jetzt natürlich weit und breit kein Mensch. Das am nächsten gelegene Haus, ein Ausflugslokal, geschlossen; die Besitzer auf Teneriffa oder sonst wo im Süden. Wir parken unser Auto und laufen los. Irgendwo schreit eine Möwe.

Der Sturm bläst uns ins Gesicht und es ist entsetzlich kalt. Im Binnenland merkt man das nicht so. Ich fluche, dass ich keinen Schal umgebunden oder wenigstens Handschuhe mitgenommen habe, so wie Peter. Wir arbeiten uns oben an der Kliffkante gegen den Sturm nach Westen vor. Niemand zu sehen. Nicole? Rufen wäre sinnlos. Feuchter Sand leuchtete rostfarben . . .

»Wir kennen das Kliff«, unterbricht mich Kowalczyk. Er schlägt mit der Faust auf den Tisch. Sein Bleistift rollt herunter. Ich bücke mich und hebe ihn auf. Ich bin so erzogen. Der

Dicke bedankt sich nicht einmal. »Die Leiche – was war mit der Leiche?«

Es ist entsetzlich. Nicole liegt unten am Kliff, leblos, und die Wellen spülen ihr über das Gesicht. Sie muss von hier oben in den Tod gesprungen sein. Jedenfalls sieht es für mich so aus.

»Nicole Petersen ist ertrunken«, bestätigt Kowalczyk. Na also. Was soll ich noch hier? Er schweigt einen Moment, dann zündet er sich eine Zigarette an. Auf die Idee, mir auch eine anzubieten, kommt er natürlich nicht. Er bläst den Rauch in die Luft und sieht mich an: »Zweifellos ist sie ertrunken. Aber was uns stutzig macht: Die Tote weist außerdem ein subkutanes Hämatom am Hinterkopf auf.«

»Ein was?«

»Einen Bluterguss – wie von einem Schlag mit einem stumpfen Gegenstand.«

»Hören Sie – es war stürmisches Wetter. Die Tote – sie hat in der Brandung gelegen, in den tosenden Wellen. Kein Wunder, wenn sie da mit dem Kopf auf einen Stein geschlagen ist.«

»Herr Haller, wir kennen diese Insel besser als Sie, das können Sie mir glauben. Das Morsum-Kliff liegt auf der Wattseite, da gibt es keine tosenden Wellen.«

»Bei Sturm . . .«

»Wir hatten Südwestwind; das Steilufer lag also im Windschatten.«

»Kam mir nicht so vor.«

Da haben wir diese Experten. Sie haben studiert, kennen sich aus mit diesem und jenem, aber haben keine Ahnung vom wirklichen Leben, wie das aussieht, wenn man eine Leiche findet. Noch dazu von jemand, den man kennt, den man schätzt. Ich war völlig außer mir. Und der Kerl will wissen, wie hoch die Wellen waren. Peter und ich waren am Kliff entlang gestolpert, halb besinnungslos vor Aufregung. Die Kälte, der Wind, der unglaubliche Stress. – Aber in einem hatte der Kommissar, oder was er sein mochte, schon recht: große Wellen hatte es nicht gegeben. Also muss es anders gewesen sein.

»Sie wird zu dicht an die Kliffkante herangetreten sein«, schlage ich vor. »Dabei hat sie den Halt verloren, ist heruntergestürzt, mit dem Kopf auf einen Stein geschlagen, hat das Bewusstsein verloren und ist ertrunken.«

Aber das gefällt ihnen auch nicht. Der Kommissar schüttelt den Kopf. Er sieht seinen Kollegen an: »Erklären Sie's ihm.«

Der dünne Mann lächelt knapp, aber es ist ein freudloses Beamtenlächeln. Dann sagt er, bei einem Sturz liegt die Verletzung gewöhnlich genau hinten, am Hinterkopf. Anders, wenn jemand niedergeschlagen wird. Der Schlag wird von oben ausgeführt, die Verletzung liegt höher. Und im Fall der verstorbenen Nicole Petersen deute, nach seinen Worten, alles darauf hin, dass die fragliche Verletzung durch einen Schlag mit einem stumpfen Gegenstand hervorgerufen worden sei. Fremdverschulden also.

Ich lasse die Szene noch einmal an meinem geistigen Auge vorübergleiten. Wie wir mit keuchendem Atem an der Abbruchkante gestanden und nach unten gestarrt haben, auf die Tote. »Da war niemand«, sagte ich unwillkürlich.

Der Kommissar lacht. »Da war niemand! – Sind Sie vielleicht niemand?«

»Ich? – Mein Gott, sie ist doch schließlich ertrunken. Wasser in der Lunge, das haben Sie doch selber gesagt!«

»Wasser in der Lunge, ja, das stimmt.« Der Kommissar lehnt sich zurück. »Allerdings handelt es sich um Süßwasser. Seifenwasser, um genau zu sein. Sie ist in der Ferienwohnung des Herrn Seltzer niedergeschlagen und anschließend in der Badewanne ertränkt worden, Herr Haller.«

Diese Polizisten sind die reinen Teufel. Was sie mir alles an den Kopf geworfen haben in der nächsten halben Stunde, das kannst du gar nicht glauben. Das Schlimme ist nur, dass sie zum Teil Recht haben. Aber nur zum Teil. Und die Art, in der sie ihre Anschuldigungen vorbringen, hat doch etwas unerhört Beleidigendes, Verletzendes. So als ob ich ein Verbrecher sei. Dabei habe ich doch nur einem Freund geholfen, weiter nichts.

Ja, der Kommissar hat Recht, natürlich wäre es keine gute Idee gewesen, mich zusätzlich auf die Insel zu holen, wenn Peter und Nicole sich miteinander versöhnen wollten. Dabei hätte ich wirklich nur stören können. Zumal der Zoff zwischen den beiden irgendwie auch mit mir zu tun hatte. Es stimmt schon, ich hatte mich ein paar Mal mit Nicole getroffen, und das hatte Peter wohl irgendwie mitbekommen und war eifersüchtig gewesen. Aber sie hatten sich versöhnen wollen, so viel stand fest.

Jedenfalls hatte Peter das gesagt, und ich habe keinen Grund, an seinen Worten zu zweifeln. Nur mit der Versöhnung hat es nicht so richtig geklappt. In der Enge der Ferienwohnung und bei dem schlechten Wetter müssen die beiden sich wohl ziemlich auf den Geist gegangen sein. Es gab heftigen Streit. Ich kann mir gut vorstellen, dass Nicole sich über Peter lustig gemacht hat. Mit Verlaub gesagt, Peter hat ja ein paar Pfunde zu viel drauf, und es ist vielleicht nicht ganz leicht, ihn so attaktriv zu finden wie sein vieles Geld. Dabei ist er, wenn man ihn näher kennt, wirklich eine Seele von Mensch.

Aber Nicole hatte ihn satt, das hatte sie schon angedeutet, als wir das letzte Mal nach dem Essen noch zu mir gegangen sind. Hat gesagt, mit ihm zu schlafen sei wie Sex mit einem Nilpferd, nur viel langsamer. Vielleicht hat sie ihm das auch gesagt, und er hat das nicht hören wollen. Jedenfalls haben sie Streit bekommen, und er hat sie niedergeschlagen. Ja, und dann war sie tot, und Peter wusste nicht mehr ein noch aus. Hat sofort bei mir in der Firma angerufen und mich gebeten, zu ihm zu kommen. Sofort.

Das waren drei schrecklich lange Stunden, die der arme Peter allein war mit der Toten. Voller Angst und Sorge, was für Scherereien es geben würde, wenn man ihn mit der Leiche finden würde. Natürlich war es ein Unfall gewesen, aber schließlich hatte er sie erschlagen, wenn auch aus Versehen. Und bei seinen drei Vorstrafen, alle wegen Körperverletzung, und dem noch offenen Prozess – er wäre in die größten Schwierigkeiten gekommen. Nein, die Leiche musste aus dem Haus. Sie in die Badewanne zu packen, war doch nur geistesgegenwärtig, denn wie hätten wir eine starre Leiche aus dem Haus tragen sollen? Wir hätten sie nie ins Auto bekommen. Und ans Kliff. Es war eine verfluchte Schlepperei.

Bloß – was mich stutzig macht an den Ausführungen des Kommissars, ist, dass sie in der Badewanne ertrunken sein soll. Davon hat Peter nichts gesagt. Auch, dass sie von hinten niedergeschlagen worden sein soll. Von hinten! Das ist doch wohl nicht das, was man in einem Streit als spontane Handlung erwarten sollte, oder?

Vielleicht hätte ich auch den Leuchter nicht anfassen sollen. Aber ich bin nun einmal ein ordnungsliebender Mensch und kann das einfach nicht ansehen, wenn so ein teures Stück da einfach auf dem Teppich liegt. Dem Peter war das in seiner Aufregung natürlich völlig egal, das muss man ja verstehen. – Na ja, aber nun sind da halt meine Fingerabdrücke drauf, auf dem Ding. Nur meine Fingerabdrücke, keine anderen, wie der Kommissar betont.

Warum sitze ich hier und nicht Peter? Langsam frage ich mich, was er gemeint hat, als er sagte, er müsse für die nächsten Tage dringend ins Ausland. Ich solle die Blumen gießen und falls etwas Wichtiges sei, könne ich ihn ja in Spanien anrufen. Ja, und beim Blumengießen, da hatten sie mich dann erwischt, die Bullen, und gleich mit auf die Wache geschleppt. Irgendwie scheint mir, ich sitze ganz schön in der Tinte. Ob die Anschrift, die der Peter mir gegeben hat, überhaupt echt ist. Wer weiß. Fest steht nur, dass ich ihn nicht verraten werde, denn wir sind doch schließlich Freunde, oder?

Furor teutonicus

(Das teutonische Ungetüm – mit anderen Worten: ICH)

Tatjana Kruse

In der Marktstraße zu Schwäbisch Hall ist zu keiner Zeit viel
los, aber am wenigstens erliegt man an einem Montagabend
um 22 Uhr 30 der Illusion, über den Broadway, die Münchner
Prinzregentenstraße oder Unter den Linden in Berlin zu
schlendern. Ruhig, um nicht zu sagen leblos, ragten die Fach-
werkhäuser in den nächtlichen Himmel.

Ich hatte soeben die Stadtbibliothek verlassen, wo ich aus
meinem bahnbrechenden neuen Werk zur Übersetzungstech-
nik vor einem ausgewählten Publikum gelesen hatte.
Genauer gesagt, vor der stellvertretenden Bibliotheksleiterin
Frau Schömbach-Stäblein, ihrem zwölfjährigen Sohn Ferdinand, der sich während der Dauer der Lesung mit einem
Gameboy vergnügt hatte, einer hörgestörten Seniorin, die
ständig »Wie bitte?« gerufen hatte und einem Mittfünfziger,
der sich als Hausmeister herausstellte und für die Teechnik
verantwortlich war, will sagen, für den Schlüssel, mit dem
die Bibliothek abgeschlossen wurde, kaum dass ich in meinen Poncho geschlüpft war.

»Wirklich schade, die Haller sind ansonsten sehr an kul-
turellen Darbietungen interessiert«, hatte Frau Schömbach-
Stäblein noch tröstend angemerkt. Dann war sie, ihren
Sohn im Schlepptau, enteilt. Zum gleich hinter der Bibliothek liegenden Hospitalhof, wo sie – wie alle anderen Schwäbisch Haller auch – dem Liederabend der

berühmten Mezzosopranistin Elisabeth Ellwanger lauschen wollte.

Ich hätte auch lieber einem Liederabend beigewohnt, als vier Unwilligen meine geistesblitzenden Perlen hinzuwerfen, aber ich hatte einen Vertrag unterschrieben und Geld bekommen. Und ehrlich gesagt, schmollte ich jetzt: Warum hatten mir die Kulturamtsoberen auch so eine unschlagbare Konkurrenz aufs Auge gedrückt?

Ich zog meinen grün karierten Poncho enger um meine Schultern. Es war empfindlich kalt geworden.

Von fern meinte ich die tirillierende Stimme der Ellwanger zu hören. Vor der Litfaßsäule neben dem Fremdenverkehrsamt am Marktplatz blieb ich stehen. Elisabeth Ellwanger, ganz in Grün gehüllt, ihr optisches Markenzeichen, lächelte mir von einem mannshohen (oder sollte es fraushohen heißen?) Plakat entgegen. Falsche Haare, falsche Zähne, falsches Lächeln – aber bei soviel Werbung war es ja kein Wunder, dass die Haller Bevölkerung den kleinen DIN-A4-Zettel mit der Ankündigung »Stuttgarter Übersetzerin liest aus ihrem Handbuch« übersehen hatte. Vielleicht hätte da stehen sollen: Ehemaliges Haller Mädel kehrt mit literarischen Ergüssen in ihre alte Heimat zurück. Aber ob das geholfen hätte? Im eigenen Lande gilt der Prophet eben nix.

Ich wollte gerade den Weg in die Obere Herrngasse und somit zu meinem Elternhaus einschlagen, als ich das Knurren hörte.

Nun gut, andere hätten nur einen putzigen Chihuahua gesehen, der sich daranmachte, sich in meinen gut gepolsterten Knöchel zu verbeißen, aber ich sah einen Höllenhund, der mich bei lebendigem Leibe zerreißen wollte.

Ich schrie.

Niemand hörte mich, und als ich eben zu einem neuerlichen Schrei ansetzen wollte, wurde mir ein Kartoffelsack über den Kopf gestülpt, und etwas Schweres, Stumpfes sauste auf meinen Hinterkopf hernieder.

Woraufhin schwärzeste Finsternis einsetzte.

Als ich wieder zu mir kam, hörte ich die Ellwanger trillern. Auditive Halluzinationen?

Aber nein. Ein leises, staubiges Schnarren verriet mir, dass jemand eine Schallplatte abspielte.

Diffuses Licht drang durch den Kartoffelsack, der mich immer noch umhüllte. Es war ziemlich kalt, um nicht zu sagen schweinekalt, und unter dem Sack bildeten sich durch meinen Atem kleine Wölkchen. Das mochte ja gut sein, um hermetisch verriegelte Gesichtsporen zu öffnen, aber mir behagte das nicht. Ich strampelte mich frei.

Gar nicht so einfach, wenn man an Füßen und Händen gefesselt ist.

Das erste, was ich sah, war der friedlich schnarchende Chihuahua.

Das zweite die entsetzt aufgerissenen Augen eines mir völlig fremden Mannes.

»Wer sind *Sie* denn?«, rief er entgeistert.

Offenbar lag hier eine Verwechslung vor.

»Offenbar liegt hier eine Verwechslung vor!«, fauchte ich.

Der Mann verlor seinen entsetzten Gesichtsausdruck und schaute nur noch lustlos aus seinem in Grüntönen changierenden Satinkleid mit Federboa und Muff.

Ich hatte mal in Berlin eine unselige Begegnung mit einem Transsexuellen gehabt, darum wollte ich jetzt einfühlsamer sein, auch wenn die Umstände einen klitzekleinen cholerischen Ausbruch durchaus gerechtfertigt hätten.

»Eine Verwechslung!«, wiederholte ich streng.

»Mir doch egal!«, maulte der Rohling undamenhaft und sah so aus, als entspräche das ganz und gar der Wahrheit.

Die Ellwanger jodelte fröhlich von der Platte.

»Können Sie das Gedudel nicht abstellen?«, verlangte ich.

Da stürzte sich der Mann auf mich und riss mich am Poncho hoch. »Nennen Sie die gottgleiche Stimme von Elisabeth nicht ›Gedudel‹!«

Er schrie nicht, was seiner Drohung umso mehr Nachdruck verlieh.

Ich schwieg.

Der Kartoffelsack hing mir immer noch in der Frisur, und die Strickfesseln schnitten in mein zartes Fleisch. Außerdem schien ich überall blaue Flecke zu haben. Anscheinend hatte der Schmächtige mich nur unter Mühen in seinen Wagen und an diesen geheimen Ort verfrachten können.

Mittlerweile war auch der Kampfhund im Taschenformat erwacht und knurrte mich böse an.

»Wie heißen Sie denn?«, fragte ich zaghaft.

»Roland.«

Roland setzte sich auf einen grünen Plüschsessel mit Troddeln.

»Es handelt sich wohl um eine Kette unglückseliger Missverständnisse. Tut mir ja echt Leid.« Geysirartig eruptierte sein Naseninhalt. Roland führte die Federboa einem völlig neuen Daseinszweck zu und schnäuzte noch mal kräftig.

»Ich habe Sie mit Elisabeth Ellwanger verwechselt«, beichtete er.

»Mit Elisabeth Ellwanger? Die Frau ist doch ein laufender Hungerhaken. Spitze Knie und rachitische Wespentaille. Wie können Sie mich mit der nur verwechseln?«, keuchte ich empört und schüttelte bauchtanzgleich meine rubeneske Fülle.

»Naja, Ihr Poncho ist grün, das ist Elisabeths Lieblingsfarbe. Meine auch. Und Karos tragen ungeheuer auf. Und dann dachte ich . . . nun, hätte ja sein können, dass Elisabeth etwas . . . öhm . . . stärker geworden ist.«

Dick, wollte er wohl sagen. Aber für die meisten Menschen ist das ein Tabuwort. Die gängigsten Umschreibungen sind immer ›stark‹ und ›korpulent‹. ›Stark‹ ist mein Selbstbewusstsein und ›korpulent‹ sind meine Ohrläppchen – *ich* bin dick.

»Bei einem Kidnapping sollte man vorher schon ordentlich recherchieren«, dozierte ich. »Sonst wird das nichts mit dem Erpressungsversuch.«

Roland sprang auf. »Ich wollte Elisabeth doch nicht für Geld entführen!«

Er warf die vollgesaugte Federboa in meine Richtung. Göttinseidank zog die Schwerkraft sie vorher zu Boden und begrub den Chihuahua unter sich. Keine Sorge, Tierfreunde, es blieben keine bleibenden Schäden zurück. Der Hund trollte sich nur unter Protestgewinsel in eine Ecke und fing an, sich gründlich abzulecken.

»Ich bin Elisabeths größter Verehrer! Niemals würde ich ihr etwas antun. Aber seit dem Tod meiner Mutter bin ich so allein.« Er schniefte. »Was hat mein Leben denn noch für einen Sinn? Nur *einmal* sollte Elisabeth für mich allein singen, ganz für mich allein!«

»Dafür kommt man in den Knast«, mopste ich.

Roland funkelte mich böse an. »Na und? Ich hätte bis ans Ende meiner Tage von der Erinnerung zehren können. Und jetzt? All meine Träume – zerschlagen!«

Ich robbte auf meinem Hintern etwas nach vorn. »Quark. Sie versuchen es einfach noch mal.«

Die Milch der frommen Denkungsart durchpulste mich. Dieser Mann war ja nicht durch und durch böse. Er hatte eine zweite Chance verdient. Das sollte meine gute Tat für heute werden. Man darf wirklich nicht alles den Pfadfindern überlassen.

Ich streckte ihm meine gefesselten Beine entgegen. »Na los«, forderte ich ihn auf, »binden Sie mich los. Ich werde kein Sterbenswörtchen verraten. Versprochen!«

Roland schüttelte den Kopf. »Ich kann Sie doch nicht laufen lassen«, flüsterte er. Dann nahm er von einem Biedermeiersekretär ein unterarmlanges Fleischermesser und trat auf mich zu.

Mir wurde übel.

Ein ganzes Leben voll von Aktivität und berauschendem Tempo. In nur drei Sekunden.

Dann hatte Roland meine Fesseln durchschnitten und war mitsamt Messer und Chihuahua verschwunden. Nicht, ohne vorher die Tür fest zu verriegeln und hinter dicken Brettern zu rufen »Ich muss mir noch überlegen, was ich jetzt mit Ihnen mache«.

Vorsichtig rieb ich mein geschundenes Fleisch, bevor ich mich erhob und mich in meinem Gefängnis umsah.

Es war eine Dachkammer, voll mit Gerümpel. Und einer Andachtsecke ganz in Grün für Elisabeth Ellwanger. Sämtliche Platten und CDs, diverse Alben mit Zeitungsausschnitten, ein paar grüne Kerzen, Eintrittskarten, Programmhefte und einige Notenblätter, auf die jemand mit grünem Filzschreiber kleine Herzchen gekritzelt hatte.

Ein Blick aus dem einzigen Fenster ließ in mir die Erkenntnis reifen, dass sich das Haus irgendwo auf der Tullauer Höhe, einem Neubaugebiet von Schwäbisch Hall, befinden musste. Lauter schnuckelige Einfamilienhäuser, umgeben von winzigen Gärten. Und alles lag bereits in tiefem Schlummer.

Unten im Garten tummelte sich der Chihuahua im Licht der Straßenlaterne neben den Gartenzwergen, dahinter eine voll geparkte Straße und eine weitere, leicht uninspirierte Häuserzeile.

Die Tür zur Dachkammer war erstaunlicherweise aus massivster Eiche, da konnte ich auch mit Dagegenwerfen meines Ganzkörpergewichts nicht viel ausrichten. Und ein Sprung aus dem Fenster kam bei dieser Höhe nicht in Frage.

Roland war kein geübter Verbrecher, er hatte vergessen, meine Handtasche zu konfiszieren. Aber das Glück war ihm hold: Ich hatte vergessen, mein Handy aufzuladen. Ohne Akku konnte ich niemand zu Hilfe rufen.

Sollte ich mich in mein Schicksal ergeben? Sollte ich das hilflose Frauchen mimen, das verzweifelt zusammenbricht und auf einen Retter hofft?

Niemals!

In Notsituationen wachsen manche Menschen über sich hinaus, und zu diesem elitären Zirkel wollte ich gehören.

Mir fiel zwar nicht ein, was ich hätte tun können, aber ich stand da wie eine Eins, die Fäuste entschlossen geballt, grimmig dem Schicksal entgegenblickend.

Und dann fiel es mir in einem transzendenten Moment der Erleuchtung wie Schuppen von den Augen, warum all die Jahre vor dem Fernsehgerät nicht umsonst gewesen waren. Ich kannte einen Mann, der sich schon oft in solch aussichtslosen Situationen befunden hatte und der sich immer irgendwie befreien konnte: *MacGyver*!

Was hätte *MacGyver* in meiner Lage getan?

Er hätte findig nach möglichen Hilfsmitteln Ausschau gehalten. Jawoll. Danke, Sat.1!

Also hielt ich findig Ausschau: Mal abgesehen von der grünen Andachtsecke gab es außer alten Möbeln und einem Koffer mit getragenen Frauenkleidern noch eine dreiviertel volle Flasche Möbelpolitur, einen Plastikbeutel mit Mottenkugeln, einen rostigen Flaschenzug, ein Seil, eine schmale Eisenstange, zwei alte Rohre und eine Schachtel Nougatpralinen, die ihr Verfallsdatum erst in zwei Monaten erreichen würden.

Perfekt!

Ich würde mir die Pralinen als Nervennahrung reinziehen und mir anschließend eine raketengetriebene Harpune basteln!

Meine alte Physiklehrerin wäre selig gewesen: Im Nu hatte ich die Politur in das einseitig verschlossene Rohr gegossen, dann schüttete ich ein paar Mottenkugeln darüber. Ich band das Seil an der schmalen Eisenstange fest und schob die Stange in das Rohr. Das andere Ende des Seils befestigte ich an einem der Holzbalken.

Wenn mich die Erinnerung an die *MacGyver*-Folge nicht gründlich täuschte, musste ich jetzt nur mittels einer Zündschnur das Ganze in Brand setzen. Es würde eine Explosion geben, die Eisenstange würde durch das Fenster geschleudert und könnte sich dann, mit etwas Glück und ordentlich ausgerichtet, in einem der Bäume draußen auf der Straße festhaken. Mit Hilfe des Flaschenzugs könnte ich mich daraufhin über die Gartenzwerge und den Winzkampfhund hinweghangeln und wäre in Sicherheit.

Genial!

Mit meiner Nagelschere zerschnipselte ich meinen Poncho (dieses Teil würde ich ohnehin nie wieder tragen wollen) und funktionierte den Stoffstreifen zu einer Zündschnur um. Jetzt nur noch ein Streichholz und – peng!

Freiheit, ich komme.

Liebe Kinder, versprecht mir eines: Niemals das nachmachen, was die Tante hier vorexerziert! Gebt mir euer großes Indianerehrenwort!

Es tat einen furchtbaren Schlag.

Dankenswerterweise hatte mir mein Schutzengel eingeflüstert, hinter dem Sessel mit den Troddeln Schutz zu suchen, denn die Explosion ließ das Dachfenster in eine Million Scherben zerbersten.

Die Eisenstange hatte allerdings keinen Alleinflug angetreten, sondern baumelte lustlos einfach in die Tiefe.

Allerdings hatten sich durch den Funkenflug die Kleider im Koffer entzündet. Kleine Flammen züngelten sich groß.

Es roch bestialisch, und von draußen hörte ich das hektische Kläffen des Chihuahua.

Eine Sekunde später stürmte Roland herein. »Oh mein Gott, meine Memorabilia!«, kreischte er. Der Ellwanger-Altar hatte meinen Ausflug in die Pyrotechnik nicht sonderlich gut überstanden.

»Was haben Sie getan?« Roland ging in die Knie und presste die wenigen Schallplattenhüllen, die nicht mit Glassplittern durchbohrt waren, an seine schmächtige Brust. Als er wieder aufstand, hatten sich einige Scherben in seine Knie gebohrt. Blut tropfte zu Boden.

Von fern nahten Sirenen.

Roland mutierte angesichts dieses Desasters zum Vierjährigen. Obwohl er mich um Kopfeslänge überragte, tätschelte ich ihm mütterlich die Wange und übernahm das Reden, als Feuerwehr und Polizei eintrafen.

Wir hätten gemütlich zusammengesessen und alten Aufnahmen von Elisabeth Ellwanger gelauscht, als mir ein Streichholz, das ich zum Anzünden meiner Zigarette verwendet hatte, wohl noch glimmend in ein Rohr gefallen sei, in dem sich offenbar Reste von Möbelpolitur und Mottenkugeln befunden hätten.

Der Feuerwehrmann blieb misstrauisch, war jedoch ein Kegelbruder von Roland und fand es viel interessanter, dass sein Kumpel in seiner Freizeit grüne Satinkleider trug. Einer der Streifenbeamten fand es merkwürdig, dass meine Zigarette mitsamt Päckchen durch die Explosion ins Freie geschleudert worden sein mussten, weil sie nämlich auf dem Dachboden nicht mehr zu finden waren.

Aber das war meine Version und dabei blieb ich.

Roland nickte nur zu allem wie ein braver Bub eben nickt.

Nach Abzug der Streitkräfte brachte ich Roland zu Bett.

»Ich zeige dich nicht wegen Entführung an, und du zeigst mich nicht wegen Sachbeschädigung an. Gebongt?«

Roland nickte. Dann schlief er ein, ein Foto von Elisabeth Ellwanger im Arm. Er würde es im Schlaf zweifelsohne zu totaler Unansehnlichkeit zerknittern.

Ich ging in die Küche, fütterte den Chihuahua, der daraufhin zu meinem willenlosen Streichelsklaven mutierte und sich ordentlich durchkraulen ließ. Dann eilte ich nach Hause. Auf Schusters Rappen, weil zu dieser geisterhaften Stunde kein *Hafner*-Bus mehr fuhr.

Man soll ja aus all seinen Erfahrungen lernen, darum habe ich mir am nächsten Morgen eine Liste erstellt:

a) vor einer Lesung immer erst abchecken, wer sich in der Stadt sonst noch die Ehre gibt

b) stets darauf achten, dass mein Handy funktionsbereit ist

ach ja – und

c) nie mehr *MacGyver* spielen – ich bin kein Actionheld, eher schon die östrogenhaltige Version von Jabba the Hut und der hat auch nicht selbst gezündelt, sondern zündeln lassen . . . Messer, Schere, Feuer, Licht, sind für mich von nun an nicht.
Basta!

Kurz vor Schluss

Ralf Kramp

Voss war froh, als die Maschine endlich auf dem Rollfeld des Flughafens Köln-Wahn zum Stehen kam. Er reiste beständig durch die Weltgeschichte, aber hatte sich nie an den Gedanken gewöhnen können, in einem zig Tonnen schweren Stahlgehäuse etliche Kilometer über dem festen Boden durch das Nichts zu sausen. »Ich habe keine Angst vorm Fliegen...«, erklärte er immer wieder seinen besorgten Sitznachbarn, während er sich in die Armlehnen krallte. »...nur Angst vorm Abstürzen.«

Bald würde er in der Eifel sein, in engem Bodenkontakt durch die Räder des Leihwagens. Sein Blick fiel durch das kleine Kabinenfenster auf das Rollfeld. Es wurde Abend, und es goss in Strömen. Mit einem Mal kam ihm ein sofortiger Rückflug nach Hamburg fast schon wieder attraktiv vor, dorthin, von wo er vor einer Dreiviertelstunde gestartet war, und wo das Licht der Abendsonne einen weißen Glanz auf das Wasser der Elbe gezaubert hatte, so dass es von oben fast so aussah, als habe eine gigantische Riesenschnecke ihre Schleimspur hinterlassen.

Aber jetzt sofort musste es sein, hatte sie gesagt, ja, gefleht. Er konnte von Glück sagen, dass das mit dem Flug und dem Leihwagen auf die Schnelle geklappt hatte. In seiner Jackentasche tastete er nach dem Handy, das er jetzt wieder benutzen durfte.

Oh ja, es musste sofort sein, und er würde den Teufel tun, sich diese einmalige Chance entgehen zu lassen.

Mit zittrigen Fingern breitete sie die Fotografien und Zeitungsausschnitte auf dem kleinen Couchtisch aus. Im Kamin knackten die Buchenscheite, während sich gierige Zungen langsam in sie hineinfraßen.

Sie hatte Mühe, die Fotos zu erkennen und schaltete die Stehlampe ein. Die alten Augen verweigerten zunehmend ihren Dienst. So, wie auch der Rest des Körpers. Nur der Verstand war frisch und lebendig, und das war ein Ungleichgewicht, das oftmals schwer zu ertragen war. Mit Namen hatte sie so ihre kleinen Schwierigkeiten, aber wenn man ihr Zeit ließ, fielen sie ihr zumeist wieder ein.

Vor ihr lag Eva Bartholdy. In Fotografien, in Zeitungsartikeln, auf den Cover von Hochglanzmagazinen. Alles roch muffig, holzig, nach sprödem Papier. Lange hatte es in der großen Lebkuchendose unter dem Bett geruht. Aber heute . . .

Das Telefon klingelte. Sie erschrak ein wenig, obwohl sie mit brennender Ungeduld auf diesen Anruf gewartet hatte. Ihre knochige alte Hand schloss sich zögernd um den Hörer und nahm ihn dann abrupt von der Gabel. »Ja?« Sie meldete sich nie mit ihrem Namen. Es war die gleiche unsympathische Stimme wie vor wenigen Stunden, der gleiche unverschämte Tonfall wie vor ein paar Tagen. »Sie sind gelandet? Das ist gut.«

Plötzlich wurde ihr Atem ungleichmäßig. Sie schnappte nach Luft, keuchte, stieß mit einer fahrigen Handbewegung die Tasse auf dem Tisch um. »Nein . . .«, beantwortete sie heiser die Frage vom anderen Ende der Leitung. »Mir geht es nicht gut. Sie müssen sich beeilen, hören Sie?« Erneut keuchte sie heftig und schließlich fügte sie entkräftet hinzu: »Fahren Sie in Richtung Köln und dann Richtung Aachen. Sie müssen auf die A1 in die Eifel . . .« Sie beendete das Telefonat mit einem neuerlichen Hustenfall.

Nachdenklich blieb sie einen Moment sitzen und verschnaufte.

»Ich kann es noch«, dachte sie. »Verwundert Sie das, Frau Bartholdy? Nein, sicher nicht. Sie war die größte gewesen. Ihr Blick streifte eine Fotografie, in der Kirk Douglas ihre Hüfte umfasst hielt. Ein Rest Tee aus der umgekippten Tasse leckte an seinen Rändern. Sie erhob sich, nicht ohne Mühe, um ein Geschirrtuch aus der Küche zu holen. Die Äste des großen Haselnussstrauchs wurden vom Wind gegen das Wohnzimmerfenster gepeitscht.

Mühsam tanzten die Scheibenwischer einen eintönigen Tango mit dem in wilden Böen niederprasselnden Regen. Das Hinweisschild zur A1 entdeckte er im letzten Moment. Ein vor ihm fahrender Lastwagen wirbelte wahre Fontänen kalten Herbstregens zu ihm hinüber. Beim Versuch, die Zigarettenkippe in den Aschenbecher zu drücken, verbrannte er sich beinahe die Finger.

Der alten Dame ging es schlecht. Sie hatte sich am Telefon angehört, als habe sie ein Rendezvous mit dem Gevatter anstatt mit ihm, Karl Heinz Voss, dem rasenden Re...

Das Fahrzeug machte einen hektischen Schlenker. Er lenkte gegen und hatte das Gefährt augenblicklich wieder im Zaum. »Langsamer!«, dachte er. »Schneller!«, schoss es ihm sofort darauf durch den Kopf. Es konnte durchaus sein, dass diese Lebensbeichte von Eva Bartholdy die allerletzte sein würde, zu der sie noch fähig war. Die Leser würden darauf brennen. Das hieß Auflage, das bedeutete Ruhm und Geld. Er, Karl Heinz Voss hatte sie aufgespürt! Dafür konnte man schon einmal einen Abstecher in die Eifel machen.

Zuerst hatte er nicht verstanden, warum sie sich in den

vergangenen zwanzig Jahren gerade in der Eifel verkrochen hatte. Warum nicht ein sonniges Plätzchen, etwas unter Palmen, irgendwas, wo es nach Oleander roch und wo selbst alte Haut mit der Zeit einen Hauch von zimtfarbener Bräune annahm?

Dann hatte er in einer alten Biografie ihren Geburtsort gefunden: Blankenheim in der Eifel. Lange her. Nach dem Gymnasium sofort ans Max-Reinhardt-Seminar, Studium am Deutschen Theater, dann bei Otto Falckenberg in München, Prag, nach dem Krieg wieder in Berlin, zum Hebbel-Theater, später Schiller-Theater, 1924 Statisterie beim Film, ab 45 auch in französischen und amerikanischen Streifen, einmal die kühle Blonde bei Hitchcock, ein anderes Mal die alternde Diva unter Wilder, zwei Ehen in Amerika, ein nie bestätigtes Verhältnis mit Kirk Douglas, ab 1965 in Paris, kaum noch Filme in den Siebzigern, und schließlich seit 1977 unauffindbar abgetaucht.

Jetzt war er auf der A1 in Richtung Blankenheim. Seine Rechte tastete auf dem Beifahrersitz nach dem Handy.

Sie stand am Fenster und versuchte, durch den regendurchtobten Abendhimmel hindurch die Spitze der Dorfkirche im Tal zu erkennen. Es war finster geworden. Man konnte den angestrahlten Turm in der Ferne nur erahnen.

»Eine Nacht zum Sterben«, dachte sie und blickte zum Telefon hinüber. Gleich würde sie wieder röcheln und nach Luft ringen. Wie oft war sie eigentlich gestorben? Sie versuchte, sich einzelne Filmszenen ins Gedächtnis zurückzurufen, und streckte für jede einzelne, die ihr einfiel einen ihrer bleichen Finger aus. Später waren es immer mehr geworden. Immer mehr Tode in immer schlechteren Filmen. Und da hatte sie beschlossen, nur noch einmal zu sterben. Hier. In einem Teil der Welt, in dem ihr Leben auch begonnen hatte.

Vieles hatte sich verändert, nachdem sie all die Jahre fortgewesen war. Von ihrer Familie gab es längst niemanden mehr. Irgendwo bei Gerolstein lebte irgendeine entfernte Großnichte, die einmal versucht hatte, sie in Paris zu behelligen. Eine banale Geldgeschichte. Ein Wiedersehen hatte es nie gegeben.

Das Haus hatte sie unter dem Mädchennamen ihrer Mutter gekauft. »Meurer« war ja ein so gewöhnlicher, weit verbreiteter Name, da schöpfte niemand Verdacht.

Zuerst hatte die Scheu sie fest im Griff gehabt. Die Angst, entdeckt und belästigt zu werden, hatte sie monatelang ans Haus gefesselt. Aber schließlich hatte sie begonnen, ihr Refugium von Zeit zu Zeit zu verlassen. Sie machte Streifzüge durch die Umgebung, fand Orte wieder, die sie längst vergessen hatte, machte tagelange Spaziergänge, erwanderte sich ihre längst verloren geglaubte Jugend zurück. Heute ging sie kaum noch aus dem Haus. Ihre Beine waren über neunzig Jahre alt und nicht mehr imstande, den Kampf mit den Unwegsamkeiten der jahrmillionenalten, spröden Landschaft ihrer Heimat aufzunehmen. Aber in ihrem Kopf war unterdessen jeder Stock und jeder Stein der Eifel gespeichert.

Es klingelte wieder. Auf dem Weg zum Telefon legte sie ein neues Holzscheit auf die Glut und blies kräftig hinein. Das brachte sie wunschgemäß außer Puste.

Erst beim zehnten Klingeln hob sie ab.

»Nettersheim . . .« stammelte sie mit kurzem, flachem Atmen. »Abfahrt Nettersheim . . . Beeilen Sie sich!«

Es machte nur in den seltensten Fällen Spaß, sich über Verstorbene herzumachen. Auch die Geschichte über diese tote Schauspielerin, die sich durch die Betten der Nazis zum Erfolg geschlafen hatte, war ihm nur mäßig gelungen. Ihn hatte es im Grunde genommen kaum interessiert, ob sie nun wirklich eine Nazinutte gewesen war oder nicht. Bei der Veröffentlichung hatte es dann aber einen Mordstrubel gegeben. Nachfahren, Verehrer, alle bemühten sich plötzlich darum, das Ansehen der verblichenen Diva wieder aufzupolieren.

Und dann war ihm Eva Bartholdy in den Schoß gefallen. Einer von vielen Anrufen, in denen aufgebrachte Ewiggestrige sich über seinen Bericht ereiferten. Sie hatte keinen Namen genannt. Ihre Ausdrucksweise war geschliffen, ihre Schimpfworte waren antiquiert, und als er fragte, was sie dazu veranlasst hatte, solcherart Partei zu ergreifen, da hatte sie sich verplappert. »Sie war eine reizende Kollegin und sehr gute Freundin, und sie hätte niemals mit diesen braunen Schweinen... Bei unseren Dreharbeiten zu ›Grenze des Glücks‹, da hat sie mir...« Dann herrschte Stille am anderen Ende der Leitung, und schließlich wurde aufgelegt.

Voss rieb sich das rechte Auge. Es tränte vor Anstrengung. Er spähte angestrengt nach der Abfahrt Nettersheim aus, und hatte eine wahnsinnige Furcht davor, zu spät zu kommen.

Die moderne Telefontechnik hatte ihr ein Schnippchen geschlagen: Ihre Telefonnummer war im Display erschienen, und instinktiv hatte er sie notiert, als er ahnte, dass ihm das Schicksal da eine ganz besondere Gesprächspartnerin beschert hatte.

Der Blick in eine Filmdatenbank im Internet bestätigte seine Vermutung: Dies war die Telefonnummer von Eva Bartholdy. *Der* Eva Bartholdy!

Als er zum ersten Mal anrief, legte sie gleich wieder auf. Aber Voss war bekannt für seine Hartnäckigkeit. Er ließ nicht locker. Und als sie kategorisch jegliche Auskunft ablehnte, setzte er die Daumenschrauben an: Es wäre kein Problem, über den Telefonanschluss an ihren Aufenthaltsort zu kommen. Keine große Sache, würde nicht lange dauern. Es blieben ihr zwei Alternativen: Entweder die Geschichte über den Zaun unter der Headline »Hier versteckt sich ein Star«, oder ein geheimes Exklusivinterview unter dem Titel »Erinnerungen im Verborgenen«. Schließlich hatte sie eingewilligt. Und dann musste plötzlich alles sehr schnell gehen.

Nettersheim! Er riss das Steuer herum. Der Wagen kam wieder gefährlich ins Schlingern.

Er führte das Handy wieder ans Ohr und drückte die Wahlwiederholung.

»Komm schon, du alter Besen«, knurrte Voss mit einer eigenartigen Mischung aus Wut und Furcht. »Ich hab keine Lust, hier stundenlang zwischen diesen verschissenen Eifelhügeln rumzukurven für nichts und wieder nichts!«

». . . deshalb werde ich Sie von hinten an das Haus heranführen . . . Aaah!« Sie stöhnte auf, und dachte im gleichen Augenblick daran, dass das vielleicht eine Nummer zu dick aufgetragen sein könnte. Aber Billy Wilder hatte ihr immer gesagt: »Mädchen, du heulst zu sehr in dich rein. Mehr Fontäne, statt Abfluss bitte!« Auf Deutsch selbstverständlich.

»Nein, nein, geht nicht . . . nicht den direkten Weg. Ich will nicht, dass man Sie sieht! Keiner weiß hier . . .« Der Satz blieb in der Luft hängen, und stimmte doch. Sie hörte, wie er fluchte. Der Regen war wieder stärker geworden. »Am Kreisverkehr dann . . . rechts . . . Haben Sie einen Schirm dabei? . . . Es wird ein kleiner Fußmarsch . . .«

»Ein Fußmarsch? Sie sind lustig! Bei dem Wetter?« Am anderen Ende war wieder ein Stöhnen zu hören. Was war, wenn sie starb, bevor er kam? Dann war alles umsonst. Wenn sie ihn aber hereinließ und dann . . . solange er ins Haus hineinkonnte, war es ihm egal, ob sie abnippelte oder nicht. Die ersten und vermutlich einzigen Fotos von der toten Diva . . .

Er hätte bereits die Kassen klingeln hören können, wenn nicht der Regen so laut aufs Autodach trommelte.

Er hielt auf dem Waldparkplatz an, so, wie sie es ihm mit knappen Worten aufgetragen hatte. Vergeblich hatte er um die Beschreibung des kompletten restlichen Wegs gebeten. Er hatte keine Lust, mit seinem Handy durch den Wolkenbruch zu tapern, wo er ohnehin kaum die Hand vor Augen sah, aber sie schien zu schwach, um lange Sätze zu sprechen. Sie versprach, die Verbindung nicht zu beenden. Die Wegbeschreibung kam also häppchenweise.

Er sprang aus dem Wagen und war im nächsten Moment nass bis auf die Haut. Vergeblich versuchte er, seine Jacke zum Schutz über den Kopf zu ziehen. Er presste das Handy so fest an das rechte Ohr, dass es wehtat. Seine Kameratasche schlenkerte an seiner linken Schulter und knallte immer wieder schmerzvoll in seine Hüfte.

»Sie müssen lauter sprechen!«, schrie er in das Funktelefon. Dann sprintete er los, soweit es die Finsternis zuließ.

Zuerst der Waldweg. Mehrmals rutschte er auf dem groben, nassen Schotter aus und verfluchte innerlich seine zukünftige Gastgeberin aufs Unflätigste. Er hörte ihr Husten am anderen Ende.

Zu seiner Rechten lichtete sich der Wald und er erahnte ein Licht auf dem Feld. Vermutlich ein Aussiedlerhof. Wo um alles in der Welt lebte diese arme alte Irre bloß?

Er stolperte und fiel der Länge nach auf den harten Boden. Fluchend tastete er nach dem Handy.

Als er es gefunden hatte, betete er zu Gott, dass es beim Sturz keinen Schaden erlitten hatte. Sein Gebet wurde erhört. Er wischte überflüssigerweise mit der flachen Hand über das Gerät, bevor er es wieder ans Ohr führte. Dann hörte er wieder die schwache Stimme, die ihn nach links schickte. Er ertastete Bäume. Seine Füße strauchelten durch nasses Laub.

»Nur noch wenige Meter ...« Sie hustete erneut und goss sich behutsam einen bernsteinfarben schimmernden Likör in ein kleines Glas. Der Flaschenhals klimperte kaum hörbar auf dem Glasrand. »Ich werde das Licht auf der Terrasse einschalten. Nur noch ein paar Meter, dann können Sie es sehen... bitte beeilen Sie sich... ich...« Sie verstummte und setzte das Glas an die Lippen.

»Ich sehe überhaupt nichts!«, keuchte Voss in sein Handy. »Ich habe Mühe, nicht gegen diese verdammten Bäume zu rennen! Hallo? Sind Sie noch da? Hallo! Frau Bartholdy!« Er kreischte in das Gerät. Seine taumelnden Schritte wirbelten nasses Laub auf, der Regen klatschte aus dem tiefschwarzen Himmel durch das nur noch spärlich belaubte Geäst der hohen Bäume auf ihn nieder. Er stolperte vorwärts, strauchelte, spürte plötzlich hartes Gestein unter den Füßen, und mit einem Mal war da nichts mehr. ».. nur Angst vorm Abstürzen«, schoss es ihm durch den Kopf, als ihn das Nichts schluckte.

Sie hörte den Schrei nur noch undeutlich. Im nächsten Augenblick wurde die Verbindung unterbrochen. Einen Sturz in solche Tiefen überlebt kein Handy. Eva Bartholdy überlegte, wann sie zum letzten Mal da gewesen war. Die »Donnermaar« zwischen Zingsheim und Keldenich. Ein grandioses Schauspiel, wenn man am Fuß dieser schroffen Felswand stand, ein beängstigender Ausblick, wenn man sich in der Höhe bis an den Rand des unversehens aus dem Waldboden auftauchenden Abgrundes heranwagte. Sie seufzte. Vermutlich würde sie es niemals wieder sehen. Der Weg war zu beschwerlich und lang. Bestimmt anderthalb Stunden Fußmarsch entfernt.

Sie ergriff die Fotografie mit Kirk Douglas und betrachtete

sie ein letztes Mal. Dann legte sie sie zurück in die metallene Kiste, die in den Kanten schon ein wenig Rost angesetzt hatte. Behutsam legte sie die anderen Papiere darauf und verschloss die Kiste wieder.

Für Elisabeth Minetti

Der Spuk von Jena

Christine Lehmann

Die lichten Muschelkalkhügel des Saaletals rückten zu einer finsteren Enge zusammen. Richard bremste den Mercedes ans Heck eines Trabis heran und sog mit geweiteten Nüstern den Zweitakterrauch ein. Ich hatte ihn selten so ergriffen gesehen. Der Wagen arbeitete sich im zweiten Gang enge Kehren hinauf. Auf der Kuppe lagen Septembersonne und ein Dorf.

»Cospeda«, sagte Richard. »Die Häuser da auf dem Feld waren früher auch nicht da.«

Ich versuchte das *früher* zu ermessen, das in seinem Hirn herumspukte. Was für Beziehungen hatte ein Stuttgarter Staatsanwalt zu einem Ostpfarrer? Was verband ihn mit einem Dorf, in dessen Kneipe *Im Grünen Baum zur Nachtigall* Ende der fünfziger Jahre ein Kollektiv der Friedrich-Schiller-Universität mit Hilfe der Zinnsoldatensammlung des Gastwirts als Dauerausstellung die Schlacht bei Jena und Auerstedt nachstellte, bei der Napoleon 1806 die preußisch-sächsischen Truppen vernichtend schlug? Nach der Wende, so Richard, jagten die Töchter den Wirt fort, weil er das gesamte Dorf mit Richtmikrofonen bespitzelt hatte. Am Haus daneben behauptete eine Tafel, Napoleon habe hier genächtigt.

Der Stern auf dem Kühler zielte millimetergenau zwischen Torpfosten in den bucklig gepflasterten Hof. Zwei Hunde umwedelten uns. Hühner gackerten. Ein Mädchen flog aus der Haustür. »Jorinde«, sagte Richard. Ihr junges langes Haar hatte die Farbe von Bienenwachs. Beide gaben sich nur die Hand, aber ihre Kastanienaugen glänzten, und Richards Gefühle schienen sich augenblicklich denen eines Werther anzuverwandeln.

Der Pfarrer kam gemächlicher nach, lächelte und entschloss sich zu einer Umarmung.

»Josef Budde«, sagte Richard. »Lisa Nerz.«

»Oh«, sagte Budde und reichte mir die Hand. Er war ein runder Mann mit rundem Schädel und kleinen grauen Augen. Er verhehlte sein Befremden nicht angesichts meiner Jugend neben Richard und der Narbe in meinem Gesicht und wandte sich schnell ab. »Jorinde, geh Ming die Augen verbinden, sonst kriegt sie vor Schreck Schluckauf.«

Ming war eine altehrwürdige Pekinesenhündin, die sich in der Diele im ersten Stock huldigen ließ. Sie wedelte augenrollend mit dem Schwänzchen und bekam Schluckauf. Während ich über des Pfarrers Missbilligung meiner Person nachdachte, erläuterte Jorinde, dass ihr Vater um Mitternacht Goethe-Gedichte vorsprach, damit das Tierchen endlich sein Schweigen brach und den Unterbisskiefer auftat, um seine Weisheiten mitzuteilen. Wir betraten eine abschüssige Stube. Die Wände knirschten unter der Last geschwärzter Gemälde, die Dielen ächzten unter biedermeierlichen Schränken, die Vitrinen klirrten unter der Verantwortung für Terrinen, Saucieren und Tellern aus Meißner Porzellan. Den Weg zum Plumpsklo bahnte man sich durch ein Heer von kniehohen Terrakotta-Gnomen, die Jorinde in ihrem Atelier unterm Dach herstellte. In der Küche loderte Feuer in einem eisernen Herd. Ein eitrig blinzelnder Kater, dessen weißes Perserfell vor Lehm starrte, saß auf dem Tisch. Immerhin kam Wasser aus dem Küchenhahn, wenn auch so kalt, dass die Seife in meiner Hand gefror. Jorinde schnitt Möhren in einen Topf. Ihr honigfarbenes Haar rief Märchen wach.

»Was für eine Ruhe«, bemerkte ich, »was für ein Paradies!«

»Ich habe die Betten im Napoleonzimmer aufgestellt«, sagte sie. »Hoffentlich lässt euch der Spuk heute Nacht in Ruhe.«

»Wie?«

»Wir haben einen Hausgeist. Er rumpelt manchmal da unten.«

Ich nahm es als feinsinnige Revanche für meine städtische Bemerkung über die paradiesische Ruhe fern aller Weltenwenden.

»Wir vermuten, es handelt sich um einen Vorfahren, Rötger von Harstall. Er soll 1836 bei einem Duell ums Leben gekommen sein. Sein Bild hängt unten im Eingang.«

Mein Herz bekam kurz den Schluckauf. Aber ich war entschlossen, nicht an Übersinnliches zu glauben, und stieg hinab, um mir das Bild anzusehen. Harstall war ein eingedunkelter rotblonder Bursche mit keckem Studentenkäppi. Seine Augen waren dieselben wie Jorindes, verhalten und poetisch, Augen derjenigen, die jeder Zeit fremd bleiben.

Durch den schmalen Gang vor ihm führte ein buckliger Steinboden von der Haustür zu einem vermutlich später angebauten Bad. Eine Tür daneben, am Fuß der Treppe, stand offen. Im Garten, der das krautige Grün kaum fasste, unterhielten sich Josef Budde und Richard Weber, beide um die fünfzig, doch um Generationen verschieden; im braunen Maßanzug mit Schlips und Kragen der glatte Oberstaatsanwalt aus dem Westen, der Pastor leise und schlau in fadenscheiniger Wolljacke mit kubanischer Zigarre.

Als Jorinde mit einem Tablett erschien, um den Gartentisch mit Meißner Kaffeetassen zu decken, war ich bereit, die Existenz von Feen in Erwägung zu ziehen. Ihr schwarzer Rock wehte, ein silbernes Kreuz blitzte am Samthalsband, goldene Funken rannen über das Haar von der Farbe echten Bienenwachses. Dagegen war ich eine grobe Erscheinung in Jeans und Lederjacke mit Narbe und Kurzhaarschnitt. Es war weniger ein räumliches als vielmehr ein geistiges Wunder, dass wir vier in der Ecke einer efeufeuchten Mauer Platz fanden. Ich hatte gelesen, dass ihre Sprache das Wort Kaderwelsch enthielt. Für sie war Konsum ein Kaufhaus, für uns ein gesellschaftliches Verhalten. Mir fiel keine Frage ein, die ich diesen Leuten hätte stellen können, außer einer einzigen. Feinfühlig, wie er war, griff Budde die ungestellte Frage auf und brachte die Rede auf einen Maler, der sich heute Bürgerrechtler nannte und ihn gleich nach der Wende als Inoffiziellen Mitarbeiter der Stasi mit Decknamen Luther entlarvt haben wollte.

»Das einzige Mal«, sagte Budde, »dass diesem Maler öffentliche Aufmerksamkeit sicher war.«

Die Anspannung in Richards Gesicht zeigte mir, dass auch er von der publizierten Beschuldigung gegen den Pastor wusste. Der Grubenhauch des Plumpsklos wehte uns an. Ich ahnte, warum wir hier waren.

»Musste ein IM nicht eine Verpflichtungserklärung unterschreiben?«, bemerkte ich.

Jorinde begann schlagartig das Geschirr zusammenzuräumen und erklärte, die Hunde müssten raus. Richard blieb sitzen und bannte damit auch Budde in den Stuhl, der Zigarre schmauchend erwog, was er einräumen sollte.

»Natürlich«, sagte er schließlich, »gibt es über mich eine Akte. Mein Stasimann hat hier oft genug Kaffee getrunken.« Er schmunzelte. »Was glaubt ihr, warum sie das Grab von Carl Zeiss auf dem Alten Friedhof zu seinem neunzigsten Todestag neu gestaltet haben? Es war kurz vor der Hundertjahrfeier der Zeiss-Stiftung. Als ich auf den Friedhof kam, war der Zeiss-Grabstein weg. Also bin ich zu meinem Stasi-mann. Er stotterte herum. Man wollte den Festakt eben nicht auf einem christlichen Friedhof begehen. Ich drohte damit, dass die Grabschändung sicherlich im Westen Beachtung finden würde. Euer Zeiss-Werk in Oberkochen feierte damals ja auch das Jubiläum. Man musste nur miteinander reden. Am Ende haben sie nicht nur das Grab, sondern auch das Dach der Friedhofskirche renoviert.« Budde stand entschlossen auf.

Zu meiner Verwirrung gab sich Richard mit der Anekdote zufrieden. Die Hunde wilderten durch den Garten zum Törchen am Wald. Jorinde trug Ming hinterher. Bolle hieß der schwarze Riesenschnauzer und Rambo der hüftlahme Schäferhund. Sie brachen durchs Unterholz, während Ming den Waldweg entlangwuselte. Als wir auf abgemähte Wiesen und Felder traten, die ins südliche Plateau gen Jena schwangen, wandte sich Josef Budde unvermittelt an mich.

»Schauen Sie gut hin. Uns hat man immer nur befreit. Erst Napoleon, dann die Amerikaner, dann die Russen.«

Das also war das Schlachtfeld, auf dem einst die preußisch-sächsischen Truppen biwakierten, ehe sie von Napoleon und seinen Generälen gen Norden getrieben und bei Auerstedt aufgerieben wurden. Auf die Hügelkuppen hatten die Russen Funkanlagen gesetzt. Kleine Häuschen begannen bereits das Feld von Norden her zu infiltrieren. Im Dunst zwischen den Hängen scharte sich Jena um den Block der Zeiss-Werke, den Glas-Alu-Zylinder des Universitätshochhauses und den Turm von St. Michael.

»Du musst wissen«, sagte Richard, »dass Josef Nachfahre von Johann Buddeus ist. Der Pietist hielt seine Vorlesungen in Theologie hier schon Anfang des 18. Jahrhunderts auf Deutsch.«

Auch Schiller soll ja in Jena Geschichte gelehrt haben, rätselhaft für jemanden wie mich, die Schiller für einen Reclam-heftchen-Dramatiker hielt.

»Sogar Karl Marx hat hier promoviert«, ergänzte Budde.

Ein Gespenst geht um in Deutschland.

Die Septembersonne warf Baumschatten auf das Schlacht-feld. Jorinde hatte Ming wieder eingefangen, die auf ihrem Arm hechelte, und gab auf meine Fragen nur ungern Aus-kunft. Sie war dabei, ein Theologiestudium abzuschließen. »Ich hatte das Glück, dass ich auf ein Gymnasium durfte. Das war für Pfarrerstöchter schwierig.« Vermutlich hatte Papa darum gekämpft. Nun hoffte sie auf eine Pfarrstelle in Apolda, da die Kirche die Stelle in Cospeda schließen würde.

»Schade, jetzt, wo die Kirche endlich voll wird.« Papa, dem sie nach dem Unfalltod der Mutter den Haushalt führte, stand kurz vor der Frühpensionierung.

Noch behauptete sich das Dorf grau und schief gegen den Ansturm properer Neubauvillen auf freiem Feld. Zum Abendessen löffelten wir in der abschüssigen Stube Gemüse-eintopf aus Meißner Porzellan. Mir bebten die Hände, als ich das Zwiebelmuster, das noch stark den ursprünglichen Gra-natäpfeln ähnelte, dann abtrocknete und zwischen hungri-gen Katzen auf dem Küchentisch stapelte. Als Jorinde nach längerem Schweigen die Frage einfiel, was ich denn machte, plauderte ich von meinem Job bei der Zeitung, fühlte mich überlegen und bot ihr das Du an.

»Wie lange kennst du Richard schon?«, fragte sie, und meine Überlegenheit war dahin, denn ihre Bekanntschaft mit ihm war offensichtlich älter als meine.

»War er eigentlich oft hier?«, erkundigte ich mich.

»Nach dem Mauerfall nicht mehr.«

Damals musste sie zauberhafte Siebzehn gewesen sein. Sie nahm das Porzellan, trug es in die Stube und kam aus einem anderen Zimmer mit Bettwäsche wieder. »Es ist doch in Ordnung, wenn ich euch zusammen unten im Napoleonzimmer unterbringe, oder?«

»Ja, sicher.« Ich hätte mir das Lachen verkneifen sollen. Immerhin war dies ein christlicher Haushalt, und Vater und Tochter fragten sich missbilligend, in welchem Verhältnis ich, das Biest, zu dem Schönen stand. Wenn Richard damals nicht Mitte vierzig und Jorinde nicht erst siebzehn gewesen wäre und es diese Grenze nicht gegeben hätte, dann hätte er sich mehr als nur ihr Herz erschlossen. Es schien mir unmöglich, dass es heute irgendein Wollpullover-Kommilitone schaffte, Jorindes jungfräulichen Zauber zu durchdringen.

Wir rumpelten die Holztreppe hinab. Vor dem Bad grauste es mich, seit ich einen Blick hineingeworfen hatte. Der Boden war Beton. Der Boiler hätte mit Holz befeuert werden müssen, damit uns eine warme Dusche in einem emaillierten Badezuber möglich gewesen wäre, falls der Wasserdruck ausgereicht hätte. Im Napoleonzimmer stand Josefs Schreibtisch. Die Amtsstube war bis unter die vergilbte Decke mit Büchern vollgestaubt, imprägniert von Zigarrenrauch. Vor den Regalen standen rechts ein welliger Diwan und links eine durchhängende Liege. Am Lichtschalter neben der Tür hing in roter Kordel und Bommeln ein korrodierter Degen.

Jemand zupfte mich hinten an der Jacke. Ich wandte mich um, aber Jorinde breitete viel weiter drüben das Laken über den Diwan. Mich fröstelte heftig. Rötger von Harstall blickte vom Gang ins Zimmer. Der Maler hatte ihm jenen Blick verliehen, der einen immer anschaut, egal, wo man steht.

»Ein Grundig«, erläuterte Jorinde, »mein Urgroßvater. Er war sächsischer Hofmaler in Dresden. Meine Urgroßmutter war eine von Harstall. Die Familie geht zurück auf Pippin von Heristall, den Großmeier Karls des Großen.«

In meinem Hirn knirschten die Jahrhunderte. »Aber Grundig kann doch diesen Harstall nicht gekannt haben.«

»Das Bild ist die Kopie eines älteren, das verloren gegangen ist. Soll ich den Badofen anfeuern?«

»Ach, lass nur.«

Es war dunkle Nacht, als wir uns in einem weiteren abschüssigen Balkenzimmer zum Wein versammelten. Tönerne Gnomen hielten mit großen Augen zwischen den Biedermeiermöbeln Wache. Josef entkorkte Flaschen. »Jetzt kann man den Französischen ja überall kaufen.« Unterbrochen von sinnierender Stille tauschten wir vorsichtig politische Allgemeinplätze aus. »Wir zahlen den Solidaritätszuschlag ja auch«, sagte Budde.

Unbemerkt war Jorinde verschwunden. Als sie sich mit erhöhtem Atem wieder setzte, sahen wir sie an.

»Ach, ich habe unten nur was gehört.«

»Ja, Richard«, sagte Josef Zigarre paffend, »wir haben jetzt einen Hausgeist. Er rumpelt manchmal, und im Bad flattern die Handtücher auf der Leine. In letzter Zeit hat er angefangen, mich im Arbeitszimmer hinten an der Jacke zu zupfen. Das ist ein bisschen unangenehm.«

Blanker Horror überfiel mich. Auch mich hatte der Geist vorhin bezupft. Und nun sollte dies nicht meine Einbildung gewesen sein, sondern das objektive Phänomen einer parapsychologischen Manifestation? Klopfgeisterei infolge der Seelenkrise eines jugendlichen Hausbewohners war zwar immerhin Gegenstand wissenschaftlicher Forschung, aber nie bewiesen worden. Nun fragte ich mich benommen, welch stummer Protest wohl hinter der honigfarbenen Stirn eines Mädchens pochte, das in ihrem Atelier tönerne Gnomen gegen die schweren Balken des Hauses aufmarschieren ließ, eines Hauses im Auge des Orkans deutscher Geschichte. Wie hingemalt von Uropa Grundig saß Jorinde auf dem grünen Sofa, der Minne eines Pippin von Heristall würdig, vom lutheranischen Geist eines Buddeus zur Mission des sozialistischen Atheismus angestiftet und nun übrig geblieben und vergessen im dörflichen Alltag, weltfern dem verwitweten Vater den Haushalt führend. Und Richard schien von alldem nichts mitzukriegen und lächelte über die Spukgeschichten.

Vom französischen Wein benommen, musste ich mich nach Mitternacht zwischen einem welligen Diwan und einer durchhängenden Liege entscheiden, weil Richard mir wie ein Kavalier pro forma die Wahl ließ, die er längst getroffen hatte. Mein Unbehagen verschloss sich jeder rationalen Begründung. Zwischen den Betten buckelte eiskalter Klinkerboden. Vielleicht hätte ich wie Richard früher wenigstens einmal den Todesstreifen von hüben nach drüben passieren müssen, um heute diese lächelnde Verstocktheit unserer Gastgeber zu verstehen. Ich entzog mich der Bettenfrage aufs Plumpsklo. Kalter Wind strich von unten gegen Backen und Schamlippen.

In der finsteren Diele im ersten Stock meditierte Ming auf ihrer Decke, rollte mit den Augen und bekam Schluckauf. Ich kraulte das von Eruptionen geschüttelte Tierchen und kratzte in meinem Hirn ein Gedicht zusammen: »Über allen Wipfeln . . . nein: Über allen Gipfeln/ ist Ruh,/ in allen Wipfeln spürest du/ kaum einen Hauch;/ die Vögelein schweigen im Walde./ Warte nur, balde/ ruhest du auch.« Ming schwieg, aber ein Luftzug öffnete die Tür auf der anderen Treppenseite einen Spaltbreit, und Licht schlug auf die Dielen. Drinnen besprachen Josef und Jorinde die Gastgeberstrategie.

»Soviel ich weiß«, sagte Josef, »will sich Richard morgen früh mit der Dekanin der juristischen Fakultät treffen. Vielleicht nimmst du diese schreckliche Freundin mit an die Uni.«

»Wie lange wollen die denn eigentlich bleiben?«, seufzte Jorinde.

»Lass Richard ein wenig Zeit«, sagte Josef, »er muss sich darüber klar werden, welche Fragen er mir stellen will.«

Daraufhin zog jemand die Tür ins Schloss, und ich schlich angehaltenen Atems die knarzenden Stufen hinab. Vor dem Bad taumelte ich trunken in eine Bodendelle. Die Badtür schwang auf, stoppte aber brüsk auf halbem Wege zur Wand an einer Erhebung im roten Klinkerboden. Richard lag unter der Decke auf dem Diwan. Ich bewunderte sein gedankenloses Vertrauen in die Nacht.

»Welche Fragen hast du diesen beiden Gespenstern da oben zu stellen?«, sagte ich erbittert. »War Budde IM Luther?«

»Seine Gegner sind den Beweis immer schuldig geblieben.« Richard schlug die Arme unter den Kopf. Ich überlegte, ob ich mich überhaupt ausziehen sollte. Die ländliche Kälte war bitter.

»Aber es war so . . .«, sagte Richard zögernd und dann entschlossen. »Ich wurde 1988, ein Jahr vor dem Mauerfall, bei der Ausreise am Übergang Hirschberg festgenommen und verhört.«

»Wieso hat man dich denn überhaupt reingelassen?«

»Es gab keine Reisebeschränkungen für Staatsanwälte. Auf dem Einreiseformular habe ich allerdings immer nur Beamter angegeben. Aber sie wussten trotzdem genau, wer ich war.«

»Und was wolltest du hier?«

»Ich habe Josef Anfang der Achtzigerjahre in Ostberlin kennen gelernt. Ich hatte mich verlaufen. Er sagte, er sei auch ortsfremd, brachte mich aber zur Friedrichstraße zurück. Auf dem Weg kamen wir ins Gespräch. Als Pastor betreute er Ausreisewillige. Sie hatten den Antrag oft vor zehn Jahren gestellt. Manche wurden deshalb sogar angeklagt und verurteilt. Andere verloren den Job. Die Kinder durften nicht auf weiterführende Schulen. Letztlich ließ man sie gehen, weil sie ein Unzufriedenheitspotenzial darstellten, an dem der Staat kein Interesse hatte. Viele mussten Häuser aufgeben oder wertvolle Erbstücke zurücklassen. Oft unterschrieben sie Verzichtserklärungen. Mich faszinierte damals die Frage, wie man es anstellen müsste, damit sie ihr Eigentum eventuell später einmal einklagen könnten. Solche Fragen konnte man nicht am Telefon besprechen. Also fuhr ich gelegentlich rüber.«

Sieh mal an! Der Glaube an die Überlegenheit der Rechtsstaatlichkeit hatte in dem Beamten den Abenteurer geweckt.

»Und nun holten sie mich auf der Rückfahrt an der Grenze raus, sperrten mich in ein winziges Zimmer und verhörten mich, und ich sah mich schon im gelben Elend in Bautzen. Bei meinem letzten Besuch bei Josef ging es um eine Physikerin, die für Zeiss Jena Methoden erforschte, um Prismen zusammenzukleben. Ihr Mann, ein Musiker, hatte eine Tournee durchs befreundete sozialistische Ausland genutzt, sich in den Westen abzusetzen. Sie stellte einen Ausreiseantrag. Er kostete sie den Job, aber man sagte ihr, dass sie nie die Ausreise bekäme, weil sie Geheimnisträgerin des Zeiss-Kombinats war. Ich wollte mich mit ihr treffen, aber Josef war dagegen. Allerdings machte ich mich mit allerlei Kenntnissen über Prismen im Kopf auf den Heimweg. Meine Idee war, die Zeissianer in Oberkochen zu fragen, ob sie die Methoden der Physikerin nicht als bereits bekannt veröffentlichen könnten.«

»Um Gottes willen, warst du denn wahnsinnig? Du hast doch praktisch Fluchthilfe betrieben und Werkspionage. Dafür hättest du für Jahre in den Knast kommen müssen.«

»Sagen wir lieber, es war Leichtsinn«, sagte Richard unbehaglich. »Das wurde mir auch klar, als die Grenzer mir Spionage für den Klassengegner vorhielten. Erst dachte ich noch, die wagen es nie, einen Staatsanwalt aus dem Westen festzuhalten. Aber dann zauberten sie unter meinem Beifahrersitz eine dieser feuerfesten Jenaer Glasformen hervor, ganze sieben Blechmark wert und Exportschlager des Kombinats. Dummerweise war es verboten, den Devisenbringer als Mitbringsel auszuführen. Damit hatten sie mich in den Klauen.«

Ich lachte etwas ratlos.

»Mir war überhaupt nicht zum Lachen zumute, glaub mir. Sie hatten zwar keinen Beweis für den Vorwurf der Werkspionage, aber sie schienen entschlossen zu sein, sich von mir ein Geständnis zu holen. Die Grenzer waren alle Stasileute, das wusste ich, zum Teil blutjunge Fähnriche, die sich profilieren wollten. Ich saß stundenlang auf demselben Stuhl, aber sie wechselten sich ab, gingen immer wieder raus, um telefonisch mit Berlin Rücksprache zu nehmen. Jeder stellte von neuem die Fragen: Warum ich den Staatsanwalt auf dem Formular verschwiegen hätte, mit wem ich mich in Jena getroffen hätte, welchem Zweck meine Besuche bei Josef dienten. Einer brüllte mich an, zertrümmerte die Jenaer Glasform auf dem Boden. Ob ich denn glaubte, mich über die Gesetze der Deutschen Demokratischen Republik hinwegsetzen zu können. Wenn der Schreier rausging, gab sich der andere menschlich, wohl in der Hoffnung, dass ich mich verplapperte.«

Ich kroch unter die Decke und suchte in den Kuhlen der Liege nach einer Position, die meiner Anatomie entsprach.

»Im Morgengrauen zitterte ich vor Ohnmacht. Sie hatten keine Beweise für den Spionagevorwurf, nur die Scherben einer Jenaer Glasform. Und ich beharrte darauf, dass sie sie mir untergeschoben hatten. Sie wussten, dass ich jeden Vorfall in der sozialistischen Einflusssphäre meinem Dienstherrn melden musste. Der deutsch-deutsche Eklat war unvermeidlich. Ihr stundenlanges Verhör wäre nur dann zu rechtfertigen gewesen, wenn ich tatsächlich einen Rechtsverstoß begangen hätte. Sie brauchten meine Unterschrift unter einem Protokoll. Mir wurde allmählich klar, dass es ihnen schließlich nur noch darum ging, das Gesicht zu wahren. Ich musste irgendetwas gestehen, damit sie das Verhör abschließen konnten. Sonst würde ich Monate, wenn nicht Jahre in Untersuchungshaft auf Freikauf durch den Westen warten. Gegen Mittag setzte ich alles auf eine Karte, brach zusammen, räumte ein, dass ich die Jenaer Glasform hatte illegal ausführen wollen, und unterschrieb das Protokoll. Es funktionierte. Sie nahmen mir dreihundert Mark West ab und gaben mir den Pass zurück. Eine Viertelstunde später befand ich mich auf der Autobahn nach Nürnberg.« Er sah mich an. »Und ich habe nie jemandem etwas davon erzählt.«

Es wäre auch keine Heldengeschichte gewesen, die er da seinem Dienstherrn zu berichten gehabt hätte, sondern die Geschichte sträflichen Leichtsinns, peinlicher Angst und einer Notlüge. »Und wo kam die Jenaer Glasschale nun her?«

»Das weiß ich nicht«, sagte er. »Aber es war so, dass ich tatsächlich eine Jenaer Glasform gekauft hatte, genau so eine, wie sie sie unter meinem Sitz gefunden hatten, denn irgendwie musste man sein Blechgeld aus dem Zwangsumtausch ja ausgeben. Aber ich habe sie Josef überlassen, als er mir sagte, dass die Ausfuhr verboten ist.«

»O Gott! Dann hat Josef sie dir untergeschoben. Dann hat er womöglich auch seinem Stasimann etwas über deine Mission erzählt, vielleicht um seinen eigenen Kopf zu retten, oder, was noch wichtiger ist, die Zukunft seiner Tochter . . .«

»Das kann ich mir schlichtweg nicht vorstellen.«

»Aber der Verdacht ist dir gekommen.«

Richard ließ die Augen über die Bücherregale gleiten. »So ein Verdacht kommt einem natürlich schon, wenn sie einen mit Worten konfrontieren, die man einem Freund unter vier Augen gesagt hat. Aber Josef schrieb mir nach der Wende, dass der *Nachtigall*-Wirt das ganze Dorf abgehört hat. Die heiklen Gespräche haben wir zwar immer im Auto auf Landstraßen geführt, aber es mag sein, dass der Name der Zeiss-Physikerin hier gefallen ist. Über die Jenaer Glasform haben wir auf jeden Fall im Haus geredet. Und mein Auto stand unten im Hof. Da konnte im Prinzip jeder ran.« Er zog sich die Decke zum Kinn. »Kommst du an den Lichtschalter?«

Ich kroch fröstelnd aus dem Bett. Der Degen neben dem Lichtschalter schaukelte leicht. Rabenschwarze Nacht, wie sie nur auf einem Dorf ohne Straßenlaternen herrschte, überfiel mich. Ich verlor die Orientierung, fühlte mich plötzlich im Gehege menschlicher Glieder und kreischte auf. Aber es war wohl nur Richard, der mich auf sein Lager zog. Vielleicht vereinigte ich mich in dieser Nacht auch im kalten Schweiß meiner Angst mit Rötger von Harstall.

Die Erde war um viele tausend Nächte rückwärts gelaufen, als ich, umgeben von Finsternis, auf meiner Hängeliege aufwachte. Es war kalt von unten, die Blase drückte, und ich hatte ein Geräusch gehört. Mein Keuchen überlagerte alle anderen Laute in diesem Zimmer. Ich war allein im nikotingeschwängerten Staub der Jahrhunderte. Der Degen an der Tür schepperte. Er war deutlich sichtbar in all der Unsichtbarkeit. Ein Lichtreflex in totaler Dunkelheit schwankte auf der Glocke. Oder bildete ich es mir nur ein? Mir war, als sei die Klinge schon in meine Brust gedrungen und lähmte Atmung und Stimme. Im nächsten Moment sah ich den Degen auf mich zukommen. Sekunden später überschlug sich der Horror und zerfiel in zähes Vernünfteln. Es war der Blasendruck, der mich stach. Aber mir graute unsäglich vor dem endlos kalten Weg zum Plumpsklo. Nur langsam formierte sich die Idee, den Zuber im Bad zu benutzen. Noch länger brauchte ich, um mich zum Aufstehen zu überwinden.

Die Kälte des Bodensteins fuhr mir bis unter die Haarwurzeln. Ich tastete mich zur Tür, trat in den Gang. Ein kalter Zug kam von der Tür zum Garten. Sie stand offen. Auch die Badtür stand offen, sperrangelweit, viel zu weit. Das war unmöglich, da der Hubbel im Steinboden sie hätte auf halbem Wege stoppen müssen. Im Bad ereignete sich etwas – eine seltsame Dämmerung schwebte, formierte sich, waberte. Es geschah etwas, das ich nie werde beschreiben können. Namenloses Grauen sprang mich an. Mein Bewusstsein riss. Im nächsten Moment stand ich draußen im Garten unter Mond und Sternen.

Nie wieder konnte ich zurück in diesen Gang. Doch zuvor musste ein menschliches Problem gelöst werden. Ich strullte zwischen Astern und Lavendel. Während ich hockte und der Erleichterung lauschte, gluckerte Gelächter in mir hoch, das ich mir verbiss, weil ich mir vorstellte, gehört und im Garten erwischt zu werden. Es raschelte im Gebüsch. Für einen Augenblick polkte sich etwas Schwarzes aus der Dunkelheit. Ein Hund, der Riesenschnauzer Bolle, taumelte über den Weg, verschwand. Na klar, der Hund. Es war der Hund. Es gab immer eine rationale Erklärung. Ich konnte mich durch den Gang zurückwagen.

Als ich um zehn aus der Liege kroch, war Richards Diwan schon erkaltet. Der Pfarrer stand im Garten und schaufelte ein Grab. An der Mauer lag mit steifen Pfoten der Kadaver von Bolle. Ich erschrak.

»Er war schon alt«, sagte Josef.

Ich verschwieg, dass ich heute Nacht einen sterbenden Hund gesehen hatte. Die Lefzen des Riesenschnauzers waren blutig, aber seine Kiefer waren zu steif, als dass ich ihm ins Maul hätte schauen können. Mir fiel die Badtür wieder ein.

Sie war geschlossen. Die Beule im Steinboden bremste sie beim Öffnen energisch auf halbem Weg zur Wand. Was ich heute Nacht erlebt hatte, zog sich ins Traumhafte zurück. Dann sah ich zwei lange Schrammen auf dem Hubbel in der Patina der roten Klinkersteine.

Ming bekam Schluckauf. Jorinde spülte mit trockenen, aber roten Augen in der Küche das Frühstücksgeschirr. Ich äußerte mein Beileid. Sie hatte Bolle am Morgen tot in einer Spur der Verwüstung im Rosenbeet gefunden. Auf dem runden Tisch in der Stube war noch mein Platz mit Meißner Porzellan gedeckt. Das Ei war kalt. Ich sagte mir, dass die Schrammen im Steinboden nicht bewiesen, dass die Badtür heute Nacht von Geisterhand über den Hubbel geschoben worden war. Das konnte auch wann anders von Menschenhand geschehen sein.

Jorinde brachte warm gehaltenen Kaffee und lächelte plötzlich. »Schwerterkaffee, fürchte ich.«

Ich starrte in die dünne Brühe, so dünn, dass man die gekreuzten Schwerter auf der Unterseite der Tasse durchschimmern sah. Jorinde informierte mich, dass Richard um acht in die Stadt gefahren war, um sich mit der Dekanin der juristischen Fakultät zu treffen, ein Import aus dem Westen. Man hatte in Jena gründlich aufgeräumt. Jetzt fehlten eigentlich nur noch die Studenten. Jorinde schlug einen Spaziergang den Berg hinab vor. Sie müsse in der Uni Bücher abholen. Richard kam mit dem Auto zurück, als wir gerade aufbrechen wollten, und bot sich uns unternehmungslustig als Chauffeur an. In seiner silbergrauen Limousine verloren sich die Gespinste der Nacht augenblicklich.

»Da vorn rechts«, sagte Jorinde, »die Schillerstraße ganz runter.«

Sie hatte für den Stadtgang das goldgelbe Haar geflochten und um den Kopf geschlungen und blickte Richard mit blanken Mädchenaugen von der Seite an. Ich starrte aus dem Fenster. Rechts die Fassade der Zeiss-Werke im schlichten

Fabrikjugendstil. Dahinter versteckten sich die Gebäude aus Ernst Abbes kapitalistischen Gründerjahren, das erste Hochhaus Deutschlands. Als erster hatte Physiker Abbe den Achtstundentag eingeführt. Acht Stunden Arbeit, acht Stunden Menschsein, acht Stunden Schlaf. Bescheiden, wie er war, benannte er seine Stiftung nach seinem Weggefährten, dem Mikroskopbauer Carl Zeiss. Der Stiftung verdankten die Arbeiter seiner Werke bis heute selten erreichte Sozialleistungen und die Universität ihren Aufschwung. Vom Anatomieturm, in dem Goethe den Zwischenkieferknochen fand, den es nur beim Menschen gibt, war nur noch ein mittelalterlicher Steinstrunk übrig. Die theologische Fakultät schlummerte als Gartenvilla in einer Grünanlage. Jorinde vergaß, dass sie mich eigentlich um Begleitung gebeten hatte, überließ mich Richard und sprang wie befreit die sechs Stufen neben der Glasveranda zum Eingang hoch.

Im Freitagvormittagsgerammel ergatterten wir einen Parkplatz auf einer Freifläche im grauen Geschachtel der Häuser zwischen Verfall und Verschönerung. Mit Nostalgie um den Mund beschritt Richard den ehemaligen Platz der Kosmonauten, eine sozialistische Duftmarke in der zerbombten Altstadt, beherrscht vom sechsundzwanzigstöckigen zylindrischen Universitätshochhaus aus Schaumglas-Alu-Elementen, auch Penis Jenensis genannt, dem Flachbau einer Mensa und den pharmazeutisch-chemischen Instituten, die das alte Collegium Jenense schluckten. Als Eichplatz stellte sich das Ensemble heute auf die Eroberung durch Kaufhäuser ein.

»Napoleons Truppen verursachten hier einen Großbrand«, erläuterte Richard, immer bereit, mir einen Einblick in die Tiefe seiner Bildung zu geben. »Man pflanzte Eichen, die aber heute der Luftverschmutzung nicht mehr gewachsen sind. Hier stand auch das Burschenschaftsdenkmal. Ist dir klar, dass in Jena die erste deutsche Burschenschaft gegründet wurde?«

Es interessierte mich auch gar nicht.

»Sie trugen die Farben Schwarz-Rot-Gold. Zwar gab es auch schon vorher Orden und Geheimbünde, die sich duellierten. Das Archiv ist voller Tumult-Akten. Aber die Jenaer Burschenschaft machte Schluss mit den Landsmannschaften. Sie wollte Vorbild für die deutsche Einigung sein. Das Wartburgfest ist dir ein Begriff?«

Ich dachte an Harstalls Duelltod und horchte auf.

»Oktober 1817. Fünfhundert Burschenschaftler und einige Professoren feierten vier Jahre nach der Völkerschlacht bei Leipzig den Sieg der österreichischen, preußischen, russischen und dänischen Truppen über Napoleon. Die Höfe sahen die national-liberale Bewegung mit Unbehagen. Der russische Staatsrat und Rührstück-Dichter Kotzebue verspottete die Burschenschaftler öffentlich und wurde vom Jenaer Theologiestudenten Karl Ludwig Sand in Mannheim erstochen. Ein willkommener Anlass, die Burschenschaften zu verbieten, die Zensur zu verschärfen und liberale Professoren zu entlassen. In Jena traf es den Mediziner Oken, der später erster Rektor der Züricher Universität wurde.«

»Mischte damals auch ein Rötger von Harstall mit?«

Richard lächelte und nahm mich an der Hand. Wir betraten die Johannisstraße, einen Boulevard auf der anderen Seite von Flachbau-Mensa und Glasschaum-Phallus. Mit einem Handwurf wies Richard mich auf ein schmuckes Renaissancehaus in der Reihe alter Bürgerhäuser hin. »Die ehemalige Studentenkneipe *Zur Rose*, seit Gründung des Collegium Jenense im 16. Jahrhuneert im Besitz der Universität und mit dem Rosenprivileg ausgestattet, Bier und Wein steuerfrei auszuschenken.«

Er wandte sich dem Oktogonalturm der Stadtkirche

St. Michael zu, die sich hinter einer Apotheke am Straßenende abhob. »Da, wo jetzt die Apotheke steht, stand vor dem Krieg noch der Burgholzhof, Gründungshaus und Sitz der Burschenschaft Arminia. Dein Rötger von Harstall war Armine. Aber das war später. Nach dem Verbot der Burschenschaften entstanden wieder die alten Landsmannschaften, Korps genannt. Die Burschenschaftler versuchten, die Korps zu vereinen. 1830 gab es ein Treffen, und zwar oben in Cospeda in der *Nachtigall*. Es endete mit der endgültigen Spaltung in Germanen und Arminen. Die Germanen schrieben die politischen Ideale auf ihre deutschen Fahnen, die Arminen sannen auf Verinnerlichung und Sittlichkeit. Harstall war Theologe und Dichter und gehörte der Arminia an. Im Zuge der französischen Julirevolution erprobten die Germanen auch in Jena den Aufstand. Die anschließende Verfolgung war fürchterlich. Prominentestes Opfer war der Jenaer Jurastudent Fritz Reuter. Er wurde 1836 zum Tode verurteilt, zu dreißig Jahren Festungshaft begnadigt und nach sieben Jahren freigelassen. Später machte er sich einen Namen als Erfinder des plattdeutschen Romans.«

1836. Das Datum kam mir bekannt vor. Richtig. »1836 ist doch auch Harstall bei seinem Duell gestorben.« Das Wort Verrat nistete sich in meinem Hirn ein. Wäre es ein ehrlicher Ehrenhandel gewesen, müsste er doch heute nicht herumspuken.

»Du darfst dir nicht vorstellen«, sagte Richard, »dass die Studenten sich bei den Duellen gegenseitig getötet haben, auch wenn just hier der legendäre Fechtmeister Kreußler das Stoßfechten lehrte, den Stoß ins Herz mit gestrecktem Arm und vorgebeugtem Oberkörper. Aber das Duellfechten war und ist ein Hiebfechten und in der Regel nicht tödlich. Es gibt nur blutige Nasen oder mal ein abgerissenes Ohr. Außerdem ist der Paukarzt sofort zur Stelle.«

Noch ein Argument gegen Harstalls ehrenhaften Tod. Wir schlenderten durch den Einkaufsalltag um St. Michael. Der auf einen Pfeiler gestützte spitzbogige Durchgang unter dem Chor der Kirche zählte zu den sieben Wundern Jenas, genauso wie die Camsdorfer Brücke nach Osten über die Saale, heute eine Betonpfeiler-Endlosigkeit vor allem für Fußgänger. Auf der andern Seite gleich links stand, restauriert und glühend gelb, die *Grüne Tanne*, Gründungshaus der Deutschen Burschenschaft und heutiger Sitz der schlagenden Verbindung Arminia.

»Das Kellergewölbe«, sagte Richard, »befindet sich über einer alten Kultstätte der slawischen Göttin Jani, die der Stadt den Namen gab, eine Göttin der Flussübergänge. Da das Haus außerhalb der Stadtmauern stand und da jeder Student relegiert wurde, der sich duellierte, fanden die Ehrenhändel häufig hier statt.«

»Oder oben in Cospeda«, sagte ich.

»Aber Lisa! Lass dich doch nicht ins Bockshorn jagen von den Spukgeschichten. Jedes Dorf hat seine Art, sich über Städter lustig zu machen.«

In der Tat, mit welch unbegreiflichem Mut hatte sich Jorinde gestern Nacht treppab begeben, um einem Poltern auf die Spur zu kommen, dessen bloße Idee mich erstarren ließ. Als ob Hausgespenster blinde Flecken im Angstzentrum erzeugten, was eine gewisse Logik hatte, wenn sie demselben Hirn entsprangen. Gemessen an meinem Entsetzen war dieser Spuk kein Produkt meiner eigenen Fantasie. Doch um so schlimmer, denn dann war er objektiv da und würde mich nicht loslassen, es sei denn, ich kam seinem Entstehen auf die Spur, erkannte seine Regel. Es half nichts. »Wir müssen noch eine zweite Nacht da oben verbringen«, sagte ich todesmutig.

»Aber sicher«, sagte Richard.

Jorinde war auf geheimen Wegen vor uns wieder auf den

Berg gelangt und goss Rotwein über ein Huhn im Topf auf dem Feuer. Ich ließ mich von den tönernen Gnomen nicht abschrecken, die auf der Treppe den Aufstieg unters Dach bewachten, und bestieg Jorindes Atelier. Unter solchen Dachbalken hatte man nach dem Krieg Tabak getrocknet. Regalbretter bogen sich unter der Last der Zwerge. Auch die größeren Figuren aus Stein waren halslose, runde Gestalten mit großen Augen.

»Richard«, sagte Jorinde plötzlich hinter mir, »hat sie mal meinen stummen Widerstand genannt.« In ihrem Ton schwang Zärtlichkeit. Ich schluckte. Es musste ja gar nicht so gewesen sein, dass Richard einst gekommen war, um mit Josef in Autos auf Landstraßen über Ausreisewillige zu sprechen. Da hatte es jedenfalls auch einiges mit Jorinde hier im Atelier zu besprechen gegeben. Ws wäre daraus geworden, wenn es nicht die Verhaftung an der Grenze gegeben hätte?

»Nach der Wende«, sagte ich, »hat Richard euch nicht mehr besucht. Warum eigentlich nicht?«

»Ja, weißt du nicht, dass er nach dem letzten Besuch an der Grenze verhaftet wurde?«

»Doch.« Ich machte keine Bewegung, um das unverhoffte Thema nicht zu verscheuchen. »Aber später gab es die Grenze ja nicht mehr.«

»Nun«, sagte sie, ohne sich in die Augen blicken zu lassen, »Richard wirft da wohl meinem Vater etwas vor. Papa hat mir nichts darüber erzählt, praktisch nichts . . .«

Offenbar erzählte man sich grundsätzlich so wenig wie möglich.

»Er wollte nicht, dass ich wusste, warum Richard kam. Aber ich habe mitgekriegt, dass es um Ausreisegeschichten ging. Richard wollte wohl helfen. Er hat es wahrscheinlich nur gut gemeint. Aber ich habe schon damals immer gedacht, man kann doch nicht alles haben. Wer in den Westen wollte, der musste eben hier alles aufgeben. Dafür war er dann im freien Westen. Entweder oder. Man musste sich entscheiden. Und heute kommen sie alle zurück und wollen ihre alten Häuser wiederhaben. Ein Wahnsinn ist das.«

Ich betrachtete die Truppen des stummen Widerstands. Auch heute fragte keiner Jorinde um ihre Meinung.

»Ich erinnere mich«, fuhr sie fort, »dass die Bezirksstelle Gera Papa an dem Abend anrief, als Richard abgereist war. Papa kam erst am andern Mittag wieder, und ich dachte, er kommt überhaupt nie mehr. Er hat mir nichts gesagt, nur, dass sie bei Richard eine Jenaer Glasschale unterm Beifahrersitz gefunden hatten. Ich habe ihn gefragt, wo die Glasschale ist, die Richard gekauft hatte. Aber Papa wollte nicht darüber reden. Ich habe deshalb noch wochenlang bei jedem Klingeln gedacht, jetzt kommen sie, um Papa abzuholen.«

Ich versuchte, den Widerspruch von großer Angst und kleinem Vergehen auszuloten. Das konnte nur glaubwürdig finden, wer ein Leben zwischen Wänden geführt hatte, die Ohren hatten, und mit Freunden, die Stasizuträger waren. Dagegen war ein Hausgeist ein geradezu fasslicher Gegenstand.

»Hat es eigentlich früher auch schon gespukt? Ich meine, vor dieser Geschichte?«, erkundigte ich mich.

Jorinde sah mich an und schüttelte den Kopf. Dann fing sie an zu lachen wie eine Prinzessin unter tausend Zwergen. Ich kam mir vor wie der dumme Ritter, der in der Rosenhecke hängen blieb. Bevor ich sie küssen durfte, musste ich den Drachen des Verrats töten. Nach dem, was sie gesagt hatte, bestand gar kein Zweifel, dass Josef Richard die Glasschale ins Auto getan hatte. Und das war nicht zum Lachen.

Ich ging Richard suchen. Septembersonne wehte durch die offene Gartentür herein. Harstall hing an der Wand, sah mich spöttisch an und zupfte mich hinten an der Jacke. Ich wollte nicht, aber ich fuhr herum. Da war nur die Tür zum Napoleonzimmer. Dahinter unsere Nachtlager, die Reisetaschen, Bücher bis unter die Decke. Ich fühlte den kalten Hauch im Nacken und suchte mit dem Rücken an der Wand Schutz. Der Degen schepperte. So fand mich Richard.

»Da bist du ja«, sagte er, taktvoll meine peinliche Lage übersehend.

Ich nahm den Degen von der Wand. »Josef hat dir die Jenaer Glasform ins Auto getan. Jorinde hat es praktisch zugegeben.«

Richard sah von der Reisetasche auf.

»Josef wollte dich loswerden, für immer«, sagte ich. »Denn du hast ihn und seine Tochter in Gefahr gebracht mit deinem westlichen Leichtsinn.«

»Unsinn.« Richards milchkaffeebraune Augen schlitzten sich asymmetrisch, wie immer, wenn er verbergen wollte, dass er betroffen war. »Wenn ich nicht willkommen gewesen wäre, dann hätte Josef nur meine Einreise nicht mehr zu beantragen brauchen. Das mussten nämlich die Gastgeber tun. Und fuchtel nicht so mit dem Degen herum! Ich bin über das Alter raus, daß ich mir einen Schmiss zulegen muss.«

»Sieh an«, sagte ich, »du hättest wohl auch gern einer schlagenden Verbindung angehört. Haben sie dich damals nicht haben wollen?«

»Lisa! Was soll das?«

Ich hatte seinen wunden Punkt berührt. Er hatte nie viele Freunde gehabt und überhaupt keine während seiner Studienzeit in Tübingen. Und jetzt verteidigte er den Pastor mit blinder Treue.

»Ich fürchte«, sagte ich, »du wirst Josef fordern müssen.«

»Das ist meine Sache. Du hältst dich da raus, verstanden?« Er richtete sich von der Tasche auf, ein kleines grünes Büchlein in der Hand. Sekundenlang starrte er darauf, dann reichte er es mir. »Hier, falls du dich immer noch für Harstall interessierst. Ich hatte es eigentlich . . . Ich kann es Josef auch später geben.«

Später oder gar nicht. So bröckelte Freundschaft. Ich blieb mit dem Degen am Knie auf dem Diwan zurück. War ich zu weit gegangen? Hatte ich etwas falsch verstanden? Hatte ich überhaupt irgendetwas verstanden?

»Jena fängt an, mir zu gefallen«, titelte das Büchlein. Ein gewisser Rebmann schrieb in fiktiven Briefen über die Salana, wie man die Universität an der Saale auch nannte. »Jena ist an und für sich ein Ort, äußerst arm an Abwechslung und Vergnügungen. Und das ist wahrlich sehr heilsam und gut. Man muss aus lieber Langeweile studieren.« Oder man suchte Händel und duellierte sich. »Das letzte Opfer dieser Sucht, sich einen Namen zu machen, soll ein Herr von Harstall aus der Fechtschule Kreußlers gewesen sein, doch ist der schädliche Zweikampf so gewiss nicht Ursache seines Todes, als es seine Ordensbrüder behaupten.«

Ich steckte das Buch in die Tasche und hängte den Degen an die Wand zurück. Auf Stoß also hatte Harstall gefochten, auf Leben und Tod. Über seinen Tod musste es doch Schriftliches geben. Wie hatte Richard die Akten genannt? Tumult-Akten.

Ich half Jorinde, den alten, etwas wackligen runden Tisch mit Porzellan und einem dampfenden Huhn zu beladen. Richard nahm schweigsam Platz. Josef tat so, als bemerke er das Erkalten der Freundschaft nicht. Ich schob ihm Rebmanns Büchlein neben den Teller. »Hier, ich habe es in meinem Gepäck gefunden. Richard hat Ihnen wahrscheinlich gesagt, dass er es vorhin vergeblich suchte.«

Josef lächelte weise auf das Büchlein hinab. »Vielen Dank.«

Ich vermutete, dass Richard ihm gar nichts erklärt hatte.

»Kommt man eigentlich an die Tumult-Akten im Universitätsarchiv heran?«, erkundigte ich mich munter.

»Die kannst du doch gar nicht lesen«, knurrte Richard. »Das sind Handschriften.«

Schon gut. Der Hinweis auf meinen Mangel an wissenschaftlicher Erfahrung hatte nicht sein müssen. Wahrscheinlich war ich als einzige Nichtstudierte unter diesen Akademikern derartig mit Komplexen gefüllt, dass sie sich als Spuk manifestierten. Wir gabelten eine Weile stumm. Dann wandte sich Josef an seine Tochter.

»Weißt du, wen ich gestern in der Stadt getroffen habe? Erinnerst du dich an Maik?«

Jorinde lachte mit gesenkten Wimpern.

»Er fährt jetzt einen dicken Wagen und kauft für eine Frankfurter Bank in Leipzig Straßenzüge auf. Sie werden dann renoviert und stehen leer, weil keiner die Miete zahlen kann.« Josef richtete seine kleinen grauen Augen auf Richard. »Dieser Maik und fünf seiner Kommilitonen hatten es sich '87 in den Kopf gesetzt, auf dem Platz der Kosmonauten ein Sektfrühstück zu veranstalten. Pure Dummheit, aber ich bin drei Tage lang von Pontius zu Pilatus gerannt, um denen klarzumachen, dass nichts Politisches dahinter steckte. Nach der Wende behauptete Maik, ich sei den Oppositionellen in den Rücken gefallen. Aber ich weiß noch, wie er seinen Eltern weinend in die Arme gefallen ist, nach nur drei Tagen Knast.«

»Und sie haben die Jungs einfach so freigelassen, ohne Gegenleistung?«, sagte Richard eine Nuance zu scharf.

Josef blinzelte irritiert. »Nun, der Parteisekretär baute sich damals seine Datscha am Hausberg. Da hat man schon mal den Tipp gegeben, wo es gerade Schrauben zu kaufen gibt.«

Dieser Antwort war Richard im Moment nicht gewachsen. Um der fein ziselierten Tortur zu entkommen, die sich die beiden Männer angedeihen ließen, bestand ich auf dem Einblick in die Tumult-Akten. Ich wusste, Richard würde mich nie alleine in ein Universitätsarchiv stolpern lassen.

Das Universitätshauptgebäude war gemauerte Geschichte im Fürstengraben, vormals Goetheallee. Die Studierburg, die Anfang dieses Jahrhunderts zum 350-jährigen Jubiläum der Hochschule gebaut wurde, spiegelte die Mittelalterlichkeit des Städtchens. Hinter Büschen und Bäumen versteckte sich das Burschenschaftsdenkmal, hauptsächlich feierlich steinerne deutsche Fahne. Die Aula wurde beherrscht vom Bild des Monumentalsymbolisten Ferdinand Hodler. Jenenser Studenten zwängten sich in Jacken und Ranzen und bestiegen Pferde, um mit den Soldaten zu den Befreiungskriegen 1813 gegen Napoleon auszuziehen. Zum Archiv ging es links die Treppe hinunter.

Ich hätte gleich den Archivar gesucht, aber Richard wusste, dass man erst einmal ins Repertorium an die Findbücher ging. Ein Mädel verließ gerade den Raum. Blaue Augen und Ossiblick. Ich fragte mich, woran man das erkannte. Richard orientierte sich mit unbegreiflicher Geschwindigkeit und griff ein Buch aus dem Regal. »Wir suchen 1836, richtig?« Das Buch knackte, als er es öffnete. Er überflog die schwankenden Zeilen mit Signaturen und Laufzeiten. »Student gibt Schlummermutter Ohrfeige und wird zu vier Tagen Karzer verurteilt.«

Richard fasste Bücher an wie Kostbarkeiten. Seine Nüstern witterten sinnliche Genüsse. Angesichts schriftlich niedergelegter menschlicher Irrungen und Wirrungen war er sich seiner Sache sicher. Er war ein Mann der Buchstaben, keiner der persönlichen Auseinandersetzung. Ich verliebte mich erneut heftig in ihn. Jetzt tat es mir Leid, dass ich ihn dazu herausgefordert hatte, als Staatsanwalt gegen seinen Freund in Cospeda aufzutreten.

»Da haben wir's schon«, sagte er mit einem intimen Beben

in der Stimme, hob die Augen und schenkte mir sein Finderglück. »Jetzt muss uns der Archivar die Akte ausheben. Komm.«

Ich stellte mich ihm in den Weg. Er war immer überrascht, wenn ihm jemand ein wenig Wärme und Zuneigung entgegenbrachte, und meist geriet ihm der Kuss etwas flüchtig. Dann senkte er die Lider und bedauerte, dass er in menschlichen Dingen stets mit grüblerischer Verzögerung reagierte.

Der Archivar gehörte offensichtlich noch zum Originalbestand. Sein dunkles Thüringer Sächsisch war von sämtlichen Gesinnungsüberprüfungen nach der Wende überhört worden. Richard präsentierte ihm seinen Doktortitel und repetierte die Signatur aus dem Kopf.

Ohne ihn wäre ich gescheitert. Sütterlinschriftzeilen schnürten unleserlich über fragile Blätter. Aber Richard destillierte nicht nur aus den ineinander fließenden Ober- und Unterlängen, sondern auch aus dem mit Französisch und Latein aufgeschäumten Deutsch einen Sinn.

»Ich muss dich enttäuschen«, sagte er. »Vor Richter Eckardt stand nicht Harstalls Mörder, sondern ein Petzer. Ein Paul Freken, Student im Fuchsenstande, also ein Neuling, ist dem Wirt vom *Schwarzen Bären* die achtzehn Pfennige für eine Bouteille Köstritzer Bier schuldig geblieben und verlegt sich nun aufs Anschwärzen. Er beschuldigt . . .«, Richard stutzte, ». . . tatsächlich Karl August von Hase . . .«

». . . dass er Harstall getötet hat?«

»Nein. Sei nicht so ungeduldig. Hase wurde später als Kirchenhistoriker weit über Jena hinaus bekannt, aber er saß zuvor auch als Burschenschaftler in Kerkerhaft auf dem Hohen Asperg bei Stuttgart. Freken behauptet hier, der Germane Hase habe im *Schwarzen Bären* schädliche Reden geführt, gemeint sind wohl politische. Daraufhin hätten einige Saufbolde beschlossen, nach Cospeda hinaufzuziehen, um den Arminen Harstall zur Rede zu stellen. Daran habe Freken nicht teilnehmen wollen. Deshalb habe er sich, ohne zu zahlen, eiligst davongestohlen. Er wisse aber, dass anderntags die Leiche eines jungen Mannes im Anatomie-Haus gelegen habe, um von Studenten seziert zu werden.« Richard sah hoch. »Das bedeutet Massengrab für Harstall.«

»Aber warum wurde er umgebracht?«

»Freken sagt, es wurde geredet, dass Harstall gegenüber der Polizei bestritten habe, anonymer Verfasser einer Schrift zu sein, die zum bürgerlichen Aufstand aufrief. Kurz darauf wurde Fritz Reuter verhaftet. Mit anderen Worten . . .«, Richard hob die Augen, in denen die Erinnerung an sein eigenes Verhör schwelte, ». . . Harstall hat vielleicht Reuter aus Angst vor dem Kerker angeschwärzt.«

Ich sah den rotblonden Poeten aus unruhigem Schlaf auffahren, weil er ein Geräusch gehört hatte. Ohnehin war er aufgewühlt und verstört von der Nachricht des Todesurteils gegen Reuter. Nun sah er sich plötzlich umstellt von Raufbolden, die Gelegenheit suchten, sich durch eine ordentliche Prügelei in ihren Kreisen einen Namen zu machen. Geplagt von seinem Gewissen, fürchtete Harstall um sein Leben, sah keine Chance mehr, sich zu rechtfertigen, zu erklären, den Vorwurf des Verrats zu entkräften. Seine verzweifelte Verteidigung mit dem Degen machte aus den Raufbolden Mordbuben, denn wenn sie nicht selbst getötet werden wollten von einem, der auf Stoß focht, dann mussten sie ihn niederstrecken. Harstall starb in seinem Blut, weil er im engen Hausflur den rechten Ausgang nicht fand, auf den Steinen, dort, wo heute das Bad war.

»Wenn du den Beweis haben willst«, sagte Richard, »dass es hier um Verrat ging, dann müssen wir Reuters Akte suchen.«

»Richard«, sagte ich, »die Akten geben dir auch keine Antwort auf die Fragen, die du nicht wagst, deinem Freund in Cospeda zu stellen.«

Er senkte den Blick und bedeckte das Gesicht mit den Händen.

Ich bemerkte plötzlich, dass uns ein junger Mann zusah, der mit einem Zettel in der Hand auf den Archivar wartete. Der Unterschied zwischen ihm und uns bestand nicht im Zuschnitt seiner Jeansjacke, nicht mehr, sondern in der Geduld zu warten. In dem hübschen jungen Gesicht saß ein Zug trotziger Verschlossenheit. Es hinterließ Spuren in den Gesichtern, dass sie immer hatten anders reden müssen, als die Köpfe dachten. Die Tradition des Kaderwelsch lag wie eine Maske des Ekels auf den Zügen. Als er sich abwandte, bedachte ich, dass wir uns in all den Jahren nach der Maueröffnung nie die Mühe gemacht hatten, ihre Erfahrungen mit der Selbstbehauptung im Kollektiv zu ergründen. Wir trugen unser Ich immer auf den Lippen, für sie war Gehörtwerden existenzgefährdend gewesen.

Richard hatte immerhin einmal, wenn auch nur für ein paar Stunden, am eigenen Leib diese Angst erfahren, wegen falscher Worte in Bautzen zu landen. Auch er, der Staatsanwalt aus dem freien Westen, hatte sich nur mit einer taktischen Lüge zu retten gewusst. Dabei hielt er sich allerdings zugute, Josef und Jorinde geschützt zu haben, obgleich das Auftauchen der Jenaer Glasform seinen Freund in ein zweifelhaftes Licht gerückt hatte.

»Übrigens«, sagte Richard, als wir wieder vor die versteinerte Verteidigungsanlage wissenschaftlicher Freiheit traten, »da drüben, das ist der *Schwarze Bär*. Da war früher auch der Intershop drin.«

Ich stellte mir vor, wie Richard in dem kleinen Laden im Hotel an der Ecke dem Ostpfarrer den westlichen Reichtum zu Füßen legte. »Such dir aus, was du willst.« Josef ließ die grauen Augen etwas erschrocken über die Buntheit sonst unerreichbarer Produkte aus dem Westfernsehen gleiten und bat um Milka-Schokolade für die Tochter. Richard legte noch Beaujolais, Jacobs-Kaffee, eine Dose Ananas und Nesquick drauf, bezahlte mit harter Währung und versuchte den Dank Josefs als unnötig abzutun.

»Im *Schwarzen Bären* hat auch Luther . . .«, er stockte den Bruchteil einer Sekunde, ». . . Luther versucht, im Disput mit radikalen Reformatoren die Bauernkriege abzuwenden.«

Auch mir fiel ein, dass Josef in den Akten des MfS nach Überzeugung derjenigen, die sich heute Bürgerrechtler nannten, unter dem Decknamen Luther als IM geführt wurde. Luthers Bemühen, die frühbürgerliche Volksbewegung in und um Jena in gemäßigten Bahnen zu halten, gewann bedrückende Symbolkraft für die Alltagsdiplomatie eines Josef Budde.

Rambo, der alte Schäferhund, stand auf dem Hof und wedelte mit tiefem Schwanz. Er drängelte vor uns zur Haustür hinein und trabte stracks ins Bad. Dort hatte jemand Feuer im Boiler gemacht. Der Hund sank grunzend am Ofen zu Boden. Mir wurde klar, was mich an dem Bad immer gestört hatte: der Geruch nach feuchtem Hund. An der hinteren Wand stapelten sich Feuerholz, alte Zaunlatten, faulige Bretter, zum Teil mit rostigen Nägeln. Es lagen auch Splitter herum, zerbissenes Holz. Als ich mich niederkniete und ein zerfleddertes Holzstück aufnahm, stand Rambo auf und kam herbei. Seine Nase versuchte, mein Interesse am Holz zu ergründen, und tropfte vor Unverständnis. Die Tropfen vereinigten sich mit ein paar kleinen schwarzen Blutflecken auf dem Betonboden.

Im nächsten Moment drehte er ab und huschte hinaus, denn Jorinde erschien im Bademantel in der Tür. Sie beugte sich über den Zuber und drehte den Wasserhahn auf. Dampfendes Wasser rumpelte. Als sie sich aufrichtete und das Haar zurückwarf, zerfiel der Gürtelknoten des Bademantels. Ich verhielt auf den Knien, ein blutiges Stück Holz in der Hand, in stummer Andacht.

Sie zog die Brauen zusammen. »Was gibt's?«

»Ich fürchte«, sagte ich, »Bolle hat sich hier umgebracht, mit dem Holz. Vielleicht verhakte sich ein Nagel in seinem Rachen. Er versuchte ihn rauszuschütteln, rauszukratzen, taumelte gegen die Badtür, flüchtete in den Garten, zerwühlte im Todeskampf das Rosenbeet und erstickte schließlich.«

Jorindes Blick wurde dunkel. »Der dumme Hund. Er wollte immer an den Ofen. Und wenn er nicht geheizt war, hat er vor Wut den Holzstapel zerwühlt und alles in Unordnung gebracht. Man musste ständig aufpassen, dass die Badtür zu ist.«

»Ich fürchte, ich habe sie gestern Nacht offen gelassen.«

Sie wandte sich schroff ab. »Nun, das konntest du ja nicht wissen.« Es war klar, sie wünschte, dass ich sie alleine ließ mit dem Schmerz, den das dampfende Wasser und die Lust an der Pflege des schönen Leibes vertreiben sollten.

Ich stieg die Treppe hinauf, belauert von den tönernen Heerscharen des stummen Widerstands. Unter dem kalten Hahn in der Küche wusch ich mir Blut und Spreißel von den Fingern. Tauben gurrten in der Sonne auf dem Dach vor dem Fenster. Währenddessen badete Jorinde, das Haar wie flüssiges Bienenwachs, Tropfen wie Tau in den Wimpern. Es konnte nur diese Tochter gewesen sein, die das Haus des Pastors für Richard so anziehend gemacht hatte. Beim Verhör an der Grenze hatte er nicht Josef geschützt, sondern Jorinde. Nie hätte er ihren Platz auf dem Gymnasium gefährdet und sie zum Schicksal einer Gemeindehelferin verdammt. Andererseits hätte Josef wohl auch nie zugelassen, dass Jorinde sich mit dem Herrn aus dem Westen unglücklich machte.

Ich musste nachdenken, klaubte Ming, die vor Schreck den Schluckauf vergaß, von ihrer Decke in der Diele, pfiff Rambo und begab mich in den Wald und auf die Schlachtfelder. Die sinkende Sonne vertrieb den Nebel der Geschichte von dem Städtchen im Tal zwischen den Muschelkalkhängen. Septemberlicht ist überall gleich.

Als ich zurückkehrte, war das Haus schon dunkel und kalt. Jorinde saß mit noch feuchtem Haar am Küchentisch und verteilte Aufschnitt und Senfgurken über Platten und Schälchen aus Meißner Porzellan. Sie lächelte Richard an, der in der Tür zur Stube stand und sich um eine Konversation mit dem Kind bemühte, dessen Interessen ihm fremd geworden waren. Er schien froh, dass ich kam, um ihn zu entlasten.

Jorinde lächelte. »Du warst mit den Hunden draußen? Das ist gut.«

Vom Hof her hörte man einen Motor ersterben und die Autotür schlagen. Josef Budde polterte die Treppe herauf. Er brachte allerlei Neuigkeiten mit. Während Jorinde und ich den Tisch in der Stube mit Abendbrot beluden, amüsierte er sich, dass er nun zu den Honoratioren Jenas gehörte, die von Lothar Späth, dem Chef der Schottwerke, der einst in Stuttgart als Ministerpräsident hatte zurücktreten müssen, zu einem Empfang geladen wurden. Dann spottete er über den Missgriff des Freundeskreises der Hochschule, der das Porträt des führenden Nazi-Rassenkundlers Astel hatte nachmalen lassen, um es in die Galerie der Hochschuldirektoren einzugliedern. Dieser Sammlung fehlten aber ausgerechnet die Bilder der drei jüdischen Rektoren, die Astel hatte vernichten lassen, darunter das Rosenthals, der als Vater der Weimarer Verfassung galt.

»Tja, an allem, was wir anfassen, klebt Geschichte«, sagte

Josef, setzte sich zu Tisch und faltete die Hände. Das stille Gebet überraschte uns so, dass Richard erstarrte und ich mich mit dem Reflex meiner Kindheit bekreuzigte. Josef griff nach dem Brot und fragte: »Und was haben eure Tumult-Akten erbracht?«

»Harstall«, antwortete ich, »hat bei einer polizeilichen Vernehmung Fritz Reuter in die Pfanne gehauen.«

Richard ließ unangenehm berührt das Messer sinken. Josef strich seine Brotscheibe zu Ende und hob dann die kleinen grauen Augen. Zum ersten Mal sah er mich an, widerwillig, aber unerschrocken. »Glauben Sie eigentlich alles, was in den Akten steht?«

Das war die prinzipielle Frage zwischen Ost und West. Sagen Akten die Wahrheit, wenn Informanten andere beschuldigen müssen, um sich zu retten? Harstall konnte sich uns nicht mehr erklären, er war zum Schweigen verdammt. Aber Josef? War es sein Stolz, der ihn hinderte zu reden, oder war es eine Schuld? Oder hatte er nur jede Hoffnung verloren, dass wir ihm glauben würden? Der Grenzgraben am Übergang Hirschberg verschwand nicht, nur weil dort jetzt ein Supermarkt stand. Zwischen Josef und mir erstreckte sich unüberbrückbar die blühende Landschaft schnörkeligen Porzellans mit Zwiebelmuster auf dem etwas fragilen dunklen Tisch.

»Warum«, sagte ich entschlossen, um dem Lauern ein Ende zu machen, »warum haben Sie damals Richard die Jenaer Glasform unter den Beifahrersitz geschoben?«

Wurst, Käse, Senfgurken, Brot und Butter zwischen uns waren plötzlich wie mit graugrünem Schimmel überzogen.

»Meinen Sie«, sagte Josef, »ich müsste mich vor Ihnen rechtfertigen?«

»Waren Sie IM Luther?«

Jetzt legte auch er das Besteck hin. Das Haus ächzte unter

der Last des Schweigens. Etwas fuhr mir unterm Tisch an die Beine. Ich trat gegen und traf das Tischbein. Es krachte, der Tisch kippte um, und mir schoss alles entgegen, Gurkenschälchen, Butterdose, Teller. Aufspringend riss ich die Tischplatte hoch, um mich des Großangriffs der Antiquitäten zu erwehren. Die Senfgurken sausten noch an mir vorbei, dann sprang alles in die andere Richtung. Jorinde schrie und fing die Butterdose auf, ein Kleinod aus Schale, Töpfchen und Deckel mit Porzellanknospe. Richard und Josef haschten nach den Kostbarkeiten. Teller und Platten zersprangen auf den Dielen, Besteck hagelte hinterher, ein Käse kullerte.

Sekundenlang standen wir wie gelähmt. Dann wandte sich Jorinde in die Küche. Josef verkantete das geknickte Tischbein mit einem Griff wieder unter die Platte. Jorinde ging zu Boden, um mit der Kehrschaufel zu bilanzieren. Angesichts der Unersetzlichkeiten blieb mir das »Ich bezahle den Schaden« im Hals stecken.

»Da kannst du nichts dafür«, sagte Jorinde und blickte mit klaren Augen zu mir hoch. »Ich habe Papa schon vor Wochen gesagt, dass das Tischbein wackelt. Aber er wartet immer, bis etwas passiert. Ich habe ihm auch gesagt, dass er im Bad kein Holz mit Nägeln stapeln soll, sonst verletzt sich noch einer der Hunde daran. Nun ist sogar Bolle daran gestorben.« Sie stand mit der Kehrschaufel voller blauweißer Scherben auf und blickte ihren Vater an, der die Augen senkte. »Du hast über meine Angst gelacht, auch als ich sagte, dass sie Richard verhaften werden und dich gleich mit, wenn ihr es mit den Ausreisewilligen zu weit treibt. Wenigstens hättest du Richard warnen müssen. Er hätte uns alle verraten können.«

»Kaum«, sagte Josef und begann in den Taschen nach irgendwelchen Dingen zu suchen. »Aber er hätte irgendeinen Unsinn gemacht, wenn er gewusst hätte, dass sie ihn verhaften werden.« Josef gab die Suche auf und hob die Augen.

»Richard, es sind auch Leute erschossen worden, die versuchten, mit hundert Sachen durch die Grenzsperren zu brettern. Ich wollte dich nicht verrückt machen. Du hättest nichts tun können. Ich hatte auch Angst, dass du versuchen könntest, auf einer Autobahnraststätte einem Berliner einen Hilferuf in den Westen mitzugeben. Dann hätten sie erst ihn und dann dich abgefangen. Die Autobahnen wurden ja überwacht. Sie wussten zu jeder Minute, wo du warst. Außerdem, wie hätte ich es dir denn sagen sollen und wo? Hier im Haus, unten im Hof, im Wald? Man wusste doch nie, wer mithört. Du kannst dir nicht vorstellen, was passiert wäre, wenn die Grenzer gewusst hätten, dass du gut präpariert ankommst.«

»Doch«, sagte Richard. »Aber woher wusstest du, dass ich an der Grenze festgenommen werde?«

»Du erinnerst dich an die Physikerin von Zeiss? Sie muss geplaudert haben. Mein Stasimann wusste, dass ich mich mit ihr getroffen hatte. Er riet mir einen Tag vor deiner Abreise, die Finger von der Sache zu lassen. Die Frau habe ihren Ausreiseantrag zurückgezogen. Ich war gottfroh, dass du keinen persönlichen Kontakt mit ihr gehabt hattest. Womöglich hatte man sie auf dich und mich angesetzt. Vielleicht hatte man mir deine Einreise dieses Mal nur genehmigt, um dich bei der Ausreise mit irgendetwas zu erwischen.«

»Aber damit hat dich dein Stasimann doch praktisch gewarnt.«

»Das kann man so sagen, ja. Es ist nicht leicht zu verstehen, doch als Pfarrer war ich für sie ein unersetzlicher Gegner. Ich gebe zu, dass ich ihnen auch nützlich war, wenn es darum ging, eine Eskalation zu vermeiden und Konflikte ruhig abzuwickeln. Nimm das Sektfrühstück. Da hatten voreilige Vopos sechs Jugendliche eingesperrt. Was nun? Auch sie hatten kein Interesse daran, einen politischen Aufstand daraus zu machen. Also half ich ihnen mit ein paar christlichen

Argumenten aus dem Kaderdenken heraus. Nicht ich habe ihnen dabei Zugeständnisse gemacht, sondern sie mir. Und das ließen sie sich nicht durch eine Unterschrift unter eine Verpflichtungserklärung bestätigen. Ich habe nie etwas unterschrieben, nicht einmal ein Protokoll, auch in der Nacht deiner Verhaftung nicht, als ich auf der Bezirksstelle in Gera behauptete, du besuchtest mich nur wegen meiner Tochter.«

Josef forschte erneut in seinen Jackentaschen und förderte Zigarre und Streichhölzer zutage.

»Was ich dir jetzt erzähle, Richard, kannst du mir glauben oder auch nicht, und ich könnte es dir nicht einmal verübeln, wenn du es nicht glaubst, denn man kann sich dieses dumme Spiel, das doch so gefährlich war, kaum vorstellen. Du warst zwar oft hier, aber ich glaube, du hast den Ernst nie ganz begriffen. Für dich war es eher ein Abenteuerurlaub. Jedenfalls, in der Nacht vor deiner Abreise hatte ich ein ganz blödes Gefühl. Ich bin morgens um sechs aufgestanden und habe dein Auto unten im Hof untersucht. Hinter der Innenverkleidung deiner Beifahrertür entdeckte ich dann Papiere, Produktionslisten des Zeiss-Kombinats. Ich habe dein Duschwasser damit angefeuert und mir die Gesichter der Grenzer vorgestellt, wenn sie diese Listen nicht fanden. Es gab zwei Möglichkeiten. Entweder sie akzeptierten sofort, dass ihr Plan nicht aufging, und ließen dich laufen, oder sie konstruierten den Grund deiner Festnahme irgendwie anders. Auch bei uns durfte man ja niemanden ohne Grund festhalten. Ich wollte die Regie auf keinen Fall diesen fantasielosen Gesellen überlassen.«

»Deshalb hast du mir die Jenaer Glasform ins Auto getan.«

In Josefs Augenwinkeln entstand ein feines Lächeln. »Das schien mir die unpolitischste Lösung. Auf Betriebspionage hatten sie sich vorbereitet, aber nicht darauf, dass ein wohlhabender Staatsanwalt eine Glasschale schmuggelt, um die dreißig Mark zu sparen, die das Ding im Westen kostete. Ich hoffte, sie wären aus dem Konzept gebracht. Unser Pech war, dass du an ein paar ehrgeizige Grenzer gerietest, die nicht so schnell aufgeben wollten. Berlin rief in der Bezirksstelle Gera an, und die riefen mich an. Sie konnten die Nuss alleine nicht knacken. Die Zeissianerin hatte zugegeben, mir Geheimnisse über die Selbstklebeeigenschaften von geschliffenen Prismen verraten zu haben. Ich sagte: Und was soll ich als Pfarrer damit anfangen? Ob ich mit meinem Westbesuch darüber gesprochen hätte, fragten sie. Nein. Mal ehrlich, was wir mit den Listen gemacht hätten? Was für Listen, sagte ich. Ob ich annehmen müsse, dass uns da jemand was unterschieben wolle? Aber nein, natürlich nicht. Solche Methoden unterstelle ihnen doch nur immer der Klassengegner. Aber ob ich dich nicht darauf hingewiesen hätte, dass du die Glasschale nicht ausführen durftest. Doch, aber sie sei ein Geschenk meiner Tochter, und ihr beide wäret so enttäuscht darüber gewesen, dass du sie nicht mitnehmen konntest, dass es mir Leid getan habe. Ich hätte gedacht, man werde dich wegen einer Glasschale schon nicht verhaften. Wir sind doch alle nur Menschen. Man wolle doch auch mal einem Freund ein Geschenk mitgeben können. Wenn sie deswegen jemanden zur Verantwortung ziehen müssten, dann mich. Das habe ich gesagt, weil ich mir ziemlich sicher war, dass du mit der Sturheit des Rechtsstaatlers auf deiner Unschuld beharren würdest.«

»Da hast du dich geirrt«, sagte Richard. »Ich habe schließlich eingeräumt, dass ich die Glasform illegal ausführen wollte. Es erschien mir der einzige Ausweg.«

Josef lächelte. In seinem grauen Gesicht spiegelte sich der mitfühlende Respekt für eine mentale Beweglichkeit, die er seinem gradlinigen Freund aus dem Westen nicht zugetraut hatte.

Den Rest des Abends verbrachten wir in der anderen Stube zwischen tönernen Gnomen bei französischem Wein und Anekdoten und lachten Tränen.

Weit nach Mitternacht stolperte ich in der Bodenwelle vor dem Bad gegen die Tür. In der Dunkelheit am Boiler glühten nur die Augen eines Hundes. Das alte Haus knisterte müde und setzte sich zur Ruhe, denn in seinen abschüssigen Räumen war endlich das Gespräch wiedererwacht, das Anschuldigungen, Erklären und Glauben. Harstall brauchte nicht mehr zu zupfen und zu stupfen. Ich versuchte ihm in die Augen zu sehen, aber Maler Grundig war noch genialer, als ich gestern fähig gewesen war zu erkennen, denn Harstall schaute so unverwandt über mich hinweg, als habe sein Blick niemals den Kontakt gesucht.

Fromme Zeiten, Winger

Peter Schmidt

1

Jemand riss mich an den Haaren hoch, und von sehr weit weg hörte ich eine Frauenstimme meinen Namen rufen. Ich öffnete die Augen, aber um mich her war es dunkel . . .

Dann spürte ich, dass mir eine Hälfte meiner Jacke über dem Gesicht hing. Es roch nach Schweiß und Toilette, nach abgestandenem Bier, und in alledem klang das Schnarren der Lautsprecher über uns schmerzhafter als der Bohrer beim Zahnarzt. Plötzlich wusste ich wieder, wo ich mich befand – und dass der Geruch nicht das typische Ambiente des Lokals, sondern meine eigene Ausdünstung war.

»Sind Sie nun wach, oder schlafen Sie?«, fragte eine Frauenstimme über mir.

»Ich bin wach . . . alles in Ordnung«, sagte ich. »Machen Sie sich um mich keine Sorgen, mir geht es ausgezeichnet.«

Diese Stadt . . . wie war doch gleich ihr Name? Konnte überall sein. Wer war ich? Na ja, keiner, der sich darüber den Kopf zerbrechen musste. Hauptsache, man erkannte sich wieder, wenn man aus seinem Rausch aufwachte. Das ist eines der großen ungelösten Rätsel der Natur. Woran erkennt man eigentlich, dass man derselbe wie am Vortag ist? Ich ließ mich müde zurücksinken.

Jemand versetzte mir einen sanften Tritt gegen den Ober-

schenkel und zog mir die Jacke vom Gesicht. Eine Frauenge-
stalt beugte sich über mich und öffnete meinen Kragen;
schlanke, weiße Beine, etwas zu langes Kleid.

Ich blinzelte nach oben, um ihr Gesicht auszumachen. Aber
es schwebte wie eine Mondfinsternis vor dem grellen Licht-
kranz der Deckenleuchte.

»Kennen wir uns?«

»Das will ich doch hoffen. Ich zahle Ihnen fünfundsiebzig
pro Tag, damit Sie mich vor ein paar zudringlichen Kerlen
beschützen, aber momentan sehen Sie eher so aus, als müsste
ich *Sie* beschützen.«

»Alles in Ordnung«, sagte ich. »Sie können sich auf mich
verlassen.«

»Dann sehen Sie mal zu, dass Sie wieder auf die Beine
kommen. Wir haben wohl ein paar Etablissements zu viel
gemacht. Mixgetränke scheinen Ihnen ja überhaupt nicht zu
bekommen.« Sie griff mir unter die Achseln und versuchte
mich aufzurichten.

»Mixgetränke?«

»Vor allem Ihre Privatmischung – Wodka, mit reichlich
Gin, einem Spritzer Flüssigei und wenig Zitrone abge-
schmeckt.«

»Pfui, Teufel ... erinnern Sie mich nicht daran, mir *ist*
schon übel.«

»Geschieht Ihnen ganz recht. Nun lassen Sie sich nicht so
hängen, verdammt noch mal!«

»Wird schon wieder werden.«

»Ich denke, für heute sind Sie erst mal von Ihren Aufgaben
entbunden.«

»Einverstanden.« Ich versuchte vergeblich vom Boden in
die Hocke zu kommen. »Wer bin ich?«

»Sie sind die schäbige kleine Nachahmung eines Detektivs
der harten Schule. Sie vermieten Ihre Fäuste, aber Sie bezie-

hen mehr Prügel, als Sie austeilen. Sie heißen Winger und betreiben eine Detektei im – wie Sie das selber nennen – *Rotationsverfahren*. Sobald der ›Glücksklee‹ raus ist, wechseln Sie das Revier. Sie sind hier im Revier so bekannt und gern gesehen wie ein Penner in den Klubsesseln des Hilton. Sie brauchen dringend eine Rasur und ein Vollbad. Und ein paar Jahre psychotherapeutischer Behandlung. Ihre Freundin ist Ihnen weggelaufen und Sie tragen zwei verschiedene Strümpfe. Ihre Goldzähne sehen aus, als wenn Sie selber daran herumgefeilt hätten. Und was Sie gewöhnlich als Hut auf dem Kopf tragen, erinnert eher an einen gefrorenen Aufnehmer als eine seriöse Kopfbedeckung. Reicht das?«

»Reicht«, bestätigte ich und sank erschöpft zurück. Die Wahrheitsliebe mancher Frauen kennt keine Grenzen. Vielleicht würde sie ja noch irgendetwas Schockierendes zutage fördern, das mir gerade entfallen war. Für derartige Neuigkeiten fühlte ich mich momentan zu schwach. Langsam kehrte meine Erinnerung zurück: Sie hieß Carmen und war mit einem Haufen Antiquitäten ihres verstorbenen Vaters unterwegs, um sie in irgendwelchen Hinterzimmern an dubiose Zwischenhändler zu verkaufen. Und sie hatte mich als ihren Beschützer engagiert. Ich fragte nicht danach, um welche Art von Geschäften es sich handelte. Diskretion ist in meinem Gewerbe Ehrensache. Ich hatte draußen zu warten und nur mit Drohgebärde hereinzustürmen, wenn sie Hilfe brauchte.

Es gab eine Menge Geschäftsabschlüsse zu feiern. Sie war nicht kleinlich. Dreizehn Bars und alles was dazugehört ... oder waren es dreiunddreißig gewesen? Solche Feiern bringen manchmal meinen Zählrhythmus durcheinander. Ich folgte ihr auf Schritt und Tritt und behielt ihr Täschchen mit dem Bargeld im Auge. Ich trug ihr die Pakete ins Haus, begleitete sie zum Wagen und schloss ihren Kofferraum auf.

Ihre Adressen stammten aus ›Kröners Antiquitätenmarkt‹ und wir hakten sie der Reihe nach ab. Ich machte sie darauf aufmerksam, dass mindestens ein Viertel davon schäbige kleine Hehler seien. Für solche Typen hätte ich eine Nase. Aber sie sagte, sie habe keine Zeit, sich ihre Geschäftsreferenzen zeigen zu lassen. Manchmal waren die Häuser alt und schäbig, mit verkommenen Hinterzimmern und demolierten Fluren. Ein andermal ganz passable Einfamilienhäuser; dann wieder noble Villen oder kleine Kunstgalerien. Carmen wirkte an jedem Platz überzeugend: Im Licht von Punktstrahlern genauso wie unter den gelben Glühlampen im Hinterzimmer eines Billardcafés. Sie war besser gebaut, als die Polizei erlaubte, und ihr Gesicht sah aus wie Gesichter in einem amerikanischen Gangsterfilm.

Ein halbes Leben lang hatte ich geglaubt, dass das die besten Jahre der Weltgeschichte gewesen waren. Damals gab es klare Fronten: Sieger und Verlierer. Einfache Bekenntnisse zu Reichtum, Egoismus, schönen Frauen und unmaskierter Gewalt.

Sie verfrachtete mich in ein Taxi, und wir sausten durch die Nacht.

Was für Fassaden! Verspiegelte Jeanspaläste, Pornokinos, doppelstöckige Griechen mit künstlichen Weinranken und hohlen Gipssäulen. Irgendwie schaffte ich es, ihr über die Treppen ins Hotel zu folgen. Unsere Zimmer lagen Tür an Tür.

Ich fragte sie, ob sie mit niemand liiert sei, aber sie gab keine Antwort darauf.

2

Ich war eingeschlafen, und jemand, den ich nicht kannte – Gott, ein Engel, Arzt oder Zauberer –, verkündete mir, dass ich drei Wünsche offen hätte.

»Wie sieht's mit Reichtum, schönen Frauen und ewiger Gesundheit aus?«, fragte ich. Aber ehe er darauf antworten konnte, erwachte ich aus meinem Traum und entdeckte, dass mein Kopf und mein Nacken feucht, dass mein ganzer Körper in Schweiß gebadet war. Wo war meine Schöne?

Ich vermisste ihre Beschimpfungen.

3

Das Ruhrgebiet ist eine der großen Metropolen der Welt. Ich meine das ganz ernst, sonst hätte ich nie versucht, aus dieser wenig bekannten Tatsache Kapital zu schlagen. Der typische Großstadtdschungel mit hohen Farnen – Laternen und Oberleitungen –, mit Buschtrommeln – Diskotheken und Autoradios hinter heruntergekurbelten Scheiben –, und jeder Menge gefährlichem Getier – dem Jaguar, Mercedes, dem Carolla und Porsche –, das einen genauo schnell ins Jenseits befördert wie der Nackenbiss eines Tigers. Man muss nur die kommunalen Grenzen vergessen, die einem vorgaukeln, von einer Stadt in die andere zu fahren. Ein paar Ortseingangsschilder, auf denen die Namen wechseln. Die Gebühren fürs Falschparken sind überall dieselben.

Als ich begriffen hatte, dass ich in einem Großraum wie Los Angeles lebte, der sich rechts und links der Ruhr erstreckte, war das die Geburtsstunde einer Einrichtung, die ich ›rotierendes System‹ nannte. Ich mietete mich in kleinen

Büros von Dortmund bis Duisburg ein, verlotterten Ställen, die gerade mal eben ein Waschbecken und eine Korridortür mit Milchglasscheibe besaßen, und arbeitete in der Gegend so lange, bis der Glücksklee raus war.

Das hört sich einfacher an, als es ist. Mein nächster Fall war ein seltsamer Heiliger. Er trug ein vergilbtes Buch unter dem Arm, und seinen qualmenden Schuhen nach zu urteilen, war er gerade aus der Armenküche der Heilsarmee verjagt worden. Er hatte eng stehende Augen, eine lange, schmale Nase, und sein pelziger Haaransatz war so niedrig angesetzt, dass er mit den ausladenden Haarspitzen seiner Brauen ins Gehege kam. Er hätte eine gute Vorlage für Karikaturen von *Vandell* abgegeben; aber als ich seine Stimme hörte, dachte ich, dass er sich vielleicht noch besser für die Sendung ›Unterhaltung am Wochenende‹ eignen würde.

»Herr Winger persönlich, will ich hoffen?«

Ich vergaß meine Impresario-Fantasien; seine Frage, misstrauisch und mit spitzen Lippen vorgetragen, brachte mich erst einmal dazu, in aller Ruhe meine Füße auf die Schreibtischplatte zu legen.

»Unter uns gesagt, Sie sprechen mit seinem Schutzengel.«

»Was denn, im Ernst?«, fragte er treuherzig und knuffte mir in den Zeh. »Sie sind gar nicht aus Fleisch und Blut? Hab ich Ihnen gleich angesehen. Da ist irgendetwas mit Ihrem fahlen Gesichtsausdruck. So sieht nur ein Überirdischer aus.« Er war besser im Kontern, als ich geglaubt hatte.

»Hören Sie«, sagte ich gelangweilt. »Ich habe in diesem Loch von sechs Millionen Einwohnern kein Büro aufgemacht, um mir von arbeitslosen Heilpraktikern wie Ihnen Ratschläge wegen meiner Gesichtsfarbe geben zu lassen. Ich werde nach *Minuten* bezahlt, und zwar im Voraus.«

»Geld spielt überhaupt keine Rolle«, sagte er und legte

einen verdächtig flach aussehenden Briefumschlag auf den Tisch.

»Na, dann verstehen wir uns ja schon viel besser.« Ich ließ meine Füße, wo sie waren und postierte ihn erst einmal auf einen der ausgemusterten Kinoklappstühle an der Wand (ich wiederhole mich ungern, aber ich habe immer wieder die Erfahrung gemacht, dass harte Stuhlsitze weiche Gesinnung erzeugen. Das ist ein psychologisches Gesetz).

Der Umschlag enthielt kein Bargeld, sondern zwei kleine Kupferstiche.

»Halt, Moment«, sagte ich. »Wir haben von Geld geredet, nicht von bunten Bildchen.«

»Das sind zwei echte Schongauer aus dem 15. Jahrhundert, alte Erbstücke meiner Familie. Schongauer war Dürers großes Vorbild. Sie sind ein Vermögen wert. Ich lasse Sie Ihnen nur als Sicherheit für Ihre Anzahlung da – weil ich momentan etwas knapp mit Bargeld bin. Bis die Banken öffnen«, fügte er hinzu.

»Hm … ich kann Ihnen nicht garantieren, dass das Zeug bei mir sicher ist. Mein Safe-Lieferant hat leider wieder mal seine Lieferzeit überzogen«, sagte ich und zeigte vage durchs Büro. Es gab nur einen verbeulten Blechschrank, in dem die Schubladen fehlten, und zwei leere Holzregale, die einmal meine Aktenordner aufnehmen sollten.

Er musterte mit ausdrucksloser Miene die fleckige Decke und die braunen Abflussrohre über meinem Kopf.

»Kein Problem. Es ist alles hoch versichert. Lassen Sie uns erst mal klären, ob Sie überhaupt bereits sind, an meinem Fall mitzuarbeiten.«

»Ich arbeite überall mit – vorausgesetzt, es wirft genug ab und bewegt sich außerhalb der Legalität.« Es war einer meiner Baukastensätze, ein Stück aus der Sammlung ›geflügelte Worte‹ für neue Kunden. Ich finde, man braucht nur ein gewisses Repertoire, und das sollte man tunlichst auswendig lernen, dann ist man für die meisten Eventualitäten gerüstet.

Er saß wie ein entrückter Heiliger auf seinem Kinositz aus verschrammtem Buchenholz und lächelte mich selig an.

»He, Mann«, sagte ich. »Haben Sie gerade 'ne Erscheinung, oder was ist los mit Ihnen?«

»Sie sind genau der Richtige für mich, Winger.«

»Das ist das Geheimnis meines Erfolgs.«

»Also gut, zur Sache.« Er schlug das Buch auf und legte seine grobe, rosige Hand auf die Seite; sein rechter Daumennagel war schwarz angelaufen. »Dies hier ist eine kostbare handschriftliche Bibel aus dem Jahre 1103, die bei Maurerarbeiten im Essener Stift gefunden wurde. Sie *sollte* es sein – und bis vor wenigen Stunden *war* sie es auch, denn leider handelt es sich jetzt um eine plumpe Fälschung.«

Er schob den Folianten über die Tischplatte. Es war ein Monstrum von Buch, kaum weniger üppig mit Obst und Ranken ausgestattet als ein orientalischer Lustgarten.

»Was denn, so früh fing man schon damit an, sich gegenseitig übers Ohr zu hauen?«

»Ich meine natürlich, dass sie gestern gegen eine Kopie ausgetauscht wurde.«

»Sieht aber ganz echt aus?«

»Für Laien, ja. Die Wasserflecken auf dem Einband sind mit einer Mischung aus Öl und Kreide nachgeahmt.«

»Und wie ist das Original in Ihre Hände gelangt?«

»Ich sehe mich als eine Art Nachlassverwalter des Stifts.«

»Als Nachlassverwalter, aha.«

»Ich bin der Nachfahre von Ludger Promenius, der diese Bibel anfertigte und sie dem Stiftsherrn zur Verfügung stellte. Ihr rechtmäßiger Erbe also. Eine Auftragsarbeit, die nie bezahlt wurde. Nachdem Ludger im Jahre 1109 mehrmals vergeblich den Lohn für seine Arbeit verlangt hatte, nahm er die Bibel an sich und versteckte sie. Man war ihm deswegen nicht sonderlich gut gesonnen, weil er zu den ganz großen Künstlern auf seinem Gebiet gehörte. Es wurde ihm sogar mit dem Bann gedroht. In Gottesangelegenheiten sei jede Gewinnsucht fehl am Platze. Wenig später starb Ludger an den Folgen einer verschleppten Lungenentzündung. Darüber gibt es genaue Tagebuchaufzeichnungen seiner Haushälterin. So erfuhr niemand, dass er die Bibel in eine Wand des damaligen Arbeitszimmers eingemauert hatte, das neben der Sakristei lag.«

»Ihr Name ist also Promenius?«

»Ich habe meinen Stammbaum bis ins erste Jahrtausend zurückverfolgt.«

»Und wie sind Sie in den Besitz der Bibel gelangt? Wir wollen doch nicht annehmen, dass Sie das Stift als Steinbruch missbraucht haben?«

»Mein Schwager ist Maurer, er entdeckte das Buch in einem Stück Verputz, als er einen Container mit Bauschutt leerte. Ein Glücksfall, es war in braunes Wachspapier eingeschlagen. Ich brachte die Bibel zu einem Experten, um sie schätzen zu lassen. Einem gewissen Gollmann. Er handelt mit Antiquitäten. Er brauchte gut zwei Wochen für seine Expertise – verdächtig lange, finden Sie nicht? Als ich sie zurück haben wollte, gab er mir diese Kopie. Gollmann behauptete, das Buch sei eine gut gemachte Fälschung, aber keinen Pfifferling wert. Ich war gar nicht darauf aus gewesen, es zu verkaufen. Ich bin christlicher Prediger, es sollte bei unseren Gottesdiensten neben dem Taufbecken liegen.«

»Gollmann weigerte sich also, Ihnen die echte Bibel auszuhändigen?«

»Er behauptete, es sei die Bibel, die ich ihm gegeben hätte. Eine andere besitze er nicht. Wie sollte ich ihm das Gegenteil beweisen? Also kam ich auf die Idee, Sie als Interessenten für eine Bibel der gleichen Art zu engagieren. Wenn Sie ihm ein lukratives Angebot unterbreiten, wird er kaum widerstehen können, das echte Stück aus dem Safe zu holen. Das ist der Augenblick, wo Sie ihn bitten, kurz telefonieren zu dürfen. Ich sitze unten an der Ecke in der Bar und komme sofort nach oben. Den Rest überlassen Sie mir. Sie spielen lediglich den Zeugen.«

4

Gollmann residierte zwischen Mahagoni und Messing. Er hatte hellgraue Koteletten und beringte Finger. Er wirkte wie die verkörperte Ehrlichkeit.

Ich trug ihm mein Anliegen vor. Seine gütigen blauen Augen ruhten auf mir wie auf einem wohlerzogenen Internatszögling, der sich aufgemacht hatte, die ersten eigenen Schritte in einer Welt voller Widrigkeiten, Fallgruben und Hindernisse zu tun.

»Sie arbeiten also für die Public-Relations-Abteilung von INTEROIL, und die möchte sich gern eine alte Bibel in den Schaukasten der Empfangshalle stellen?«

»Unser Firmengründer war sehr fromm. Es lag ihm daran, sichtbar zu machen, dass der Ursprung seines Unternehmens nicht in schnödem Gewinnstreben, sondern in der Fürsorge für seine Mitarbeiter lag. Sein Sohn fühlt sich diesen Leitideen verpflichtet.«

»Hm ... wollen sehen, ob ich etwas für Sie finde. Vor ein paar Tagen ist mir ein besonders wertvolles altes Stück aus dem zehnten Jahrhundert angeboten worden. Der Preis dürfte allerdings ...?«

»Geld spielt keine Rolle.«

Er nickte glücklich und öffnete seinen Safe. Das Schloss klickte bei jeder Zahl der Kombination so satt und gediegen wie der Verschluss einer Hochleistungskamera.

Der wunderschöne alte Foliant, den er vor mich auf den Schreibtisch legte, glich Promenius' Bibel wie ein Ei dem anderen. Liebevoll fuhren Gollmanns beringte Finger über die mit Gold verzierten Anfangslettern der Kapitel, über die fein ausgearbeiteten Blumen und Ornamente und die Kreuzigung auf Golgatha. Es war wirklich ein Prachtstück. Ich langte zum Telefon hinüber, um die Nummer der Bar zu wählen.

»Nanu, was fällt Ihnen ein . . .?«

»Dieses Buch«, sagte ich und legte langsam, aber nachdrücklich meine Hand auf die aufgeschlagene Bibel, »bleibt jetzt als Beweisstück auf dem Tisch. Telefonkosten werden erstattet. Und keiner von uns beiden rührt sich aus dem Zimmer.«

Gollmann strafte mich mit einem so verächtlichen Blick, als habe er von Anfang an geahnt, dass ich genauso wenig für die Public-Relations-Abteilung von INTER-OIL arbeitete wie der Fensterputzer, der uns gerade freundlich von außen durch die Scheiben seines Büros zunickte. Meines Wissens gab es überhaupt keine Firma dieses illustren Namens, aber ich fand, er war gut erfunden. Gollmann wartete ab, bis sein Korb die Etage über uns erreicht hatte. Dann kam er langsam um den Schreibtisch herum. Seine Gestalt nahm eine drohende Haltung an. Ich musterte seine hängenden Fäuste. Sie sahen weich und ungefährlich aus, ohne jene unübersehbaren Schwielen, die entstehen, wenn man jeden Morgen auf einen Sandsack einschlägt.

Er wog ein paar Kilo mehr als ich. Aber Masse ist nicht gleich Muskeln. Ich schob ihn sanft zu seinem Sessel zurück, und er plumpste mit hochrotem Gesicht in die Federung.

»Unverschämtheit . . .«

»Ruhig sitzen bleiben, Bürschchen.« Ich reichte ihm das Kärtchen mit der Telefonnummer meiner Detektei. »Sie können sich nachher bei der Polizei über mich beschweren – falls Ihnen dann noch der Sinn danach steht.«

5

Promenius schob die Bürotür auf. Er trug eine schwarze Stofftasche. Seine eng stehenden Augen streiften nervös durchs Zimmer – und entdeckten die Bibel.

»Da ist sie ja . . . ausgezeichnete Arbeit, Winger.« Er setzte sich an den Tisch und blätterte mit erleichtertem Grinsen die Seiten um. Er ließ sich viel Zeit dabei.

»Was unterstehen Sie sich?«, sagte Gollmann. »Lassen Sie gefälligst die Finger davon. Das Buch ist ein Vermögen wert.«

»Will ich auch hoffen«, sagte Promenius. »Ganz anders als der Schund, den Sie mir als Ersatz untergeschoben haben.«

»Als Ers . . .? Wovon reden Sie?«

»Als Sie mein Original taxieren sollten.«

»Ihr Original?« Gollmann spielte seine Rolle ausgezeichnet. Er blickte mit leidender Miene in die Runde. Jeder, der den Fall nicht kannte, hätte ihm seine Überraschung ohne weiteres abgenommen. »Ich kann mich nicht erinnern, dass wir schon einmal das Vergnügen hatten . . .«

»Was denn . . .?« Promenius kratzte sich an der Wange. Seine Nasenspitze wurde bleich. »Sie leugnen, dass ich wegen einer Expertise bei Ihnen war?«

»Eine Expertise? Ausgeschlossen.«

»Aber Sie fertigen doch Expertisen an?«

›Kommt darauf an, ob mich das Stück interessiert.«

»In diesem Fall scheint's Ihnen sogar den Nachtschlaf geraubt zu haben.«

»Vielleicht bin ich ja schon ein wenig senil«, sagte Gollmann mit melancholischem Augenaufschlag, »aber an ein Gesicht wie Ihres sollte ich mich eigentlich erinnern können.«

Promenius schien diese dreiste Lüge völlig aus der Fassung zu bringen. Ich war überrascht, wie schnell seine anfängliche Freude und Erleichterung in tiefste Enttäuschung und Ernüchterung umschlug. Er schwankte sekundenlang auf seinem Drehstuhl, sein Gesicht zuckte wie bei einem Epileptiker, und ich hatte gerade noch die Geistesgegenwart, ihn aufzufangen, sonst hätte er unsanft mit Gollmanns Parkettboden Bekanntschaft gemacht.

Ich öffnete seinen Hemdkragen und legte ein Kissen unter seinen Nacken.

Sein Atem war schwach geworden.

»Da sehen Sie, was Sie mit Ihrem schäbigen Betrugsmanöver angerichtet haben, Gollmann«, sagte ich. »Rufen Sie den Krankenwagen.«

Gollmann warf mir einen unsicheren Blick zu. Dann nahm er folgsam den Telefonhörer ab. »Hallo . . .? Die Leitung scheint tot zu sein. Kein Freizeichen.« Er wedelte ratlos mit dem Hörer.

»Wir müssen irgendetwas tun. Sagen Sie dem Hausmeister Bescheid.«

Er hatte kaum den Raum verlassen, als Promenius blinzelnd seine Augen öffnete.

»Winger . . .?«

»Ich bin bei Ihnen.«

Er streckte mühsam die Hand nach meiner Schulter aus, seine Fingerspitzen zitterten. Ich beugte mich weit zu ihm hinunter, um sein Flüstern verstehen zu können.

Besorgen Sie mir ein Glas Wasser ... bitte, schnell. Ich muss meine Herztabletten nehmen.«

»Ein Glas Wasser, ja.« Ich blickte mich suchend um. »Wo, verdammt noch mal, ist die Küche?«

»Draußen ... holen Sie's aus dem Waschraum«, flüsterte er kaum hörbar.

Die Tür des Waschraums war verschlossen, aber nach einigem Suchen entdeckte ich den Schlüssel unter der Schreibtischablage von Gollmanns Sekretärin. Als ich mit dem Glas Wasser in der Hand zurückkehrte, hörte ich die Sirenen des Krankenwagens. Ich trat ans Fenster und sah zur Haustür hinunter. Gollmann nahm den Notarzt und die beiden Sanitäter in Empfang. Er gestikulierte heftig und tippte sich mit dem Zeigefinger an die Stirn; dann zeigte er zu seinem Büro hinauf. Irgendwo plärrte ein Kofferradio. Das Blaulicht des Wagens huschte über die Hausfassaden. Eine neugierige Menschenmenge begann sich um den Krankenwagen zu versammeln.

»Sie bekommen gleich Hilfe«, sagte ich.

Promenius nickte dankbar. Er schluckte noch schnell seine Herztablette, dann wurde er auf die Bahre gebettet und fachkundig verzurrt. Beim Hinaustragen winkte er mir kraftlos mit der Rechten zu. »Über Ihr Honorar reden wir später, Winger. Danke, nochmals vielen Dank.«

»Was sagen Sie dazu? Ein Verrückter!«, seufzte Gollmann. Er schloss seine Bibel weg und drehte den Kranz des Zahlenschlosses, ehe ich auch nur die Spur einer Chance hatte, meine Hand danach auszustrecken. Dann goss er sich aus der Karaffe auf dem Schränkchen ein Glas Rotwein ein. »Mein Gott, wie sind Sie bloß an diesen armen Irren geraten?«

Ich war eben ins Bett gegangen – eine armselige Klappliege in der Abstellkammer neben meinem Büro, weil das immer noch die einfachste und billigste Methode ist, um jederzeit verfügbar zu sein –, als jemand an meiner Tür läutete.

Nicht um diese Zeit, dachte ich und drehte mich auf die andere Seite. Mein Bedarf an Klienten war gedeckt. Aber mein nächtlicher Besucher schien die Belastungsfähigkeit des Klingeltransformators auf die Probe stellen zu wollen. Es roch verdächtig nach Kabelbrand, als ich mich gähnend erhob, um eine kurze, aber deutliche Unterhaltung über die Höhe meiner Nachttarife mit ihm zu führen.

Ich sah durch den Türspion, während eine Faust außerhalb meines Sichtfelds derb gegen die Tür trommelte. Der Schatten eines Kopfes versperrte mir den Blick.

»Nun machen Sie schon auf, Winger . . .«

Es war die Vertrauen erweckende Stimme meines Lieblingskommissars Framm. Er stand kurz vor der Pensionierung und schien den größten Teil seiner Dienstzeit darauf zu verwenden, mich aus der Stadt zu vertreiben. Vielleicht betrachtete er das als krönenden Abschluss seiner Karriere.

»Wir wissen, dass Sie zu Hause sind«, ergänzte Gollmann. Ich war nicht überrascht, Gollmanns Stimme zu hören. Betrüger wie er pflegen ihre Rolle bis zum bitteren Ende durchzuhalten. Ich hängte die Türkette aus und öffnete.

»Ist das unser Mann?«, fragte Framm.

Gollmann nickte, er hielt die Bibel unter dem Arm – für meinen Geschmack ging er bemerkenswert sorglos mit ihr um. Das weiße Pappding zwischen seinen Fingerspitzen war meine Visitenkarte.

»Seit wann hinterlassen Sie denn bei Ihren Raubzügen Namen und Adresse, Winger?«, erkundigte sich Framm.

»Ich weiß ja, dass Sie nicht gut auf mich zu sprechen sind, Kommissar. Immer noch der alte Futterneid? Worum geht's denn diesmal?«

»Sie sollen da ein geschicktes kleines Täuschungsmanöver eingefädelt haben. Einer Ihrer angeblichen Klienten fiel in Gollmanns Büro in Ohnmacht. Als Gollmann den Krankenwagen verständigte, müssen Sie die echte Bibel gegen eine wertlose Kopie ausgetauscht haben.« Er zeigte auf den Folianten in Gollmanns Hand. »Ihr Kompagnon Promenius, falls das sein wirklicher Name ist, trug eine schwarze Stofftasche bei sich. Wir haben herausgefunden, dass die Bibel vor zwei Wochen bei einem Museumsraub in Aachen entwendet worden ist. Seitdem tauchten immer wieder Antiquitäten aus dem Kirchenschatz in der Stadt auf.«

Ich erzählte ihm meine Version der Geschichte, aber sie schien ihn nicht sonderlich zu beeindrucken:

»Herr Gollmann hat das Buch vor drei Tagen von einer Frau namens Carmen Barell gekauft, die echte Bibel, wohlgemerkt. Das Stück scheint dem sauberen Pärchen zu wertvoll gewesen zu sein, um es wie die anderen Antiquitäten unter Preis an einen Hehler zu verhökern. Dafür ließen sie sich was ganz Besonderes einfallen. Und nun hätten wir gern Carmens gegenwärtige Adresse von Ihnen. Als Ihre Klientin dürfte sie doch wohl eine Anschrift hinterlassen haben?«

»In meinem Berufsstand fühlt man sich zu besonderer Diskretion verpflichtet, Kommissar.«

»Nach Gollmanns Beschreibung ist es dieselbe Frau, mit der Sie sich seit ein paar Wochen in allen möglichen finsteren Etablissements herumgetrieben haben, um Antiquitäten loszuschlagen.« Er reichte mir einen Zeitungsausschnitt, der den Einbruch in die kirchliche Schatzkammer des Aachener Münsters beschrieb. Die beiden hatten sich als vom Bischof bestellte Restauratoren ausgegeben und bei einer nächtlichen

Arbeitssitzung zwei benachbarte Wände durchbrochen. »Seit einigen Stunden wissen wir von einem festgenommenen Hehler, dass es sich um Stücke aus dem geraubten Domschatz handelt.«

»Als Leibwächter, nicht als Carmens Kompagnon. Ich hatte keine Ahnung, dass das Zeug gestohlen war.«

»Diese Frau hat mir vorgelogen, es sei die Bibel ihrer Vorfahren. Man habe sie kürzlich bei Abbrucharbeiten in einem Stück Mauerwerk wieder gefunden«, sagte Gollmann.

Ich zeigte ihm meine beiden Kupferstiche.

»Das hier habe ich von Promenius als Sicherheit für meine Anzahlung bekommen. Echte Schongauer aus dem 15. Jahrhundert, angeblich alte Erbstücke. Schongauer war Dürers großes Vorbild. Sie sollen ein Vermögen wert sein. Falls sie aus der Beute stammen, Kommissar, lege ich sie selbstverständlich vertrauensvoll in Ihre Hände.«

Framm nahm mir die Blätter ab, schob seine Brille auf die Stirn, musterte sie flüchtig und gab sie an Gollmann weiter. Ein nachsichtiges Lächeln zog über sein Gesicht. »Was halten Sie eigentlich davon, Doktor? Hübscher Offsetdruck, was?«

7

Carmen und Promenius ... sie ein armes Waisenkind mit einem Haus voller Kunst, das einen starken Arm als Hilfe brauchte, um vor den bösen Antiquitätenhändlern beschützt zu werden – und Promenius: Ein würdiger Nachfahre der alten Stiftsherren, die schon immer mit den Raubrittern liiert gewesen waren. »Wenn man einem so alten Geschlecht wie ich angehöre, ist es geradezu eine heilige Pflicht, sich der Tra-

314

dition zu fügen«, hatte er während unserer Fahrt zu Gollmann beteuert.

Irgendwann bei meinem Einsatz vor den Türen, hinter
denen Carmen ihren Kirchenschatz verhökerte, schien den
beiden dann die Idee gekommen zu sein, dass ich über genü-
gend berufliche Erfahrung verfügte, um meine Arbeitskraft
auch für ein so heikles Manöver wie das in Gollmanns Büro
einzusetzen. Carmen musste in der Bar nach meinem Anruf
weiter das Telefon blockiert haben, um Gollmann oder mich
aus dem Büro zu manövrieren.

Während der Fahrt zu ihrem Hotel saß Framm neben mir.
Er hielt meine beiden wertlosen Drucke in den Händen. Das
Gefühl, ich sei genauso übers Ohr gehauen worden wie Gollmann, schien ihn in heiter-gelöste Stimmung zu versetzen.
Aber das illustre Gespann war längst ausgeflogen. Der Por-
tier in der Rezeption hatte eine Nachricht für uns. Sie war auf
die Rückseite eines Blattes gekritzelt, das man aus der Bibel-
kopie herausgerissen hatte (das Bild zeigte Christus mit erho-
benem Zeigefinger in der Schar seiner Jünger):

»Sagen Sie ihnen einfach die Wahrheit, Winger: Sie haben
eine arme schwache Frau beschützt und den Armen zu ihrem
wohlverdienten Sieg verholfen. Sie haben ein wenig vom
Wohlstand der Kirche an ihre Gläubigen zurückgegeben.
Alles Gute, Carmen und Promenius.«

Gelinkt

Almuth Heuner

Das ging alles so schnell, wahrscheinlich hat der Typ gar nicht mitgekriegt, dass er starb. Jedenfalls hat er noch nicht mal Zeit gehabt zum Zappeln. So geht's Leuten, die für meinen Boss Geldwäsche betreiben, aber sich plötzlich nicht mehr an die Spielregeln halten. Ich hab mich von hinten an seinen Schreibtischsessel angeschlichen – der hatte so eine hohe Lehne –, hab die Garotte um seinen Hals geworfen und zugezogen. Klasse, diese Technik. Macht keinen Lärm, lässt sich leicht transportieren und fällt auch beim Sicherheitscheck am Eingang der Bank nicht auf. Die ideale Waffe sozusagen.

Im Nachbarbüro klappte eine Tür zu. Zeit zu verschwinden. Ich ließ die Schlinge wieder in der Hosentasche verschwinden, spazierte ohne ungebührliche Hast an dem Anzugheini vorbei, der nebenan raus kam, und arbeitete pfeifend weiter, bis meine Schicht zu Ende war.

»Chast du schon die Zeitung gelesen, Paolo, mein Junge?«

Das war dann der Hammer am nächsten Morgen. Ich wunderte mich, wieso mein Auftraggeber am Telefon plötzlich so eisig war. »Nee, Boss, noch keine –«

»Ich chatte mich doch klar ausgedrückt, oder? Kein Lärm, keine Schweinerei, ruhiger, sauberer Job. Und dafür ruhige, saubere Kohle.« Typisch. Hier in Frankfurt vergessen selbst die härtesten Burschen nie, über Geld zu reden.

»Ach ja, Boss, das mit der Kohle –«

»Und ich chatte dir genau gesagt, wer der Kunde ist. Du chattest doch alles: Name, Foto, Beschreibung des Arbeitsplatzes – damit du nicht wieder den falschen umlegst wie neulich.«

Wenn der Boss so freundlich zu mir redet, läuft's mir immer kalt den Rücken runter. Dann glaub ich sofort, dass er 'ne schnelle Karriere vom sibirischen Bahnarbeiter zum Frankfurter Chef der Russen-Mafia gemacht hat. Bestimmt hat der die Masche mit der eisigen Stimme so gut drauf, weil er aus Nowosibirsk ist. »Das lag wirklich nur daran, dass es hieß: Im Hochhaus der Bank . . . kann ich ahnen, welche von den vierhundert hier –«

»Deshalb chattest du diesmal ja die Adresse. Und das Foto.«

Scheiße. Ich hatte mir das Gesicht nicht angesehen. In der Hektik ganz vergessen.

»Bleib cool, Junge. Es war schon der Richtige. Nur chast du ihn nicht kaltgemacht. Jemanden mit 'ner Kugel zwischen den Augen kann man nicht mehr erdrosseln.«

Kugel? »Boss, ich schwör's, ich hab die Garotte genommen!«

Pause am anderen Ende des Telefons. Dann, wieder seidenweich und ribbelfest: »Ja, du vielleicht. Aber den Job chat der Typ mit der Kanone gemacht. Die Kohle kannst du vergessen.«

Ecco – ich hatte einen totalen Hals. Wer auch immer mir da zuvorgekommen war, der hatte mich schlichtweg beschissen. Ich tobte ein bisschen vor mich hin, bis mir wieder einfiel, dass im Nachbarbüro ein Geräusch gewesen war. Der Anzugheini! Und war da nicht auch Korditgeruch gewesen? Na klar, der war's. Der konnte was erleben!

Viel Vorbereitung brauchte ich nicht, und was anderes hatte ich sowieso nicht zu tun, weil der Boss mich sozusagen mit Aufträgen verschonte. Mein Plan war ganz einfach. Ich hatte mich ja schon in die Putztruppe der Bank eingeschmuggelt. Jetzt brauchte ich nur noch abzuwarten, bis mir der Anzugheini wieder über den Weg lief, dann war der dran. Vielleicht ließe sich sogar noch was wegen der Knete regeln, aber das konnte ich erst planen, wenn ich mehr über den Typen wusste. Mein Boss machte eine Menge Geschäfte mit den Bankfritzen, sogar legale; war nicht auszuschließen, dass die ihrerseits gegen einen kleinen Deal nichts einzuwenden hätten.

Ich hatte schnell raus, dass mein zukünftiges Opfer nicht im Nachbarbüro arbeitete, denn da saß die Sekretärin von dem erdrosselten Erschossenen. Aber selbst wenn ich mich von oben bis unten durch diesen ganzen Bau putzen musste – ich würde ihn finden. Die Kolonnen waren jeweils nur für ein paar Stockwerke zuständig, aber als Vorarbeiter hätte ich mehr Spielraum, rumzuschnüffeln. So schnell, wie da geheuert und gefeuert wurde, war es kein Problem, befördert zu werden.

Genial war auch mein Schachzug, mit der einen Zuckerschnecke vom Wachdienst rumzuschäkern. Auch das fiel mir nicht schwer, denn erstens stehe ich wirklich auf braune Augen und ein paar Kurven, und zweitens war sie auch überhaupt nicht abgeneigt, bei Schichtbeginn noch eine Runde zu turteln. Ich bin ja kein Mann von vielen Worten; ich mach's immer mit tief in die Augen gucken. Wir fingen beide an zu arbeiten, während die meisten Banktypen das Haus verließen, und nach und nach fiel's auch gar nicht auf, dass ich mal so fragte, wer das alles war und wo genau die ihre Büros hatten. Dumm nur, dass die Kollegin der Zuckerschnecke eifersüchtig wurde.

»Sonja«, sagte sie zum Beispiel, wenn ich mich gerade so

schön am Wachtresen rumlümmelte, »überprüf doch mal die Tagesausweise vom letzten Monat.« Sie wollte immer alles ganz ordentlich haben. Noch perfider: »Sonja, verrat mir doch mal, wie das kommt, dass die Sicherheitschecks der Eingänge noch nicht abgeschlossen sind.« Und dann baute sie sich in ihrer Uniform neben mir auf. Ich steh ja schon auf Mädels in Uniform, und an der war auch einiges dran, aber ich kann's irgendwie nicht leiden, wenn die drei Meter größer sind als ich. Da hilft auch kein Walkürenbusen.

Mein Zuckerschneckchen blieb immer ganz gelassen, das fand ich toll. Sie sagte dann »Mach ich sofort, Gitte« oder »Keine Ahnung, hab mich auch schon gewundert, aber das hab ich gleich«.

Na, es dauerte jedenfalls zwei, drei Wochen, bis ich über Sonja rauskriegte, wer mein Ziel war und wo er sein Büro hatte. Als sie ihn mir beim Rauskommen gezeigt hatte, war ich kurz in Panik, ob er mich wieder erkennen würde, aber glücklicherweise tat er das nicht.

Eines Abends war's dann so weit. Ich hatte mich auf die Lauer gelegt. In dieser Bank hatten sie's mit Pflanzen, und deshalb stand um die Aufzüge auf jedem Stock ein halber Urwald. Ich wusste, dass mein Opfer wegen Quartalsabschluss Überstunden machte. Die unteren Chargen aus seiner Abteilung waren schon weg, nur er saß noch da und scheffelte. Meine Kohle für den verpatzten Auftrag von ihm zu kriegen, hatte ich mir mittlerweile abschminken müssen – der hatte mehr mit Computern zu tun als mit Barem. Na, das war noch ein Minuspunkt für ihn. Und warum er meinen Auftrag versiebt hatte – das war was Privates gewesen, so hatte er sich's in seinem Taschenkalender notiert, völlig unprofessionell. Ich als Profi find ja, dass Amateure immer nur im Weg sind.

Ich würd ja gern sagen, dass mein Blut jetzt kochte, aber so war's nicht. Ich blieb ganz kalt, so kalt wie mein sibirischer Don. Wirklich 'n feiner Trick von ihm, musste ich mir unbedingt merken.

Wie gesagt, ich lauere so hinter'm Ficus, da kommt er den Flur entlang, stellt sich vor den Aufzug, drückt und wartet. Zwei Schritte auf Gummisohlen, Garotte um den Hals – ihm noch ins Ohr gezischt, warum er dran glauben muss – und zugezogen. Schwups, das war's. Sauber, leise, unauffällig. Ich zieh ihn noch hinter das Grüngemüse, damit sie ihn nicht sofort finden, dreh mich um –

Verdammte Hacke, die Walküre vom Sicherheitsdienst!

»Hände hoch!«, sagt sie zu mir und zielt doch wahrhaftig mit 'ner Knarre auf mich. Mädels, die auf mich schießen wollen, kann ich gar nicht ab.

Im ersten Reflex will ich die Knarre ziehen, wir wissen ja alle, dass Mädels nicht so schnell abdrücken – da fällt mir ein, dass ich keine dabei habe. Auch das Messer hatte ich eingemottet. Und so 'ne Garotte ist schließlich kein Lasso . . .

Von hinten greift jetzt noch wer nach meinen Handgelenken und legt kalten Stahl drum.

»Tut mir echt Leid«, sagt die Stimme von meinem Zuckerschneckchen. »Aber du hast dich so auffällig für Männer interessiert . . .«

Ecco, da hatte ich dann endgültig den Papp auf. Bei guter Führung bin ich in ein paar Jahren wieder draußen – so 'n netter, höflicher Kerl wie ich schafft das spielend. Dann mach ich die Jobs auf meine Art und lass mich nicht mehr auf so Firlefanz ein. Und Weiber – na ja, so ganz kann ich da die Finger nicht von lassen. Aber ich werd mir 'n großen Zettel schreiben, dass man Weibern einfach nicht trauen kann.

Das Glockenbach-Geheimnis

Friedrich Ani

Die erste männliche Leiche entdeckte eine Spaziergängerin in der Jahnstraße am Montagmorgen gegen sechs Uhr vierzig.

»So früh sind Sie schon unterwegs?«, fragte Hauptkommissar Benedikt Schwaiger.

Die Frau nickte. Sie hieß Magdalena Kisch, war achtundsiebzig Jahre alt und wohnte seit sechsundsiebzig Jahren in der Jahnstraße 24, direkt neben dem Gasthaus Faun. Ihre ersten beiden Lebensjahre hatte Magdalena in der Jahnstraße 25 verbracht, dann war ihre Mutter ein paar Häuser weiter gezogen, weil auf ihrer Etage ein Mann verhaftet worden war, der zwölf Frauen missbraucht und ihnen die Kehle durchgeschnitten hatte; zum Glück nicht in der Jahnstraße, sondern auf der anderen Seite der Isar in Giesing.

»Führen Sie Ihren Hund Gassi?«, fragte Hauptkommissarin Daniela Schneider, deren blau gefärbte Haare an diesem Morgen strubbelig und stachelig vom Kopf abstanden.

»I hob doch koan Hund, Sie«, sagte Frau Kisch. Sie trug einen grauen Hut und einen Lodenmantel. Sie war eine gepflegte, stolze Erscheinung. Ihre blauen Augen schienen von innen her zu strahlen, und Daniela starrte sie immer wieder fasziniert an.

»Is was?«, fragte Frau Kisch.

»Ihr Kaffee, Signora«, sagte Klaus, der Kellner im Faun, und stellte die Tasse hin.

Schwaiger und seine Kollegin hatten nichts bestellt. Draußen inspizierten ihre Kollegen von der Spurensicherung den Fundort der Leiche, der Gerichtsmediziner flüsterte erste Analysen ins Diktiergerät, und Polizisten in Uniform hielten an den rotweißen Absperrbändern die Schaulustigen zurück.

Es war sieben Uhr fünfunddreißig.

Der Tote lehnte immer noch aufrecht an dem Baum, so wie ihn Magdalena Kisch bei ihrem Morgenspaziergang vorgefunden hatte. Er war ungefähr vierzig Jahre alt, trug blank geputzte schwarze Schuhe und einen Kaschmirmantel, und die Zunge hing ihm aus dem Mund. Er war mit einem dünnen Eisendraht erdrosselt worden, den der Täter um den Baumstamm gewickelt hatte.

»Ich hab erst gedacht, der schläft da auf dem Boden«, sagte Frau Kisch zu Daniela.

Schwaiger rieb sich die Augen. Er hatte wieder einmal die halbe Nacht Musik gehört und bestimmte Erinnerungen in Raki ertränkt.

»Ein Weißbier!«, rief er plötzlich aus, und Klaus blickte überrascht von seiner Zeitung auf.

»Spinnst jetzt?«, sagte Daniela.

»Sei still«, sagte Schwaiger.

Sie arbeiteten seit knapp einem Jahr zusammen, und obwohl er nur vier Jahre älter war als sie, kam er sich in ihrer Gegenwart oft wie ein fetter, situierter, abgehalfterter Spießer vor, dem das bizarre Outfit der Kollegin mächtig auf den Zeiger ging. Dani, wie sie sich von allen nennen ließ, hatte nicht nur ein Gestrüpp blauer Haare auf dem Kopf (vorher waren sie braun und davor rot gewesen), sondern auch noch vier Silberknöpfe im linken Ohr und drei im rechten. »Und wo sonst noch?«, hatte Schwaiger sie gefragt, als sie gerade mal zwei Tage in seinem Büro war, und sie hatte ihm die Zunge herausgestreckt: Da auch! »It helps fellatio«, sagte sie noch, aber Schwaiger wusste nicht, dass es sich um eine Anspielung auf einen Kinofilm handelte, den Dani schon fünfmal gesehen hatte; außerdem bezweifelte er die Methode. Mittlerweile waren sie ein Team geworden – er, der untersetzte, schweigsam-mufflige 37-jährige Hauptkommissar, sie die flippige Polizistin mit dem aufgetunten Motorrad –, und sie gingen sogar manchmal gemeinsam essen. Bei einem dieser Treffen hatte ihr Schwaiger von seiner verstorbenen Frau erzählt, von der Liebe seines Lebens ...

»Ich geh jeden Morgen zum Friedhof«, sagte Magdalena Kisch und tupfte sich den Mund mit der Papierserviette ab. »Weil mein Mann liegt da beerdigt, verstehen S'?«

»Ja«, sagte Dani.

Schwaiger wischte sich mit dem Handrücken den Weißbierschaum vom Mund.

»Also der Mann, der Tote, den haben Sie noch nie vorher gesehen?«, sagte er.

»Na!«, sagte Frau Kisch knapp.

»Wir rufen Sie an, wenn wir noch eine Frage haben, Frau Kisch«, sagte Dani.

Frau Kisch kramte nach dem Portemonnaie.

»Der Kaffee geht auf uns«, sagte Dani und stand auf. Schwaiger blieb sitzen.

»Wiederschaun«, sagte Frau Kisch.

»Wiederschaun«, sagte Dani.

»Danke«, sagte Schwaiger.

»Ich dank auch für den Kaffee«, sagte Frau Kisch, nickte Klaus zu und trat auf die Straße hinaus. Sie holte tief Luft, schloss für einen Moment die Augen und ging zielstrebig auf das gelbe Haus gegenüber zu.

»Was ist los?«, fragte Dani. Wieso säufst du in aller Früh schon Bier?«

Benedikt Schwaiger hob das Glas, setzte es an die Lippen, schnaufte kräftig durch die Nase und trank. Dani war Zeugin: Er schaffte das komplette Weißbier auf einen Zug.

Die zweite männliche Leiche entdeckte eine Spaziergängerin in der Pestalozzistraße am Donnerstag kurz nach Mitternacht.

»Mit einem Eisendraht erdrosselt, genau wie der andere«, sagte Dani, die gerade damit beschäftigt war, ein Lederhalsband zuzuschneiden, als das Telefon klingelte; sie war eine Expertin für Indianerschmuck und besaß sogar einen Gewerbeschein; falls sie mal keine Lust mehr haben würde, Polizistin zu sein, wollte sie sich auf die Herstellung von Schmuck und Piercingmodellen spezialisieren.

Der zweite Tote innerhalb von vier Tagen und innerhalb desselben Stadtteils war ungefähr sechzig Jahre alt; er trug einen dunkelgrauen Anzug und eine Fliege, eine Brille lag neben ihm im Gras. Der Draht war um den Baum gewickelt wie bei dem anderen Opfer. Die Zunge hing ihm aus dem Mund und hatte die Farbe einer alten Pflaume.

Die Frau, die den Toten gefunden hatte, zitterte am ganzen Körper und rauchte ununterbrochen. Sie hieß Hannelore Klartal und war neunundsiebzig Jahre alt. Wie Magdalena Kisch wohnte auch sie in der Jahnstraße, im Haus Nummer 25.

»Kennen Sie die Frau Kisch?«, fragte Dani.

»Selbstverständlich, o Gott, ist sie eine Verwandte des Toten? O Gott!« Schon wieder steckte eine Zigarette zwischen ihren schmalen Lippen.

»Nein«, sagte Dani, obwohl sie es nicht wusste. Der Tote war noch nicht identifiziert. Im Gegensatz zum Toten vom Montag: Er hieß Franz Pastell, war erfolgreicher Immobilienmakler gewesen, der mit zwei Kollegen ein Büro in Bogenhausen betrieben hatte. Ein Motiv für seine Ermordung hatte sich noch nicht gezeigt, abgesehen davon, dass es in dieser Stadt immer irgendein Motiv gab, einen Makler zu ermorden. Dani hatte selbst eins: Blanker Hass.

»Wer tut denn bloß so was?«, sagte Frau Klartal, seufzte und sog an ihrer Zigarette.

»Sie waren also auf dem Heimweg«, sagte Schwaiger. »Und Sie kommen vom Südfriedhof.«

»Ja.«

»Ist Ihr Mann dort beerdigt?«, fragte Dani.

»Mein Urgroßvater«, sagte Frau Klartal. Sie rauchte die Zigarette zu Ende und ließ sie fallen; mindestens zehn Kippen lagen schon im Gras, in unmittelbarer Nähe des Toten.

Sie gingen ein paar Meter weg, und Frau Klartal vergrub die Hände in ihrem Pelzmantel.

Null Uhr dreiundfünfzig, null Grad.

»Mein Mann ist im Krieg gefallen. Das heißt, eigentlich waren wir erst verlobt. Er war vierundzwanzig, als er starb. Meinen Vater haben die Nazis auch umgebracht.«

»Der Tote liegt ziemlich abseits, mindestens zehn Meter vom Bürgersteig entfernt«, sagte Schwaiger.

»Dafür kann ich nichts«, sagte Frau Klartal.

»Nein«, sagte Dani und lächelte.

»Hoffentlich«, sagte Schwaiger und lächelte nicht im geringsten.

Frau Klartal starrte ihn an.

»Hast du eine Krise?«, fragte Dani ihren Kollegen, nachdem sie Frau Klartal nach Hause geschickt hatten und im Auto saßen, in dem die Heizung auf Hochtouren lief. »Die arme Frau ist zu Tode erschrocken über deine blöde Bemerkung.«

Schwaiger schwieg sein muffliges Schweigen, und das konnte dauern, das wusste Dani. Also redete sie einfach weiter.

»Beide Männer wurden auf die gleiche Weise umgebracht. Sie wurden erdrosselt und an einen Baum gebunden. Beide Männer waren wohlhabend, auch wenn wir über unseren Fliegenmann noch nichts wissen. Jedenfalls sieht er nicht so aus, als würde er unter der Wittelsbacher Brücke wohnen.«

»Vielleicht ist der Anzug ein Weihnachtsgeschenk vom Moshammer«, brummte Schwaiger aus seinem Schweigen heraus.

»Schmarrn. Beide Männer hatten keine Papiere bei sich. Und beide Leichen wurden von alten Damen gefunden. Im selben Stadtteil. Wie heißt der Stadtteil eigentlich?«

Schwaiger schwieg, oder er überlegte.

»Au!«, stieß er dann hervor.

»Au? Nein, das ist nicht die Au.«

Sie klappte das Handschuhfach auf und holte einen Stadtplan hervor.

Jemand klopfte ans Seitenfenster. Dani drückte den Knopf, und das Fenster glitt herunter.

»'tschuldigung, Leute, aber ihr stehts uns im Weg. Könnts bitte a Stückerl rüberfahren, mia kommen da ned durch, dankschön, gell.«

Der Mann im schwarzen Anzug hob die Hand und verschwand. Dani, die auf dem Beifahrersitz saß, klopfte aufs Lenkrad, und Schwaiger ließ den Motor an. Sie parkten ein Stück weiter vorn, und der Leichenwagen konnte rangieren.

»Jetzt pass auf«, sagte Dani.

Sie faltete den Stadtplan auseinander und schaltete die Innenbeleuchtung ein. Schwaiger drückte sich an die Tür, als käme ein riesiges, quadratisches Insekt auf ihn zu.

»Du sollst herschauen«, sagte Dani.

Er kniff die Augen zusammen. Vor lauter Müdigkeit fing er an zu frösteln.

»Da drüben ist die Au, rechts von der Isar, also im Osten.«

»Das ist nicht die Au, sondern Untergiesing«, brummte er.

»Schmarrn. Hier, das ist das Schlachthofviertel, da ist die Thalkirchener Straße, da ist der Südbahnhof, da ist der Schlachthof, und . . .« Sie pochte mit dem Zeigefinger auf die Karte. »Da sind wir, Pestalozzistraße, Jahnstraße, das ist doch nicht mehr das Schlachthofviertel, oder?«

»Was denn sonst?«

Sie betrachtete die Karte, hielt sie näher zum Licht, überlegte und lehnte sich zurück.

»Jetzt weiß ich's!«, sagte sie.

Schwaiger schwieg.

»Glockenbach! Das ist das Glockenbachviertel! Genau.«

Sie faltete den Plan hastig zusammen und stopfte ihn ins Handschuhfach.

»Ist doch logisch, hier fließt ja auch der Glockenbach.«

Na und? Die Isar fließt quer durch München, und nirgends gibt's ein Isarviertel.«

»Doch«, sagte Dani und beugte sich grinsend zu ihm hinüber. »Die Isarvorstadt, die gibt's, das weiß ich genau!«

»Isarvorstadt«, sagte Schwaiger, richtete sich auf und ließ den Motor an, »heißt die ganze Gegend hier im Volksmund, das hat mit den Stadtteilen gar nichts zu tun.«

»Okay Chef. Aber wir haben trotzdem zwei Morde im Glockenbachviertel innerhalb von vier Tagen, egal, was der Volksmund dazu sagt.«

»Ich kann dir sagen, was der Volksmund dazu sagt: Däads wos dagegn!«

»Bitte?«

Schwaiger gab Gas, und sie fuhren los.

Die dritte männliche Leiche entdeckte ein Spaziergänger in der Hans-Sachs-Straße am Sonntagmorgen gegen vier Uhr fünfzehn.

»Jessas!«, sagte er nun schon zum achten Mal. Er hieß Ferdinand Rochus, war siebenundsechzig Jahre alt und wohnte in der Klenzestraße.

»Wie heißt das Lokal, in dem Sie die ganze Nacht waren? Lulu?«

»Jessas!«, sagte Rochus.

»Er meint das Lou's Lu, stimmt's?«, sagte Schwaiger.

Rochus schaute zu Boden.

»Dieses Lokal wird überwiegend von Homosexuellen frequentiert«, sagte Schwaiger pressereif.

»Ach«, sagte Dani.

»Jessas!«

»Und auf dem Heimweg sahen Sie plötzlich die Leiche«, sagte Dani.

»Ja.«

Der Tote hockte im Hinterhof eines Hauses auf dem Boden, angelehnt an eine Birke, erdrosselt mit einem Eisendraht, der um den Stamm gewickelt war. Der Mann war ungefähr fünfundsechzig Jahre alt und gut gekleidet; er hatte einen Schnauzbart und einen Stiftenkopf.

»Bitte verraten Sie uns, was Sie in dem Hinterhof wollten«, sagte Schwaiger.

»Nein«, sagte Rochus sofort.

Die Blaulichter der Streifenwagen und des Rettungsdienstes sprangen gespenstisch über die grauen Wände. Aus allen Fenster schauten die Bewohner in den Hof hinunter.

Dani hielt die Tür ihres Dienstwagens auf. Rochus stieg ein. Er sah aus, als würde er jeden Moment anfangen zu heulen.

»Eine Vernehmung, keine Presse«, sagte Schwaiger ins Telefon und legte auf.

Im Dezernat in der Bayerstraße brachte ihnen ein Kollege heißen Kaffee und steinharte Kekse. Rochus kaute darauf herum, als hätte er das Gebiss des Jahrhunderts.

»Schmeckt's?«, fragte Dani.

»Ja.«

»Kennen Sie einen Mann namens Franz Pastell?«, fragte Schwaiger. Rochus stierte in den schwarzen Kaffee.

»Kennen Sie einen Mann namens Paul Fleckmann?« Das war der Tote, den die alte Frau in der Pestalozzistraße aufgefunden hatte, ein verheirateter Grundschullehrer.

Das Büro war geheizt. Dani zog ihr Jackett aus. Rochus warf einen schnellen Blick auf ihren Pistolengurt und die Waffe. Sie schaute zum Fenster hinaus. Drüben befand sich der Südeingang des Hauptbahnhofs, und obwohl es noch früh am Morgen war, versammelten sich bereits die ersten weinseligen Penner auf der Treppe und ließen die Flasche kreisen. Die Bahnpolizisten hatten längst damit aufgehört, sie vertreiben zu wollen; manchmal statuierten sie ein Exempel, marschierten mit ihren Schäferhunden an, nahmen zwei oder drei Männer mit und steckten sie in die Ausnüchterungszelle. Einen Tag später waren sie wieder da. Im Vergleich zu anderen Großstädten Deutschlands war der Münchner Hauptbahnhof trotz der Drogen- und Alkoholsüchtigen, die hier herumlungerten, noch immer einer der saubersten und ungefährlichsten.

»Ich hab Angst«, sagte Rochus leise.

»Wovor?«, fragte Schwaiger, der ihm gegenübersaß und rauchte.

»Vor meiner Mutter.«

»Bitte?«

Es fehlte offenbar nicht mehr viel, bevor er zu heulen anfing.

»Vor Ihrer Mutter?«, sagte Dani und setzte sich. »Wie alt sind Sie?«

»Siebenundsechzig. Vor einem Monat bin ich siebenundsechzig geworden.«

»Und Ihre Mutter, wie alt ist die?«, fragte Schwaiger.

»Achtundachtzig.«

Schwaiger betrachtete seine filterlose Zigarette, als enthielte sie das Geheimnis der menschlichen Psyche. Er drehte die Salem zwischen den Fingern, zog die Stirn in Falten und wippte mit dem Kopf. Er starrte die Glut an, stieß einen Seufzer aus, nickte und legte die Zigarette in den Aschenbecher.

Dani durchkämmte ihren Haarhaufen mit beiden Händen.

Draußen auf dem Flur waren Schritte zu hören, eine Männerstimme, das Schlagen einer Tür.

Sie saßen am Tisch und schwiegen. Der Kassettenrecorder lief.

Nach einer Minute sagte Dani: »Noch Kaffee, Herr Rochus?«

»Ja.«

Dani stand auf.

»Nein, doch lieber nicht«, sagte Rochus und schaute ihr ins Gesicht. Er hatte gerötete Augen und Schweiß auf der Stirn.

»Ihre Mutter weiß nicht, dass Sie homosexuell sind«, sagte Schwaiger. Rochus nickte.

»Was glauben Sie, würde sie tun, wenn sie es erfahren würde?«

»Jessas!«

»Kennen Sie einen Mann namens Franz Pastell?«, fragte Dani.

Rochus sah sie an. Dann nickte er langsam.

»Ja oder nein?«

»Ja«, sagte er leise.

»Und Paul Fleckmann?«

Rochus faltete die Hände und hörte auf zu atmen. Dani legte ihm die Hand auf die Schulter.

»Sagen Sie es meiner Mutter?«, fragte er und blickte in seine Tasse.

»Nein«, sagte Dani. »Kannten Sie Paul Fleckmann?«

Wieder nickte er.

»Ja oder nein?«

»Ja.«

Über seine Kollegen, mit denen er das Maklerbüro betrieb, hatten die Kommissare herausgefunden, dass Franz Pastell regelmäßig im Lou's Lu verkehrte und Interesse vor allem an älteren Männern hatte. Schwaiger war es gelungen, einen Strichjungen zum Sprechen zu bringen, der Paul Fleckmann kannte. Der Junge war öfter bei ihm zu Besuch gewesen, und einmal begegnete er dort zwei weiteren Männern; einer von ihnen war Franz Pastell gewesen und der andere ein Typ, den der Junge nie zuvor gesehen hatte, den er aber beschreiben konnte.

Schwaiger hatte den Aktenordner vor sich liegen und von einem Blatt abgelesen.

»Die Beschreibung passt auf Sie«, sagte er und legte das Blatt in den Ordner zurück.

»Woher haben Sie das?«

»Sie waren in der Wohnung von Paul Fleckmann, gemeinsam mit Franz Pastell. Beide Männer sind in dieser Woche ermordet worden.«

»Ich war's nicht!«, sagte er schnell und wollte seinen Kaffee trinken, aber die Tasse war leer. Er schlürfte und stellte die Tasse sofort wieder hin.

»Entschuldigung.« Er schämte sich offenbar dafür, geschlürft zu haben.

Dani stand auf, nahm seine Tasse, ging zur Kaffeemaschine, goss ein und brachte Rochus die volle Tasse. Er wärmte sich die Hände daran.

»Wir müssen Ihr Alibi überprüfen.«

»Jessas!«

»Wo waren Sie am . . .«

Zu der Zeit, als der Makler Franz Pastell ermordet wurde, war Rochus angeblich allein in seiner Wohnung in der Klenzestraße. Eine Nachbarin erklärte jedoch, sie habe ihn in dieser Nacht noch einmal weggehen und wenig später ziemlich aufgeregt zurückkommen sehen. Die Zeit, die sie nannte, stimmte mit der ungefähren Tatzeit überein. Rochus leugnete, seine Wohnung noch einmal verlassen zu haben.

Zu der Zeit, als der Lehrer Paul Fleckmann ermordet wurde, lag Rochus angeblich krank im Bett. Er war Nachrichtensprecher bei einem Fernsehsender gewesen, nachdem seine Karriere als Schauspieler gescheitert war. Einmal im Monat traf er sich mit ein paar Bekannten aus der Redaktion in der Augustiner-Gaststätte, um bei viel Bier und Bratensülze über das niedrige Niveau des aktuellen Journalismus herzuziehen.

An diesem Mittwochabend verließ er die Runde früher als gewöhnlich, weil er, wie er behauptete, Magenschmerzen habe und schleunigst ins Bett wolle. Hannelore Klartal, die Frau, die den toten Fleckmann gefunden hatte, glaubte einen Mann gesehen zu haben, der sich ebenfalls in der Nähe der Leiche aufgehalten habe; als sie näher kam, sei er verschwunden. Die Beschreibung, die sie von dem Mann gab, passte auf Rochus.

»Die Frau war viel zu weit weg«, sagte Dani und sortierte die Sojasprossen aus ihrem Salat. »Sie hat einen kleinwüchsigen Mann in einem langen Mantel gesehen, na und?«

Sie waren die einzigen Gäste in der Polizeikantine. Es war halb drei Uhr nachmittags.

»Rochus hat kein Alibi, kein einziges!« Schwaiger schaufelte Vollkornravioli in sich hinein und dachte nach. Dieser Makler, Pastell, war einen Kopf größer als Rochus und kräftiger, genauso wie Fleckmann, und der dritte Tote war durchtrainiert gewesen wie einer dieser modernen Rennrentner, der hätte Rochus mit einer Hand umgehauen. Den Ergebnissen des Labors zufolge war keiner der Männer vor der Ermordung betäubt oder anderweitig außer Gefecht gesetzt worden. Wer war der dritte Tote?

»Ich hab' ihn nicht gekannt, Herr Kommissar.«

Ferdinand Rochus saß am Tisch des Vernehmungszimmers. Drei Stunden dauerte die Vernehmung nun schon. Es war die fünfte innerhalb von zwei Tagen.

»Stimmt das, dass Pastell, der Makler, damit gedroht hat, Sie zu outen, also irgendwelchen Leuten zu erzählen, dass Sie homosexuell sind?« Dani versuchte unauffällig, mit der Zunge eine Sojasprosse zwischen ihren Schneidezähnen herauszupulen.

»Ich weiß, was outen bedeutet, Frau Kommissarin.«

»Pastell, Fleckmann und der andere Mann haben sich lustig über Sie gemacht, Sie wollten Ihre Mutter anrufen«, sagte Schwaiger. Er saß vornübergebeugt da und spürte einen Klumpen Teig, der nicht kleiner werden wollte, in seinem Magen.

»Woher wissen Sie das?« Rochus schwitzte und rieb sich die Hände.

»Wir haben uns umgehört.«

Rochus nickte.

»Wer ist der Mann mit dem Schnauzbart und dem Stiftenkopf?«, fragte Dani. Die Sojasprosse klemmte fest.

Rochus zog die Schultern hoch und versank in seinem Stuhl. Er wirkte noch kleiner als sonst, noch grauer und unscheinbarer. Er zitterte, und es gelang ihm nicht, sich unter Kontrolle zu halten. Er griff nach der Kaffeetasse. Seine Hand zitterte so stark, dass er sie gleich wieder zurückzog. Abwechselnd blickte er Schwaiger und Dani an, als würden sie ihn jeden Moment für sein Verhalten bestrafen.

»Herr Rochus . . .«, begann Dani.

»Ja!«, sagte er schnell.

»Sie haben uns immer noch nicht gesagt, was Sie in dem Hinterhof wollten, wo die Leiche lag.«

»Nein.«

Schwaiger lehnte sich zurück. In seinem Magen bewegte sich etwas, der Berg kam ins Rutschen. Der Kommissar strich sich über den Bauch und öffnete dann flink den obersten Knopf an seiner Hose. Dann beugte er sich wieder nach vorn und nestelte am Gürtel herum.

»Ich . . .«, sagte Rochus leise. Dani schob den Kassettenrecorder ein paar Zentimeter näher zu ihm hin. »Ich . . . ich war nicht allein da . . . ein Mann . . . da . . . wir wollten . . . ich wollte, dass er mich . . . dass er mir . . . Jessas!«

»Es ging also um Sex«, sagte Dani. Rochus starrte sie an, als hätte sie etwas Unanständiges gesagt.

»Dieser Mann, der bei Ihnen war . . .«, sagte Schwaiger, und Rochus wandte abrupt den Blick von Dani ab und schaute dem Kommissar in die Augen, regungslos, ohne Luft zu holen. »Sie haben diesen Mann ermordet.«

Kein Muckser. Rochus sah den Kommissar an, seine Augen gerötet, die Hände gegeneinander gepresst, die Schultern hochgezogen, der ganze Körper ein Bündel Furcht.

Dann stand Ferdinand Rochus auf, ballte die Fäuste und drückte sie gegen die Oberschenkel.

»Ja«, sagte er.

»Sie haben den Mann im Hinterhof der Hans-Sachs-Straße ermordet«, sagte Dani.

»Ja«, sagte Rochus, »ich habe ihn erdrosselt wie die anderen beiden auch. Ich habe alle drei umgebracht, aber den dritten kannte ich nicht.«

»Warum haben Sie ihn umgebracht?«, fragte Schwaiger und kratzte sich mit dem Zeigefinger die Stirn, als würde er sich selbst den Vogel zeigen. Das tat er immer, wenn er unzufrieden war.

»Er sagte, er sei von der Polizei. Da bin ich erschrocken, ich bin so erschrocken, er war ein Spitzel, ich hab mich aber ... aber zu ... zuerst zusammengerissen, und als er dann vor mir kniete, hab ich den Draht aus der Tasche geholt und ...«

»Bitte setzen Sie sich wieder«, sagte Dani.

»Sie hatten einen Draht dabei? Wozu denn?«, fragte Schwaiger.

»Um mich zu wehren!«, stieß Rochus hervor und ließ sich auf den Stuhl fallen. Er schloss die Augen und legte die Hände flach auf den Tisch. Dann schaute er die beiden wieder an.

»Sie waren alle hinter mir her, und ich hab keine Lust mehr, mich so behandeln zu lassen, so ... so ... beschissen ... ich wehr mich, verflucht, ich darf mich doch auch mal wehren, oder nicht? Oder nicht? Oder nicht?«

Er blickte von einem zum anderen und dann zur Tür, die geschlossen war.

»Das war doch einfach, ich geh mit denen irgendwohin und sag ... und sag, ich ... ich mach's ihnen, aber nur draußen, nur draußen, verstanden? Im Freien, im Freien, klar? Ja. Ich nehm die mit, sie kommen mit, alles ganz einfach, verflucht, sie ziehen ihre Hose runter, und ich hol meinen Draht raus, alles ganz einfach, verflucht, und dann zieh ich ihnen die Hose wieder hoch, muss ich ja machen, und dann sitzen sie da und ich binde den Draht um den Baum, ist doch einfach, ich hab mich gewehrt, das darf ich, ich hab's ihnen besorgt, ich war das, und der dritte, der war ein Polizist, Jessas, ich wollte das nicht, ich bin gezwungen worden, gezwungen ...«

Er hielt inne, holte Luft, stieß einen leisen Pfiff aus und griff nach der Kaffeetasse. Seine Hand zitterte nicht mehr. Dann

trank er einen Schluck, stellte die Tasse hin und wischte sich
übers Gesicht.

»Ich bin schuldig«, sagte er.

»Wer hat Sie gezwungen?«, fragte Schwaiger und versuchte, den Hosenknopf wieder zuzumachen. Es klappte
nicht.

»Bitte?« Rochus starrte die Tasse an.

»Wer hat Sie gezwungen, die Morde zu begehen?«

Dani durchkämmte ihre Haare mit den Fingern. Sie war,
wie ihr Kollege, von dem Geständnis überrascht und hatte
Zweifel, die sie nicht begründen konnte.

»Ich ... ich weiß nicht, Herr Kommissar, etwas ... ich
konnte nicht anders, ich wollte nicht, aber ... aber ... ich hab
es getan, ich habe drei Morde begangen.«

Schwaiger dachte: Wir haben ein Motiv, und wir haben ein
Geständnis. Warum hab ich das Gefühl, irgendetwas würde
nicht stimmen? Und dann dachte er noch: Nie wieder Vollkornravioli!

Dani dachte: Wenn er sich mit diesem Geständnis an seiner
Mutter rächen will, dann wäre es besser, die Alte einzusper-
ren anstatt ihn. Und dann dachte sie noch an ihren Freund
Luggi: Heut abend bist du dran, mein Lieber!

Die Tests mit diversen Drahtschlingen, die Rekonstruktionen
an den Tatorten und die Entdeckung einer winzigen Blutspur
an einem der Bäume brachten ein eindeutiges Ergebnis: Ferdinand Rochus war ein dreifacher Mörder. Das Motiv: Pani-
sche Angst vor dem Outing als Homosexueller, verbunden
mit einer extremen Abhängigkeit von den Wertmaßstäben
einer übermächtigen Mutter, die gegenüber Schwaiger und
Dani erklärte, homosexuelle Menschen seien abartig, pervers
und gefährlich, und ihr Sohn sei alles andere als einer von
denen, er sei schwach, hilflos und bisweilen jähzornig; nie im

Leben habe er diese Morde verübt. Im Fall des dritten Toten, der inzwischen als Klaus Eden identifiziert worden war – ein pensionierter Bahnbeamter, der im Glockenbachviertel eine kleine Wohnung besaß –, plädierte der Staatsanwalt ebenfalls auf Mord und nicht auf Totschlag im Affekt, da Rochus die Drahtschlinge bei sich gehabt habe mit der Absicht, sie auch zu benutzen.

An dem Tag, an dem der Untersuchungsrichter einen Antrag von Rochus' Verteidiger auf Aufhebung des Haftbefehls ablehnte, erschien ein Mann aus Wiesbaden in der Münchner Mordkommission. Er kam vom Bundeskriminalamt.

»Endres«, sagte er, »Michael Endres.« Er zeigte Schwaiger und Dani seinen Dienstausweis.

»Hallo«, sagte Dani.

»Servus«, sagte Schwaiger.

Sie setzten sich, und Endres zog einen schwarzen Schnellhefter aus seiner Ledermappe.

»Wir arbeiten seit mehr als zehn Jahren an einem Fall, der uns allen noch den letzten Nerv raubt. Und der jetzt einem meiner Kollegen das Leben gekostet hat. Es handelt sich um eine absolut geheim gehaltene Sache, eine Geschichte, die in Ihrer schönen Stadt spielt. Wir nennen sie das Glockenbach-Geheimnis.«

»Der Mann, den Sie als Klaus Eden identifiziert haben, heißt eigentlich Gottfried Lampadius und war einer unserer besten Undercover-Agenten, wenn es um politische Verbrechen ging, speziell um Fälle, deren Anfänge weit zurück in der Zeit des Nationalsozialismus liegen. Im Rahmen seiner Recherchen über verschwundene Nazi-Millionen, die ja zum Teil in der Schweiz vermutet werden, stieß Lampadius auf den Namen eines Mannes, der offensichtlich schon sehr früh, zu den Anfängen der NSDAP, dafür zuständig war, Gelder zu organisieren und zu verstecken. Der Mann hieß Wilhelm

Pastell, er lebte in den zwanziger Jahren hier in München, galt allgemein als unauffällig, was sein Auftreten in der Partei anging, aber er hatte beste Beziehungen zur Wirtschaft und auch zu vermögenden Privatleuten. Wie Sie wissen, bekamen die Nazis zu Beginn durchaus tatkräftige Unterstützung auch aus der aufgeklärten Bürgerschaft, von Intellektuellen, Industriellen, Leuten, die nach dem Chaos der Weimarer Zeit wieder Ordnung im Staat haben wollten.

Pastell wurde zu einer Art Schatzmeister, und als die Nazis die Macht übernahmen, verfügte er bereits über Millionenbeträge, die er auf verschiedene Münchner Banken verteilt hatte. Seine Kommandozentrale befand sich in einem Haus in der so genannten Isarvorstadt, im Glockenbachviertel, ganz in der Nähe des Schlachthofs. Die Juden, die dort wohnten, wurden vertrieben, und ungefähr zu Beginn der vierziger Jahre gehörte das gesamte Viertel praktisch einem Mann: Wilhelm Pastell. Und wie mein Kollege Lampadius herausfand, hatte Pastell nicht nur ein Bargeldvermögen für seine Partei herangeschafft, sondern auch Wertgegenstände, kostbaren Schmuck, Diamanten, Edelsteine und andere Preziosen, die er in seinen Häusern im Glockenbachviertel bunkerte. Nach dem Ende des Krieges wurden dort tatsächlich Münzen und Geldscheine und auch ein paar Ringe und Uhren gefunden, aber das war, so weit wir es rekonstruiert haben, nur ein Bruchteil dessen, was einmal dort vorhanden gewesen sein muss. Im Alter von achtzig Jahren, das war 1975, wurde Wilhelm Pastell ziemlich brutal ermordet, jemand sperrte ihn in eine alte, verlassene Fahrradwerkstatt und erdrosselte ihn mit einem Drahtseil. Nach den Aussagen des Arztes dauerte seine Agonie mindestens drei Stunden. Pastells Enkel Franz war damals einundzwanzig Jahre alt und sagte vor der Polizei aus, er habe von seinem Großvater erfahren, jemand sei hinter ihm her gewesen, und zwar mehrere Frauen aus dem Glockenbach-viertel. Die Sache wurde nie aufgeklärt, der Täter nie gefasst. Wer diese Frauen waren und was sie angeblich woll-ten, blieb im Dunkeln. Wie Sie wissen, starb Franz auf eine ähnliche Weise wie sein Großvater. Der Vater von Franz starb übrigens 1960 bei einem Arbeitsunfall auf einer Bau-stelle im Großmarkt – Frannz war damals sechs Jahre alt –, es hieß, ein Gerüst sei mangelhaft aufgebaut worden und dann umgestürzt.

Nachdem mein Kollege Lampadius Mitte der Achtziger-jahre nach mehreren unaufgeklärten Mordfällen in verschie-denen Städten, unter anderem auch in München, Zusammenhänge herstellte zwischen den Namen der Opfer und denen von Personen, die möglicherweise etwas mit dem Verschwinden der Nazi-Millionen zu tun hatten, beschlossen wir, eine Undercover-Aktion zu starten. Wir wählten Mün-chen aus, da hier die meisten dieser Morde passiert waren, nämlich fünf in den Jahren von 1975 bis 1985. Lampadius mietete sich in einem der verdächtigen Häuser in der Jahn-straße ein. Sein Vermieter war Franz Pastell, dem er die Woh-nung später abkaufte, für eine horrende Summe übrigens.

Bald lernte er auch einige ältere Frauen kennen, die sich außerordentlich dafür interessierten, was er so trieb, wo er herkam und so weiter. Die Namen dürften Ihnen nicht unbe-kannt sein: Magdalena Kisch, Hannelore Klartal und Elvira Schellenbaum. Letztere definierte Lampadius als eine Art Drahtzieherin, wobei er nicht genau sagen konnte, an was für einem Draht sie so genau zieht, möglicherweise an einem, der, wie wir jetzt wissen, tödlich ist.

Vor etwa einem Monat teilte mir Lampadius mit, er habe tatsächlich eine Spur zu den verschwundenen Millionen ent-deckt und damit auch zu den Mördern der fünf Männer, die zwischen 1975 undf 1985 hier in München stranguliert wurden. Und nun ist er tot, und seine Unterlagen sind aus seiner Wohnung verschwunden. Ich glaube nicht, dass die Diebe sie dechiffrieren können, aber das nützt uns auch nichts.

Wie Sie sehen, bestehen die Mysterien des Glockenbachviertels fort, und so romantisch und stilvoll dieser Stadtteil auf den ersten Blick wirkt: Er birgt ein grausames Geheimnis, dem bisher mindestens acht Menschen zum Opfer fielen. Wir sollten endlich dafür sorgen, dass es nicht noch mehr werden.«

Sie trug ein grünes Kleid mit einer goldenen Brosche in Form einer Libelle und schwarze Schuhe aus Samt. Sie empfing Hauptkommissar Schwaiger und Hauptkommissarin Schneider mit einem heiteren Lächeln im Flur ihrer Wohnung, Am Glockenbach 2.

»Wie schön«, sagte Elvira Schellenbaum und führte ihre Besucher durch die Diele, in der ein Kronleuchter hing, hinüber ins Wohnzimmer. Dani sah sich um: eine Chaiselongue mit weinrotem Bezug, ein Büffet mit glänzendem Porzellan, eine Radiotruhe, eine Vitrine, auf der eine Vase mit Gladiolen stand, auf dem Boden Perserteppiche und an der Wand ein Ölgemälde, das eine junge, anmutige Tänzerin zeigte.

»Nehmen Sie Platz.«

Frau Schellenbaum zeigte auf die Chaiselongue. Schwaiger ließ Dani den Vortritt. Sie setzte sich und erwartete, tief einzusinken, aber das Gegenteil passierte: Die Sitzfläche gab keinen Zentimeter nach. Schwaiger nahm behutsam neben ihr Platz, indem er sich auf die Lehne stützte.

»Mögen Sie einen Sherry?«

»Nein«, sagte Dani.

»Nein«, sagte Schwaiger.

Frau Schellenbaum blieb stehen, die Hände hinter dem Rücken verschränkt, noch immer lächelnd, wenn auch weniger heiter als bei der Begrüßung.

»Sie wissen«, sagte Schwaiger, »dass wir bereits mit Ihren Freundinnen, Frau Kisch und Frau Klartal, gesprochen haben und . . .«

»Ja«, unterbrach sie ihn und rührte sich nicht von der Stelle.

»Stimmt es, dass Sie, Frau Schellenbaum, hier am Glockenbach geboren wurden und dass Sie die Möglichkeit hatten, als junges Mädchen hier zu bleiben, obwohl Ihr Vater Jude war und von der Gestapo verhaftet wurde, ebenso wie Ihre Mutter, die keine Jüdin war, und ihre Schwester.«

»Ja.«

»Sie und Magdalena Kisch und Hannelore Klartal waren schon damals Freundinnen.«

»Ja.«

Unter einem Stuhl, der neben einer Zimmerpalme stand, bemerkte Dani einen Stapel grauer Kladden.

»Und Sie wussten alle drei, wo das Geld, der Schmuck, die vielen Wertgegenstände versteckt waren, die Wilhelm Pastell und seine Leute reichen Gegnern des Regimes abgenommen hatten.«

»Was für Geld?«

»Frau Klartal weiß davon«, sagte Dani.

»Gut«, sagte Frau Schellenbaum, »ich weiß nichts davon.«

Schwaiger schnaufte. Er hatte Probleme mit der abgestandenen Luft in diesem Zimmer, und er saß unbequem. Also stand er auf und hustete. Dani schaute ihn von der Seite an.

Er sagte: »Das Bundeskriminalamt hat ermittelt, dass die Nazis hier im Glockenbachviertel Millionen versteckt haben und dass zwischen 1975 und 1985 mindestens fünf Menschen ermordet wurden, die in die Aktionen damals verwickelt waren.«

Er hustete und ging zum Fenster. Dunkle Plisseevorhänge verdeckten die Sicht nach draußen.

»Uns«, sagte Dani und überlegte, wen genau sie im einzelnen eigentlich damit meinte, »ist es gelungen, über Unterlagen bei der Stadtverwaltung, durch Hunderte von Interviews mit Bewohnern dieses Stadtteils herauszufinden, wer viele dieser Häuser hier nach dem Krieg erworben hat und später umfassend renovieren ließ. Das war gar nicht so leicht, Frau Schellenbaum, weil eine Menge Anwälte und sonstige Zwischenpersonen im Spiel waren, die alle schon gestorben sind oder sich nicht mehr erinnern können oder wollen. Jemand hat sie gut für ihr Schweigen bezahlt.«

»Wollen Sie wirklich keinen Sherry? Ich möchte einen, verzeihen Sie.«

Frau Schellenbaum ging zu einer Anrichte und goss sich ein Glas ein. Sie wandte sich um und zog die Augenbrauen hoch: Schwaiger machte sich an ihren Gardinen zu schaffen.

»Bitte, was tun Sie da?«

Schwaiger ließ die Gardine los. Er hatte feuchte Hände und eine miserable Laune.

»Zusammenfassung!« sagte er laut, warf Dani einen finsteren Blick zu, leckte sich die Lippen und zog sein Jackett aus, so dass Frau Schellenbaum seine Pistole sehen konnte. Sie trat einen Schritt zurück. Dann lächelte sie wieder und nippte an ihrem Sherry.

»Alle Männer, die ermordet wurden, stammen aus diesem Viertel«, sagte Schwaiger mit lauter Stimme, »und sie waren alle ehemalige Nazis oder ihre Väter waren welche. Sie und Ihre Freundinnen haben das Vermögen an sich genommen, die Häuser in der Gegend renoviert und dafür gesorgt, dass alle ehemaligen Bewohner wieder hier einziehen können. Und dann haben Sie sich dafür gerächt, dass Sie und Hannelore Klartal und Magdalena Kisch ihre Familien verloren haben. Sie drei sind nur durch Zufall der Deportation entgangen, wie uns Frau Kisch erzählt hat. Ich kann Ihren

Schmerz und Ihren Hass verstehen, Frau Schellenbaum, aber . . .«

»Sie bestimmt nicht«, sagte sie, trank ihr Glas leer und stellte es auf die Anrichte.

»Was?«

Das Schweigen, das folgte, war so schwer und bedrückend wie die ganze Atmosphäre in diesem Raum. Langsam wandte sich Elvira Schellenbaum um, blickte zu dem Gemälde, das die Tänzerin zeigte, und hob ihre Hände, die weiß schimmerten.

»Diese Menschen existieren für mich nicht mehr. Ich warte auf den Tod, das ist alles. Ich treffe mich jeden Tag mit meinen Freundinnen, und wir reden über alles Mögliche, aber niemals über die Vergangenheit. Wir treffen uns so oft es geht, damit wir nicht allein sein müssen und die Stimmen der Vergangenheit uns einholen. Das verstehen Sie nicht, Herr Kommissar. Bitte gehen Sie jetzt. Von irgendwelchen Nazi-Millionen weiß ich nichts.«

Schwaiger sah sie an und war nicht fähig, etwas zu erwidern. Er wollte es tun, aber er brachte kein Wort heraus. Er dachte plötzlich an Ferdinand Rochus, der die Morde gestanden hatte und dem sie auch nachgewiesen werden konnten.

»Warum er?«, fragte Schwaiger, ohne dass er es beabsichtigt hatte.

Frau Schellenbaum schaute Dani fragend an.

»Mein Kollege fragt, warum Ferdinand Rochus die Morde auf sich nimmt. Sie haben ihn dazu gezwungen, aber warum? Warum, Frau Schellenbaum?«

Als ginge ein Ruck durch sie, lächelte Frau Schellenbaum auf einmal wieder, schenkte sich noch einen Sherry ein, trank ihn in einem Zug aus und behielt das Glas in der Hand. Ihr entspannter Gesichtsausdruck und die sanfte Art, mit der sie sprach, standen in krassem Gegensatz zu dem, was sie sagte.

»Ferdi, er ist ein Feigling, ein sehr feiger Mann, also ein gefährlicher Mann. Als er neun Jahre alt war, ging er zur Gestapo und zeigte uns alle an. Das ganze Haus, die ganze Straße. Und dann kam er angelaufen und warnte uns. So feige war er, so armselig schon mit neun Jahren. Seine Mutter war eine dumme, brutale Tyrannin, und sie ist es immer noch. Die meisten von uns konnten sich nicht mehr retten. Die Gestapo war schneller. Ferdi bekam ein großes Lob von Herrn Pastell, der nebenan wohnte. Ferdi . . .«

Sie lächelte. Dani faltete unwillkürlich die Hände vor dem Mund. Und sie dachte etwas, was sie niemals aussprechen würde, auch wenn sie vor mehr als zehn Jahren voller Überzeugung aus der Kirche ausgetreten war. Sie dachte: Es gibt keinen Gott, er hat nie existiert, wir sind alle überhaupt nichts wert.

Erschrocken schaute sie auf – und Elvira Schellenbaum sah ihr direkt in die Augen.

»Sie haben ihn gezwungen, für Sie zu morden, indem Sie ihm drohten, seine Homosexualität publik zu machen«, sagte Schwaiger tonlos. »Sie wussten, dass er eher Selbstmord begehen würde als sich zu seinem Schwulsein zu bekennen.«

»Ferdi ist als Feigling geboren worden, und er wird als Feigling sterben«, sagte Frau Schellenbaum.

»Das leere Haus in der Geyerstraße 17, das gehört Ihnen, stimmt's?« fragte Schwaiger. Er versuchte, das Gespräch doch noch mit einem konkreten Ergebnis zu beenden.

»Ich werde es der Stadt verkaufen, und die will es abreißen. Es ist ein maroder Klotz. Bitte gehen Sie, ich bin müde.«

»Wir vermuten, dass in diesem Haus jahrzehntelang Gegenstände im Wert von Millionen versteckt waren, jene legendären Preziosen der Nazis, Frau Schellenbaum, der Schlüssel zum Glockenbach-Geheimnis.«

Frau Schellenbaum ging in die Diele hinaus und kam mit

einem Schlüsselbund, an dem zehn Schlüssel hingen, zurück.

»Hier, Geyerstraße 17, viel Spaß beim Suchen.«

Aussagen von Nachbarn und dubiose Unterlagen im Grundbuchamt hatten zu der Adresse in der Geyerstraße geführt. Eine Woche lang wühlten, gruben, buddelten und schabten Experten der Münchner Kripo und des BKA in dem grauen schäbigen Eckhaus in der Geyerstraße. Im Keller, einen Meter unter der Erde, kam eine Schatulle mit Ringen und Ketten ans Tageslicht, doch es konnte nicht bewiesen werden, dass die Sachen tatsächlich von den Nazis stammten, wenngleich die Fachleute davon ausgingen, dass die Schatulle mindestens sechzig bis siebzig Jahre dort vergraben war.

Ferdinand Rochus saß in der Justizvollzugsanstalt Stadelheim seine Strafe ab. Der Richter hatte ihn zu lebenslanger Haft verurteilt ohne Chance, vorzeitig entlassen zu werden. Im Gerichtssaal hatte Rochus, wie schon gegenüber der Polizei, zugegeben, die drei Männer stranguliert und an die Bäume gefesselt zu haben. Er nannte sein Motiv und bedauerte die Taten.

»Aber Sie wurden dazu angestiftet«, sagte Schwaiger zu ihm, als er ihn ein halbes Jahr später in Gefängnis besuchte, weil ihm der Fall keine Ruhe ließ. »Die drei Frauen, die Sie damals als Kind an die Gestapo verraten haben, haben Ihnen das niemals vergessen. Sie wussten genau, wie sehr Sie unter Ihrer Homosexualität leiden, und Sie haben Sie benutzt.«

»Ich leide nicht mehr«, sagte er leise.

Er saß da in seiner grauen Kluft, eine dünn gewordene Gestalt mit blassem Gesicht und kahl rasiertem Schädel.

Schwaiger schüttelte den Kopf.

Weißes Licht fiel durch ein Fenster herein, ein kaltes Licht.

Dann stand er auf und verabschiedete sich.

»Ich bin nicht angestiftet worden«, sagte Rochus, und seine knochige Hand steckte in der Schwaigers. »Ich hab es freiwillig getan, schon vor fünfzehn Jahren. Ich wollte etwas gutmachen. Vielleicht haben Sie geglaubt, sie hätten mich angestiftet, aber das ist nicht wahr. Ich hab es aus freien Stücken getan. Ich wollte was gutmachen. Aber das geht gar nicht. Was ich getan habe, das kann man nie mehr gutmachen, nie mehr.«

Als Benedikt Schwaiger aus der Gefängnistür auf die Straße hinaustrat, blendete ihn die Frühjahrssonne, und er schloss die Augen. Es roch nach Abgasen, aber auch nach frisch gemähtem Gras. Die Vögel waren zurückgekehrt, und ihr Gesang war überall.

Berbersommer

H. P. Karr & Walter Wehner

Zehn nach zehn, der Zeiger der Normaluhr springt einen
Strich weiter. Zeit, sich im Kaufhaus zu waschen und zu
kämmen. Auf dem Weg durch die Bahnhofshalle fischt Kurt
eine WAZ aus dem Papierkorb. Der Schwarze aus Ghana
nickt ihm kurz zu und packt seine Gürtel und Ketten auf
den Tapeziertisch. Hinten bei den Schließfächern sieht er
Max unter seinen Zeitungen liegen. Er lässt ihn pennen,
fährt die Rolltreppe runter, schlängelt sich zwischen den
Frauen und Schulkindern zum Fahrstuhl neben dem Supermarkt durch. Bei Horten auf der Restauranttoilette gab es
warmes Wasser, Seife und Stoffhandtücher. »Guter Service.«
Kurt grinst und stellt seine Untertasse und das Schild mit
der Aufschrift ›Danke – die Klofrau‹ auf die Ablage am
Waschbecken.

Max liebt Männer mit Hut. »Ej, hasse mal ne Zichte für
mich?«

»Wie bitte?«

»Ej, 'ne Zigarette, Mann. Ich hab seit zwei Tagen nix mehr
zu rauchen gehabt.«

»Ich weiß nicht . . .«

»Mann, du wirst doch wohl mal 'ne Zichte abgeben könn,
oder watt?«

»Ja . . . Natürlich . . . hier.«

»Ich nehm mal gleich noch eine, für nachher, okay?«

»Ich . . .«

»Bisten tofften Kumpel, Mann. Haste Feuer?«

»Was?«

»Streichhölzer, Mann!«

»Ja . . . hier . . . nehmen Sie . . . tut mir Leid . . . ich muss weiter . . .«

Max steckt sich eine Zigarette an und verstaut die andere mit dem Streichholzbriefchen im Unterfutter der Jacke. Hinten an den Schließfächern kontrollieren die Bahnbullen seinen Schlafplatz. Max macht sich dünne. Ab durch die Bahnhofshalle, die Rolltreppe rauf zur Galerie. Er filzt die Papierkörbe und findet ein wunderschönes Ticket Köln–Essen, gerade erst abgefahren.

»Na, wer sagt's denn!«

Neun Telefonzellen hat Kurt schon abkassiert auf seiner Runde. Er schiebt sich in den gelben Glaskasten hinterm Saalbau. Ein Drahthaken, ein paar Handgriffe, und die von ihm eingebaute Sperre in der Geldrückgabe lässt sich mühelos herausziehen. Markstücke und Groschen klingeln in die Schale. Kurt zählt glatte neun Mäuse; nicht schlecht für die Gegend. Er bringt die Klemmvorrichtung wieder am Apparat an, durchquert den Stadtgarten. Weiter unten an der Huyssenallee hat jemand seinen Trick durchschaut. »Nicht mal ein falscher Fuffziger, so ein Mist!« Kurt flucht, stemmt sich gegen den kalten Wind und hofft, dass sich keine Konkurrenz breit macht: Das hier ist sein Revier.

Auf dem Bahnsteig ist Großreinemachen. Doppelstreife. Max hockt in der Telefonzelle, seit einer halben Stunde schon. Für die Jahreszeit ist es schon verdammt frisch.

»He, das ist kein Hotel hier!«

»Ich wart auf meinen Zuch! Wird man ja wohl noch dürfen.«

Der Bahnbulle grinst. »Quatsch nich rum. Runter vom Bahnsteig.«

»Ich hab ein Recht . . .«

»Einen Scheiß haste. Ohne Fahrkarte.«

»Klar hab ich 'ne Fahrkarte.« Max wedelt mit dem Ticket.

»Erste Klasse? Für wie doof hältste uns eigentlich?« Der Bulle zerfetzt das Ticket. »So, und jetzt Abmarsch. Aufwärmen kannst dich unten im Tunnel bei der EVAG.«

»Ich wollt mich ehrlich nur 'n Moment ausruhen . . .«

»Klar . . . Raus da . . .«

»Die Beine . . . ich habet doch anne Beine. Alles offen von dem Ekzem . . .«

»Los jetzt, dein Zug ist abgefahren.«

Der Bulle passt auf, bis Max vom Bahnsteig ist.

Acht Straßenzüge weiter hat sich seine Laune wieder gehoben, die Manteltaschen sinken unter dem Gewicht der vielen Münzen bis fast an die Kniekehlen. Unter der Grugabrücke hat er zwei Heiermänner aus dem Schacht geprockelt und fast eine Hand voll Groschen. Die Schickimickis hier im Südviertel schwimmen eben nur so im Geld. Kurt sortiert seine Einnahmen; die Pennystücke und Peseten, mit denen manche die Post bescheißen, wandern in ein extra Portemonnaie. Er muss sie vorsichtig verteilen – an den alten Zigarettenautomaten auf der Rüttenscheider und den halb blinden Rentner in seiner Trinkhalle in Frohnhausen. An der Frittenbude genehmigt sich Kurt eine Frikadelle und eine Flasche Pils. Dann verzieht er sich in die Tiefgarage des Landgerichts und macht auf dem Lüftungsgitter ein Nickerchen. Wenn einem das Gebläse so die warme Luft um die Nase fächelt und man die Augen schließt, kann man fast denken, man sei in der Toskana.

Unten im Tunnel ist alles voller Straßenbahner.

»He, du gehn weg!« Der Braunhäutige auf dem Bock der Reinigungsmaschine wedelt mit der Hand.

»Was willst du, du Kanacker?«

»Muss putzen. Du musst weg!«

»Ich hau dir gleich was vor die Mappe!«

Der Motor der Reinigungsmaschine heult auf und Max sieht zu, dass er Land gewinnt.

Sieben, hat der Bulle gesagt, Sie müssen die Straßenbahn Nummer sieben vom Holsteiner Platz nehmen, die geht bis Katernberg. Kein Freund und Helfer, denkt Kurt, aber auf eure Ortskenntnisse ist immer Verlass. Was soll ich mir bei dem Umsatz die Füße breit latschen? Die Elektrische schaukelt ihn zurück in die Innenstadt. Vor ihm hockt ein Negerpärchen. Wenn das nicht doppelt Glück bringt. Er wird das Ding also heute starten: Das ist sein Tag.

»Ej, Junge, hasse mal Feuer?«

»Klaro, Mann!«

Aus dem Zippo zuckt ein Ding wie beim Flammenwerfer, und der lange Lederjackentyp wiehert los. Sein kleiner Kumpel zeigt ein böses Grinsen.

»Wohl wahnsinnig, watt?«

»Aber immer!« Der Lange pflückt Max den Stummel von den Lippen und zermatscht ihn unterm Stiefelabsatz. »Jetzt kannste ihn kauen.«

»Meinen auch!« Der Kleine rülpst und Max kriegt die Spucke ins Gesicht.

Der Lange zippt das Zippo unter Max' Kinn an. »Was meinste, wie lange der brennt?«

Er drängt Max bis ans Schaufenster des Kaufhauses. Max

rutscht mit dem Rücken an der Scheibe runter und spielt toter Mann.

Sechs Richtige oder einmal den Jackpot knacken; Kurt glotzt auf die Schokoladenauslage des Café Overbeck. Der Sarottimohr aus dem Schaufenster starrt zurück. Nur ein einziges Mal richtig absahnen und dann ab in die Toskana. Er rülpst dem Otto vom Lotto auf dem Plakat seine Meinung rüber und bezieht Posten vor dem Pornokino. Die reinste Goldader; fast jeder Typ, den er anschnorrt, rückt was raus. Sie drücken ihm die Silberlinge nur so in die Pfote, wenn er sie beim Rauskommen anquatscht, und ziehen möglichst rasch Leine.

*Penta*gramm der Triebe heißt der Streifen, den sich die Kerle reinziehen. »He, du da!« – der Kartenverkäufer zwängt sich aus seinem Kabuff und kommt drohend auf ihn zu. Kurt verduftet um die Ecke, nur jetzt keine Scherereien mehr. Heute Abend, wenn sein Ding steigt, muss er topfit sein. Sein Magengeschwür meldet sich schmerzhaft, und er nimmt einen kräftigen Schluck aus dem Flachmann.

»Gib mal die Bombe rüber!«
      Kurt gönnt sich einen langen Schluck aus der Zweiliterflasche. »Scheiß Kälte! Hier kannste nicht bleiben.«
      Sie sitzen unterm Denkmal am Burgplatz. Max behält den Eingang des Münsters im Auge.
      »Haste was zum Pennen?«
      »Weiß noch nicht. Hab noch was vor.«
      »Scheiße auch. Gib mal die Bombe.«
      Max setzte die Flasche an.
      »He, das ist mein Stoff. Wohl verrückt geworden oder watt?«

»Das wird kalt heut Nacht. Da braucht der Mensch watt Warmes.«

»Aber nich auf meine Kosten.«

Max schielt wieder rüber zum Eingang des Münsters. Der Rotwein brennt ihm im Magen und macht ihn schwindelig.

»Italien«, murmelte er. »Toskana! Da müsste man jetzt sein. Ganzen Tach in der Sonne liegen.«

»Da sachste watt!« Kurt macht die Augen zu. »Oben anner Volkshochschule gibt's 'ne Tiefgarage!« murmelt er. »Musste halt mal sehen, wie du mit dem Hausmeister und seinem Köter zurechtkommst.«

Max sagt nichts. Unten am Münster schließt ein Kaplan die Kapelle ab.

Kurt rappelt sich auf. »Also dann. Man sieht sich!«

Max krallt sich die Bombe und zieht sich den letzten halben Liter rein.

Wenn schon, denn schon!

Vier Minuten: Kurt schafft die Strecke von der Spielhalle im Basement des Bahnhofs bis rauf auf den Bahnsteig im Spurt in genau vier Minuten. Er hat das x-mal geprobt. Die Rolltreppe ist nachts meist leer, und auf dem Bahnsteig ist dann auch niemand mehr. Der D-Zug auf Gleis vier geht um 22.34 Uhr ab: über Köln, Frankfurt, München bis nach Rom.

»Kann ich Ihnen helfen?«

Max riecht was Süßes. Wie Blumen.

»Geht es Ihnen nicht gut?«

Max fühlt eine Hand.

»Was ist denn mit Ihnen?«

Die Frau stippst ihn mit den Fingerspitzen an die Schulter, als hätte er was Ansteckendees. Max hängt in einem von den tiefen Ledersesseln im Foyer der Volkshochschule. Durch die deckenhohe Glasfassade gegenüber sieht er Schneeregen durch die Nacht treiben. So eine Scheiße aber auch.

»Ich hab Sie schon vor drei Stunden hier gesehen!« Das ist wieder die Frau. »Kann ich . . .«

Max rülpst.

»Hören Sie, wir schließen gleich. Sie können hier nicht . . .«

»Aber wo soll ich denn hin?« Max glotzt ins Neonlicht, bis ihm die Tränen kommen. Dann rappelt er sich hoch. Nichts für ungut . . .« Seine Beine knicken weg.

Die Frau hat die Hände vor die Brust gepresst. »Was haben Sie denn? Sind Sie krank?!«

»Krank? Ich bin kaputt, Frau . . . Das ganze Bein . . . war nur noch Matsche . . . Betonplatte draufgefallen, auffem Bau . . .«

»Mein Gott, wie schrecklich.«

»Ich war 'n guter Maurer. Das müssen Sie mir glauben! Bloß mit dem Bein . . . halbes Jahr Krankenhaus . . . Job weg . . . Wohnung gekündigt. Ich weiß nich wohin, Frau . . .«

»Aber . . .«

»Ich bin fertig. Fix und alle. Ich lieg auf der Straße . . .« Er will sich wieder hochrappeln. »Nichts für ungut, Frau . . .«

Ehe er wieder zusammenklappt, hat die Frau ihn in den Stuhl zurückgedrückt. »Bleiben Sie mal sitzen. Ich telefonier mal eben. Sie wollen doch Hilfe, oder?«

»Mir hilft doch sowieso keiner . . . Die wollen mich anstecken.«

»Anstecken?«

»Die Glatzköppe im Bahnhof. Die wolln mich verbrennen . . .«

Drei Groschen kann er noch riskieren. Kurt steckt sie in den Schlitz des Rotamint, hält beide Fäuste vor das Sichtfenster und wartet gespannt auf das elektronische Gedudel. Gewonnen: Dreimal die Krone – es rattert, es klackert, es klappt wie am Schnürchen.

»Aber . . .«, sagte die Frau ins Telefon und spielt nervös mit ihrem Kugelschreiber. Aus dem Hörer quäkt eine Männerstimme. Die Frau sieht zu Max herüber. Der hockt zusammengesunken auf dem Stuhl vor ihrem Schreibtisch.

»Aber«, sagt die Frau wieder »Der Mann ist . . .«

Max langt nach dem Kaffee, den sie ihm eingegossen hat, und verschüttet die Hälfte, als er trinken will.

Die Frau legt den Hörer auf. »Das war die Krisenhilfe. Kein Bett frei.«

Max sieht sie an.

»Die Notaufnahme im Klinikum ist nicht zuständig, die Caritas hat zu . . .«

»Ich kann nich mehr«, jammert Max. »Ich geh zurück zum Bahnhof!« Er rappelt sich hoch. »Ich schmeiß mich vorn Zug. Ich mach Schluss.«

Die Frau wird ganz blass. »Das können Sie doch nicht machen . . .«

»Ist doch egal, oder?«

»Aber . . .«

»Was hab ich denn noch? Ich bin total kaputt. Ich hab'n kaputtes Bein, meine Leber is fertig von der Sauferei, ich hab keine Wohnung, ich hab doch gar nichts mehr.«

»Ich könnte es ja mal bei der Polizei probieren. Oder werden Sie . . .«

»Ich bin 'n ehrlicher Mensch.«

»Schon gut, ich glaub Ihnen ja!«

Zwei Gäste noch in der Spielhalle; Kurt schielt nervös auf die Uhr: na endlich – jetzt nur die Ruhe behalten. Der Opa hinter der Kasse blickt in den Lauf von Kurts King-Kobra-Spiel-

zeug-Colt und kann gar nicht schnell genug die Taler rüber-
schieben.

»Na, wo ist denn der Kandidat?«

Max hat schon seinen zerfledderten Personalausweis raus-
gezogen. Der große Bulle blättert ihn kurz durch. Sein Kollege drückte sich am Fenster rum. Draußen schneit es jetzt.
Die Frau steht am Schreibtisch.

»Und du willst also die große Biege machen, eh?«

Max zieht die Nase hoch. »Ach Scheiße«, sagt er.

Der Kleine beugt sich zu ihm runter. »Wie viel hast du
denn drin?«

»Eine Flasche, zwei Flaschen . . . weiß nich . . . Ich schmeiß
mich vorn Zug. Auffem Bahnhof. Gleis zwei.«

»Wohnung haste auch nicht, was?«

»Ich hab gar nix mehr.«

Der Kleine guckt den Großen an. Der zuckt mit den Schultern.

»Okay«, meint er dann. »Notaufnahme Klinikum, ja?«

»Die stecken ihn erst mal in die Geschlossene.« Der Große
grinst die Frau an. »Damit er sich nichts antun kann.« Er
schaut runter zu Max. »Und dann kommst du auf Entzug,
mein Freund. Willst du das wirklich?«

Max nickt stumpfsinnig. »Ich geh freiwillig innen Entzug.
Ich will nix mehr mit den Sachen zu tun haben.«

»Na dann, Abmarsch!«

Im Fahrstuhl nehmen sie ihn in die Mitte.

»Und nicht, dass du im Klinikum Blödsinn machst, klar?«

Max schüttelt den Kopf. »Ich sach doch, ich brauch 'n Arzt.
Ehrlich.«

»Hast Glück, dass der Ewald heut seinen Moralischen hat!«

»Sonst wär das höchste der Gefühle für dich 'ne S-Bahn-
Karte nach Mülheim gewesen.«

»Oder ne kleine Spazierfahrt im Streifenwagen!«

Eins weiß Kurt genau, als er durchs Basement zur Rolltreppe rast: Er hat die Kohlen in der Tasche und das ist die Chance seines Lebens, das ist die Freifahrt nach oben.

Der Arzt guckt Max an, als würde er ihn am liebsten erst desinfizieren, bevor er ihn anfasst. Max hockt auf einem Stuhl vorm Schreibtisch und muss sagen, wer er ist und warum er sich umbringen will. Dann liegt er auf der Liege, der Arzt fingert an ihm rum.

»Unter drei Monaten läuft hier nichts, das sag ich Ihnen am besten gleich.«

»Mir is alles egal.«

»Na, dann kommen Sie mal.«

Max schnappt seine Klamotten und trottet hinter dem Arzt her.

»Erst Entgiftung, dann Therapie und dann sehn wir weiter!« Der Arzt macht eine Tür auf. »Ihr Zimmer!«

Max geht rein. Leer. Nur eine Matratze lehnt an der Wand.

»Morgen früh um sieben ist Untersuchung!« sagt der Arzt.

Max sagt nichts.

»Um sieben hab ich gesagt!«

»Jawoll!«

Der Arzt macht die Tür hinter sich zu. Innen ist keine Klinke.

Max haut sich aufs Bett und starrte auf das kleine Fenster unter der Decke. Die Schneeflocken tanzen vor dem Nachthimmel. Das wird schweinekalt heute Nacht.

Max fischt die Zigarette und das Streichholzbriefchen mit der Reisebüroreklame aus dem Jackenfutter. Max raucht und denkt an den Kurt.

Er jedenfalls hat's erst mal geschafft. Drei Monate, hat der

Arzt gesagt. Im Frühjahr, wenn er hier wieder rauskommt, geht's ab in die Toskana.

Kalter Wind weht über den Bahnsteig. Der Expressgutfahrer ist blass, als er auf Kurts verdrehten Körper starrt, dann fummelt er an seinem Sprechfunkgerät.

»Ja, genau in die Karre gelaufen ...«, stammelt der Fahrer. »Gleis vier ... nein, ich hab ihn voll erwischt. Der ist platt, total auf *null*.«

J. B. Cool und der spitze Roland

Jürgen Alberts

Manchmal, wenn man sich gerade nicht nach dem Sinn des Lebens fragt, kommen einem dunkle Gedanken. Könnte alles nur ein Spiel sein? Alles nur ein Zufall, oder zwei? Und warum wird das Wasser nie richtig warm, wenn ich die Dusche andrehe?

An diesem Morgen gab es nur ein Stadtgespräch, und das sollte Überlänge haben. Am Roland wurde ein Toter gefunden, so lautete die erste Ticker-Meldung.

In der zweiten hieß es, eine Frau sei ermordet worden. Die dritte Nachricht handelte wieder von einem Mann, der am spitzen, linken Knie aufgespießt worden sei. Die fünfte Meldung korrigierte den Sachverhalt ein letztes Mal: Am rechten Knie hing ein Toter. Was Journalisten alles aus einer Leiche machen können. Theo war verzweifelt.

Mein Assistent hatte gerade an diesem Morgen meine Leibspeise, Grießpudding mit roter Sauce gekocht, aber jetzt war uns beiden so übel, dass wir sein Werk nicht probierten.

Ein Mann aufgespießt am rechten Knie der hansestädtischen Freiheitsstatue. Was für ein Symbol! Wenn sich einer zum Symbol aufspielt, schau ihm unter den Rock, so lautet ein neu-englisches Sprichwort. Ich hatte gar keine Zeit dazu, denn eine halbe Stunde später war ich mitten im Mordfall.

»J. B. Cool, wen darf ich für Sie beschatten?« So meldete ich mich am Telefon. Es war kein Geringerer als der Bürgermeister selbst.

»Herr Cool, wir sind in einer fürchterlichen Klemme. Wenn wir nicht schnellstens aufklären, wer diesen Mann da hingehängt hat, dann sinkt das Image unserer geliebten Stadt unter null.«

»Weit unter null«, ergänzte ich.

»Wollen Sie das?«, fragte er, als hätte ich das Gegenteil behauptet. »Wollen Sie das wirklich zulassen?«

»Ich nehme zweihundert Mark am Tag, plus Spesen«, antwortete ich korrekt.

»Das ist im Etat nicht drin«, sagte der Bürgermeister, der soviel wöchentlich bei seinem Friseur ausgab.

Wir feilschten eine Weile und er versprach, bei Erfolg die Summe zu zahlen, bei Nichterfolg ginge ich leer aus. Es war ein gewisser Druck auf meinen Schultern. Bereitwillig zeigte mir Kriminalhauptkommissar Stiesel die Leiche, die von vorne einen blassen Eindruck machte. Am Nacken eine hässliche Wunde.

»Der Mörder muss ziemlich kräftig gewesen sein. Erstens hat er den Mann hochheben müssen und zweitens ihn mit voller Wucht und auch noch gezielt auf den Eisenspieß drücken. Wir können das gleich mal ausprobieren.«

Ich hatte es aufgegeben, mich über Stiesel zu wundern. Auch die Polizei saß in einer Klemme. Denn der Bürgermeister hatte ja nicht nur mich alarmiert.

»Ein Catcher?«, fragte ich. Zu dieser Zeit war in der Stadthalle das Weltmeisterschaftsturnier.

»Gute Idee«, sagte Stiesel, »ich lasse alle Alibis überprüfen.«

Ich wünschte ihm viel Glück, denn Catcher mögen zwei Dinge nicht: Niederlagen und dumme Fragen. Vielleicht würde so endlich das Sondereinsatzkommando dezimiert werden.

»Wer ist der Tote?«, fragte ich.

»Ich dachte, das wüssten Sie!«, antwortete Stiesel, der das weiße Tuch der Unschuld über den Toten breitete. Der Pathologe schob die Leiche ins Kühlfach.

»Keine Ahnung«, sagte ich. Oft, wenn ich keine Ahnung hab, sag ich es auch. Aber nicht immer.

»Warum . . . was machen Sie dann hier . . . das ist doch der Gipfel der Unverschämtheit . . . mich so zu belügen.« Wenn der Kripo-Mann aufbraust, denke ich immer, dass er einen halben Meter abhebt. Ich berichtete, ruhig und gelassen wie ein Wackelpudding, von dem eiligen Anruf des Bürgermeisters, der mich gebeten habe, den Ermittlungsbehörden zu helfen. »Ab und zu findet nämlich ein blinder Privatdetektiv auch mal einen Doppelkorn.«

Stiesel warf mich aus dem Präsidium. Das werde Folgen haben, Doppelfolgen. Während dieser kleinen Auseinandersetzung kam es in der Stadt zu einer ganz großen, von der ich erst später erfuhr.

Der Skandal bekam eine politische Färbung. Angeklagt wurde der oberste Denkmalschützer der Stadt, denn er war es, der bei der letzten Renovierung des Roland darauf gedrungen hatte, dass auch die spitzen Metallknie wieder angebracht wurden. Sie zierten das Original aus dem dreizehnten Jahrhundert. Oder war es das vierzehnte? Ich habe in der Schule zu oft Skat gespielt.

Die spitzen Knie sollten die Wehrhaftigkeit des Roland zeigen, der sich gegen den Oldenburger Bischof auflehnte. Jetzt waren sie einem Mann zum Verhängnis geworden.

Die Opposition forderte den Rücktritt des Denkmalschützers und den des Kultursenators, der sein Dienstherr war, und natürlich den des Bürgermeisters, das gehörte schon zum guten Stil. Jetzt wusste ich auch, warum der mich angerufen hatte.

Meine Nase sagte mir: »Der Tote kommt gar nicht aus Bremen.« Ich sollte mich irren.

Theo kam mit einem Stück Geflügel zurück, das wir noch nie probiert hatten: schwarze Ente. Es war ein trauriges Essen.

»Kommst du weiter in dem Fall?«, fragte mein Assistent, als er die Teller abwischte.

»Nein, mir fehlt ein Einfall, wie ich herausbekommen kann, wer der Tote ist«, antwortete ich. In diesem Augenblick schwor ich mir, nie wieder schwarze Ente zu essen. Das Fleisch schmeckte nicht schlecht, war aber so fett, dass wir dazu eine große Flasche eisgekühlten Aquavit trinken mussten, um die Speise zu verseifen.

Im Traum, beim verdienten Mittagsschlaf, das Blut hatte sich zur Verdauung zurückgezogen, kam der Einfall. Ich rief Grünenberg von den »Weser-Nachrichten« an.

»Sag mal, Klaus, der Tote stammt nicht etwa aus Hamburg, oder?«

»Woher weißt du das?« Dieser vollschlanke Journalist liebte es, Gegenfragen zu stellen und keine Antworten zu geben.

»Der siebte Sinn.«

»Ach, du hast den?« Grünenberg war erstaunt, »ich suche ihn schon den ganzen Morgen. Warst du bei Stiesel?«

»Er hat mich rausgeschmissen«, gab ich kleinlaut von mir. Nicht gerade ein Eingeständnis, das ich täglich über die Lippen bringe.

»Mich auch«, sagte Grünenberg.

»Partner«, fasste ich zusammen, »Partner, wir sollten etwas unternehmen. Erstens kommt der Tote mutmaßlich aus Hamburg, zweitens schadet er dem Image der Stadt, drittens sind die Catcher in der Halle, viertens müssen wir den Catcher finden, der den Auftrag bekommen hat . . .«

»Fünftens«, unterbrach mich der Journalist, der mit zwei Fingern drei Buchstaben gleichzeitig tippen konnte, »der Tote spielt gerne Doppelkopf.«

»Jetzt nicht mehr.«

Ich wusste, dass meine Rechnung nicht aufging. So sehr ich es gewünscht hätte. Eine Recherche bei den Catchern wollte ich auf jeden Fall vermeiden. Das hätte Grünenberg machen müssen.

Nachmittags meldete der Polizeifunk:

»Verdächtige Person im Roland-Mord in Richtung Norden verschwunden. Folgt die Täterbeschreibung: Der mutmaßliche Mörder ist ein Meter sechzig groß, hat blaue Augen und blondes Haar. Er hört auf den Spitznamen Fritz, der Preller. Vorsichtig: Der Täter ist bewaffnet.« Theo hatte die Meldung auf Band. Wir analysierten die Angaben und kamen beim dritten Glas des herben südfranzösischen Rotweins auf die Lösung.

Wenn ein Ziel besonders nahe ist, dann versuche es niemals zu erreichen, sagt ein japanisches Sprichwort und es fährt fort, je näher du kommst, desto ferner das Ziel. Wenn der Mörder nur einssechzig sein sollte, dann musste er sich eine Leiter für die Tat besorgt haben.

»Oder er stand auf den Stufen«, sagte Theo.

Das war ein Hinweis, den ich leider zu schnell wieder vergessen habe. Die drei Stufen. Sie erinnerten mich an meine Kindheit, wo drei Stufen in den Keller führten. Ich glaubte, dass ein böser Mann dahinter saß und mir die Beine wegzog, wenn ich die Treppe hinunterlief. Ein Fall von kindlicher Amnesie. Nicht für große Therapeuten.

Das Telefon klingelte. Der Bürgermeister erkundigte sich nach ersten Ergebnissen. Ich log ihn an:

»Heiße Spur.«

»Wer ist es?«, fragte er so, wie Bürgermeister direkter nicht sein können.

»Meinen Sie, ich will mein Erfolgshonorar gefährden? Wenn ich es Ihnen sage, dann sitzt heute Abend der Polizeipräsident vor der versammelten Presse und steckt sich einen Orden an die Brust.«

Da legte der oberste Stadtbeamte auf.

Am Abend saß der Polizeipräsident im Studio und sagte lauter dummes Zeug. Der Täter sei bestimmt von auswärts.

»Kein Bremer Mörder, und die haben wir alle einzeln überprüft, würde sich am Roland vergehen. Immerhin lieben alle diesen standhaften Mitbürger.«

Der Moderator von »Buten & Binnen« blickte düster, aber der Polizist war nicht zu stoppen.

»Nein, wir glauben nicht an die Theorie, dass die Opposition in der Bürgerschaft mit diesem bestellten Mord die Regierung stürzen wollte. Auch wenn sie sonst keinen anderen Ausweg sieht, um endlich an die Macht zu gelangen.«

»Sie meinen, ein politischer Mord?«, fragte der Moderator.

»Nach dem Fall des Ostens kann ich nichts mehr ausschließen.«

Der Moderator bedankte sich für das aufschlussreiche Gespräch. Ich wusste nicht, wozu dieser Mann mehr als A 16 verdiente. Aber manchmal kann ich mir die einfachsten Dinge nicht erklären.

In »Buten & Binnen« ging es wieder um Hundekot auf öffentlichen Plätzen. Ich wandte mich dem Mörder zu. Stadthalle. Catchen. Aufregung.

Ich ging nicht allein, sondern versicherte mich eines Bodyguards, der tagsüber zwanzig Zeitungen mit Kurzmeldungen versorgte und freitagnachts auf der Bühne brüllte. Ein Kerl wie eine Ladung Gummibären. »Wird bezahlt?«, fragte er.

»Erst nachher«, antwortete ich. Die Halle tobte.

Wenn du einen an die Backe haben willst, dann frag einen

Catcher, das steht zwar nicht in der Bibel, aber könnte von Jakobus, dem Donnersohn, sein. Die Antworten, die ich auf meine leisen Fragen erhielt, waren kräftig. Ein Schlag auf die Nase, drei Treffer am rechten Ohr, einen Fußtritt und vier Rippen gebrochen.

Aber soviel wusste ich, keiner der Catcher kam aus Hamburg. Mein Bodyguard lächelte nur. Mehrfach war er in Deckung gegangen.

Als ich am nächsten Morgen aufwachte, hatte ich von einem Autounfall geträumt, bei dem ich das Auto war. Theo kochte mir einen Grießpudding, reichte Hühnersuppe mit saurer Sahne und wechselte alle halbe Stunde ganz liebevoll den Verband.

Die Morgenzeitung machte mit einer dicken Belohnung auf: »Zehntausend Mark für den richtigen Hinweis«, keine schlechte Summe. Aber damit war klar: Die Polizei tappte im Dunkeln. Nicht das erste Mal. Wenn Beamte denken müssen . . .

Der Anruf des Bürgermeisters ließ nicht auf sich warten.

»Wissen Sie eigentlich, wie die neueste Umfrage lautet?«

Ich wusste es nicht.

»Wie lange wollen Sie noch in dieser Stadt leben?«, übertrieb der Bürgermeister, der seine Wählerschafe wegziehen sah, hatte Angst um seine Herde, als habe ihm jemand seinen Wanderstab entrissen. Ich schwieg. Insbesondere über die schlagkräftige Recherche des letzten Abends.

»Cool, ich flehe Sie an, setzen Sie sich in Trab. Wir müssen den Fall heute aufklären. Die Polizei ist dazu nicht in der Lage.«

Ich wusste nicht, woher diese Ehrenbezeugung kam, aber ich verlangte doppelten Spesensatz.

»Und die Belohnung obendrauf«, versprach der Bürgermeister.

»Die kommt aber nicht aus der Staatskasse«, wusste ich, denn solche Belohnungen werden aus anderen Töpfen beglichen.

Zehn Minuten später hatte ich heraus, dass der Tote Bismark hieß. Hans-Henning Bismark. Ohne c, das machte die Erbfolge einfacher. Er stammte nicht aus Hamburg, er stammte aus Obervieland, einem Ortsteil der Hansestadt Bremen, der seinem Namen als Schlafviertel alle Ehre machte.

Bismark war fünfundfünfzig Jahre alt, Studienrat. Sein Blutalkohol wurde mit zwei Komma vier Promille angegeben. Dennoch schied berufsbedingter Selbstmord aus. Ich probierte mit Theo, ob sich jemand auf diese Weise selbst richten konnte. Aber so oft mein Assistent auch mit dem Kopf an den Kleiderhaken stieß, er schaffte es nicht, sich umzubringen. Ich kam wieder auf meine Catcher-Theorie zurück. Oder gab es sonst noch starke Männer? Ich telefonierte alle Fitness-Studios ab und wurde fündig.

Zur Tatzeit gab es ein Treffen der Muskelprotze im »Deutschen Haus«, das nur wenige Meter von der Statue entfernt liegt.

Meine Nase sagte mir: »Nicht schon wieder eine körperverletzende Recherche.«

Meine Nase war verschnupft. Ich ließ Theo ran. Sollte mein Assistent doch die Knüffe einstecken.

Die schönen Muskelmänner mit ihrem öligen Grinsen hatten ihren Jahreskongress abgehalten. Tagesordnung mit vier Punkten: Monozeps, Bizeps, Trizeps, Verschiedenes. Irgendwas stimmte mit der Vereinskasse nicht.

Theo Zenker hielt mich auf dem Laufenden, während ich im Fernsehen Tennis sah. Steffi gegen den Rest der Welt.

Hans-Henning Bismark war ebenfalls Mitglied in einem Verein, nur dass sein Körper so schlaff wie eine Mathematikstunde war.

»Aber«, brüllte Theo ins Telefon, »du wirst es nicht glauben, er ist Kassierer, J. B. Na, klingelt es bei dir?«

»Du brauchst nicht so zu brüllen«, sagte ich, »du hast ein Telefon zur Verfügung.«

Ich freute mich darauf, dass ich dem Bürgermeister Vollzug melden konnte. Wir hatten den Fall geklärt. Aber ein Angebot, Kripo-Chef zu werden, wollte ich auf jeden Fall ablehnen.

Drei Stunden später kam Theo zurück. Niedergeschlagen. Er hatte sich zu weit vorgewagt. Vergeblich suchte ich ein blaues Auge oder einen ausgerenkten Arm.

»Was ist los, Theo? Du machst ein Gesicht, als hätte dir jemand in die Hochzeitssuppe gepinkelt.«

Mein Assistent sagte, Bismark sei zwar Kassierer in einem Verein gewesen, aber nicht bei den Bodybuildern, sondern bei den Kleinkaliberschützen.

»Und an der Jahrestagung hat er auch nicht teilgenommen. Ich habe die Anwesenheitsliste gesehen. Manche können nicht mal ihren Namen richtig schreiben.«

Theo war enttäuscht. So kurz vor dem Ziel. Ich musste ihn mit einer halben Flasche schiefes Regal trösten. Dann wussten wir folgendes: Die Bodybuilder tagten im »Deutschen Haus«, jeder von den starken Männern hätte die Tat ausführen können. Aber warum? Wir gingen noch vor den Tagesthemen ins Bett.

Wenn du schläfst, brauchst du nicht wachen, sagt ein isländischer Bauer kurz vor Einbruch der Dunkelheit. Ich wehrte mich gegen meine Träume von Verfolgung und Ermordung, gegen Unhill jeder Art. Aber letztlich blieb ich erfolglos. Am nächsten Morgen weckte mich der Bürgermeister. Kurz nach neun.

»Cool, was ist los? Ich warte nicht gerne. Wer ist der Mörder? Ich flehe Sie an.« Ich trieb mir die Fläusen der Nacht aus dem Kopf. Sollte der oberste Städter doch in Bredouille sein, wir konnten nicht mehr als irren.

»Die ersten Bürger verlassen die Stadt. Sie wollen nicht mehr bei uns sein. Dieser schreckliche Mord hat ihnen den Rest gegeben.«

»Och«, sagte ich, damit auch ich einen kleinen Anteil am Dialog hatte.

»Können Sie sich vorstellen, dass der Roland selbst . . . ich meine, es wäre doch denkbar . . . immerhin war Vollmond . . . und meine Frau sagte, auch so Statuen hätten ihr eigenes Leben . . .«

Ich riet dem Bürgermeister, mit dieser Theorie nicht an die Öffentlichkeit zu gehen.

»Das gibt sonst schwere Zeiten für Denkmalschützer.«

Mein Auftraggeber bedankte sich. Wenn es schon kein Geld gab, wenigstens so bekam ich eine kleine Anerkennung.

Theo brachte das Frühstück: Gebackenen Hering, gebackene Pflaumen und gebackenen Camembert. Ich aß mit gutem Appetit, denn ich wusste, am dritten Tag werden die meisten Mordfälle gelöst.

Dann klaute ich ein Fahrrad und radelte nach Obervieland. Keine kurze Strecke. Ich spürte meine Rippen. Im Kollegium des Hans-Henning Bismark herrschte Hochstimmung. Seitdem der tote Mathelehrer in ihren Reihen fehlte, schien es allen besser zu gehen.

Es gab Motive wie Muscheln an der See. Ein Bio-Kollege hatte mit Bismark ein Haus gekauft, schon nach drei Wochen waren sie so zerstritten gewesen, dass sie kein Wort mehr miteinander sprachen; eine Deutschlehrerin war mit dem Ermordeten im Theater gewesen und fand ihn abscheulich, weil er vorher Sardinen gegessen hatte. »Eigentlich litt er ständig unter Mundgeruch.«

Der Rektor der höheren Schule war auch froh, dass Bismark nicht mehr unter ihnen weilte, weil der immer zu spät die Noten abgab.

»Wir bedauern alle den tragischen Unfall«, sagte der Direktor zum Abschied.

Meine Nase sagte mir: »Geh in die Klasse, lass nicht locker.« Ich brauche diese Aufforderungen.

Die Klasse war ganz still. Keiner wollte antworten.

Ja, es sei ihr letzter Klassenlehrer gewesen, ja, sie hätten ihn gehasst, ja, Bismark würde seinem Namen alle Ehre gemacht haben: Pausenbrot und Peitsche, zitierte einer der Schüler den Toten.

»Und da habt ihr gedacht«, sagte ich nach einer langen Unterbrechung, die für alle Anwesenden peinlich war, »den werden wir jetzt los. Ein böser Schülerstreich, nicht wahr?«

Dann waren die Antworten ausgeblieben.

Ich holte den Rektor. Der Rektor holte den Dezernenten. Der Dezernent den Schulrat. Und vor versammelter Hierarchie stellte sich heraus, dass die Klasse an diesem Abend ihren Mathelehrer Bismark betrunken gemacht hatte, indem sie ihm vorspiegelten, was für ein netter Lehrer er doch sei. Alle brauchen Liebe, dachte ich.

»Aber umgebracht haben wir ihn nicht«, sagten die braven Mädchen, »als wir ihn verlassen haben, lag er singend bei den vier Stadtmusikanten und intonierte den Schlager, in dem behauptet wird, nach Hause gehen wir nicht . . .«

»Er ist auch nicht zu Hause angekommen«, sagte ich gedankenverloren.

Die Schulhierarchie blickte mich ganz pädagogisch an. Insofern hat der Schlager Recht, aber das sagte ich dann nicht mehr. Wenigstens wussten wir jetzt, warum der Schulmann soviel Alkohol im Blut hatte. Ein leichtes Opfer.

Auf dem Nachhauseweg malte ich mir aus, wie jemand

Hans-Henning Bismark aufforderte, sich vor den Roland zu stellen, damit er ein schönes Urlaubsfoto machen könne.

»Höher, steigen Sie auf die Stufen, jawohl, so, und jetzt warten . . .«

Aber anstatt das Foto zu machen, hatte er seinen Kopf mit voller Wucht auf die Kniespitze genagelt.

Als ich Theo von dieser Theorie erzählte, hörte er mir lächelnd zu, wie man alten Tanten zuhört, die zum Einschlafen die grausamsten Geschichten erzählen.

»Du hast eins vergessen, J. B., es war Nacht, da macht man keine Fotos!«

»Aber mit Blitz geht es«, wehrte ich mich. Kaum hatte ich das Wort ausgesprochen, blitzte mir ein Einfall. Ich musste zurück zur Schule. Unterwegs traf ich Kommissar Stiesel.

»Na, dem Mörder auf den Fersen?«, frotzelte er.

»Nein, aber dem Täter am Kragen«, erwiderte ich. Sollte dieser Kripobeamte doch in Oppositionskreisen suchen. Ich wusste, wo mein Täter war. Es dauerte lange, bis ich den Hausmeister dazu bewogen hatte, mir das Fotolabor aufzuschließen. Ich hatte Recht. Eine Kamera fehlte. Eine mit Blitzgerät. Leider war die Ausleihliste nicht in Ordnung. Aber gemeinsam mit dem Techniklehrer rekonstruierten wir, wer die Kamera entliehen hatte.

»Sie müssen mein Zeuge sein«, befahl ich dem Techniker, »jetzt wird es ernst.«

Soll sich der Nebel lichten, gerät mancher Dichter ans Dichten, sagte sich ein deutscher Dichter, nachdem er drei Sonette verfasst und dann weggeworfen hatte. Der Schüler kam ins Stottern. Er wollte uns nicht in seine Dunkelkammer lassen. Aber wir verschafften uns Zutritt. Da half mir mein Catchtraining durchaus.

An der Leine hing das gesuchte Foto. Hans-Henning Bismark, aufgespießt. Eine gelungene Aufnahme. Damit würde er den ersten Preis beim Schüler-Nachwuchs-Fotografier-Wettbewerb machen.

»Also«, sagte der Lehrer streng, als wollte er gleich eine Sechs in sein Notenbüchlein eintragen, »ich warte auf eine Erklärung.«

Der Schüler sagte, es sei ein Unfall gewesen.

»Ein Unfall«, es war immer ein Unfall, wenn jemand zu Tode kam, besonders praktische Ausrede für Täter.

»Ein Unfall, das müssen Sie mir glauben, Heini war besoffen . . .«

»Wer ist Heini?«

Der Techniklehrer sah mich strafend an.

»Jetzt unterbrechen Sie doch nicht.«

Auch Privatdetektive können nicht alles wissen.

»Heini war besoffen und ich wollte das Foto machen. Für die Nachwelt. Wir haben ihn da hingestellt, aber er hielt nicht ruhig. Und da kam ein Mann daher . . .«

»Der große Unbekannte, was?« Der Schüler log um sein Leben.

»Nein, mein Onkel, der treibt Bodybuilding. Der wollte uns helfen. Er hat dann den Heini ein bisschen feste angepackt und da war's geschehen. Heini hat noch gesagt: jetzt abdrücken, das waren seine letzten Worte, original.«

Der Techniklehrer wollte sofort die Kripo verständigen, aber ich konnte ihn davon abbringen. Das wäre spesenschädlich für mich gewesen.

Ich ließ mein geklautes Fahrrad stehen. Wir nahmen ein Taxi Richtung Innenstadt. Noch bevor ich den Zeugen übergeben konnte, kam eine Meldung über den Ticker. Der Kunstsenator hat das Handtuch geworfen. So ein guter Mann. Und so eine billige Affäre. Seine Nachfolgerin versprach, dass sofort ein Gitter um den Roland gemacht werde, damit sich niemand mehr an dessen spitzem Knie verletzen könne.

Der Bürgermeister zahlte meine Rechnung erst drei Monate später und zog auch noch seine Provision ab.

Der Onkel des Schülers kam mit Körperverletzung davon. Theo sagte:

»Nicht immer trifft es die Falschen.«

Als ich am Einweihungstag bei den Feierlichkeiten anwesend war, immerhin hatte ich den Roland-Mord geklärt, musste ich feststellen, dass man nicht nur ein Gitter um die Statue angebracht hatte, sondern auch den Kopf ausgewechselt. Mit Statuen kann man so was machen.

Raucher sind Mörder

Jürgen Kehrer

Es war an einem dieser düsteren Herbsttage. Das Detektivgeschäft lief schleppend, und ich hatte ausreichend Zeit, um über ein deutschs Kohlgemüse mit sieben Buchstaben nachzudenken und dabei an einer handgerollten Honduraszigarre für fünf Mark das Stück zu saugen. Der kleine, aber erlesene Vorrat, der im Schreibtisch lagerte, stammte noch von meinem letzten, erfolgreichen Auftrag, bei dem ich einen moldawischen Exil-Tabakhändler aus den Klauen der moldawischen Mafia befreit hatte. Zwischen dem Nachdenken und dem Saugen warf ich gelegentliche Blicke aus dem Bürofenster. Unten, auf dem Prinzipalmarkt, konnte sich ein grauer Menschenstrom nicht entscheiden, ob er noch der herbstlichen Depression oder bereits dem vorweihnachtlichen Kaufrausch verfallen war.

Endlich klingelte das Telefon. Das heißt, es klingelte im Vorzimmer, auf dem Schreibtisch meiner Sekretärin Jana, die sich die vorgeschriebenen drei Sekunden – das wirkte professioneller – Zeit ließ, bis sie abnahm. Ungeduldig lauschte ich ihren, durch die Glastür kaum gefilterten Worten: »Detektivbüro Wilsberg. Ermittlungen aller Art.«

Als der Durchstell-Summton erklang, hatte ich den Hörer schon in der Hand. »Wer ist es?«

»Keine Ahnung. Hat seinen Namen nicht genannt.« Janas Stimme klang schleppend und gelangweilt. Aber das würde sie auch dann noch tun, wenn der Domplatz aufreißen und eine Horde nach Schwefel stinkender Teufel aus dem Loch klettern würden. »Er meinte, Sie hätten seinen Anruf erwartet.«

Das war gelogen. Nicht der optimalste Anfang einer gedeihlichen Geschäftsbeziehung. Ich nahm mir vor, mich davon nicht beeindrucken zu lassen.

Es war eine Männerstimme. Sie kam direkt zur Sache: »Das ist deine letzte Chance, Wilsberg. Entweder du hörst auf, oder wir verpassen dir einen Denkzettel.«

Ich schluckte. »Wovon reden Sie überhaupt?«

Die Stimme lachte dreckig. »Glaub mir, Freundchen, die Nichtraucher-Liga kennt jeden Raucher in der Stadt. Ihr habt lange genug die Luft verpestet und unseren Kindern euer Gift eingeimpft. Wir lassen uns das nicht länger bieten. Also: wie ist deine Antwort?«

»Nun machen Sie aber mal einen Punkt! Es gibt auch noch andere Umweltverschmutzer, Autos zum Beispiel oder die Industrie. Ich zahle bereits einen fünfzig Prozent höheren Krankenkassenbeitrag, und Sie können sich nicht vorstellen, was ich mir bei meinem Zahnarzt anhören muss. Dabei«, ich holte zu meinem gewichtigsten Argument aus, »fallen wir Raucher der Sozialversicherung insgesamt weniger zur Last als ihr Nichtraucher. Okay, die Krebsbehandlung ist ziemlich teuer. Aber wegen der niedrigeren Lebenserwartung kan sich die Rentenversicherung an uns gesundstoßen.«

Leider hatte mein Gesprächspartner nichts für Argumente übrig. Er sagte: »Du hast es so gewollt«, und legte auf.

Die Honduras war vor Schreck ausgegangen. Ich setzte sie wieder unter Dampf und paffte gedankenverloren vor mich hin. Natürlich hatte ich schon von den Aktionen der Nichtraucher-Liga gehört. Seitdem im Jahr 2004 die rotgrüne Koalition, die von der Nichtraucher-Partei geduldet wurde, Münster zur rauchfreien Zone erklärt und das Rauchen in öffentlichen Gebäuden, in Gaststätten, in Parks und auf allen Straßen unter Strafe gestellt hatte, war das Klima für Raucher merklich schlechter geworden. Der Nichtraucher-Liga reichte das alles noch nicht. Mit Graffiti (*Hier wohnt ein Raucher-Schwein*) und handgreiflichen Attacken ging sie gegen renitente Raucher vor, die das Rauchverbot in der Öffentlichkeit missachteten. Bislang hatte ich mich jedoch in Sicherheit gewähnt. Ich rauchte nur in geschlossenen Räumen und weißte jeden Morgen meine Zähne. Es sei denn – ich schielte zur Glastür –, Jana hatte sich den Nichtraucher-Terroristen angeschlossen.

Mit einem entschlossenen Griff drehte ich die Rauchfanganlage, die nicht nur den Rauch absaugte, sondern auch einen schwachen Fichtennadelgeruch verströmte, eine Stufe höher. Beinahe gleichzeitig gab es eine spürbare Erschütterung, unmittelbar gefolgt von einem lauten Knall im Treppenhaus.

Ich stürzte in den Vorraum. »Was war das?«, fragte ich Jana, die regungslos auf ihrem Stuhl saß.

»Kann ich durch Wände gucken?«, gab sie angewidert zurück. »Wer ist denn hier der Detektiv?«

Im Treppenhaus schlug mir beißender Qualm entgegen. Immerhin, die Treppe stand noch. Als sich die Rauchschwaden einigermaßen gelichtet hatten, konnte ich die blutrote Inschrift neben der Tür entziffern: *Letzte Warnung.*

Die Polizisten wirkten nicht sonderlich überrascht.

»Sie sind der Dritte innerhalb von zwei Wochen«, sagte ein genervt wirkender Grünling und kritzelte etwas auf seinen Notizblock. »Oder rauchen Sie etwa nicht?«

»Na ja, gelegentlich . . .«

»Hauchen Sie mich mal an!«

»Also, ich bitte Sie . . .«

»Machen Sie schon!«

Ich hauchte.

»Mittelschwerer bis schwerer Raucher«, stellte er fest. »Ich kann den Schaden selbstverständlich protokollieren. Aber Sie wissen ja, dass Versicherungen bei Schäden, die im Zusammenhang mit Rauchen entstehen, immer von Eigenverschulden ausgehen.«

Nach einem Gespräch mit meinem Bürovermieter, das reichlich unerfreulich verlief, beschloss ich, den Laden für diesen Nachmittag zu schließen. Auch Jana hatte nichts dagegen, wie ich einem kurzen Zucken ihrer Mundwinkel entnahm.

Auf dem Weg zu meinem Auto schrak ich nur einmal zusammen, nämlich als ich an einer Plakatwand vorbeikam, die mir bis dahin noch nicht aufgefallen war. *Raucher sind Mörder,* stand dort in fetten Schrifttypen. Und klein darunter: *Wir kriegen euch.*

Ich lenkte den Wagen stadtauswärts. Instinktiv zog es mich zu dem einzigen Menschen, mit dem ich über mein Problem reden konnte: Hajo Kleine-Schnutenkamp. Hajo war von Beruf Tabakhändler. Früher hatte er mal einen Laden am Prinzipalmarkt besessen, aber als die Innenstadt zum Sperrgebiet für Tabakgeschäfte gemacht wurde, musste er mit seinem Sortiment in einen zum Verkaufsstand umfrisierten Wohnwagen an der Landstraße zwischen Gimbte und Westbevern umziehen.

Hajo nickte, als ich ihm von dem Anschlag erzählte. »Die werden immer wilder. Erst letzte Woche haben sie versucht, mir einen Molotow-Cocktail in den Wagen zu schmeißen.

Ist ihnen schlecht bekommen. Einen von denen habe ich am Bein erwischt. Trotzdem, Ende des Monats ist Schluss für mich. Das Herz, verstehst du?«

»Du hörst auf?«, fragte ich entsetzt.

»Ich habe eine Konzession für den Verkauf von Bienenhonig auf Wochenmärkten bekommen. Ein ruhiges Geschäft, alles ökologisch.«

»Und wo kriege ich dann...?« Der Rest der Frage blieb mir im Hals stecken.

»Am Steiner See südlich von Hiltrup gibt's noch einen Händler. Allerdings ist er nicht einfach zu finden. Aus Sicherheitsgründen hat er nur ein paar Stunden in der Woche geöffnet.«

Mit einem Stapel Zigarilloschachteln und einem mulmigen Gefühl im Bauch ging ich zu meinem Auto zurück. Die Gespräche mit Hajo würden mir fehlen. Außerdem konnte man hier draußen in Ruhe einen Zigarillo durchziehen, ohne gleich die Polizei fürchten zu müssen.

Auf der Fahrt nach Hause probierte ich eins von Hajos Abschiedsgeschenken, eine rauchfreie Zigarette, die aussah wie ein Lutscher und die man daher sogar im Auto rauchen konnte. Sie schmeckte fürchterlich. Wenn das die Zukunft des Rauchens war, würde ich lieber nach Kuba auswandern. Seitdem Fidel Castro seine Insel zum Raucherschutzgebiet ausgerufen hatte, boomte der Tourismus. Sogar Exilkubaner aus Miami ließen sich für ein Rauch-Wochenende nach Havanna fliegen.

Am nächsten Morgen erschien Jana nicht zur Arbeit. Dafür kam mit der Post ihre Kündigung. Es sei nichts Persönliches, aber sie müsse an sich und ihre Kinder denken. Deshalb sei es für beide Seiten am besten... blabla.

Ich war nicht verzweifelt, aber noch nie hatte ich mich so

gut in den letzten Mohikaner hineinfühlen können. Den ganzen Vormittag über tigerte ich durch das Büro. Vor lauter Anspannung vergaß ich sogar das Rauchen.

Die Nichtraucher-Liga ließ sich Zeit. Genau bis ein Uhr mittags. Da meldete sich mein Quälgeist vom Vortag. »Nun? Wie hast du dich entschieden?«

»Raucher sind die besseren Menschen«, sagte ich.

Ein bedrohliches Schweigen in der Leitung.

»War nur ein Scherz«, fügte ich hastig hinzu. »Ich bin bereit, auf alle Forderungen einzugehen.«

»Dein Glück«, grollte er. »Als erstes ziehst du die Jalousie an deinem Schreibtischfenster hoch.«

Ich tat, wie mir geheißen. Auf der anderen Seite des Prinzipalmarktes stapelte sich fünfstöckig der Hauptsitz der Stadtverwaltung. Und hinter einer der ungefähr sechzig Einheitsgardinen, die mir zugewandt waren, stand vermutlich Quälgeist.

»So, und nun vernichtest du deine Zigarillovorräte auf dem Schreibtisch! Schön langsam, ich möchte es genau sehen.«

»Was halten Sie davon, mir kurz zuzuwinken? Dann weiß ich, in welche Richtung ich mich drehen muss«, schlug ich ihm vor.

Er lachte und sagte etwas Unfreundliches.

Ich zerbröselte den Inhalt einer Zigarilloschachtel der billigeren Sorte. Als Zugabe, wenn auch schweren Herzens, opferte ich drei handgerollte Honduras.

»Das war's«, stöhnte ich in den Telefonhörer. »Zufrieden?«

»Und was ist mit der Kiste in der rechten unteren Schreibtischschublade?«

»Die Monte Christos?«, schrie ich auf. »Sind Sie wahnsinnig? Das ist Kulturgut. Echte Havannas. Auf dem

Schwarzmarkt könnte ich dafür einen Tausender bekommen.«

»Von mir nicht«, kanzelte er mich humorlos ab. »Wird's bald?«

Jana, schoss es mir durch den Kopf. Sie musste mit denen unter einer Decke stecken. Niemand sonst wusste, wo ich die Monte Christos aufbewahrte.

Blitzschnell legte ich eine Hand voll Zigarren neben die Kiste, der Rest war unwiederbringlich verloren. So elend wie beim Zerkrümeln der kostbaren braunen Stängel hatte ich mich schon lange nicht mehr gefühlt. Gleichzeitig schwor ich Quälgeist Rache. Er hatte eindeutig überzogen. Bis hierhin und nicht weiter. Das würde mir die Nichtraucher-Liga büßen.

Um ihn zu testen, ließ ich drei Zigarren unversehrt. »Fertig.«

»Willst du mich verarschen?«

Aha, das konnte er nur von schräg oben, also aus der obersten Etage sehen. Während ich die drei letzten Havannas niedermachte, behielt ich die obere Fensterreihe im Auge. Und tatsächlich, die dritte Gardine von links bewegte sich leicht.

»Unmensch, Kulturbanause«, motzte ich ins Telefon. Aber da war die Leitung schon tot. Ich schloss das Büro ab und hetzte über die Straße. In weniger als drei Minuten hatte ich Quälgeists Operationsbasis lokalisiert. Neben der Tür hing kein Namensschild. Ich drückte ein Ohr gegen das Holz. Nichts. Ich klopfte. Wieder nichts. Vorsichtig drückte ich die Klinke. Die Tür ließ sich wiederstandslos öffnen. Hinter ihr verbarg sich einer schnuckelige Teeküche. Ich hätte vor Wut heulen können.

Doch plötzlich roch ich es. Ein ekelhaftes Männerparfüm. Eins von der Sorte, die einem das Essen verdirbt, wenn der

Typ am Nebentisch sich damit eingesprenkelt hat. Und es kam mir irgendwie bekannt vor. Ich schnüffelte erneut. Richtig, jetzt fiel es mir wieder ein.

Der Rest war ein Kinderspiel. Ein paar Tage Observation, einige gezielte Einkäufe. Dann konnte der Coup starten.

Winfried Grippekoven, der Pressesprecher des Fraktionsvorsitzenden der Nichtraucher-Partei, welcher mich mal engagiert hatte, weil er die wirtschaftlichen Verhältnisse des neuen Liebhabers seiner Ex-Frau geklärt wissen wollte, traf sich mit den übrigen Aktivisten der Nichtraucher-Liga in einem Seminarraum des *Gesundheits-Zentrums*, einer Weiterbildungseinrichtung im Südviertel. Zur Tarnung hatten sie sich die Kursbezeichnung *Wie schützen wir unsere Kinder vor Nikotin-Dealern?* zugelegt.

Nachdem sich alle Ligaisten versammelt hatten, versperrte ich mit einem Nachschlüssel unbemerkt die Tür. Dann füllte ich eine Magnumflasche des ekligen Herrenparfüms in ein Spezialgerät für Kammerjäger und blies ihnen einen Vorgeschmack durchs Schlüsselloch. Der Erfolg war beachtlich. Erstes Niesen, Unruhe, gereizte Anfragen: »Wer stinkt denn hier so?«

Die nächste Prise fiel deftiger aus. Jetzt kam Leben in die Bande. Sie sprangen auf, schrien sich an, rüttelten an der Tür.

Ich nahm das Mikrofon und aktiverte die in der Nacht zuvor installierte Lautsprecheranlage: »Na, wie gefällt euch das? Ist der Geruch einer edlen Havanna-Zigarre nicht geradezu lieblich dagegen?«

Wütendes Geheul war die Antwort. Aber nicht lange. Nach zwei weiteren Prisen kapitulierten sie. Sie flehten geradezu darum, meine Havannas ersetzen und den Hausflur renovieren zu dürfen. Winfried Grippekoven wurde, bei einer Gegenstimme, aus ihrem Verein ausgeschlossen, und außerdem versprachen sie – wie sie, auf meinen Wunsch hin, per E-Mail allen münsterschen Medien mitteilten –, sich zukünftig gegen den Missbrauch von Parfüm in der Öffentlichkeit einzusetzen.

Quellenverzeichnis

Jürgen Alberts: »J. B. Cool und der spitze Roland«, Copyright © by Jürgen Alberts.

Friedrich Ani: »Das Glockenbach-Geheimnis«, Copyright © by Friedrich Ani.

-KY: »Ohrringe«, Copyright © by Horst Basetzky.

Horst Eckert: »Ausgegolzt«, Copyright © by Horst Eckert.

Jürgen Ehlers: »Süßwasser«, aus: Jürgen Ehlers DIE MOOR-LEICHE, Copyright © by Jürgen Ehlers, Verlag der Criminale.

Jan Eik: »Auf Sand gebaut«, Copyright © by Helmut Eikermann.

Frank Schätzing: »Der Puppenspieler«, aus: Frank Schätzing KEINE ANGST, Copyright © 1997 by Emons Verlag, Köln.

Billie Rubin: »Die Tote im Englischen Garten«, aus: Anneli von Könemann (Hg.) MORDSWEIBER, Copyright © 1998 by Espresso Verlag GmbH, Berlin.

Jürgen Kehrer: »Raucher sind Mörder«, Copyright © by Grafit Verlag GmbH, Dortmund.

Gisbert Haefs: »Mamis Liebling«, Copyright © by Gisbert Haefs.

Almuth Heuner: »Gelinkt«, Copyright © by Almuth Heuner.

Jörn Ingwersen: »Stein und Bein«, Copyight © by Jörn Ingwersen.

H. P. Karr & Walter Wehner: »Berbersommer«, Copyright © by Reinhard Jahn.

Reinhard Junge: »Toter Hering«, Copyright © by Reinhard Junge.

Ralf Kramp: »Kurz vor Schluss«, Copyright © by Ralf Kramp.

Tatjana Kruse: »Furor teutonicus«, Copyright © by Tatjana Kruse.

Renate Müller-Piper: »Lilos Liebster«, Copyright © by Renate Müller-Piper.

Christine Lehmann: » Der Spuk von Jena«, aus Wolfram Hämmerling (Hg.) AMOKLAUF IM AUDIMAX, Copyright © 1998 by Rowohlt Taschenbuch Verlag GmbH, Reinbek.

Peter Schmidt: »Fromme Zeiten, Winger«, Copyright © by Peter Schmidt.

Barbara Wendelken: »Die Giftmörderin von Dornumersiel«, Copyright © by Barbara Wendelken.

Wir danken den genannten Rechtsinhabern für die Genehmigung zum Abdruck der obengenannten Geschichten.

Die mit den Streifen

Der mysteriöse Tod einer Sportlerin

Kim Småge
Ein kerngesunder Tod

Ein Unfall – so sieht es zunächst für Kommissarin
Annekin Halvorsen aus. Die Autopsie der jungen
Schwimmerin zeigt allerdings, daß sie zum Zeitpunkt
ihres Todes gedopt war. Die Kommissarin stößt
auf eine Mauer des Schweigens…

scherz
www.scherzverlag.ch

Die mit den Streifen

Eine Todesanzeige für
Privatdetektiv Varg Veum

Gunnar Staalesen
Die Schrift an der Wand

In einem Hotel in Bergen wird die Leiche eines
Richters gefunden – nur mit einer Garnitur
delikater Damenunterwäsche bekleidet. Kurz darauf
erhält Privatdetektiv Varg Veum den Auftrag, ein
verschwundenes Mädchen zu finden – und er erhält
eine Todesanzeige zugeschickt. Seine eigene…

scherz
www.scherzverlag.ch